高等职业技术教育"十三五"规划教材——铁道机车类

# 交流传动机车牵引与控制
## （第2版）

主　编　张铁竹　侯灵芬

副主编　单绍平　杨岳毅

主　审　张　远

西南交通大学出版社
·成　都·

## 内容简介

本书是"高等职业技术教育'十三五'规划教材——铁道机车类"中的一本。针对高等职业院校技术技能型人才培养的特点，以 HXD 型电力机车运用检修的各项任务、项目过程为导向，培养学生面向工作岗位的理论基础和实践能力。全书内容以 $HXD_3$ 型电力机车为主型机车，分 7 个项目进行介绍，分别为：电力牵引传动系统整体认知、电力机车工作原理及速度调节、HXD 型电力机车牵引电传动系统、HXD 型电力机车高压电器、HXD 型电力机车辅助电气系统、HXD 型电力机车控制电气系统和 HXD 型电力机车电气试验及常见故障判断与处理，每个项目有若干学习任务和技能训练任务。

本书融 HXD 型电力机车理论知识和运用检修于一体，可作为职工教育、成人中专、职业中专、技工学校等电力机车专业教学用书，也可作为电力机车运用与检修人员和有关工程技术人员的参考用书。

**图书在版编目（CIP）数据**

交流传动机车牵引与控制 / 张铁竹，侯灵芬主编
. —2 版. —成都：西南交通大学出版社，2019.1（2023.3 重印）
ISBN 978-7-5643-6628-5

Ⅰ. ①交… Ⅱ. ①张… ②侯… Ⅲ. ①交流电力机车 – 电力牵引 – 高等职业教育 – 教材②交流电力机车 – 控制 – 高等职业教育 – 教材 Ⅳ. ①U264.2

中国版本图书馆 CIP 数据核字（2018）第 283277 号

**交流传动机车牵引与控制**
**（第 2 版）**

主　编／张铁竹　侯灵芬　　　　责任编辑／黄淑文
　　　　　　　　　　　　　　　　封面设计／墨创文化

西南交通大学出版社出版发行
（四川省成都市二环路北一段 111 号西南交通大学创新大厦 21 楼　610031）
发行部电话：028-87600564　　028-87600533
网址：http://www.xnjdcbs.com
印刷：成都中永印务有限责任公司

成品尺寸　185 mm×260 mm
印张　19.75　　字数　492 千
版次　2019 年 1 月第 2 版　　印次　2023 年 3 月第 7 次

书号　ISBN 978-7-5643-6628-5
定价　49.00 元

课件咨询电话：028-81435775
图书如有印装质量问题　本社负责退换
版权所有　盗版必究　举报电话：028-87600562

# 前 言

重载运输已成为我国铁路货运发展的方向和必然趋势，重载列车牵引重量从5 000吨到1万吨、2万吨、3万吨，需要大批量的大功率牵引动力。目前全国铁路已有1万多台"和谐型"大功率重载交流传动机车承担重载牵引，到2020年将有2万多台投入运用，大功率交流传动机车将成为我国主流牵引动力。

随着铁路牵引动力新技术的发展，为了给铁路运输提供坚实可靠的人才保障，快速提升企业在职人员和职业院校学生实际运用和检修的专业水平，在消化吸收HXD型电力机车相关技术资料的基础上，从实际需要出发，编写了本教材。

本教材在编写过程中，首先分析了电力机车运用与检修岗位，确定专业核心能力，从而确定培养专业核心能力所需的知识和能力。围绕这些知识和能力要求，与机务生产一线人员共同进行专业职业能力分析，对照电力机车司机、机车电工(电力)、电力机车钳工等岗位应具备的电气系统操作、维护保养、检查检修、试验、故障应急处理等能力要求及标准选定教学内容，以专业岗位真实工作任务和真实工作过程为导向，开发出电力牵引传动系统整体认知、电力机车工作原理及速度调节、HXD型电力机车牵引电传动系统、HXD型电力机车高压电器、HXD型电力机车辅助电气系统、HXD型电力机车控制电气系统和HXD型电力机车电气试验及常见故障判断与处理7个项目，42个学习任务和技能训练任务。

本教材特点是以工作任务为中心，以技能训练为引导，以基础理论知识为背景，根据训练任务的需要把背景知识融入能力训练项目之中，使理论知识与实践有机融合。

本教材在编写过程中，中国铁路郑州局集团有限公司机务处对编写工作给予了具体的指导和帮助，中国铁路郑州局集团有限公司郑州机务段、新乡机务段、洛阳机务段、郑州职工培训基地技师、工程师等直接参与了编写和审稿工作。在此，致以深切的谢意。

全书由郑州铁路职业技术学院张铁竹、石家庄铁路运输学校侯灵芬主编，郑州铁路职业技术学院单绍平、杨岳毅副主编，中国铁路郑州局集团有限公司职工教育处张远主审。张铁竹编写项目一、二，侯灵芬编写项目三，单绍平编写项目四，郑州铁路职业技术学院钟恩松编写项目五，郑州铁路职业技术学院王秀清编写项目六，杨岳毅编写项目七。

由于编写水平有限，加之时间仓促，书中难免有错误和不当之处，恳请读者批评指正并提出宝贵意见。

编 者
2018年8月

# 目 录

**项目一　电力牵引传动系统整体认知** ·················································· 1
   任务一　电力机车基本组成与工作过程认知 ········································ 1
   任务二　电力牵引的优越性 ···························································· 4
   任务三　我国电力牵引发展历程展示 ················································· 7
   技能训练　识别我国电力机车类型，分析比较各型机车性能 ················· 11

**项目二　电力机车工作原理及速度调节** ·············································· 14
   任务一　电力机车的工作原理 ······················································· 15
   任务二　电力机车的调速方法 ······················································· 19
   任务三　电力机车的起动方法 ······················································· 27
   任务四　电力机车的电气制动方法 ················································· 29
   任务五　电力机车的特性控制技术及特性曲线 ·································· 40
   技能训练　探究电力机车控制方法 ················································· 47

**项目三　HXD 型电力机车牵引电传动系统** ········································· 50
   任务一　牵引电路分析与检查 ······················································· 50
   任务二　主变压器检查与试验 ······················································· 57
   任务三　牵引变流器维护保养与检查 ·············································· 68
   任务四　牵引电机维护保养与检修 ················································· 96
   技能训练一　主变压器维护检查与试验 ········································· 108
   技能训练二　牵引电机的维护保养、故障诊断与检修 ······················ 111

**项目四　HXD 型电力机车高压电器** ················································ 123
   任务一　受电弓维护保养与检修 ·················································· 123
   任务二　主断路器维护保养与检修 ··············································· 137
   任务三　高压隔离开关和高压接地开关维护保养 ····························· 143
   任务四　高压连接器的检修与维护 ··············································· 150
   任务五　高压电压互感器、高压电流互感器的维护与检修 ················· 156
   任务六　避雷器的维护保养 ························································ 160
   任务七　25 kV 高压套管和车顶绝缘子的维护保养 ·························· 162
   技能训练一　受电弓的维护与检修 ··············································· 164
   技能训练二　主断路器的检查与检修 ············································ 168

## 项目五　HXD 型电力机车辅助电气系统 173

　　任务一　辅助电路的分析与检查 173
　　任务二　辅助电器的维护与保养 184
　　任务三　电磁接触器的维护与保养 195
　　技能训练一　辅助电路的分析与检查 201
　　技能训练二　电磁接触器的检修 202

## 项目六　HXD 型电力机车控制电气系统 206

　　任务一　机车控制监视系统 206
　　任务二　机车控制电路分析 217
　　任务三　机车控制电器维护 246
　　任务四　继电器的维护与检修 266
　　技能训练一　机车控制监视显示屏操作练习 274
　　技能训练二　机械式继电器的检修 276

## 项目七　HXD 型电力机车电气试验及常见故障判断与处理 280

　　任务一　$HXD_{1C}$ 型电力机车低压试验 280
　　任务二　$HXD_{1C}$ 型电力机车高压试验 283
　　任务三　$HXD_{1C}$ 型电力机车常见故障判断与处理 287
　　任务四　$HXD_3$ 型电力机车低压试验 297
　　任务五　$HXD_3$ 型电力机车高压试验 300
　　任务六　$HXD_3$ 型电力机车常见故障判断与处理 304

## 参考文献 309

# 项目一　电力牵引传动系统整体认知

## 【项目描述】

本项目主要学习电力机车的基本组成、工作过程、电力牵引的优越性，展示我国主型电力机车的主要技术特征与性能指标，描绘电力牵引技术的发展历程与未来发展方向。

## 【教学目标】

1. 知识目标

（1）掌握电力机车基本组成与工作过程；

（2）了解电力牵引的优越性；

（3）了解我国电力牵引发展历程；

（4）了解电力牵引技术的进步与未来发展前景；

（5）了解最新交流传动大功率电力机车技术性能及技术参数。

2. 能力目标

（1）能画出电力机车简图并标出其主要组成部分；

（2）能阐明牵引传动系统的工作过程；

（3）能通过查阅资料、网上浏览收集各种电力机车的技术资料，整理出我国干线运用电力机车的主要性能指标；通过对比这些性能指标，从而总结我国电力机车技术进步与技术升级的主要特征，结合目前铁路牵引动力发展实际，洞悉我国牵引动力的发展方向。

# 任务一　电力机车基本组成与工作过程认知

## 【教学目标】

1. 知识目标

掌握电力机车基本组成与工作过程，掌握电力机车的分类。

2. 能力目标

能画出电力机车简图并标出其主要组成部分，能阐明牵引传动系统的工作过程。

【相关知识】

## 一、什么是电力机车

一般来说，电力机车就是本身不带原动机，靠升起的受电弓接受接触网送来的 25 kV 交流电流作为能源，经机车内部一系列变换环节后向机车的牵引电动机提供电源，由牵引电动机通过传动装置驱动机车的车轮转动，从而产生牵引动力的一种动力装置。图 1-1 是一台 $HXD_3$ 型电力机车的外形图片。

图 1-1　$HXD_3$ 型电力机车外形图

## 二、电力机车的组成与工作过程

一台电力机车的主要组成部分如图 1-2 所示，电力机车的主要组成部分有受电弓、主断路器等高压电器部分；司机控制器、自动开关等低压电器部分；车体及转向架等机械部分；变流器与牵引电机等。从图中可以看出，其牵引传动系统的构成主要有受电弓、主断路器、主变压器、变流器及其控制电路、牵引电机等。接触网导线上的电流，经受电弓进入机车后经过主断路器再进入主变压器，交流电从主变压器的牵引绕组经过变流装置后，向牵引电动机供电，使牵引电动机产生电磁转矩，将电能转变为机械能，经过传动装置的传递驱动机车动轮转动。

其工作流程为：接触网电能—受电弓—主断路器—主变压器降压—变流器—牵引电机—传动装置—驱动轮对产生电磁转矩—通过轮轨接触产生牵引力—牵引列车运行。

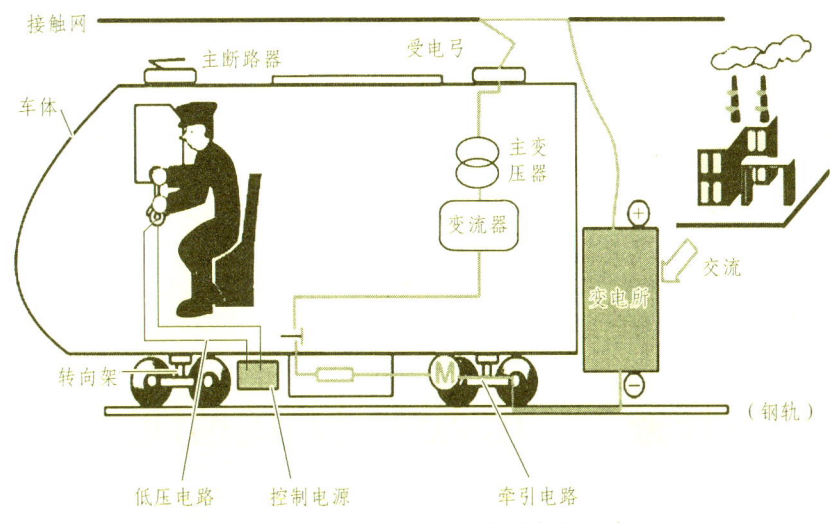

图 1-2 电力机车及其主要组成部分示意图

## 三、电力机车的类型

电力机车可按机车的不同技术指标、特征和用途进行分类。

### 1. 按用途分类

按用途可分为客运电力机车、货运电力机车、客货混用电力机车和调车电力机车等。

客运电力机车：用来牵引旅客列车。其特点是牵引力不大，运行速度高。

货运电力机车：用来牵引重载货物列车。其特点是牵引力大，运行速度不高。

客货混用电力机车：用来牵引旅客或货物列车。其牵引力和速度介于客、货电力机车之间。

调车电力机车：用来在站场上编组列车。机车的功率不大，牵引力和速度均较低。

### 2. 按传动方式分类

按传动方式可分为具有个别传动的电力机车和具有组合传动的电力机车。

具有个别传动的电力机车：电力机车每一轮对由单独的牵引电动机驱动。这些轮轴称为动轮或动轴。

具有组合传动的电力机车：电力机车上某几个轮对（通常为同一转向架上的几个轮对）互相联结成组，然后由一台电动机来驱动。

### 3. 按机车动轴数分类

按机车动轴数不同可分为4轴、6轴、8轴和12轴等电力机车。一般动轴数较多的电力机车用作货运机车，动轴数较少的电力机车用作客运机车。

### 4. 按供电电流制——传动形式分类

按供电电流制——传动形式不同可分为以下几类。

直流供电——直流牵引电机的直-直型电力机车。接触网供电电压为直流1500~3 000 V，机车牵引电机为直流串励牵引电机。

交流供电——直（脉）流牵引电机的交-直型电力机车，又称单相交-直型整流器电力机车。其牵引电机为脉流串励或复励牵引电机。我国生产的韶山系列电力机车即属于此种形式。

交流供电——变流器环节——三相交流异步电机的交-直-交型电力机车。

交流供电——变频环节——三相交流同步电机的交-交型电力机车。

# 任务二　电力牵引的优越性

【教学目标】

1. 知识目标
了解电力牵引的优越性。
2. 能力目标
能对比蒸汽机车和内燃机车，找出电力机车的特点，总结电力牵引的优越性。

【相关知识】

## 一、电力机车的特点

在各种牵引动力中，电力机车与蒸汽机车、内燃机车的根本不同点在于它牵引列车时所需的能量不是由机车本身产生的，而是通过接触网（或其他供电装置）供给的，这种机车称为非自给式机车。而蒸汽机车、内燃机车在牵引列车时所需要的能量，则是由机车本身装载的燃料（如煤、柴油等）燃烧而产生的，这种机车称为自给式机车。由于电力机车与其他机车这种根本的区别，客观上决定了它取用能量的万能性。对于自给式机车来说，只有机车上储存的燃料才能作为它能量的来源，这就决定了它取用能量的单一性。但对于电力机车来说，它所需要的电能却可以由一切形式的能量转换而来，如可以由热力、水力、天然气甚至于地热、原子能、太阳能、核能等转换而来，只要有相应的发电站，便可以利用相应的能量。由于这种取用能量的非自给性，使得电力机车具有一系列的特点。

1. 功率大

现代铁路运输的发展，要求机车具有强大的功率。由于电力机车是非自给式机车，没有燃料储备，因而在同样的机车重量下，其功率要比自给式机车大。机车按单位重量所具有的功率称为比功率，这是衡量机车技术水平的一个标志。目前，电力机车的比功率一般达到40~60 kW/t，而较好的内燃机车，其比功率也只有25~30 kW/t。按每轴功率来说，交-直型电力机车已达到900 kW，交流传动机车最高已达到1 600 kW，较好的内燃机车的每轴功率为 440～580 kW。从整台机车来说，电力机车的轮周功率最高已达 9 600 kW 甚至 10 000 kW 以上，而我国生产的大功率内燃机车最高功率为 4 800 kW。

### 2. 速度高

提高机车运行速度是铁路运输的另一重要方向。由于电力机车功率大，因而可以获得较高的速度。目前，客运电力机车运行速度已经可以达到 250 km/h，货运电力机车也可以达到 120 km/h，随着新型电力机车的不断出现，机车运行速度将进一步提高。法国的电力机车在试验线路上已经达到 331 km/h 的速度，TGV 电动车组试验速度为 574.8 km/h。1995 年代表我国机车工业赶超世界先进水平的 $SS_8$ 型准高速电力机车落成，在环行道上创造了每小时 212.6 km 的最高时速，1998 年 6 月又在京广线郑武段上创造了 240 km/h 的试验速度。代表世界铁路最高速度等级的我国京津城际高速铁路和武广高速客运专线的高速电动车组运营速度已经达到了 350 km/h。

### 3. 效率高

机车效率的高低直接影响到铁路运输的经济指标。对于自给式机车来说，每台机车的平均热效率实际上是基本固定的，例如蒸汽机车的平均热效率为 8%～10%，内燃机车的平均效率为 25% 左右。电力机车本身的效率是很高的，但考虑到整个电力牵引系统，其平均效率则不是固定的，它与供电系统的电能来源有关，在由水力发电站供电的情况下，电力牵引的效率可达到 60.70%，在由高参数火力发电站供电时，其效率为 25% 左右，由低参数火力发电站供电时，其效率为 16%～18%。由此可见，在电力牵引的电能来源平均来自各种电站的情况下，其效率要高于内燃机车和蒸汽机车。

### 4. 过载能力强

机车在起动、牵引重载列车和通过困难区段时，具有一定的过载能力是十分重要的。自给式机车的过载能力要受两方面的限制，一方面受机车发动机（如蒸汽机、内燃机车的牵引发电机或液力变扭器）过载能力的限制，另一方面又受机车所带的能量装置（如锅炉、柴油机）过载能力的限制。对于非自给式电力机车，其能量来自较强大的供电系统，因而机车的过载能力是较高的。

## 二、电力牵引的优越性

由于电力机车具有上述一系列的特点，故在铁路运输中显示出很大的优越性和良好的营运效果。根据电力机车的运行经验，其优越性表现在下述几个方面。

### 1. 运输能力强

电力机车功率大、速度高，最符合铁路货运重载的要求，可以提高牵引定数，缩短区间运行时间，因而使线路通过能力大大提高，其完成铁路运量的效果更为显著。法国、德国、日本等国电气化铁路里程占全国总运量的 30%～40%，但完成铁路运量却达到全国总运量的

52%~83%。我国宝成铁路电气化后，完成的货运量为蒸汽机车牵引的3倍。1980年开通的宝天电气化铁路，牵引定数由双机2 600 t提高到3 250 t，年运输能力由570万t提高到1 400万t。有资料表明，1条电气化铁路的运输能力，相当于1.5条内燃机车或3条蒸汽机车牵引铁路的运输能力。此外，电力牵引还不受外界条件的限制，在山区和高寒地区较之蒸汽机车和内燃机车更为优越。

### 2. 经济效益显著

由于电力机车的检修周期长，检修工作量少，从而减少了维修费用和人力，使机务成本大大降低。据宝鸡电力机务段统计，电力牵引的成本仅为蒸汽牵引成本的56%。仅石家庄电力机务段的48台电力机车，一个月即可节约43.8万元。有资料表明，电力机车牵引万吨公里能耗仅为内燃机车牵引的2/3，为蒸汽机车牵引的1/3。此外，由于电力机车整备作业少，宜于长交路行驶，这样就可以减少机务段的数目，实现长交路轮乘制改革，使机车乘务人员和使用的机车台数也相应减少，劳动生产率大大提高。

### 3. 能源利用合理

电力牵引的能源可以来自多方面，因而实行电力牵引可以合理地利用能源，特别是可以利用丰富而廉价的水力资源和天然气资源，即使由火力发电站供电，发电站也可以使用质量较差的煤作燃料，蒸汽机车则要消耗优质煤。

使用电力牵引时，燃料的消耗也较蒸汽机车和内燃机车低得多。我国宝成铁路使用电力牵引代替蒸汽牵引后，每年可节省优质煤10余万吨。在第二次世界大战后，由于石油价格低廉，使得一些国家采用了以内燃牵引为主的方针，但随着工业及国防对石油需求的日益增加，特别是20世纪70年代以来，世界性石油危机使石油价格暴涨，各国对铁路电力和内燃牵引重新进行了经济评价，电力牵引更加受到青睐。因而日本、法国、德国等发达国家都趋向发展电气化铁道和电力牵引。

### 4. 有利于环境保护

蒸汽机车和内燃机车工作时，均要排出大量的煤烟和有害气体造成空气污染。使用电力牵引时则排除了这种情况，增强了环境保护。特别是在机车运行中，当机车进入市区和人口稠密地区时，电力机车的噪声干扰也大大低于蒸汽牵引和内燃牵引，因而改善了乘务人员的劳动条件和铁路沿线居民的生活环境。因而使用电力牵引的交通工具被誉为绿色大众交通。

### 5. 提高了行车安全性

宝成铁路电气化后，列车正点率大幅度提高，1962—1964年正点率为98.2%，以后一直保持着较高的水平。电力牵引装有电气制动，提高了长大坡道上的运行速度，保证了行车安全，解决了由蒸汽牵引带来的大量车辆、轮、轴等事故，并且大大减少了因使用空气制动而产生的闸瓦熔化引起的火灾事故，因此电力牵引使行车更安全。

# 任务三　我国电力牵引发展历程展示

## 【教学目标】

1. 知识目标

了解我国电力牵引发展历程；了解电力牵引技术的进步与未来发展前景；了解最新交流传动大功率电力机车技术性能及技术参数。

2. 能力目标

能通过查阅资料、网上浏览收集各种电力机车的技术资料，整理出我国干线运用电力机车的主要性能指标；通过对比这些性能指标，总结我国电力机车技术进步与技术升级的主要特征，结合目前铁路牵引动力发展实际，洞悉我国牵引动力的发展方向。

## 【相关知识】

电力牵引自 1879 年 5 月在柏林举办的世界博览会上，由德国西门子和哈尔斯克公司展出了世界第一条长约 300 m 的电气化铁路以来，已有一百多年的历史了。在电力牵引发展初期，主要是采用直流电力机车，另外也有一部分三相交流制和单相低频制电力机车。由于当时科学技术水平的制约，直流制电力机车供电电压不高，三相交流制接触网设备过于复杂，单相低频制电力机车又需要单独的供电电网，因此电力牵引初期发展速度较慢。直流制电力牵引经历了一个时期的运用和发展，到 20 世纪 20 年代中期，接触网电压由过去的几百伏提高到了 3 000 V，世界各国电气化铁道大部分采用的都是直流制，接触网电压为 1 500 ~ 3 000 V。为了克服直流电力牵引接触网电压低的缺点，1904 年瑞士开始采用单相交流制电力牵引，用以提高接触网供电电压。但因工频电源使牵引电动机换向困难，所以采用单相低频交流制。1932 年匈牙利试验成功了单相工频交流电力机车，引起世界各国的重视，此后德国、法国相继进行研制，1950 年法国试制了引燃管整流器式电力机车，从而使直流制电力牵引中牵引电动机的一系列优点和单相工频交流制供电电压较高的特点完善地结合起来，形成了单相工频交-直流制电力牵引，开辟了工频交流电气化的新纪元，推动了电力牵引的迅速发展。从 1960 年西德制成半导体整流器式电力机车以来，目前世界各国电气化铁道大部分已采用单相工频交流制电力牵引供电系统，接触网供电电压 25 kV。1958 年美国发明晶闸管后，60 年代中期晶闸管相控机车开始问世，至今交流供电、直流牵引的直流传动技术已完全成熟。晶闸管的发明使制造大功率机车变为现实，80 年代初西德率先成功研制了交-直-交电力机车，之后英国、美国、苏联、法国、日本等国也都进行了研制。交流传动比直流传动具有极大的优越性，目前世界先进国家新造的大功率电力机车几乎都采用了三相交流传动技术，单轴功率达到 1 000 ~ 1 600 kW 的大功率客货通用型变频调速电力机车已广泛投入商业应用。在 250 ~ 300 km/h 及其以上的高速领域，交流传动的电动车组独领风骚，在 140 ~ 220 km/h 的快速客货运输领域，交-直型电力机车（或其他直流传动机车）也正在被三相交流传动技术所取代。

我国的电气化铁路从1958年开始筹建，1961年8月15日宝鸡—凤州段91 km电气化铁路通车。经过近60年的不懈努力，我国的电气化铁路得到迅速发展，电气化里程2001年末已达到了17 000多千米，跃居亚洲第一，世界第三，电气化率为24%。2005年底，电气化里程已达到20 151 km，电气化率达到26.7%。到2010年，铁路营业里程达到9.5万千米，其中电气化里程达到4万千米，客运专线9 800 km，铁路电气化率达到49.4%。2017年底，我国铁路营业里程达到12.7万千米，其中电气化铁路营业里程达到8.7万千米，电气化率达68.2%。

我国电力机车的研究与电气化铁道同步，也始于1958年。第一台干线交-直型电力机车6Y1型，由湘潭电机厂（负责电气及总装）、株洲田心机车车辆工厂（负责机械部分）共同研制。1968年，经过对6Y1型10年的研究改进，在中国半导体工业发展的条件下，将引燃管整流改为大功率半导体整流，试制出我国第一代电力机车，命名为韶山1型，代号$SS_1$。1969年株洲电力机车工厂与株洲电力机车研究所试制了一台韶山2型电力机车试验车，在此基础上应用晶闸管可控整流技术，1978年研制成功韶山3型电力机车，1984年开始批量生产。1985年试制韶山4型电力机车，1990年试制韶山5型、韶山6型电力机车，1994年研制出韶山8型准高速电力机车，1996年开始生产。截止20世纪90年代末期，我国电力机车的研究、生产已成为世界上主要力量，已形成了4、6、8轴的韶山型系列电力机车型谱。已经有$SS_1$、$SS_3$、$SS_4$（$SS_{4B}$、$SS_{4G}$）、$SS_6$（$SS_{6B}$）、$SS_7$（$SS_{7B}$、$SS_{7C}$、$SS_{7D}$、$SS_{7E}$）、$SS_8$、$SS_9$（$SS_{9G}$）等交直传动系列干线客货运电力机车投入运营。

进入20世纪90年代，国外交流传动的发展已经进入了成熟期，交流传动已占据了电力机车主导地位，尤其是在铁路高速和重载牵引方面显示了很大的优越性。我国交流传动电力机车的研制和生产也取得了重大进展，实现了牵引动力从交直传动到交流传动的转换，使生产货运机车单轴功率1 200～1 600 kW、客运机车单轴功率1 200～1 400 kW的电力机车成为主流车。到2005年，我国已经有自主研发生产的九方、澳星、天梭号、SSJ3等交流传动电力机车问世并进行试运，同时成功引进了世界上最先进的时速200 km以上动车组技术，大功率交流传动电力机车技术，引进技术项目已转入国产化设计并大量生产和运用$HXD_1$、$HXD_2$、$HXD_3$"和谐型"大功率交流电力机车。

纵观我国电力牵引60年的发展历程，大体经历了四个阶段：

第一阶段是从1958年到70年代末，共20多年。这一阶段是我国电力机车发展的起步期。第一台干线交流电力机车由湘潭电机厂（负责电气和总装）、株洲田心机车车辆工厂（负责机械部分）共同研制。1958年试制成功韶山型引燃管整流器式电力机车，该车参照苏联H60型电力机车设计。1969年株洲电力机车工厂与株洲电力机车研究所试制了一台$SS_2$型电力机车。从此，我国电力机车从无到有、从模仿苏联的技术入手，经过三次大的技术改造，生产出了性能稳定、运行可靠的$SS_1$型电力机车，作为客货牵引动力的主型干线机车。到1988年止，共生产$SS_1$型机车828台。

第二阶段是从70年代末到80年代末，这是我国电力机车发展的成长期。这一阶段发展的主要目标是：研制我国自己的相控机车，提高机车功率和可靠性，充分发挥电力机车的优越性。这时期的代表机型是$SS_3$和$SS_4$型电力机车。

$SS_3$型电力机车采用调压开关级间平滑调压方式，是调压开关调压向相控调压过渡的方案。这种调压方式实现了调压开关无弧断开，提高了工作可靠性，既保留了调压开关调压功率因数高、整流电压脉动小、对通讯干扰小的优点,又具有平滑无级调压、能充分利用机车黏着重量的优点。如改装后的 $SS_1$ 型 031 号电力机车,采用级间平滑调压试验结果表明,与原来有级调压相比,起动牵引力提高 13%~18%,坡停起动时机车功率提高 2~4 倍。但由于该调压方式仍采用调压开关作级间转换,主电路结构较复杂。目前 $SS_3$ 型机车已全部改成了全相控方式(即 $SS_{3B}$ 型或 $SS_34000$ 型),改进的项目主要包括:8 级级间平滑调压改为三段不等分桥相控调压、机车特性控制;两级电阻制动改为加馈电阻制动;中心销牵引装置改为低位平拉杆牵引装置等。

$SS_4$ 型电力机车是我国自行研究的第一代重载货运、全相控调压、B0 转向架机车。该车由相同的两节车组成,每节车上只有一台劈相机,用一台通风机作先导机,当劈相机故障时代替劈相机为辅助机组提供三相电源。由于该车从 20 世纪 80 年代初开始研制,其技术水平仍属 70 年代开发研究的层次,且由于运输需要,从样机到大批量生产的过程太短,初期生产的 158 台车至今仍有些技术问题没有彻底解决。针对早期存在的质量问题,1993 年对原 $SS_4$ 型机车进行了重大改进,俗称 $SS_{4G}$ 进型($SS_{4G}$、$SS_{4G}$)。改进的主要项目有:经济四段桥相控改为不等分三段桥相控;加装功率因数补偿装置;两级电阻制动改为加馈电阻制动;恒流、恒压控制改为恒流准恒速特性控制;加装空转(滑行)保护装置,轴重转移补偿装置;Z 形低位斜杆牵引装置改为推挽式低位斜杆牵引装置等。

第三阶段从 20 世纪 90 年代中期到 21 世纪初这段时间,是电力牵引发展的全盛期。通过消化吸收和应用 6K、8K 等国外电力机车的先进技术、自主研发交流传动技术,我国电力机车的研发水平有了长足进步。在这一阶段,电力机车的开发年年出新,机型全面换代,是我国电力机车发展的全盛时期。所采用的新技术主要有:8K 机车的电子控制柜、大功率晶闸管及硅机组、受电弓、空气断路器、预布线、预布管工艺、单边刚性齿轮传动及滚动抱轴承结构;6K 机车的 3B0 转向架;$SS_{6B}$ 机车的 ZD114 型牵引电动机;8G 机车的牵引装置;车载微机控制系统;列车供电技术;轮对空心轴高速传动技术;LCU 逻辑控制单元等。结合我国传统的牵引电动机并联的主电路形式,应用新技术相继研制或改进了 $SS_5$、$SS_8$、$SS_{3B}$、$SS_6$、$SS_{6B}$、$SS_7$、$SS_{4G}$、$SS_{4B}$、$SS_{7C}$、$SS_{7D}$、$SS_{7E}$、$SS_9$ 等交直传动电力机车和 AC4000 型交-直-交传动原型电力机车及 DJ、DJ1、DJ2 等型交流传动电力机车。我国研制生产的交直传动电力机车简表如表 1-1 所示。

表 1-1 国产交-直传动电力机车简表

| 型号 | 轴式 | 功率/kW | 速度/(km/h) | 调压方式 | 传动方式 | 电机电压/V | 首台出厂日期 | 备注 |
|---|---|---|---|---|---|---|---|---|
| $SS_1$ | C0C0 | 3 900 | 100 | 33 级有级调压 | 抱轴悬挂,双边斜齿 | 1 500 | 1961 | |
| $SS_3$ | C0C0 | 4 800 | 100 | 8 级加级间无级调压 | 抱轴悬挂,双边斜齿 | 1 500 | 1978 | |
| $SS_{3B}$ | C0C0 + C0C0 | 4 800 | 100 | 3 段顺控桥 | 抱轴悬挂,双边斜齿 | 1 500 | 2002 | |
| $SS_6$ | C0C0 | 4 800 | 100 | 2 段桥 | 抱轴悬挂,单边直齿 | 1 500 | 1990 | 带功率补偿 |
| $SS_{6B}$ | C0C0 | 4 800 | 100 | 3 段顺控桥 | 抱轴悬挂,单边直齿 | 1 020 | 1994 | 功率补偿,加馈制动 |
| $SS_7$ | B0B0B0 | 4 800 | 100 | 2 段桥 | 抱轴悬挂,单边直齿 | 1 020 | 1992 | 功率补偿,再生 |

续表

| 型号 | 轴式 | 功率/kW | 速度/(km/h) | 调压方式 | 传动方式 | 电机电压/V | 首台出厂日期 | 备注 |
|---|---|---|---|---|---|---|---|---|
| $SS_{7D}$ | B0B0B0 | 4 800 | 170 | 3段顺控桥 | 轮对空心轴 | 1 030 | 1999 | 复励电机,加馈 |
| $SS_{7E}$ | C0C0 | 4 800 | 170 | 3段顺控桥 | 轮对空心轴 | 1 030 | 2002 | 复励电机,加馈 |
| $SS_4$ | B0B0+B0B0 | 6 400 | 100 | 3段顺控桥 | 抱轴悬挂,双边斜齿 | 1 020 | 1985 | |
| $SS_{4G}$ | B0B0+B0B0 | 6 400 | 100 | 3段顺控桥 | 抱轴悬挂,双边斜齿 | 1 020 | 1993 | 功率补偿,加馈 |
| $SS_{4B}$ | B0B0+B0B0 | 6 400 | 100 | 3段顺控桥 | 抱轴悬挂,单边直齿 | 1 020 | 1995 | 功率补偿,加馈 |
| $SS_8$ | B0B0 | 3 600 | 177 | 3段桥 | 轮对空心轴 | 950 | 1994 | 加馈 |
| $SS_9$ | C0C0 | 5 400 | 177 | 3段桥 | 轮对空心轴 | 990 | 1999 | 加馈 |

第四阶段,自2004年以来,我们与日本、德国、法国等合作,引进了世界一流大功率交流传动技术和动车组技术,同时进行一些国产化改造工作。中国中车大连机车车辆有限公司与日本东芝、中国中车株洲与德国西门子、中国中车大同与法国阿尔斯通等公司合资研发生产我国新一代大功率交流传动电力机车,最大持续功率为 9 600 ~ 10 000 kW、轴重230 kN/250 kN、牵引定数2万吨、最高时速为 120 km 的大功率交流传动重载电力机车,命名为"和谐型"(HXD-),$HXD_3$为我国大连机车车辆有限公司与日本东芝联合设计生产的6轴交流机车,$HXD_1$、$HXD_2$为我国株洲机车厂与德国西门子、大同机车厂与法国阿尔斯通公司联合设计生产的8轴交流机车。从2006年开始到"十一五"超过1 000列的大功率交流传动电力机车陆续下线投入运用,拉开了我国牵引动力从交直传动到交流传动转换的序幕,对我国牵引动力技术进步和运输能力的快速提高起到了极大的促进作用,引发我国铁路牵引动力和运载工具发生深刻、巨大的变革。目前我国已形成 $HXD_1$($HXD_{1B}$、$HXD_{1C}$、$HXD_{1D}$、$HXD_{1F}$、$HXD_{1G}$)、$HXD_2$($HXD_{2B}$、$HXD_{2C}$、$HXD_{2D}$、$HXD_{2F}$)、$HXD_3$($HXD_{3B}$、$HXD_{3C}$、$HXD_{3D}$、$HXD_{3A(E)}$、$HXD_{3G}$)系列大功率交流传动电力机车。我国研制生产的交直交传动电力机车简表如表1-2所示。

表1-2 国产交-直-交传动电力机车简表

| 型号 | 轴式 | 功率/kW | 最高速度/(km/h) | 轴重/kN | 客/货 |
|---|---|---|---|---|---|
| $HXD_1$ | 2(B0-B0) | 9 600 | 120 | 230/250 | 货运 |
| $HXD_{1B}$ | C0-C0 | 9 600 | 120 | 250 | 货运 |
| $HXD_{1C}$ | C0-C0 | 7 200 | 120 | 230/250 | 货运 |
| $HXD_{1D}$ | C0-C0 | 7 200 | 160 | 210 | 客运 |
| $HXD_{1F}$ | 2(B0-B0) | 9 600 | 100 | 300 | 重载货运 |
| $HXD_{1G}$ | 2(B0-B0) | 11 200 | 210 | 195 | 客运 |
| $HXD_2$ | 2(B0-B0) | 9 600 | 120 | 230/250 | 货运 |
| $HXD_{2B}$ | C0-C0 | 9 600 | 120 | 230/250 | 货运 |
| $HXD_{2C}$ | C0-C0 | 7 200 | 120 | 230/250 | 货运 |

续表

| 型号 | 轴式 | 功率/kW | 最高速度/（km/h） | 轴重/kN | 客/货 |
|---|---|---|---|---|---|
| HXD$_{2D}$ | C0-C0 | 7 200 | 160 | 220 | 客运 |
| HXD$_{2F}$ | 2（B0-B0） | 9 600 | 100 | 300 | 重载货运 |
| HXD$_3$ | C0-C0 | 7 200 | 120 | 230/250 | 货运 |
| HXD$_{3B}$ | C0-C0 | 9 600 | 120 | 250 | 货运 |
| HXD3$_C$ | C0-C0 | 7 200 | 120 | 230/250 | 货运 |
| HXD3$_D$ | C0-C0 | 7 200 | 160 | 210 | 客运 |
| HXD3$_{A(E)}$ | 2（B0-B0） | 9 600 | 120 | 250 | 货运 |
| HXD3$_G$ | 2（B0-B0） | 11 200 | 210 | 195 | 客运 |

# 技能训练　识别我国电力机车类型，分析比较各型机车性能

## 【学习目标】

（1）收集我国干线运营电力机车的外形图片和技术资料；
（2）分析比较我国干线各型机车的技术特点和参数；
（3）总结出我国电力牵引技术进步和升级的主要表现；
（4）撰写我国牵引动力现状与发展的分析报告。

## 【学习任务】

通过网络或查阅有关专业技术资料，按照项目中相关知识提供的我国干线电力机车型号，收集这些机车的有关研发资料、技术特点、相关参数、外形图片；整理所收集的技术资料，比较这些不同阶段机车的技术特点，得出其技术进步特征，在此基础上，撰写我国电力机车与电力牵引技术发展历程的学习报告。

## 【环境设备】

多媒体教学设备，电力机车主要电气设备，电力机车图片等，在电力机车驾驶仿真实训室完成学习项目。

## 【操作指导】

### 1. 现场讲解，阅读教材

任课教师在实训室通过实物、多媒体系统、仿真训练装置为学生现场讲解电力机车的构

成及工作过程，展示我国最新型电力机车和高速动车组的图片和技术资料，引导学生认真阅读相关知识，重点关注电力机车和电力牵引技术的发展。

2. 收集相关资料

第一，上网浏览，重点查看海子铁路网、西南交通大学牵引动力国家重点实验室、中国中车大连机车研究所、中国铁路之家、中国中车株洲电力机车研究所等网站，收集我国各型电力机车图片、技术特点、参数等资料。

第二，到图书馆查阅相关专业期刊、图书收集资料，重点查阅《机车电传动》《铁道机车与动车》《中国铁路》《铁道机车车辆》《铁道知识》《机车车辆工艺》等专业技术期刊。

3. 整理相应资料

对收集到的电力机车和牵引动力发展的相关资料进行汇总和整理。注意按照一定的分类方法进行整理，使得资料条理、脉络清晰、明了。

4. 撰写学习报告

根据整理的资料撰写学习报告。报告要体现学习目标、落实学习任务，突出阐述我国电力机车和电力牵引技术的进步和发展，总结50多年来我国电力牵引事业取得的成就和重大技术突破，联系我国铁路高速重载的发展实际，展望我国牵引动力发展的前景和发展方向。

5. 学习报告交流

每班选出5名同学，在课堂公开交流本项目的学习报告，与学生、老师共同分享学习成果。其他学生两两自愿结合互换学习报告，相互评价。

6. 任务说明

本项目为课内课外相结合的学习项目，上课时主要在机车仿真训练实训室通过图片、视频、文字等资料获得感性认识，再通过参观有关电气设备实物获得直观认识；收集资料放在课下进行，时间在第一次上课后到第二次上课期间，图书馆可以为学生提供上网和查阅资料帮助。

【练习与思考】

1. 收集我国干线运营电力机车的外形图片和技术资料。
2. 分析比较我国干线各型机车的技术特点和参数。
3. 得出我国电力牵引技术进步和升级的主要方面。
4. 撰写我国牵引动力现状与发展的分析报告。
5. 什么是电力机车？
6. 试述电力机车的工作原理。
7. 电力机车如何分类？
8. 电力机车按供电电流制和传动形式如何分类？

9. 电力牵引有哪些特点？
10. 电力牵引有哪些优越性？
11. 列出 $HXD_1$ 型电力机车主要技术参数。
12. 列出 $HXD_2$ 型电力机车主要技术参数。
13. 列出 $HXD_3$ 型电力机车主要技术参数。

# 项目二　电力机车工作原理及速度调节

【项目描述】

列车的整个运行过程，概括起来只存在起动、调速、制动三种基本的运行状态。这三种基本运行状态实质都是速度的调节，起动和制动是调速的两种特殊形式而已。因此，电力机车速度调节是牵引列车运行时最为根本的任务之一。电力机车是以牵引电动机作为传动设备的，所以电力机车的调速本质上是牵引电动机的调速。电力机车一般有两套制动系统，一是空气制动系统即机械制动系统，包括闸瓦制动和盘形制动；二是电气制动系统，包括电阻制动和再生制动。根据如何消耗发电机所产生的电能划分出两种电气制动方式，即电阻制动和再生制动。通过本项目电力机车的基本组成、工作原理和调速方法的学习，会初步操作机车的起动、运行和制动。

【教学目标】

1. 知识目标

（1）掌握四类电力机车的工作过程；
（2）掌握直流电力机车磁场削弱调速的方法；
（3）掌握直流电力机车移相调压调速的方法；
（4）掌握交流电力机车的变频调速方法；
（5）掌握电力机车的起动方法；
（6）掌握电力机车的电气制动方法；
（7）理解电力机车特性控制曲线与控制方法。

2. 能力目标

（1）能分析各类电力机车的工作过程；
（2）能分析直流电力机车磁场削弱调速的方法和技术特点；
（3）能分析直流电力机车移相调压调速的方法及技术特点；
（4）能分析交流电力机车的变频调速方法；
（5）能分析电力机车的起动方法；
（6）能分析电力机车的电气制动方法；
（7）会起动电力机车并对其进行速度调节；
（8）能撰写特性控制曲线与控制方法的总结报告。

# 任务一　电力机车的工作原理

【教学目标】

1. 知识目标

掌握四类电力机车的工作过程。

2. 能力目标

（1）能分析各类电力机车的工作过程；

（2）能根据各类电力机车的工作原理，总结各类电力机车的优缺点。

【相关知识】

## 一、直-直型电力机车

直-直型电力机车通常称为直流电力机车，是现代电力机车最为简单的一种。它使用的是直流电源和直流串励牵引电动机。目前有些工矿电力机车、地铁电动车组和城市无轨电车仍采用这种形式。

图 2-1 所示为一般工矿用四轴直流电力机车的工作原理示意图。工作过程为：机车由受电弓 AP 从接触网取得直流电，经断路器 QF、起动电阻 $R$ 向 4 台直流牵引电动机 $M_1 \sim M_4$ 供电，牵引电流经钢轨流回变电所。当 4 台牵引电动机接通电源后即行旋转，把电能转变为机械能，再分别通过各自的齿轮传动装置，驱动机车动轮牵引列车运行。

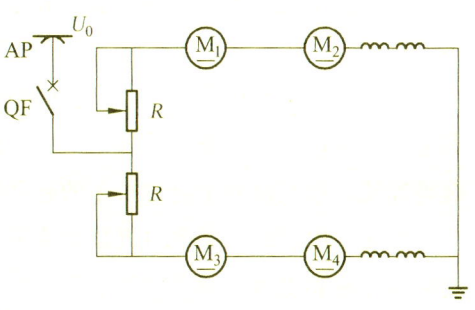

图 2-1　直流电力机车工作原理图

通过分析直流电力机车的工作原理，可以得出直流电力机车具有以下特点：

（1）机车结构简单，造价低，经济性好。

（2）采用适合于牵引的直流串励电动机，牵引性能好，调速方便。

（3）控制简单，运行可靠。

（4）供电效率低。由于受牵引电动机端电压的限制，接触网电压一般为 1 500～3 000 V。传输一定功率时电流较大，接触网导线耗电量较大，因此供电效率低。

（5）基建投资大。为了减少接触网上的电压降，电气化区段的牵引变电所数量较多，造成基建投资大。

（6）有级调速。由于使用调压电阻起动、调速，因此调节过程中的能量损耗使效率降低，同时也难以实现连续、平滑地调节。随着电力电子技术的发展，应用直流斩波技术进行调速，可以对牵引电动机端电压进行连续、平滑地调节，从而实现无级调速。

综上所述，直流电力机车由于受牵引电动机端电压的限制，网压不可能太高，从而限制了机车功率的进一步提高。随着现代铁路运输事业的发展，直流电力机车显然已不适应干线大功率的要求，一般应用于工矿及城市交通运输。

## 二、交-直型电力机车

交-直型电力机车即整流器电力机车，其能量传递是将接触网供给的单相工频交流电，经机车内部的牵引变压器降压，经整流装置将交流电转换为脉动直流电，经平波电抗器后向直流（脉流）牵引电动机供电，从而产生牵引力牵引列车运行。其工作原理简图如图 2-2 所示。

因为牵引电动机取得的电能是经降压、整流获得的，故牵引电动机的端电压受牵引变压器、整流线路的影响，其机车特性区别于直流电力机车。

（1）整流器电力机车的变流过程在机车内完成，而直-直型电力机车的变流过程是在牵引变电所进行，因此整流器电力机车是一个集变压、变流、牵引为一体的综合装置，不仅大大简化了牵引变电所的供电设备，而且由于采用交流供电，提高了接触网的供电电压，使一定功率的电能得以采用小电流输送，这样既可减小接触网导线的截面、节省有色金属用量，也可减少电能损耗，提高电力机车的供电效率。

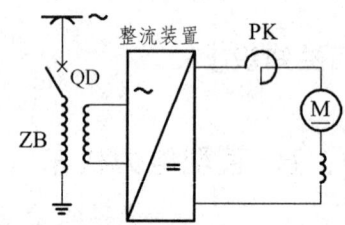

图 2-2　整流器电力机车工作原理示意图

（2）由于机车内设有变压器，调压十分方便，因此牵引电动机的工作电压不再受接触网电压的限制，可以选择最有利的工作电压，使牵引电动机的重量/造价比降低，工作更为可靠。

（3）牵引电动机采用适合牵引的串励电动机，可以获得良好的牵引性能和起动性能，尤其起动时采用调节整流电压的方式，省略了起动电阻，不仅减轻了电气设备的重量、降低了起动能耗，而且改善了电力机车的起动性能，提高了机车的运行可靠性。

但是，由于整流器电力机车整流装置的输出电压为一脉动电压，因而流过牵引电动机的电流是一脉动电流。脉动电流不仅使牵引电机的损耗增加，而且使牵引电机换向恶化，因此在整流器电力机车上需装设平波电抗器 PK 和固定分路电阻以限制电流的脉动，改善电动机的工作条件。同时，在牵引电动机的结构上亦作了特殊设计。

## 三、交（直）交型电力机车

交（直）交型电力机车属于交流传动电力机车，由各种变流器供电，机车和动车组采用同步或异步电机作牵引动力。目前现有的交（直）交型机车和动车组有电压型、电流型两种基本结构。

**1. 具有异步牵引电机电力机车的工作原理**

仅以电压型交-直-交变流器供电、三相异步电机作牵引电机的机车为例进行分析,其原理如图 2-3 所示。

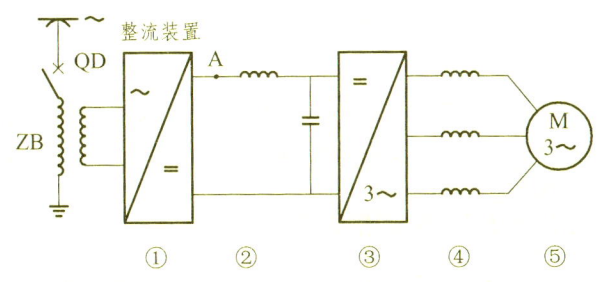

图 2-3 电压型异步电机电力机车原理图

机车在工作时,受电弓将网压引入机车变压器一次侧绕组,经变压器二次侧绕组降压后送入①环节,将交流电转换为脉动直流电,经②环节平滑 A 处的脉动,送入③环节,将直流电逆变为电压和频率可调的三相交流电,经④环节平波电抗器,供给⑤环节三相异步牵引电动机,实现牵引运行。在这个系统中,机车先将电网的交流能量转换为直流能量,然后进一步转换成电压和频率可调的交流能量。

各环节的作用分述如下:

① 整流电路,基本作用是将交流电转换为直流电。实现电路可以是不可控整流桥、相控整流桥、四象限脉冲变流器。

② 直流环节滤波器,基本作用是平滑 A 处的纹波(脉动),消除或减少谐波含量(5 次谐波),改善机车的功率因数。

③ 逆变器,用于将直流电转换为三相交流电,同时为了机车调速的需要,它应具有较宽的调频范围和调压范围,一般采用正弦波脉宽调制(PWM)。随着电力半导体器件(GTO)的开发,可以采用电压相量控制技术(VVCPWM),降低电机损耗,减少网压波动的影响。

④ 平波电抗器,有三大作用,即降低电机、电缆中高频成分;控制噪声传播;抑制电机起动过程中的谐波分量,使频繁断开电机电路时不损坏变频器。三者通过三相霍尔电流传感器对变频器输出端采取完善的短路保护措施。

系统的工作特点为:

① 由于异步电机无换向器,所以对于相同功率的电机,异步电机重量较轻、体积小,使机车转向架簧下部分重量相应减少,在机车通过曲线时,轮轨之间侧向压力也相应减少,这对高速行车尤为重要。同时,由于电机体积小,能选择更为合适的悬挂方式,从而简化了转向架结构。

② 机车能发挥较高的输出功率。异步牵引电机不存在换向问题，所以高速行车时电机效率较高；同时，牵引电机因无换向器，空间利用好，使机车功率得以进一步提高。再生制动时亦能输出较大的电功率。

③ 机车具有优异的牵引性能和制动特性。由于异步电机具有很稳定的机械特性，因而有自然防空转和防滑行的性能，黏着利用好，既减少了轮箍的损伤，同时又有利于提高列车的加速度，缩短机车起动和制动时间。

④ 简化了主线路。异步电机的正、反转及牵引、制动状态的转换，通过机车控制电路就能实现，不需要改变主线路，所以机车主线路中的两位置转换开关可省去。

### 2. 具有同步牵引电机电力机车的工作原理

同步电机电力机车是一种交-交型电力机车，工作原理如图2-4所示。

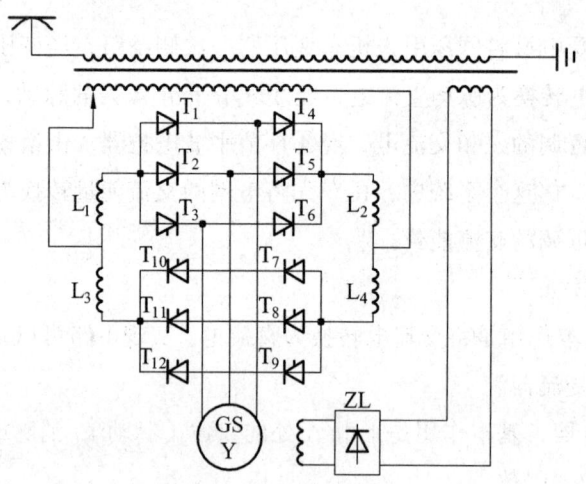

图2-4 同步电机电力机车工作原理图

机车工作时，单相交流电由接触网经受电弓送入牵引变压器的高压绕组，再经轨道电路流回牵引变电所。接触网电压经变压器降压后送入变频变流装置，变频变流装置将单相交流电转换为三相交流电，供给三相同步电动机使用。同步电机的励磁绕组由变压器的单独绕组供电，经整流装置，提供可调的直流电压。

变频变流装置利用两组反并联整流桥中可控制的触发电路，按一定相序使同步电机三相绕组依次通电，从而使电机的定子获得旋转磁场。改变变频变流装置的输出电压和频率可以调节机车速度。同时调节同步电机的励磁电流也可以实现机车调速。

与异步电机电力机车相比，交流同步电机电力机车没有中间环节，直接由变频变流装置将单相交流电变为三相交流电，因此结构简单，并能获得在工频电流下较宽的调频范围。但是，由于同步电机仍有滑环和电刷装置，在结构、空间利用、维修等方面都不及异步电机。

# 任务二　电力机车的调速方法

## 【教学目标】

1. 知识目标
（1）了解电力机车调速的基本要求；
（2）掌握直流电机的调速方法和交流电机的调速方法；
（3）掌握直流电力机车磁场削弱调速的方法；
（4）掌握直流电力机车移相调压调速的方法；
（5）掌握交流电力机车的变频调速方法。

2. 能力目标
（1）能分析直流电机和交流电机调速方法的区别；
（2）能分析直流电力机车磁场削弱调速的方法和特点；
（3）能分析直流电力机车移相调压调速的方法和特点；
（4）能分析交流电力机车的变频调速方法；
（5）会采用电力机车的调速方法对机车速度进行调节。

## 【相关知识】

电力机车无论采用何种调速方式，从运行的角度出发，下列基本要求都必须得到满足：
（1）宽广的调速范围。只有具备宽广的调速范围，才能满足列车运行速度范围广的需要。
（2）冲击力小，牵引力变化平滑。速度调节应力求平稳，不间断牵引电动机的供电，并且有尽可能多的速度运行级，从而避免电流和牵引力的冲击。
（3）调速经济。在保证速度范围的情况下，附加设备要少，且无附加能量损耗。
（4）运行可靠，控制简单，操作方便。

## 一、具有直（脉）流牵引电机机车的调速方法

直-直型和交-直型电力机车上采用直（脉）流牵引电动机。其转速公式为

$$n = \frac{U_D - I_a \Sigma R}{C_e \Phi} \ (\text{r/min})$$

式中　$U_D$——牵引电动机电压（V）；
　　　$I_a$——牵引电动机电枢电流（A）；
　　　$\Sigma R$——牵引电动机电路总电阻（Ω）；

$\Phi$——牵引电动机每极磁通（Wb）；

$C_e$——牵引电动机结构常数，其值为 $PN/60a$（$a$ 为电枢绕组支路数）。

由此可知，直-直型和交-直型电力机车的调速方案有下列几种：

### 1. 改变牵引电动机回路电阻 $\Sigma R$

在牵引电动机回路中串入启动电阻，通过改变电阻阻值的方法来调节机车的速度。因为牵引电机回路电压较高，电流较大，附加调节电阻的损耗使电机效率降低，所以用这种方法调速不经济；又因为调节电阻调速是有级的，造成机车牵引力有冲击。因此，在大功率电力机车上不采用这种方法，而广泛采用改变牵引电动机的端电压以及削弱牵引电动机磁场的调速方法。

### 2. 改变牵引电动机的端电压 $U_D$

直流电力机车的牵引电动机电源直接取自接触网，所以可以采用改变牵引电动机的组合方式（串联、串-并联、并联）来改变牵引电动机的端电压。这种调速方法无能量消耗，但只能做有级调节，且调速级有限（一般为 2~3 级），还要配合相应的转换电路。

在交-直型整流器电力机车上，接触网电压需经变压器降压和整流装置整流后，再供给牵引电动机，因而这种机车可用改变变压器一次侧、二次侧电压的方式进行有级调速，或者利用晶闸管整流元件，通过改变晶闸管控制角的方法来改变整流输出电压，从而进行平滑无级调速。

1）变压器高压侧调压

变压器低压绕组（二次侧）匝数不变，通过改变高压绕组（一次侧）匝数来调节变压器输出电压的方法叫高压侧调压，原理如图 2-5 所示。

2）变压器低压侧调压

变压器高压绕组匝数不变，通过改变低压绕组匝数来调节变压器输出电压的方法叫低压侧调压，原理如图 2-6 所示。

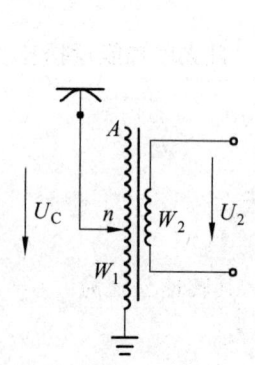

图 2-5 高压侧调压原理图

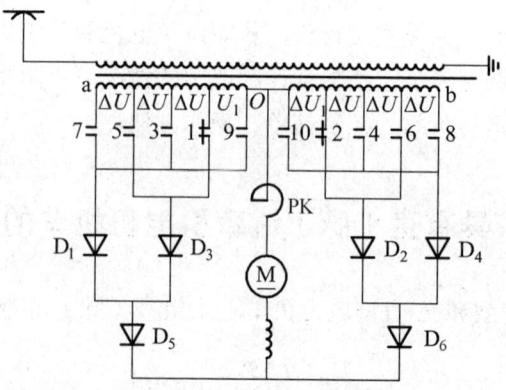

图 2-6 低压侧调压原理图

3）交-直型整流器电力机车的相控调压

采用无级调速的电力机车，整流电路为可控整流。根据整流元件是否完全可控，又分为半控整流和全控整流电路。

（1）全控整流电路。

图 2-7（b）所示为理想全控桥，晶闸管 $T_1$、$T_4$ 组成一对桥臂，晶闸管 $T_2$、$T_3$ 组成另一对桥臂。当变压器二次侧电压 $u_2$ 为正半周时，控制角为 $\alpha$ 的瞬间给 $T_1T_4$ 送触发脉冲，$T_1$、$T_4$ 即导通，这时电流从电源 a 端经 $T_1$、$L_d$、M、$T_4$ 流回电源 b 端，这期间 $T_2T_3$ 均承受反压而截止。当电源电压过零变负时，因平波电抗器 $L_d$ 的作用，使 $T_1$、$T_4$ 仍承受正向电压而导通，因而 $u_d$ 波形出现负值部分，此时晶闸管 $T_2$、$T_3$ 上虽都已承受正向电压，但由于触发脉冲尚未到来而未导通；当 $\omega t = \pi + \alpha$ 时，触发 $T_2$、$T_3$ 使之导通，$T_2$、$T_3$ 导通后立即使 $T_1$、$T_4$ 承受反向电压而关断，电流从电源 b 端经 $T_3$、$L_d$、M、$T_2$ 流回电源 a 端。

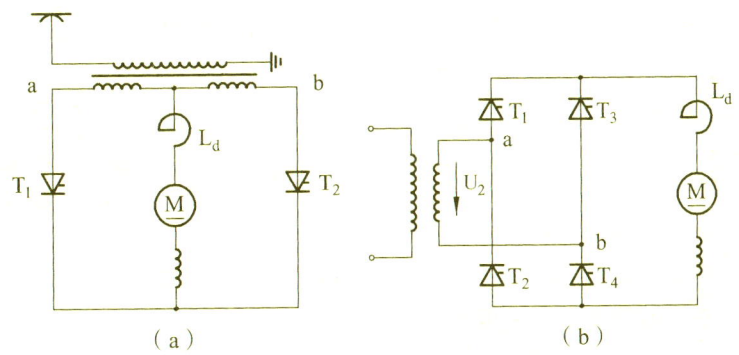

图 2-7 单相全控整流电路

（2）半控桥式整流电路。

图 2-8 给出了两种接法的半控桥式整流电路，图（a）为不共阴极整流电路接法，图（b）为共阴极整流电路接法。其中，不共阴极半控桥式整流电路在电力机车上被广泛采用。

分析图（a）可以看出，在正半周控制角为 $\alpha$ 时触发晶闸管，则 $T_1D_2$ 导通，整流电流流过，桥臂 $T_2D_1$ 承受反向电压截止。当电源电压 $u_1$ 下降到零并变负时，由于电感的作用，二极管 $D_1$ 导通，晶闸管 $T_1$ 关断，而晶闸管 $T_2$ 尚未触发，因此二极管 $D_1D_2$ 同时导通，此时回路电流不经过变压器绕组而是经 $L_d$、电机 M、二极管 $D_1D_2$ 构成回路。在此期间 $D_1D_2$ 仅起续流作用，变压器绕组电流为零，输出电压为零，牵引电机端电压为零。

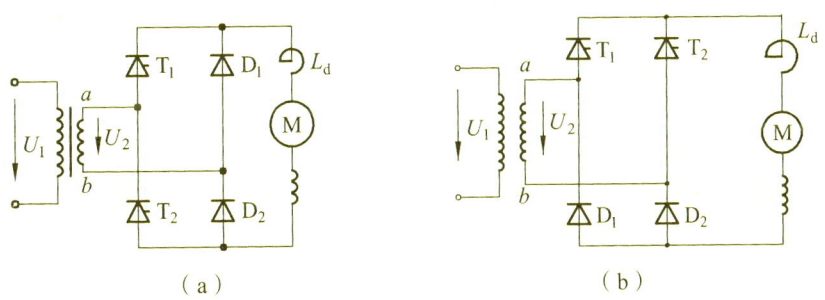

图 2-8 半控桥式整流电路

当电源电压 $u_2$ 在负半周时，$T_2$ 承受正向电压，在相应控制角为 $\alpha$ 时触发 $T_2$ 导通，$D_2$ 承受反压截止，电流经 $D_1$、$L_d$、M、$T_2$ 流回变压器。到电源电压 $u_2$ 又变正时，仍由 $D_1D_2$ 提供续流回路，变压器输出变为零，直到下一个周波晶闸管触发脉冲到来。

（3）多段桥顺序控制。

为了改善机车的功率因数，降低谐波干扰，机车上广泛应用多段整流桥顺序控制，即把桥段数增加到 $n$ 段，$n$ 愈大，则效果愈好。下面介绍理想情况下三段不等分桥。

随着桥段数的增多功率因数将有所提高，但是段数增多会使牵引变压器二次侧绕组的分段数相应增加，整流臂数、元件数量增多，因此引起机车主电路复杂、控制复杂。在实际应用中，一般采用多段不等分桥整流电路。图2-9所示为三段不等分桥。变压器二次侧绕组由两段 $a_4x_4$、$a_2x_2$ 组成，其中一段 $a_4x_4$ 接成中抽式半控桥，另一段 $a_2x_2$ 接成一般半控桥整流电路，因中抽式绕组可看作两段绕组 $a_4b_4$、$b_4x_4$，故实际变压器二次侧绕组是三段不等分，各段绕组的电压分配比例为 1:1:2，即 $U_{a4b4} = U_{b4x4} = \frac{1}{2}U_{a2x2} = \frac{1}{4}U_2$。$D_1 \sim D_4$ 提供直流续流通道。三段不

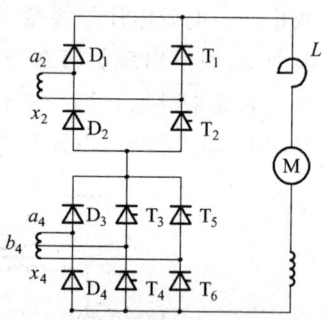

图2-9 三段不等分半控桥整流调压电路图

等分半控桥式调压整流电路的升压顺序控制过程如下：

第Ⅰ段：$a_2x_2 - T_1T_2D_3D_4$ 工作，大桥调压，$T_3 \sim T_6$ 晶闸管封锁，负载电流流过 $D_3D_4$、$T_1T_2D_1D_2$、$a_2x_2$。整流输出电压的平均值为

$$U_d = 0.9U_{a2x2}\frac{1+\cos\alpha_1}{2} = \frac{1}{2} \times 0.9U_2\frac{1+\cos\alpha_1}{2}$$

$$0 \leqslant \alpha_1 \leqslant \pi, \quad \alpha_2 = \alpha_3 = \pi$$

当 $\alpha_1 = \pi$ 时，$U_d = 0$；$\alpha_1 = 0$ 时，$U_d = 0.45U_2$。

第Ⅱ段：维持 $T_1$、$T_2$ 满开放，$a_4b_4 - T_3T_4D_3D_4$ 四臂小桥调压；$T_5$、$T_6$ 封锁，负载电流流过 $T_1T_2D_1D_2$、$a_2x_2$、$D_3D_4T_3T_4$、$a_4b_4$。整流输出电压平均值为

$$U_d = 0.45U_2 + 0.9U_{a4b4}\frac{1+\cos\alpha_2}{2}$$

$$= 0.45U_2 + 0.9 \times \frac{1}{4}U_2\frac{1+\cos\alpha_2}{2}$$

$$\alpha_1 = 0, \ 0 \leqslant \alpha_2 \leqslant \pi, \ \alpha_3 = \pi$$

当 $\alpha_2 = \pi$ 时，$U_d = 0.45U_2$；$\alpha_2 = 0$ 时，$U_d = 0.675U_2$。

第Ⅲ段：维持 $T_1 \sim T_4$ 满开放，$b_4x_4 - T_5T_6D_3D_4$ 调压桥调压，负载电流流过三段变压器绕组和三段半控桥。此时整流电压平均值为

$$U_d = 0.675U_2 + 0.9U_{b4x4}\frac{1+\cos\alpha_3}{2}$$

$$= 0.675U_2 + 0.9 \times \frac{1}{4}U_2\frac{1+\cos\alpha_3}{2}$$

$$\alpha_1 = \alpha_2 = 0, \ 0 \leqslant \alpha_3 \leqslant \pi$$

当 $α_3 = π$ 时，$U_d = 0.675U_2$；$α_3 = 0$ 时，$U_d = 0.9U_2$。

三段不等分桥的功率因数比二段桥较高，波形畸变偏小了。此种整流调压方案被广泛采用。国产 SS$_4$、SS$_8$、SS$_3$4000、SS$_9$ 系列电力机车均采用此种调压方案。8K 机车亦采用三段不等分桥，所不同的是 8K 机车调压整流的第一段桥为全控桥，移相范围 $\frac{π}{2}$~0。当 $α_1 = 0$ 时，顺序开放第二段桥，此时维持全控桥满开放，即相当于工作在不控桥状态。

**3. 改变磁通量 $Φ$**

这种方法在直流电力机车和整流器电力机车上都得到应用，即所谓的磁场削弱调速。一般情况下，要进行磁场削弱调速，是在牵引电动机端电压已达到额定电压、而牵引电动机电流尚未达到额定时实施。磁场削弱的目的是扩大机车的运行范围，充分利用机车功率。

磁场削弱的方法主要有改变励磁绕组匝数和改变励磁绕组的电流两种。

改变励磁绕组匝数可将牵引电动机励磁绕组分段，通过改变牵引电动机励磁绕组的有效匝数，使牵引电动机电枢电流只通过一部分励磁绕组（有效匝数），来进行磁场削弱。通常直流电力机车可以利用牵引电动机励磁绕组分段法进行磁场削弱调速。采用励磁绕组分段法的优点是磁场削弱系数精确，但使电机内部结构复杂。一般采用电机串-并联转换法获得，但用此法获得的磁场削弱级数有限，并要求各电机励磁绕组的电阻值精确，否则，电机励磁绕组电阻值的微小差别，都将引起电机磁场削弱系数不一致。

改变励磁绕组的电流，也就是使牵引电动机电枢电流中的一部分流过牵引电动机的励磁绕组，从而完成磁场削弱。

改变励磁绕组的电流可以用以下几种方法：

1）电阻分路法（磁场分路法）

电阻分路法就是在励磁绕组的两端并联电阻进行分路，从而达到削弱磁场的目的。

电阻分路法因为电路结构简单、磁场削弱系数调节非常方便，同时附加电能损耗很小，调速后的效率不致降低，是一种经济的调速方法，因而在电力机车上得到广泛应用。应当指出，电阻分路法要求各电机的分路电阻值必须精确一致，否则会造成各电机磁场削弱程度不一致。当电路处在过渡过程时，应充分考虑励磁绕组的电感值。例如，当网压波动时，如网压突然上升造成机车工作电流突增，使电机电枢电流增加，励磁绕组的自感电势将阻止流过绕组的电流增长，而分路电阻支路没有电感元件，故电机中增加的电流大部分从分路电阻中流过。这样主极磁场便不能很快加强，造成反电势不足，致使电机严重过载，电枢电流过大，还有可能引起牵引电机环火。

2）磁感应分路法

为了弥补电阻分路法的不足，采用在分路电阻支路串入适当的电感线圈的方法，使磁场削弱时分路支路的电路性质与励磁绕组的属性一致，便能顺利度过过渡过程。这种磁场削弱方法称为磁感应分路法。目前，SS$_{6B}$ 型电力机车就采用这种方法。

无论采用励磁绕组分段法还是电阻（磁感应）分路法，通过改变励磁绕组的段数或改变分路电阻值，均可获得不同程度的磁场削弱，但是若磁场削弱时由满磁场一次过渡到最深度的削弱磁场，就会产生很大的电流冲击和牵引力冲击，因此，通常采用分级磁场削弱。级数越多，磁场削弱时电流和牵引力的冲击越小，但是级数过多会造成控制线路复杂、附加设备增多，故一般磁场削弱取三级左右。从充分利用机车黏着的角度看，即使采用分级磁场削弱，也仍然会造成负载电流的冲击，使机车特性不连续，对牵引电机运行带来不利影响，同时影响机车黏着的充分利用。

3）无级磁场削弱法

无级磁场削弱就是利用晶闸管元件的连续、实时、可控，对牵引电动机的励磁电流根据要求的磁场削弱系数 $\beta$ 值进行分路，从而达到无级削弱磁场的目的，此种方法也称晶闸管分路法。利用晶闸管分路法可以使牵引电动机进行平滑无级的磁场削弱。法国的 8K 型机车，国产的 $SS_5$、$SS_8$、$SS_9$ 型准高速机车均采用无级磁场削弱。

使用励磁调节方法调节机车速度是以牵引电机主极磁场的减少来获得机车高速运行的，并且磁场削弱越深，机车的速度越高。但是磁场削弱深度是有限的，否则由于牵引电机主极磁通过分削弱，在机车高速运行、大电流情况下会使牵引电机换向恶化，容易发生电机环火。因此，一般情况下脉流牵引电机的最小磁场削弱系数 $\beta_{min}$ 应该在 0.35～0.40。实用值为 0.44～0.50，保留一定的裕量。

无论调节电压或调节磁通量，都不产生附加的能量损耗，因而得到的速度级称为经济运行级。机车在经济运行级上可以长时间运行。

## 二、具有交流牵引电机机车的调速方法

交-直-交型交流传动电力机车采用三相异步牵引电动机，其转速公式为

$$n = (1-s)n_1 = (1-s)\frac{60f_1}{p}$$

式中　$n$——牵引电动机转子转速；

　　　$s$——异步电动机的转差率；

　　　$p$——定子极对数；

　　　$f_1$——电源频率；

　　　$n_1$——异步电动机同步转速。

由此可知，可以采用下列方法进行机车调速：

① 改变定子磁极对数 $p$；

② 改变转差率 $s$；

③ 改变电源频率 $f_1$。

改变定子磁极对数即改变电机定子绕组的接法，会使异步电机结构复杂，换接电路过于复杂，且为有级调速，以致丧失运用的可靠性。

改变转差率调速包括转子串电阻调速、串极调速和定子调压调速。串极调速是在转子回路中串入附加电势进行调速，串电阻和串极调速只适合绕线转子异步电动机。改变转差率调速级数有限，因而无法实现宽广的调速范围。

经济可行的方法就是改变异步电动机供电电源频率，即所谓的变频调速方法。在磁极对数 $p$ 一定的条件下，如果能平滑改变 $f_1$，就可以平滑调节电动机的转速 $n$。且 $f_1$ 变化范围越大，异步电机调速范围也越宽广，这就可以满足机车牵引电动机转速从零到最大值的调速要求。但是对于异步电机，调频与调压是相联系的，输出电压应随着输出频率的改变而改变。随着大功率半导体器件的开发应用，近代交直交型电力机车已经很好地解决了变频问题，使得机车的调速具有平滑无级的特性。

连续调节电源频率，可以平滑地调节同步转速 $n_1$，从而使电动机获得平滑调速。但工程实践中，仅仅改变电源频率还不能达到满意的调速特性，因为只改变电源频率，将导致电动机运行性能的恶化，其原因可分析如下：

电动机正常运行时，由于 $U_1 \approx E_1 = 4.44 f_1 N_1 K_{W1} \Phi_m$，若 $U_1$ 不变，则当频率 $f_1$ 减小时，主磁通 $\Phi_m$ 将增加，这将导致磁路过分饱和，励磁电流增大，功率因数降低，铁心损耗增大；而当频率 $f_1$ 增大时，主磁通 $\Phi_m$ 将减少，电磁转矩及最大转矩下降，过载能力降低，电动机的容量也得不到充分利用。因此，为了使电动机能保持较好的运行性能，要求在调节 $f_1$ 的同时，改变定子电压 $U_1$，以维持 $\Phi_m$ 不变（$U_1/f_1=$ 常量），或者保持电动机的过载能力不变。

一般认为，在任何类型负载下变频调速时，若能保持电动机的过载能力不变，则电动机的运行性能较为理想。为使变频调速时保持过载能力不变，即

$$\lambda_m = \frac{T_m}{T_N} = \frac{T'_{\max}}{T'_N} = \lambda'_m$$

三相异步电动机最大转矩的参数表达式可写成

$$T_{\max} = \frac{m_1 p U_1^2}{4\pi f_1 (X_1 + X'_2)} = \frac{m_1 p U_1^2}{4\pi f_1 \times 2\pi f_1 (L_1 + L'_2)} = C \frac{U_1^2}{f_1^2} \propto \frac{U_1^2}{f_1^2}$$

则

$$\frac{T_{\max}}{T'_{\max}} = \left(\frac{U_1}{f_1}\right)^2 \bigg/ \left(\frac{U'_1}{f'_1}\right)^2 = \frac{T_N}{T'_N}$$

即

$$\frac{U_1}{f_1} = \frac{U'_1}{f'_1} \sqrt{\frac{T_N}{T'_N}} \tag{2-1}$$

上式表明了变频调速时，欲使过载能力保持不变，电压随频率变化的规律。

变频调速时，$U_1$ 与 $f_1$ 的调节规律是和负载性质有关的，通常分为恒转矩变频调速和恒功率变频调速两种情况。

1）恒转矩变频调速

对于恒转矩负载，$T_L=$ 常数，所以 $T_N = T'_N$，则式 $\frac{U_1}{f_1} = \frac{U'_1}{f'_1} \sqrt{\frac{T_N}{T'_N}}$ 可写成

$$\frac{U_1}{f_1} = \frac{U_1'}{f_1'} = 常数$$

即对于恒转矩负载，只要满足电压与频率成正比调节，则电动机在变频调速时，既可保持过载能力不变，又可使主磁通保持不变，因而变频调速最适合于恒转矩负载。

2）恒功率变频调速

对于恒功率负载，$p_2 = T_N n_N / 9.55 = T_N' n_N' / 9.55 = 常数$，所以

$$\frac{T_N}{T_N'} = \frac{n_N'}{n_N} \approx \frac{f_1'}{f_1}$$

将此式代入式（2-1），得

$$\frac{U_1}{\sqrt{f_1}} = \frac{U_1'}{\sqrt{f_1'}} = 常数$$

即对于恒功率负载，如果保持 $U_1 / \sqrt{f_1} = 常数$ 的调节，则电动机的过载能力可保持不变，但主磁通将发生变化。也就是说，对于恒功率负载，在采用变频调速时，无法使电动机的过载能力和主磁通同时保持不变。

变频调速具有优异的调速性能，机械特性硬，调速范围较大，平滑性较高，可以适应不同负载特性的要求。图 2-10 为三相异步电动机变频调速时的机械特性。

变频调速是异步电动机尤其是笼型异步电动机调速的发展方向。要实现异步电动机的变频调速，必须有能够同时改变电压和频率的供电电源。现有的交流供电电源都是恒压恒频的，所以必须通过变频装置才能获得变压变频电源。变频装置可分为间接变频和直接变频两类。间接变频装置先将工频交流电通过整流器变成直流，然后再经过逆变器将直流变成频率可控的交流，通常称为交-直-交变频装置。直接变频装置则将工频交流一次变换成频率可控的交流，没有中间直流环节，也称为交-交变频装置。

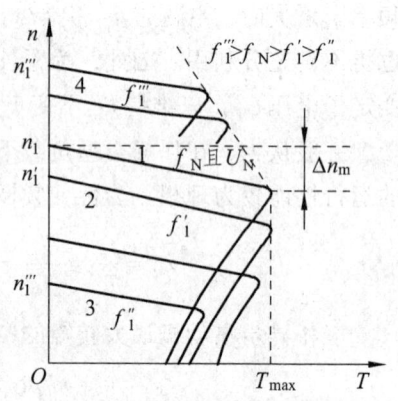

图 2-10 三相异步电动机变频调速时的机械特性

交-交型交流传动电力机车采用三相同步牵引电动机，其调速方法和直流电动机的调速原理相同，只要改变电机端电压，即改变输入电机的功率，就可以调节电动机的转速，从而获得与直流电机相同的调速特性。同时，同步电机也可用调节励磁磁通的方法实现调速。在调节电机端电压或磁通时，必须调节电机端电压的频率，保证使该频率与绕组中产生的感应电势的频率相适应。因而，同步电机电力机车的调速必须采用自动调频的晶闸管调压变频器，同时在电机转轴上装置检测器，根据检测器送出的信号去控制晶闸管，以保证电机同步。

# 任务三　电力机车的起动方法

## 【教学目标】

1. 知识目标
（1）了解电力机车起动的基本要求；
（2）掌握电力机车的起动方法。
2. 能力目标
会利用电力机车的起动方法平稳起动电力机车。

## 【相关知识】

电力机车的起动是机车运行中最先实现的工作状态。电力机车在其起动牵引力作用下，克服列车静止时所受的阻力并产生加速度，最终运行在机车的自然特性上，这一过程称为机车的起动过程。机车起动过程实质是调速的一种特殊方式。因此，前述调速的基本原理对起动都是适用的。

## 一、对起动的要求

对机车起动的基本要求是：起动快和起动平稳。机车起动快可以减少起动时间，提高平均运行速度，对铁路运输有很大的意义，特别对起动频繁的电动车组来说，意义更为重大。为了使机车起动得快，就要求机车有较大的起动电流，产生较大的起动牵引力。

机车起动平稳可以使机车内部设备免受电流冲击，机车和列车免受机械冲击，因此希望列车以匀速运动的形式运行。为此，要求起动时应尽量减少起动电流、起动牵引力的摆动。

起动电流过大时，会使电机安全整流受到破坏；起动牵引力过大时，会超出线路黏着条件，使轮对发生空转，结果反而丧失了牵引力。不同形式的电力机车，所受限制因素的主次也不同。对于直流电力机车和整流器电力机车，由于牵引电动机的不断发展和完善，已能保证在黏着条件许可范围内牵引电动机有良好的整流，其主要限制条件就是线路的黏着条件。采用交流牵引电动机的电力机车，由于电机不存在整流问题，仅受线路黏着条件的限制。对于单相整流子牵引电动机电力机车，由于这种电机整流困难，由电机安全整流决定的最大许可电流要比黏着条件决定的最大电流小，故主要受机车安全整流的限制。

此外，在机车起动过程中，不应有附加的能量损耗，若有也应尽量减小。

在机车起动操纵时，对于有级调速电力机车，要求司机逐级调速，禁用快速升级，防止牵引电机电流一次性摆动过大造成机车起动失败。

## 二、起动方式

机车在起动时处于静止状态，牵引电机在得到电压时，由于其反电势为零，因此，电机电枢电流仅由电压及电机回路的阻抗来决定，即：

$$I_a = \frac{U_D}{Z}$$

显然，由于回路阻抗值很小，必然产生很大的电流，以致破坏牵引电机的安全换向，超越线路黏着条件限制，而且这么大的电流必然会产生很大的电流冲击和机械冲击，使机车和列车都受到损伤。因此，必须采用适当的起动方法来限制起动电流和起动牵引力。

1）变阻起动

电力机车起动时，在牵引电机回路中串入起动电阻，以减小起动电流，随着起动过程的进行逐步切除起动电阻，待起动电阻全部切除后，起动过程结束，这种方法称为变阻起动。

变阻起动一般是有级起动，在起动过程中起动电阻有一定的能耗，因此是不经济的。

2）降压起动

在电力机车起动时，降低加在牵引电动机上的电压，这种方法称为降压起动。采用直流斩波器电力机车、整流器电力机车、单相整流子式电力机车及异步牵引电动机电力机车均采用此种方法。其起动原理与调速原理相同，起动过程与调速过程之间无严格的界限。

采用有级调速的整流器电力机车，起动过程是有级的。对于采用晶闸管移相调压的整流器电力机车和采用斩波器调压的直流电力机车，由于调速是平滑的，其起动过程也是平滑的，可以使起动电流沿着黏着限制条件平滑地变化或维持一定值，因此机车不仅起动平稳，而且起动牵引力也可以在满足黏着条件要求下维持较大数值。但是，起动时机车的功率因数大为降低，整流电流的脉动也将增加。

3）变频起动

异步牵引电动机电力机车利用改变电流频率的方法起动，称为变频起动。变频起动能充分利用电机的最大转矩，而且在各种速度下均不增加损耗，也不降低机车的功率因数。如果在起动过程中，频率随机车的运行速度成正比变化，起动牵引力将保持为恒定值，做到理想的平稳起动。

## 三、起动电流和起动牵引力的限制

机车起动时，轮对发生空转前所能发挥的最大牵引力称为起动牵引力。机车起动牵引力受线路黏着条件的限制。起动牵引力应满足下列条件：

$$F_{st} \leq 9.8 P_j \mu_j \text{ (kN)}$$

式中　$P_j$——机车黏着重量（整备重量）(t)；

　　　$\mu_j$——机车牵引黏着系数；

　　　$9.8 P_j \mu_j$——机车黏着牵引力（kN）。

机车黏着系数并不是一个恒定值，它随线路条件、轨面情况、机车起动方式等因素而变化，是一个范围值。因此黏着限制曲线也非一条，而是一条限制带。为使机车起动时有较大的起动牵引力，就应有效、充分地利用机车的黏着条件，即机车起动时，起动牵引力应尽可能靠近黏着限制线。

起动牵引力对应的牵引电动机的电枢电流称为最大起动电流 $I_{st,max}$，这一电流应小于电机本身的最大允许温升电流。整流器电力机车已经能够保证在黏着条件的许可范围内电机安全换向，故 $I_{st,max} < I_{a,max}$。

# 任务四　电力机车的电气制动方法

## 【教学目标】

1. 知识目标
（1）了解电力机车电气制动的基本要求；
（2）掌握电气制动的基本原理和电气制动形式；
（3）了解电气制动的优越性；
（4）掌握直流电机和交流电机电气制动的原理；
（5）掌握电阻制动的原理、特性和控制方法；
（6）掌握加馈电阻制动的原理；
（7）掌握直流电机和交流电机再生制动的原理。

2. 能力目标
（1）能分析电阻制动和再生制动原理；
（2）会对各类电力机车进行电气制动。

## 【相关知识】

### 一、概　述

制动是机车运行的基本工作状态之一。当列车需要减速、停车或在长大下坡道运行需要限制列车的速度时，都必须采取制动措施，以控制机车的运行速度。现代铁路运输的安全性，在很大程度上取决于其制动性能的好坏。随着铁路运输的发展，客、货运量越来越大，列车牵引重量与运行速度不断提高。高速客运及重载货运列车的发展对机车的制动性能提出了更高的要求，以保证列车高速运行时的安全性和可靠性。

1. 电气制动的基本原理

电气制动利用的是电机的可逆性原理。电力机车在牵引工况时，牵引电机作电动机运行，将电网的电能转变为机械能，轴上输出牵引转矩以驱动列车运行。电力机车在电气制动时，列车的惯性带动牵引电机,此时牵引电机将做发电机运行,将列车动能转变为电能,输出制动电流的同时,在牵引电机轴上产生反转矩并作用于轮对,形成制动力使列车减速或在下坡道上限速。

### 2. 电气制动的形式

根据电气制动时电能消耗的方式不同,电气制动有电阻制动和再生制动两种形式。如果电气制动时将产生的电能利用电阻使之转化为热能消耗掉,称之为电阻制动;如果将电气制动时产生的电能重新反馈到电网去加以利用,称之为再生制动。

### 3. 电气制动的优越性

(1) 提高了列车运行的安全性。列车除机械制动系统外,由于配备了电气制动系统,因而提高了列车运行的安全性。机械制动通常是利用闸瓦与车轮的机械摩擦形成制动力来降低机车的运行速度,而机械摩擦系数随着温度升高明显下降,因此机械制动的性能和效果随着列车速度、载重和长度的提高而下降,且在高速时列车的机械制动呈现不稳定性。电气制动则相反,速度越高制动效果越明显,而且与制动时间无关。

(2) 减少了闸瓦和车轮磨耗。机械制动时,接触表面温度很高,闸瓦和轮缘的磨耗十分严重,因为机械制动的磨耗主要决定于制动力的强度,高速时制动强度大,磨耗就大,低速时则相反。所以高速时用电制动、低速度时用机械制动,可以大大降低机车车辆的车轮磨耗,大量节约制动闸瓦。

(3) 提高了列车下坡运行速度。机械制动由于需要在每次排风制动后,充风缓解至少约 1 min 待风压恢复后才能进行下一次制动,从而造成下坡速度波动大,使列车的平均速度下降;电制动因其性能与制动时间无关,由此可使列车下坡速度提高 8%,因而可提高运输能力。

### 4. 机车采用电气制动时应满足的基本要求

(1) 具有电气稳定性,并保证必要的机械稳定性。

(2) 具有广泛的调节范围,冲击力小。

(3) 机车由牵引状态转换为电气制动状态线路简单,操纵方便,具有良好的制动性能,负载分配力求均匀。

## 二、电阻制动和再生制动原理

### 1. 直流牵引电动机的电气制动原理

直流发电机的励磁方式有串励和他励两种。采用串励牵引电机的电力机车在进行电阻制动时,必须首先切断牵引电机电枢与电网的连接,使电机电枢与制动电阻接成回路,其工作原理如图 2-11 所示。

由于串励发电机的激磁建立是依靠电机的剩磁,比较图 2-11(a)、(b) 可知,在牵引工况和制动工况时,通过牵引电机电枢的电流方向相反,因此必须设法使电机励磁绕组的磁势与剩磁方向相同,通常采用改换励磁绕组的接法来实现,如图 2-11 所示。

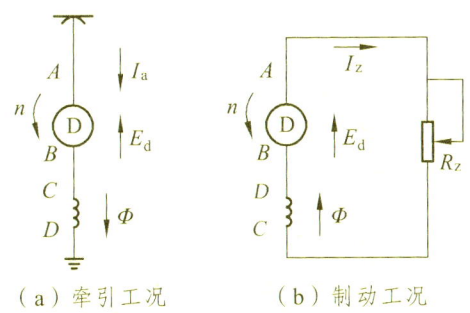

（a）牵引工况　　　（b）制动工况

图 2-11　串励牵引电机电阻制动原理

$n$—电机转速；$\Phi$—电机主极磁通；$R_z$—制动电阻；$E_d$—电机电枢绕组中产生的感应电势；$I_a$—电机电枢电流（制动时为 $I_z$ 制动电流）

串励式电阻制动不需要额外的励磁电压，用改变制动电阻 $R_z$ 的大小来调节制动电流和制动力。在高压大电流情况下，制动电阻要求有许多抽头和相应的开关电器，造成线路复杂，设备增多，且调节是有级的。同时制动电阻不能取值过大，否则会使电机不能自激。当多台电机并联共用一个制动电阻时，还会出现不稳定状态。所以在整流器电力机车上使用电阻制动时，一般不采用串励式电阻制动，而采用他励式电阻制动，用改变励磁电流的方式来调节机车的制动电流和制动力，以控制机车的运行速度。

采用他励电机电阻制动时，首先切断牵引电机电枢与电网的连接，使电枢绕组与制动电阻接成回路，而电机原来的串励绕组由另外电源供电，电机作他励发电机运行，其工作原理如图 2-12 所示。

制动电流 $I_z = \dfrac{E_d}{R_z}$，由于这时的电流方向与牵引状态下的电流方向反向，因此其转矩与电机的转速方向相反，形成制动转矩。

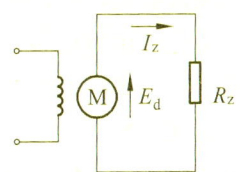

图 2-12　他励电阻制动原理电路

$R_z$—制动电阻；$I_z$—电机制动电流；$E_d$—电机发电电势

## 2. 交流电动机电气制动原理

交流异步电动机的电气制动原理可以表述如下：电磁转矩可以用定子磁链和转子磁链的叉乘 $M = \psi_s \times \psi_r$ 表示。在牵引工况下，定子磁链 $\psi_s$ 带动转子磁链 $\psi_r$ 旋转，定子磁链在空间位置上超前转子磁链，电机输出正转矩。在制动工况下，转子旋转频率超过定子频率，转子电流与牵引状态下方向相反，使得气隙磁场幅值增大。为保持气隙磁场恒定，定子电流需要反向以减小气隙磁场，定子电流流向中间直流环节，在空间位置上滞后于转子电流，电机输出负转矩。

我们也可以用电机的机械特性曲线来说明交流异步电动机的电气制动原理。如图 2-13 所示，在定子频率为 $f_1$ 时，电动机工作在特性曲线第 1 象限的 $A$ 点，这时电机输出正转矩为牵引状态。如果降低定子供电频率为 $f_2$（$f_2 < f_1$），由于车辆惯性，电机转速不能发生突变，电机工作点转移到第 4 象限 $f_2$ 曲线上的 $B$ 点。在这个象限中电机进入发电状态，电磁转矩为负值，并在负载转矩作用下沿 $f_2$ 曲线减速。这就是异步电动机的制动工况，若不断地按照某种规律降低定子供电频率，即可获得预定的制动特性。

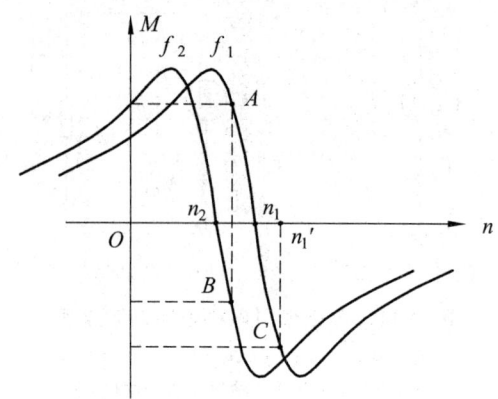

图 2-13 交流异步电动机的机械特性曲线

另外一种情况也可以使交流异步电动机进入电气制动状态。电机运行中由于外力作用迫使转子加速，电机工作点 $A$ 沿着定子供电频率 $f_1$ 特性曲线进入第 4 象限（例如达到 $C$ 点），这时电机的转速 $n_1' > n_1$，电磁转矩为负，电机为发电制动状态。

于是我们也可以这样来说明交流异步电动机电气制动的原理：当交流异步电动机的转子转速大于定子磁场转速时，$s$ 为负值，这时电动机输出负转矩，即阻力矩。由于相对速度的方向倒转，转子电流和转子电势的方向也已倒转，这时定子电流中用以抵消转子电流的磁化作用的分量也就跟着倒转。于是定子电流 $I_1$ 中的有功分量 $I_{1a}$ 与 $U_1$ 相反，即电网提供的有功功率为负值，也就是说由电机向电网输出一有功功率。但是异步电动机这时仍然从电源吸取无功功率，即吸取无功感性电流，也就是异步电动机的励磁电流。因此这时异步电动机的一些基本公式仍然适用。

由此可见，交流异步电动机的电气制动也是利用电机的机械特性，实现交流异步电动机的可逆运行。交流异步电动机的工作状态转换平稳，且状态过渡方便。

## 三、电阻制动

将牵引电动机转变为发电机状态后，将其产生的电能消耗在电阻上（转换成热能），从而产生制动力的方式称为电阻制动。电阻制动方式实现简单、易行，且控制方便、灵活，因而获得广泛的应用。

**1. 直流牵引系统的电阻制动**

直流牵引系统在实施电阻制动时一般均采用他励方式，在电阻制动时有如下电枢回路方程和电磁转矩公式

$$E_\mathrm{D} = C_\mathrm{e}\varPhi_\mathrm{D} n_\mathrm{D} = I_\mathrm{z}(R_\mathrm{z} + \sum R_\mathrm{D}) = I_\mathrm{z} R_\mathrm{z}' \tag{2-2}$$

$$M_\mathrm{D} = C_\mathrm{m}\varPhi_\mathrm{D} I_\mathrm{z} \tag{2-3}$$

由式（2-2）和式（2-3）可得

$$M_D = \frac{C_m C_e \Phi_D^2 n_D}{R_z'} = \frac{C_m C_e}{R_z'} \Phi_D^2 n_D = \frac{C_{mz}}{R_z'} \Phi_D^2 n_D \qquad (2\text{-}4)$$

由式（2-2）和式（2-3）还可得

$$M_D' = C_m \cdot \frac{I_z R_z'}{C_e n_D} \cdot I_z = \frac{C_m R_z'}{C_e} \cdot I_z^2 \cdot \frac{1}{n_D} = C_{mz}' \cdot I_z^2 \cdot \frac{1}{n_D} \cdot R_z' \qquad (2\text{-}5)$$

将式（2-4）和式（2-5）中的电动机转速 $n_D$ 和电动机转矩 $M_D$ 用速度 $v$ 和制动力 $B$ 来表示，则有如下表达式

$$B_1 = C_\Phi \cdot R_z' \cdot I_z^2 \cdot \frac{1}{v} \qquad (2\text{-}6)$$

$$B_2 = \frac{C_z \Phi_D^2}{R_z'} \cdot v \qquad (2\text{-}7)$$

式中　$\Phi_D$——电动机的磁通；

　　　$I_z$——制动电流；

　　　$R_z'$——制动电阻。

式（2-6）和式（2-7）是电阻制动中的两个基本表达式，分别表示在不同的给定条件下电阻制动时列车速度与制动力的关系。这种制动力与列车速度间的关系称为电阻制动特性曲线。

1）电阻制动特性曲线

由式（2-6）和式（2-7）可以获得电阻制动工况的电机特性曲线，如图 2-14 所示。由式（2-7）可知，若保持磁通 $\Phi_D$ 不变，依据 $\Phi_D$ 的不同取值，可得速度和制动力的关系表现为一组过零的直线，如图 2-14 中的曲线 1。图中的曲线 1 是最大励磁电流时的恒磁通时制动特性。式（2-6）则从另一个角度获得速度和制动力的关系，即保持制动电流 $I_z$ 不变，速度和制动力的关系为一组双曲线，如图 2-14 中的曲线 3，因此曲线 3 是最大恒制动电流时的制动特性。恒磁通制动特性和恒制动电流制动特性都是电阻制动的基本特性曲线。

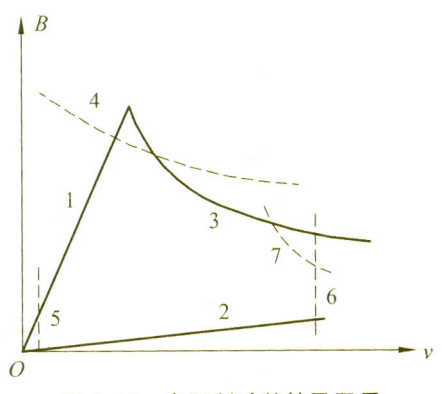

图 2-14　电阻制动特性及限界

2）电阻制动特性的工作范围

电阻制动特性曲线在 $v\text{-}B$ 平面上的工作范围受到一些条件的限制，这些条件主要是：

① 最大黏着限制，即轮轨间的最大制动力不能超过轮轨间的极限黏着力，如图 2-14 中的曲线 4。

② 最大速度限制，即为电阻制动时允许的列车最高速度，如图 2-14 中的曲线 6。

③ 最大制动电流限制，这是 $I_{z,\max}$ 确定的限制线，由式（2-6）所获得的最高一条双曲线。$I_{z,\max}$ 主要受到电枢的最大电流和制动电阻的发热限制。

④ 最大励磁电流限制，根据式（2-7），由励磁回路的电流最大值可以得到最大励磁电流时的制动特性曲线，如图 2-14 中的曲线 1。

⑤ 最小励磁电流限制，励磁电流减小，引起主磁场减弱，使电枢反应强烈，造成主磁场畸变，从而使换向器表面电势分布不均匀，产生火花。最小励磁电流限制曲线如图 2-14 中的曲线 2。

⑥ 换向条件限制，即在较高的速度下，若励磁电流小而制动电流较大时，会引起平均电抗电势的增大，形成换向器表面的火花。图 2-14 中的曲线 7 是换向条件限制。

3）电阻制动的控制

电阻制动特性曲线如图 2-15 所示。图中 $Oabc$ 曲线是一种典型的制动特性曲线，$Oa$ 段是恒励磁电流（恒磁通）的特性，$ab$ 段是恒制动力的特性，$bc$ 段是恒制动电流的特性。图 2-15 中还有 $v_1$ 和 $v_2$ 两条恒速制动特性曲线。恒励磁电流（恒磁通）特性和恒制动电流特性是基本特性，不同的励磁电流和不同的制动电流可以分别获得一族曲线。而恒制动力特性和恒速制动特性是调节特性，则是由两个基本特性的曲线来构筑，也即需要由控制系统不断地调节励磁电流或制动电流来实现的。图 2-15 说明理论上可以由一族恒制动电流曲线上的 1、2、3、4 点构成恒制动力特性；而由一族恒励磁电流曲线上的 5、6、7、8 点构成恒速制动特性 $v_1$。反之也可以由恒励磁电流曲线构成恒制动力特性；由恒制动电流曲线构成恒速制动特性。

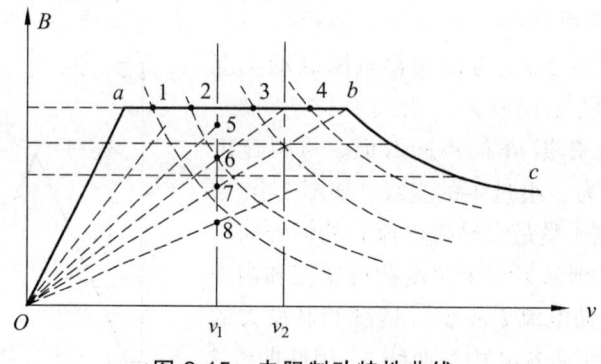

图 2-15　电阻制动特性曲线

（1）恒制动力模式控制。

根据式（2-7），可以得到恒制动力时磁通的表达式

$$\Phi_D^2 = \frac{B \cdot R_z'}{C_1 \cdot v}, \quad \Phi_D = \sqrt{\frac{B \cdot R_z'}{C_1 \cdot v}}$$

在电动机磁通不饱和的条件下，磁通与励磁电流成正比

$$\Phi_D = K \cdot I_L$$

将上述两个表达式合并，可以得到在确定的制动电阻下，恒制动力控制时励磁电流与列车速度的关系式

$$I_{\text{L}} = \frac{1}{K} \cdot \sqrt{\frac{B \cdot R_z'}{C_1 \cdot v}} \qquad (2\text{-}8)$$

从式（2-8）已经得到 $B$ 为恒值时励磁电流 $I_\text{L}$ 与速度 $v$ 的关系，控制系统根据检测的实际列车速度 $v$ 可以得到励磁电流的给定值 $I_\text{L}$，然后与检测到的 $I_\text{L}'$ 进行比较后进行闭环控制，获得恒制动力特性。

图 2-16 是恒制动力控制的结构示意图。其中 $B_\text{R}$ 是给定的制动力，$I_\text{L}$ 是根据公式（2-8）计算的励磁电流给定，$I_z$ 和 $v$ 是检测的制动电流和列车速度，环节 $B$ 则根据检测的 $I_z$ 和 $v$ 计算当前的制动力，并与制动力给定值 $B_\text{R}$ 相比较，来实现恒制动力的控制。从图中可以得到恒制动力控制的最外环是制动力，而环内还包含着两个内环，制动电流 $I_z$ 环和励磁电流 $I_\text{L}$ 环（恒磁通环）。但在实际过程中，恒制动力的实现主要是由恒励磁电流特性来完成，制动电流这个闭环主要用于最大制动电流 $I_{z,\max}$ 的限制。

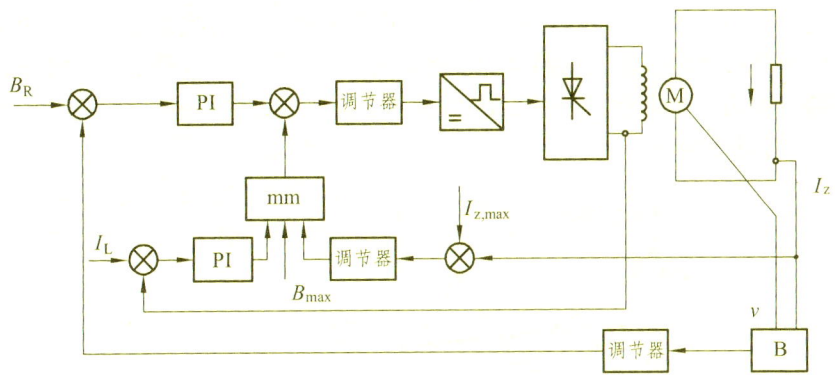

图 2-16　恒制动力控制模式

（2）恒速控制模式。

制动工况下的恒速条件为：$F = 0$，$B + W = 0$。由于阻力 $W$ 的不可预知性，例如列车运行在长大坡道上，因而要求制动力 $B$ 随着外界阻力的变化而变化。根据式（2-8）可知，当速度 $v$ 为恒值时，随制动力 $B$ 变化而调节 $I_\text{L}$ 可以达到恒速。图 2-17 是恒速控制的结构示意图。

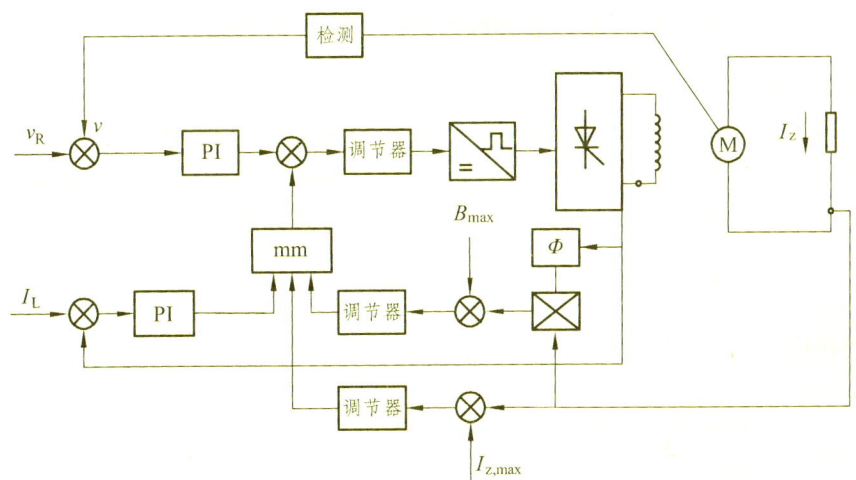

图 2-17　恒速控制模式

恒速制动控制的系统中，闭环系统的最外环肯定是速度控制环。图 2-17 的调节手段是励磁电流，因此励磁电流控制是一个内环。另外在内环中还包括有最大制动力限制和最大制动电流限制。

4）电阻制动的不足及其克服方法

电阻制动时控制电路比较简单，制动力调节十分方便，因而易于实现制动力的自动控制，使电阻制动的性能得以充分发挥。但是，电阻制动的最大缺点，从特性曲线上看是低速时制动力直线下降，制动效果不明显，目前一般采用两种方法加以克服。

（1）分级电阻制动。

分级电阻制动是指通过改变制动电阻阻值来改变制动特性，即将制动电阻分成两级。低速时由于发电机电势随速度的降低而成正比的降低，对于一定的制动电阻，制动电流亦正比减小，因而不能维持一定制动力时所需电流，若将制动电阻短接（减小）一部分，则尽管由于机车速度的降低使发电机电势下降了，但由于制动电阻减小了，制动电流仍能保持较大的值，以维持低速时有较大的制动力。例如国产 SS$_3$ 型电力机车制动电阻分成 1.005 2 Ω 和 0.60 Ω 两级，称为半电阻制动。图 2-18 所示为 SS$_3$ 型电力机车的制动特性，图中虚线表示"低速制动"时的制动特性。

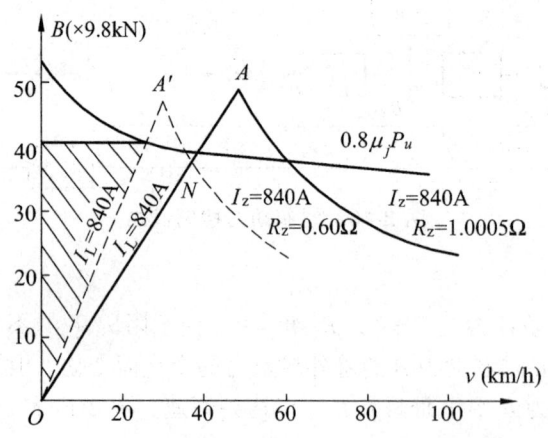

图 2-18 SS$_3$ 型电力机车电阻制动特性曲线

（2）加馈电阻制动。

加馈电阻制动又称"补足"电阻制动，电阻制动在低速时由于制动电流减小而制动力下降。为了维持制动电流不变，克服机车制动力在低速区减小的状况，在制动回路外接附加制动电源来补足。图 2-19 所示为相控机车加馈电阻制动原理，根据原理图写出回路方程式为：

$$U_j + E_d = I_z R_z$$

所以制动电流：

$$I_z = \frac{U_j + E_d}{R_z}$$

因需要根据实际制动电流及时补足减少部分，故要求附加制动电源连续可调。一般相控机车上不另设加馈电源，而是使用牵引时的整流调压电路在制动工况作为加馈电源，如图2-19（a）所示。

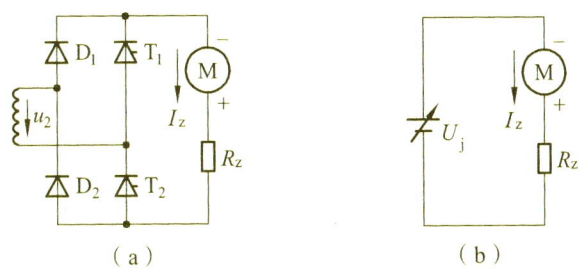

图 2-19 加馈电阻制动原理

根据图2-19（a）所示电路，上式又可改写为：

$$I_z = \frac{0.9U_2 \frac{1+\cos\alpha}{2} + E_d}{R_z}$$

由此可知，只需调节半控整流电路中晶闸管的移相角$\alpha$，即可调节加馈电源输出，及时补足制动电流的减小部分，使制动电流维持不变。显然加馈电阻制动要消耗额外电能。图2-18所示阴影部分的面积代表采用加馈电阻制动、维持低速时制动力$B$等于常数、使列车制动停车时所需要外加的功率。

从理论上讲，加馈电阻制动可使机车制停。而实际上由于牵引电机整流器不允许静止不动长时间流过额定电流，以防整流器过热而烧损，故在机车速度低于一定值时，将切除加馈制动，改用空气制动使机车停车。国产$SS_{3B}$、$SS_{4G}$、$SS_8$等机车均采用此种电阻制动方式。

## 四、再生制动

将列车运行的机械能转变成电能后，以适当的方式反馈到电网上去，从而产生制动力，这种制动方式称为再生制动。目前也有一些牵引系统采取适当的方式将产生的电能给蓄电池充电或直接反馈给其他系统使用，因此也可以称为能量回馈制动。再生制动适用于电网供电的车辆，回馈制动方式也适用于自给式供电的车辆。

再生制动除了电气制动的特点外，突出的是有较好的经济效益，从节能的角度来说是最佳电气制动方式，一般认为可以节能10%~15%。另外，再生制动方式几乎不需要在列车上增加任何部件，因此目前在交流牵引系统中普遍采用再生制动，特别是在高速列车上。但再生制动时机车的功率因数较低，对电网的谐波干扰增大，另外控制系统复杂，再生制动时对控制系统的稳定性要求比较高。

无论是交-直系统还是交-直-交系统，再生制动时都是将中间直流电压转变成频率为50 Hz的单相交流电反馈到电网上去。电网侧的变流器在牵引时作为整流器，在再生制动时作为逆变器。在作为逆变器运行时输入电压极性不变，电流反向，实现功率的反向传送，这也是四象限变流器名称的由来。

**1. 交-直牵引系统的再生制动**

交-直牵引系统的变流器只有在全控桥的条件下，才能进行再生制动，因为它具有整流和逆变两种功能。全控桥对称控制时，当控制角 $\alpha > 90°$ 时，整流电压的平均值 $U_d$ 变为负值，实现再生制动，即

$$U_d = 0.9 U_2 \cos\alpha \quad (\alpha > 90°) \tag{2-9}$$

制动电流可表示为

$$I_z = \frac{E + U_d}{R} = \frac{C_e \Phi n + U_d}{R} \tag{2-10}$$

式中　$E = C_e \Phi n$；

　　　$U_d$——逆变电势（此时为负值）；

　　　$R$——制动回路总电阻。

制动回路总电阻包括：电动机电枢、平波电抗器和稳定电阻 $R_F$ 三者电阻之和。从式（2-9）可见，调节制动电流 $I_z$ 可采用调节磁通 $\Phi$（励磁）或者逆变器电压 $U_d$（控制角 $\alpha$）的方法来实现。式（2-10）中转速 $n$ 取决于列车速度，而再生制动回路电阻一般不变，其中稳定电阻 $R_F$ 取值要从制动电气稳定性和反馈电能二者综合考虑，一般消耗 10%~15% 制动功率。再生制动的原理可用图 2-20 来说明。

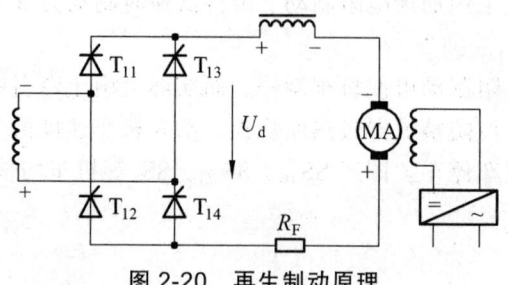

**图 2-20　再生制动原理**

再生制动时为了改变电动机的电势方向，需要改变励磁电流的方向或改变电枢电流的方向。根据图 2-20 分 4 个时间间隔给予说明，其中整流器认为是理想的、变压器漏抗为零且平波电感器电感足够大。

（1）电源正半波过零之前，$T_{13}$、$T_{14}$ 是最早导通的（续流），$\omega t = \pi - \beta_0$ 时给 $T_{11}$ 触发脉冲，此时加在 $T_{11}$ 两端为正向电压，所以 $T_{11}$ 被触发导通，实现 $T_{13}$ 与 $T_{11}$ 的换流（即 $T_{11}$ 导通，$T_{13}$ 关断）。此时 $T_{11}$、$T_{14}$ 维持导通，一直持续到电源的负半波 $\omega t = \pi + \alpha$ 时 $T_{12}$ 被触发导通为止。在这个时间间隔内，$U_d$ 的平均值为负，发动机电势 $E$ 要克服变压器电势 $U$ 而维持工作，即逆变运行，变压器电势与电流反向，变压器向电网反馈电能，如图 2-21 所示。

（2）电源负半波 $\omega t = \pi + \alpha$ 时，给 $T_{12}$ 门极触发信号，因 $T_{12}$ 阴极具有负电位而触发导通，$T_{14}$、$T_{12}$ 换流，这样 $T_{11}$、$T_{12}$ 导通，

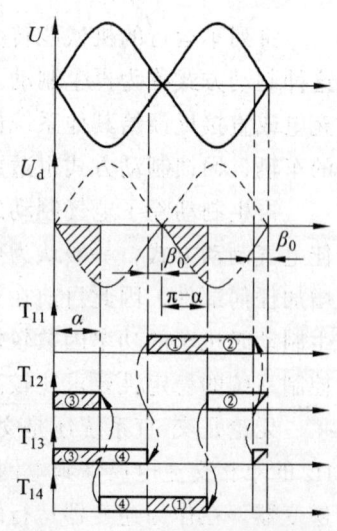

**图 2-21　再生制动原理波形**

逆变结束而进入续流工况,此时间间隔内变流器输出电压为零,直到 $\omega t = 2\pi - \beta_0$ 时 $T_{13}$ 触发导通为止。

(3) $\omega t = 2\pi - \beta_0$ 时给 $T_{13}$ 触发,因 $T_{13}$ 被施加正向电压,所以 $T_{13}$ 导通,$T_{11}$ 与 $T_{13}$ 换流,此间隔内 $T_{13}$、$T_{12}$ 维持导通,一直到电压过零、变压器电势进入正半波(对 $T_{13}$、$T_{12}$ 是反电压) $\omega t = \pi$ 时 $T_{14}$ 导通为止,此间隔发电机电势又必须克服变压器电势工作,即又进入逆变工况。

(4) 在电源正半波 $\omega t = \alpha$ 时,$T_{14}$ 被触发导通,$T_{12}$、$T_{14}$ 换流,即 $T_{13}$、$T_{14}$ 导通一直到 $\omega t = \pi - \beta_0$ 时 $T_{11}$ 导通为止,此间隔逆变结束而为续流工况。以后重复上述过程。逆变工况中 $T_{11}$、$T_{13}$ 维持最小逆变角 $\beta_0$($\beta_0 = \gamma + \delta$,$\delta$ = 常数),用调节 $T_{12}$、$T_{14}$ 的控制角 $\alpha$ 来控制逆变工况的结束时刻,从而达到调节逆变输出电压值即调节制动电流的目的。4 个桥臂导通时间都是半波,这和牵引工况一致,各桥臂元件的负载是均匀的。由于分析时做了一定的假定,所以图 2-21 中表示的电流波形是瞬时换流,且电流为平直方波。

根据上述的分析,为了提高交流-直流牵引系统再生制动时的稳定性,需要注意 2 个参数的取值问题。

① 最小逆变角的取值问题。

再生制动时,应在再生安全可靠运行的条件下,尽可能缩小 $\delta$,并保持 $\delta$ 为一常数,以达到尽可能高的再生功率因数。这种方法比固定 $\beta_0$ 角控制先进,在谐波分量及功率因数等供电指标方面要好,而控制技术要求复杂些,要能及时响应电网突变的控制,否则容易出现再生颠覆故障。

② 再生稳定电阻取值问题。

稳定电阻一般消耗 10%~15%的制动功率,高值稳定电阻有较好的再生电气稳定性、有利于限制再生颠覆电流、再生逆变器容量减小。当然稳定电阻 $R_F$ 的增大降低了再生反馈能量的效果。

常规再生制动难以达到列车制停,可以采用加馈电气制动的方法来实现,即由发电机电势和电网电势联合提供电能的电制动。当速度趋向零时,制动功率逐步变为全部由电网提供,这时需要消耗电网的电能,且功率因数很低。

### 2. 交-直-交牵引系统的再生制动

交-直-交牵引系统的再生制动由电网侧变流器实现,通常这是一个四象限脉冲整流器,在牵引状态下作为整流器输出直流电压给中间直流环节,再生制动时成为一个单相逆变器向电网反馈能量。四象限变流器的原理结构如图 2-22 所示。

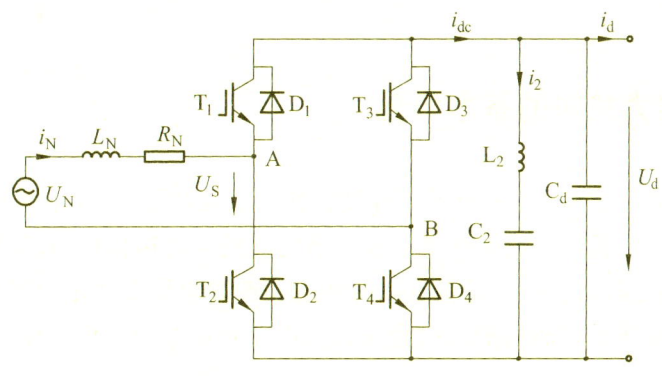

图 2-22 四象限变流器的原理结构

再生制动时变压器副边绕组的电压 $U_N$ 与电流 $I_N$ 反向,其相量图如图 2-23(b)所示。

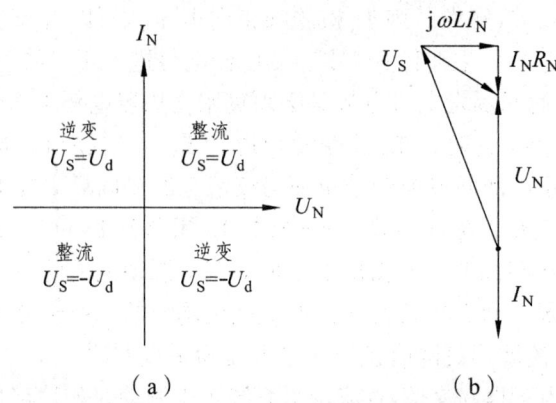

图 2-23 再生制动能量反馈与相量图

在图 2-23(a)中表示了四象限脉冲整流器能量反馈时的四种工作状态,另外严格来说还有两种 $U_d = 0$ 时的状态。同样整流时也有 6 种状态。从图中不难得到再生制动时的工作状态应该在第 2 象限和第 4 象限。

# 任务五　电力机车的特性控制技术及特性曲线

【教学目标】

1. 知识目标
了解直流和交流传动电力机车的基本特性。
2. 能力目标
会利用电力机车的基本特性平稳操纵电力机车。

【相关知识】

## 一、直流电力机车的基本特性

直流电力机车的基本特性包括机车的速度特性、牵引力特性、牵引特性。

在以前的课程中,我们已经了解了直流串励电动机的转速特性、转矩特性和效率特性。在研究电力机车的运行行为时,需将电机的转速 $n$ 换算为机车动轮轮周的线速度 $v$、电机的转矩 $M$ 换算为机车动轮轮周的牵引力 $F$,从而得到机车的速度特性、牵引力特性和牵引特性。

## 1. 速度特性

机车运行速度与牵引电动机电枢电流的关系，称为机车速度特性。即 $v = f(I_a)$。机车速度特性计算公式的推导过程如下。

机车动轮轮周线速度 $v$ 与电机转速 $n$ 有下面关系：

$$v = \frac{\pi D}{60 \mu_c} n \quad (\text{m/s})$$

电机转速公式：

$$n = \frac{U_D - I_a \Sigma R}{C_e \Phi} \quad (\text{r/min})$$

由上两式得出机车速度特性计算式：

$$v = \frac{\pi D}{60 \mu_c} \cdot \frac{U_D - I_a \Sigma R}{C_e \Phi} = \frac{U_D - I_a \Sigma R}{C_V \Phi} \quad (\text{m/s})$$

式中 $C_V$——机车常数，其值为 $C_V = 60 C_e \mu_c / (\pi D)$；

$D$——机车动轮直径（m）；

$\mu_c$——机车齿轮传动比；

$U_D$——牵引电动机端电压（V）；

$I_a$——牵引电动机电枢电流（A）；

$\Sigma R$——牵引电动机回路总电阻（Ω）；

$\Phi$——牵引电动机每极磁通量（Wb）；

$C_e$——牵引电动机结构常数，其值为 $C_e = \dfrac{P_N}{60a}$（$a$ 为电枢绕组并联支路数）。

从推导结果来看，机车速度特性曲线与牵引电动机的转速特性曲线形状相似，为下降的曲线。

## 2. 牵引力特性

机车轮周牵引力与牵引电动机电枢电流的关系，称为机车的牵引力特性，即 $F = f(I_a)$。机车牵引力特性计算公式推导如下。

牵引电动机功率：

$$P = \frac{U_D I_a}{1\,000} \eta_d \quad (\text{kW})$$

机车轮周功率：

$$P_j = Fv \quad (\text{kW})$$

根据功能原理：

$$P_j = mP\eta_c$$

故牵引力特性计算式为:

$$F = \frac{1}{1\,000} U_D I_a m \eta_d \frac{1}{v} = \frac{m}{1\,000} \cdot \frac{U_D I_a}{v} \eta_d \eta_c \quad (\text{kN})$$

式中　$v$——机车速度（m/s）;

$\quad\quad\eta_d$——牵引电动机效率;

$\quad\quad\eta_c$——传动装置效率;

$\quad\quad m$——机车配用电动机数目,对于个别传动机车为机车动轴数;

$\quad\quad F$——机车轮周牵引力（kN）。

也可以用以下方法来定性分析机车牵引力特性（忽略传动效率等因素）。

机车总功率:　　　　　$P_j = Fv$

牵引电动机功率:　　　$P_D = U_D \cdot I_a$

机车总功率为各牵引电动机功率之和: $P_j = mP_D$

$$m \cdot U_D \cdot I_a = F(U_D - I_a \cdot \sum R)/C_V \Phi$$

作近似忽略:　　　　　$m \cdot U_D \cdot I_a = FU_D/C_V \Phi$

得:　　　　　　　　　$F = mC_V \Phi \cdot I_a = C_F \Phi \cdot I_a$

从推导结果看,机车动轮轮周牵引力与牵引电动机电枢电流近似成正比,为近似的上升直线。

由于机车速度特性和牵引力特性均是从牵引电动机的特性归算至轮周的特性,所以机车的速度特性曲线和牵引力特性曲线与牵引电动机的转速特性曲线和转矩特性曲线具有相同的趋势。在对机车作定性分析时,只要改变牵引电动机特性曲线上的坐标和比例,就可以得到机车的速度特性曲线和牵引力特性曲线。

### 3. 牵引特性

机车轮周牵引力与运行速度的关系,称为机车的牵引特性。即 $F = f(v)$。机车牵引特性的计算公式仍为:

$$F = \frac{m}{1\,000} \cdot \frac{U_D I_a}{v} \eta_d \eta_c \quad (\text{kN})$$

机车牵引特性曲线一般由机车型式试验测出,或在已知机车速度特性曲线和牵引力特性曲线后,给定一电机电枢电流 $I_a$ 值,可求出机车牵引特性的一组 $F$-$v$ 值。根据不同负载下的数组 $F$-$v$ 值,就可以绘出机车牵引特性曲线。

图 2-24、图 2-25、图 2-26 分别给出了 $SS_{3B}$ 型电力机车的速度特性、牵引力特性和牵引特性曲线。需要指出的是,图中所给的曲线为电力机车特性控制下的特性曲线,非自然特性曲线。

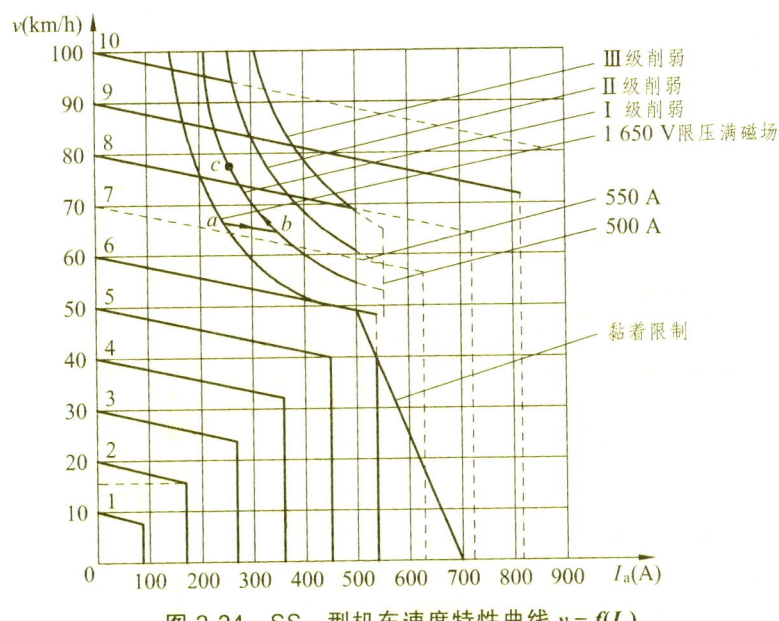

图 2-24 SS$_{3B}$ 型机车速度特性曲线 $v=f(I_a)$

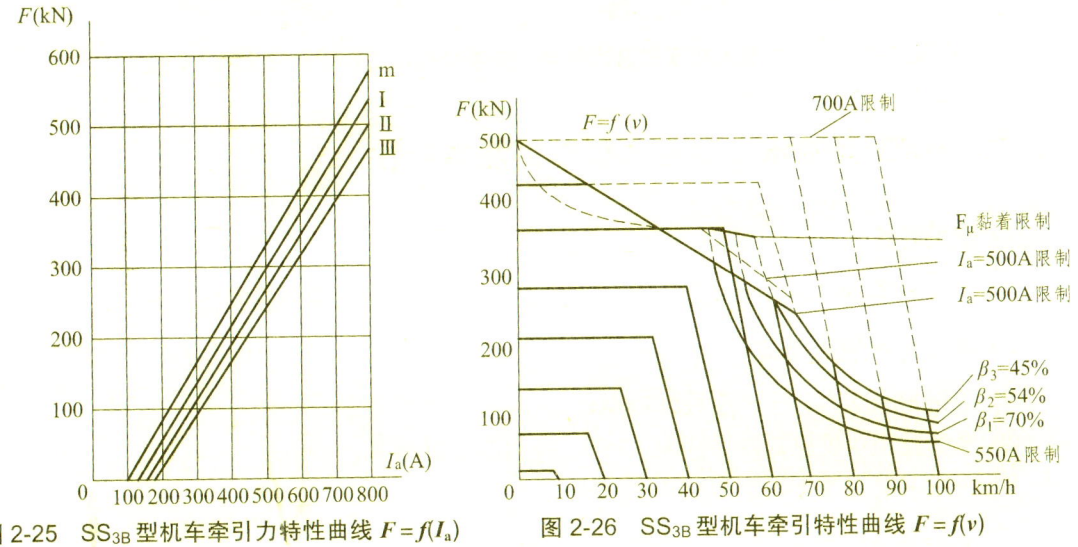

图 2-25 SS$_{3B}$ 型机车牵引力特性曲线 $F=f(I_a)$　　图 2-26 SS$_{3B}$ 型机车牵引特性曲线 $F=f(v)$

为了保证机车牵引运行的安全，使机车充分发挥其牵引力高速运行，无论采用何种调速方式的机车，机车的工作特性必须控制在一定范围内。限制机车特性工作范围的因素有以下几方面：

① 机车构造速度的影响。

机车安全运行速度必须小于机车走行部的构造速度。

② 机车牵引电动机安全换向的限制。

机车在各种运行状态下均应保证牵引电动机有良好的换向条件。一般讲，机车在其自然特性情况下运行，实行最深一级磁场削弱的特性曲线为限制曲线。

③ 黏着条件限制。

机车动轮与钢轨之间的黏着状态决定了机车所能发挥的最大牵引力，因此机车的轮周牵引力必须小于机车黏着允许的极限牵引力。

④ 牵引电动机电枢电流的限制。

机车牵引力与牵引电动机电枢电流有关,而电枢电流受电机电枢绕组发热的制约,其最大电流被限制在一定范围内,所以牵引电动机最大电枢电流限制了机车牵引力。但是这种限制对于整流器电力机车来说,往往高于黏着条件所决定的限界。

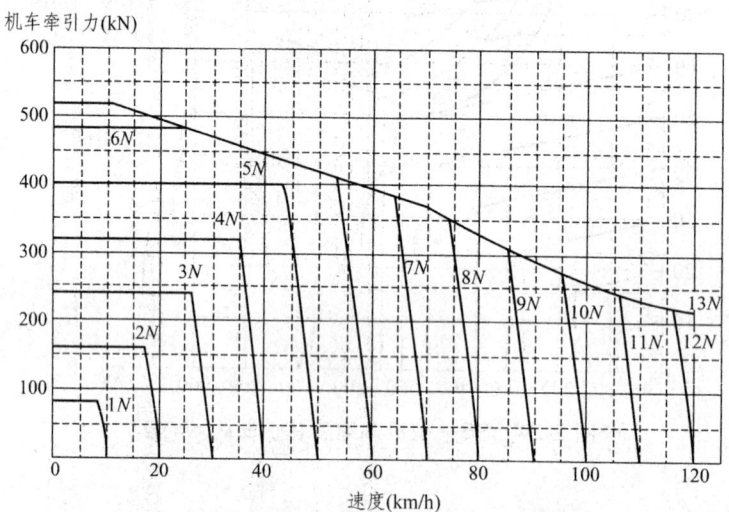

图 2-27　HXD$_3$ 型大功率交流传动电力机车牵引特性控制曲线（23 t 轴重）

## 二、HXD$_3$ 型交流传动电力机车的基本特性

**1. 牵引特性**

HXD$_3$ 型机车的牵引、制动控制采用恒牵引力（制动力）、准恒速特性控制方式。

1）牵引特性控制要求

① 采用恒牵引力、准恒速特性控制；

② 牵引控制司机控制器手柄为 13 级,级间能平滑调节；

③ 每级牵引力变化设定为 $\Delta F = 80$ kN。

2）轴重为 23 t 时的牵引力计算

① 基本公式：扭矩值(kN) = 换级触点号 × 80 kN。

② 最大扭矩值：

速度 < 10 km/h 时,扭矩值(kN) = 520；

10 km/h ≤ 速度 < 70 km/h 时,扭矩值(kN) = 544.8 − [2.48 × 速度(km/h)]；

速度 ≥ 70 km/h 时,扭矩值(kN) = 25 970/速度(km/h)

③ 缩减扭矩值：

扭矩值(kN) = (640 × 换级触点号) − [64 × 速度(km/h)]；计算结果为负时,视为 0 kN。

④ 输出扭矩值（传输到 CI 的扭矩值）：以上①~③中,最小值即为输出扭矩值。

3）轴重为 25 t 时的牵引扭矩计算

① 基本公式：扭矩值(kN) = 换级触点号 × 80 kN。

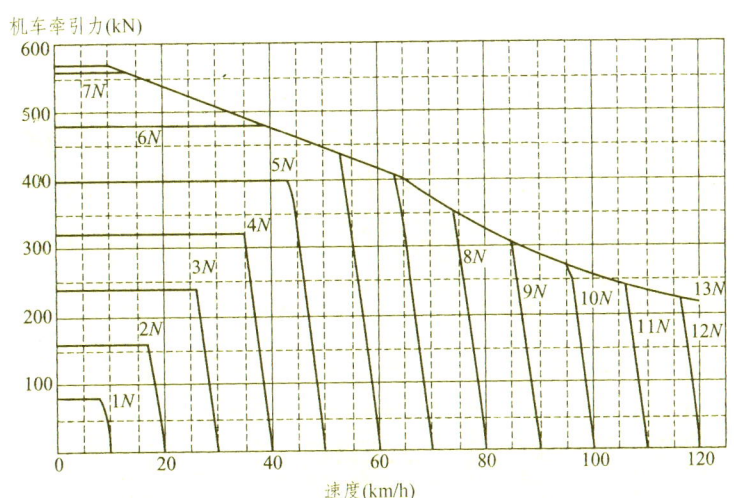

图 2-28　HXD$_3$ 型大功率交流传动电力机车牵引特性控制曲线（25 t 轴重）

② 最大扭矩值：

速度 < 10 km/h 时，扭矩值(kN) = 570；

10 km/h ≤ 速度 < 65 km/h 时，扭矩值(kN) = 600.9 – [3.09 × 速度( km/h)]；

速度 ≥ 65 km/h 时，扭矩值(kN) = 26 000/速度( km/h)。

③ 缩减扭矩值：

扭矩值(kN) = (640 × 换级触点号) – [64 × 速度( km/h)]；计算结果为负时，视为 0 kN。

④ 输出扭矩值（传输到 CI 的扭矩值）：上文①~③中，最小值即为输出扭矩值。

**2．制动特性**

1）制动特性控制要求

① 采用准恒速特性控制；

② 制动控制司机控制器手柄为 12 级，级间能平滑调节；

③ 每级速度变化 Δv = 10 km/h。

2）轴重为 23 t 时的制动扭矩计算

（1）速度 < 70 km/h 时：

换级触点为 1N，输出扭矩值(kN) = [33.7 × 速度(km/h)] – 134.8；

换级触点在 1N 以外，输出扭矩值(kN) = [33.7 × 速度(km/h)] – [337 × (换级触点号 – 1)]；

计算结果为负时，视为 0 kN；计算结果超过 370 kN 时，视为 370 kN。

（2）速度≥70 km/h 时：

① 最大扭矩值：

扭矩值(kN) = 25 970/速度(km/h)

② 缩减扭矩值：

换级触点为 1N，输出扭矩值(kN) = [33.7 × 速度(km/h)] − 134.8；

换级触点在 1N 以外，输出扭矩值(kN) = [33.7 × 速度(km/h)] − [337 × (换级触点号 − 1)]

计算结果为负时，视为 0 kN；计算结果超过 370 kN 时，视为 370 kN。

③ 输出扭矩值：在上文"①"和"②"中，最小值即为输出扭矩值。

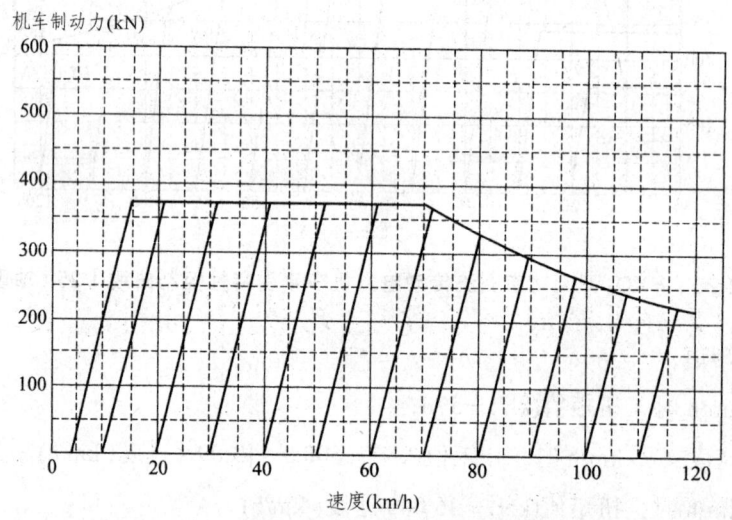

图 2-29　HXD$_3$ 型大功率交流传动电力机车制动特性控制曲线（23 t 轴重）

3）轴重为 25 t 时的制动扭矩计算

（1）速度 < 65 km/h 时：

换级触点为 1N，输出扭矩值(kN) = (36.4 × 速度(km/h)) − 145.6

换级触点在 1N 以外，输出扭矩值(kN) = (36.4 × 速度(km/h)) − (364 × (换级触点号 − 1))

计算结果为负时，视为 0 kN；计算结果超过 400 kN 时，视为 400 kN。

（2）速度≥65 km/h 时：

① 最大扭矩值：

扭矩值(kN) = 26 000/速度(km/h)

② 缩减扭矩值：

换级触点为 1N，输出扭矩值(kN) = [36.4 × 速度(km/h)] − 145.6；

换级触点在 1N 以外，输出扭矩值(kN) = [36.4 × 速度(km/h)] − [364 × (换级触点号 − 1)]；

计算结果为负时，视为 0 kN；计算结果超过 400 kN 时，视为 400 kN。

③ 输出扭矩值：在上文"①"和"②"中，最小值即为输出扭矩值。

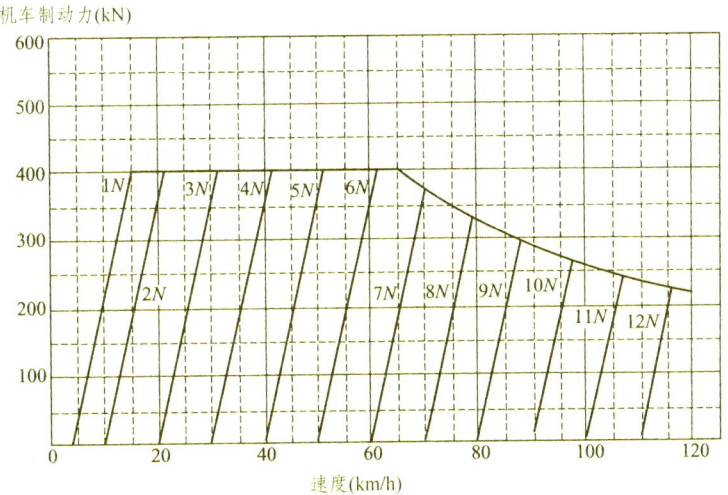

图 2-30　HXD$_3$ 型大功率交流传动电力机车制动特性控制曲线（25 t 轴重）

# 技能训练　探究电力机车控制方法

## 【学习目标】

（1）能分析各类电力机车的工作过程；
（2）能分析直流电力机车磁场削弱调速的方法和技术特点；
（3）能分析直流电力机车移相调压调速的方法及技术特点；
（4）能分析交流电力机车的变频调速方法；
（5）能分析电力机车的起动方法；
（6）能分析电力机车的电气制动方法；
（7）会起动电力机车并对其进行速度调节；
（8）能撰写特性控制曲线与控制方法的总结报告。

## 【学习任务】

在仿真模拟驾驶装置上实际操纵机车运行，会初步操作机车的起动、运行和制动，并能分析其控制方法，写出特性控制曲线与控制方法的总结报告。

## 【环境设备】

多媒体教学设备、电力机车主要电气设备、电力机车特性曲线图片等，在电力机车驾驶仿真实训室完成学习项目。

## 【操作指导】

### 1. 现场讲解，阅读教材

任课教师在实训室通过实物、多媒体系统、仿真训练装置为学生现场讲解电力机车的组成及工作原理，引导学生认真阅读本项目相关知识，重点关注电力机车的调速部分。

### 2. 演示操纵电力机车

任课教师在仿真模拟驾驶装置上演示操作电力机车的起动、调速和制动过程，理论联系实际分析机车的起动、调速和制动方法。

### 3. 学生模仿训练

在仿真模拟驾驶装置上操作电力机车的起动、调速和制动，会理论联系实际分析机车运行时的控制方法。

### 4. 撰写操作报告

根据训练的实际情况撰写操作报告。报告要体现学习目标、落实学习任务，突出电力机车起动、调速和制动的实现方法，联系相关知识的理论分析，绘制新型机车的特性控制曲线并对应说明。

### 5. 交流报告

每班选出 5 名同学，在课堂上公开交流本项目的操作报告，与学生、老师共同分享学习成果。其他学生两两自愿结合互换学习报告，相互评价。

### 6. 任务说明

本项目为课内课外相结合的学习项目，上课时间主要听老师的讲解和演示，在课下进行实际操作训练，撰写总结报告并互相交流。

## 【练习与思考】

1. 叙述直-直型电力机车的工作原理。
2. 直-直型电力机车有哪些工作特点？
3. 叙述交-直型电力机车的工作原理。
4. 交-直型电力机车有哪些工作特点？
5. 叙述具有异步牵引电动机的交-直-交型电力机车的工作原理。
6. 叙述具有异步牵引电动机的交-直-交型电力机车各环节的作用。
7. 具有异步牵引电动机的交-直-交型电力机车有哪些工作特点？
8. 叙述具有同步牵引电动机的交-交型电力机车的工作原理。
9. 直（脉）流牵引电动机有哪些调速方法？
10. 直流传动电力机车有哪些调速方法？
11. 直流传动电力机车的磁场削弱方法有哪些？

12. 交-直型电力机车的相控调压方法有哪些？
13. 叙述交-直型电力机车三段不等分半控桥式整流电路的工作过程。
14. 叙述交-直型电力机车三段不等分半控桥式整流的电压调节（升速）过程。
15. 三相异步牵引电动机有哪些调速方法？
16. 变频调速有哪些方法？
17. 叙述恒转矩变频调速原理。
18. 叙述恒功率变频调速原理。
19. 电力机车有哪些起动方法？
20. 电力机车起动有哪些要求？
21. 电力机车起动电流和起动牵引力有哪些限制？
22. 叙述电气制动的基本原理。
23. 电气制动有哪些形式？
24. 电气制动有哪些优越性？
25. 电气制动有哪些基本要求？
26. 叙述直流牵引电动机电气制动原理。
27. 叙述交流牵引电动机电气制动原理。
28. 直流电力机车有哪些电阻制动特性？各特性曲线如何？
29. 直流电力机车电阻制动特性有哪些限制（工作范围）？
30. 直流电力机车电阻制动的控制方式有哪些？
31. 直流电力机车电阻制动的不足是什么？如何克服？
32. 叙述加馈电阻制动的原理。
33. 叙述再生制动的原理。
34. 直流电力机车有哪些特性？各特性曲线如何？
35. 交流电力机车有哪些特性？各特性曲线如何？
36. 分析 $HXD_3$ 型电力机车的牵引特性。

# 项目三　HXD 型电力机车牵引电传动系统

## 【项目描述】

本项目主要学习 $HXD_3$ 型电力机车牵引电路基本组成、各电路电流路径和工作原理；学习主变压器、主变流器和交流牵引电动机的结构、作用和工作原理；分析牵引变流器的控制技术；进行主变压器的维护检查试验和牵引电动机检修技能训练。

## 【教学目标】

1. 知识目标

（1）掌握 $HXD_3$ 型电力机车牵引电路的组成及结构特点；
（2）掌握 $HXD_3$ 型电力机车牵引电路的电流路径；
（3）掌握 $HXD_3$ 型电力机车牵引电路中各主要设备的名称及作用；
（4）掌握主变压器、主变流器和交流牵引电动机的结构、作用和工作原理；
（5）掌握牵引变流器的控制技术。

2. 能力目标

（1）能根据 $HXD_3$ 型电力机车牵引电路，分析交流传动电力机车主电路的组成及结构特点；
（2）会分析 $HXD_3$ 型电力机车牵引电路；
（3）能说出 $HXD_3$ 型电力机车牵引电路中各主要设备的名称及作用；
（4）能认知主变压器、主变流器和交流牵引电动机，并说明其主要结构及特点，具备对其进行解体和检修试验的能力；
（5）会对电力机车牵引电路故障进行判断与处理。

## 任务一　牵引电路分析与检查

### 【教学目标】

1. 知识目标

（1）掌握 $HXD_3$ 型电力机车牵引电路的组成及结构特点；
（2）掌握 $HXD_3$ 型电力机车网侧电路、四象限整流电路、中间直流电路、逆变和牵引电机电路、库内动车电路的电流路径；
（3）掌握 $HXD_3$ 型电力机车四象限整流电路的工作原理；
（4）掌握 $HXD_3$ 型电力机车牵引电路中各主要设备的名称及作用。

项目三 HXD型电力机车牵引电传动系统 51

2. 能力目标

（1）能根据HXD$_3$型电力机车牵引电路，分析交流传动电力机车主电路的组成及结构特点；

（2）会分析HXD$_3$型电力机车网侧电路、四象限整流电路、中间直流电路、逆变和牵引电机电路、库内动车电路、牵引保护电路的工作原理；

（3）会分析HXD$_3$型电力机车四象限整流电路的工作原理；

（4）能说出HXD$_3$型电力机车主电路中各主要设备的名称及作用。

## 【相关知识】

HXD$_3$型交流传动货运电力机车牵引电传动系统采用交-直-交传动形式，如图3-1所示。牵引设备主要包括各高压电器、主变压器、牵引变流器、牵引电机及相应控制系统。牵引电路主要由网侧电路、四象限整流电路、中间直流环节电路、逆变电路等相关电路组成。

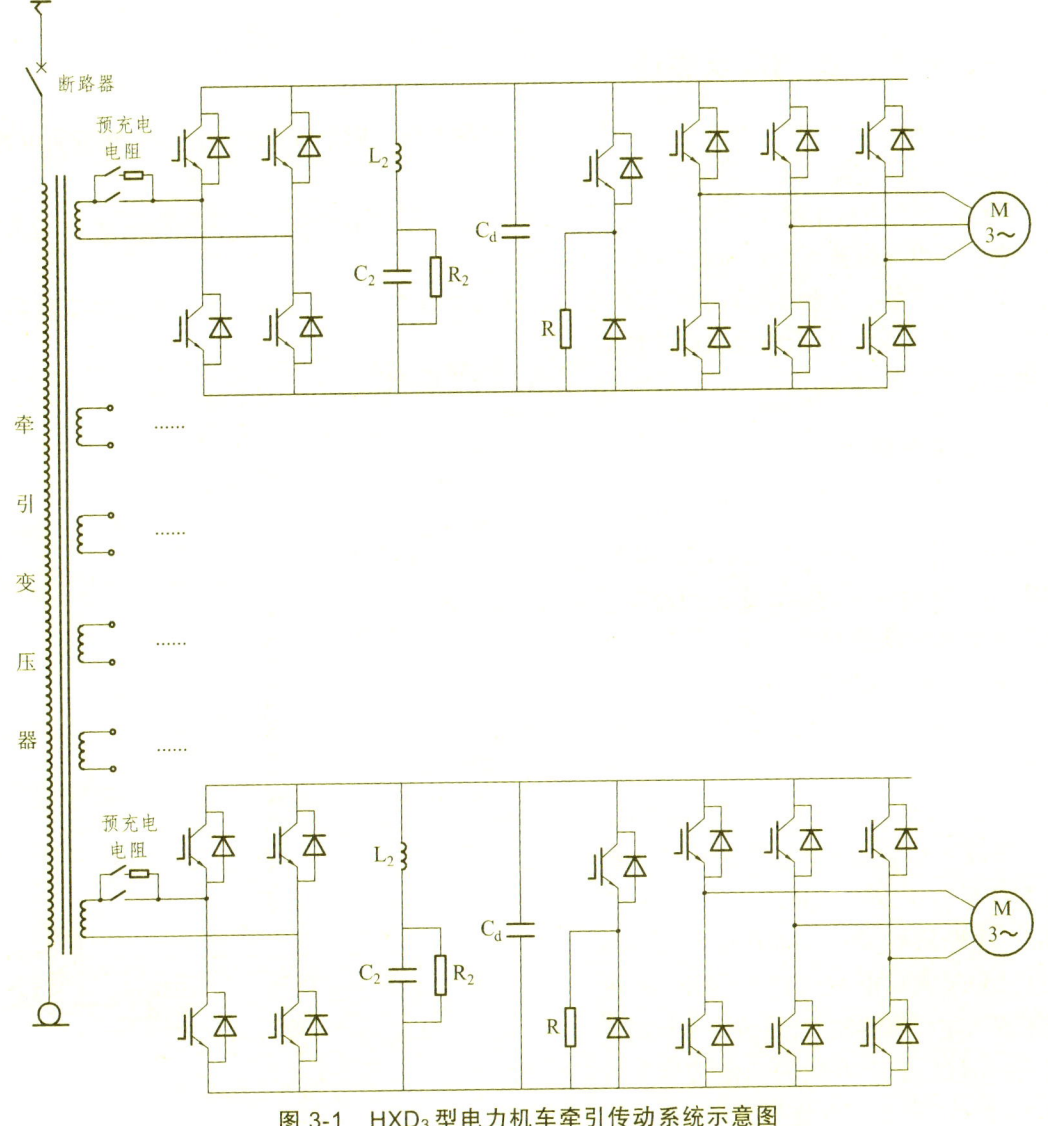

图3-1 HXD$_3$型电力机车牵引传动系统示意图

牵引电传动系统的主要特点如下：

（1）采用传统的网侧电路结构。为了保证机车安全运行，每台受电弓后都设有隔离开关；主断路器与接地开关成整体设置，有利于车顶高压设备的检修和人身安全。设有干式高压电压互感器和全分裂高压电流互感器。

（2）主传动系统采用交-直-交结构，整流环节采用四象限整流器，有利于提高机车的功率因数，减少谐波电流分量。

（3）采用轴控技术。采用6组相同的传动系统，当一组故障时，可以将其隔离，牵引力只损失1/6，有利于机车运行。

（4）采用逆变器软件控制技术进行二次滤波，取消了二次滤波电感和电容，减少了变压器和变流器的体积和重量。

（5）采用矢量控制技术。

（6）采用再生制动技术。

# 一、牵引电路构成及原理

$HXD_3$型交流传动货运电力机车牵引电路由网侧电路、四象限整流电路、中间直流电路、逆变及牵引电机电路、库内动车电路等组成。

$HXD_3$型电力机车的主变压器原边通过受电弓、主断路器得电。主变压器的6个二次绕组分别向牵引变流器6条相同的交-直-交回路供电。

每台机车装有2台变流装置，每台变流装置内含有3组牵引变流器和1组辅助变流器。每组牵引变流器由1个四象限脉冲整流器和1个逆变器组成。

### 1. 网侧电路

$HXD_3$型电力机车的网侧电路如图3-2所示。网侧电路由2台受电弓AP1、AP2，2台高压隔离开关QS1、QS2，1个高压电流互感器TA1，1个高压电压互感器TV1，1台主断路器QF1，1台高压接地开关QS10，1台避雷器F1，主变压器网侧绕组1U1V，1个低压电流互感器TA2和6个回流装置EB1～EB6等组成。

接触网电流通过受电弓AP1或AP2进入机车，经过高压隔离开关QS1或QS2、主断路器QF1、高压电流互感器TA1、25 kV高压电缆与主变压器网侧1U端子流入主变压器原边，电流从1V端子流出，通过6个并联的回流接地装置EB1～EB6，从轮对回流至钢轨。

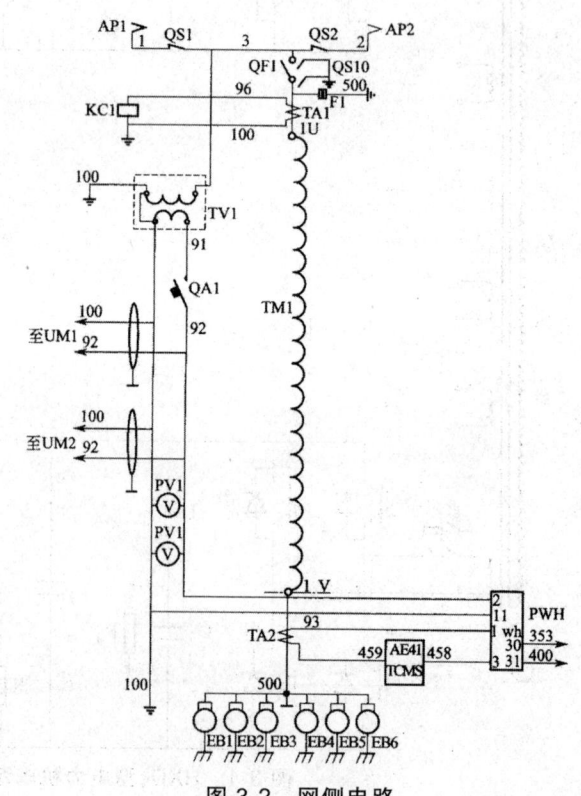

图3-2 网侧电路

高压电压互感器 TV1 接在主断路器 QF1 之前，为干式高压电压互感器。高压电压互感器一次侧通过受电弓与接触网连接，检测机车所在位置的接触网电压，只要升起受电弓，即可判断接触网是否有电。互感器的电压变比为 25 000 V/100 V，其二次侧通过保护用自动开关 QA1，将互感器输出的电压信号分别送到牵引变流器 UM1 和牵引变流器 UM2 的控制单元，作为牵引变流器控制的同步信号使用，另外还为网压表 PV1、PV2 和电度表 PJ1、PJ2 的电压线圈提供一次侧网压信号。通过装在操纵台上的网压表，司机就能知道接触网的网压值，电度表则记录机车的使用电能和发电（再生制动）电能。

受电弓 AP1、AP2 采用 DSA200 型受电弓。弓上装有自动降弓装置，当弓网故障时，可自动降弓保护。采用了 2 台 BT25.04 型高压隔离开关，该开关是采用电空控制方式进行转换的，当一台受电弓发生故障时，可通过控制电器柜上的隔离开关 SA96，将其打至对应隔离位，通过列车控制和监视系统 TCMS 发出指令来控制相应的电空阀，实现高压隔离开关的开闭操作，以切除故障的受电弓，同时使用另一台受电弓维持机车正常运行，减少机破，提高机车运用可靠性。

主断路器 QF1 采用真空断路器，它除了可以接通和开断机车的总电源外，当机车电路发生短路、过流、接地等故障时，也起最后一级保护作用。在主断路器的主触头后端，还接有避雷器 F1，用以抑制操作过电压及雷击过电压。

高压电流互感器 TA1 是原边电流的测量装置，为原边的过流保护提供电流信号。低压电流互感器 TA2 为电度表提供原边电流信号，同时也为机车微机控制系统提供原边电流信号。接地电刷 EB1~EB6 保证网侧电流向钢轨回流的同时，也保护了机车轮对轴承不受电蚀，以及机车的可靠接地。

### 2. 四象限整流电路

机车整流器的网侧电流一般是非正弦周期电流，因此机车的功率因数为相位移系数和电流畸变系数的乘积。对韶山型相控电力机车，由于网侧电流畸变大，加上控制角和换相重叠角造成基波电压与基波电流的相位移，机车额定工况的功率因数不会超过 0.85。$HXD_3$ 型电力机车则不同，它采用脉宽调制的四象限整流器，如图 3-3 所示。在交流传动电力机车和动车组上，脉冲整流器是列车牵引传动系统中的网侧变流器。网侧脉冲整流器能够保持中间直流电路电压恒定，方便地实现牵引和再生工况，并且保持电网基波功率因数接近 1，减轻对电网的谐波干扰。在列车牵引时起整流作用，将单相交流电转变成直流电；再生制动时起逆变作用，将直流电转变成单相交流电回馈给牵引供电电网。由于其可以工作在电压和电流坐标平面的四个象限，因此称为四象限整流器。另一方面，目前牵引传动系统中整流器普遍采用脉冲宽度调制技术，因此又称为四象限脉冲整流器。

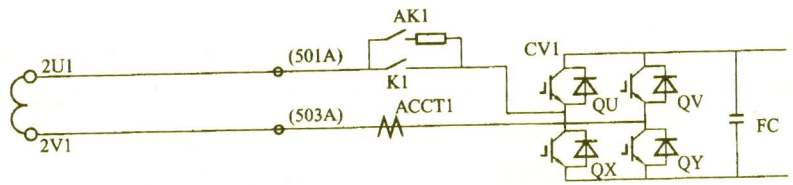

图 3-3 四象限整流电路

四象限脉冲整流器使用模块化 IGBT 元件,采用脉宽调制(PWM)方式、两点式电压型,将电源的交流电压,通过脉冲宽度调制,控制中间直流电压的幅值和流入牵引整流器的交流电流波形和相位,使交流电流的波形尽量接近正弦波,同时使得交流侧的基波电压和基波电流的相位差接近于 0°,这样既限制了谐波电流分量,又提高了机车功率因数。与相控整流器比较,四象限整流器有很高的功率因数,谐波电流含量也小得多。因此,机车无论是牵引状态还是再生制动状态,额定工况的功率因数均可达到 0.98 以上。

　　以机车第一组牵引变流器整流电路为例,来说明电路的工作原理。如图 3-3 所示,AK1 开关支路为预充电电路,用以防止接触器 K1 合闸时的电流冲击。当接触器 AK1 闭合时,主变压器的牵引绕组 2U1~2V1 通过充电电阻向四象限整流器供电,给中间直流回路支撑电容 FC 充电,当中间直流电压达到 2 000 V 时,工作接触器 K1 闭合,同时切除接触器 AK1,完成中间电路预充电,随后牵引绕组继续向中间直流回路支撑电容充电,直至 2 800 V 时,牵引变流器起动充电过程完成,逆变器可以投入工作。

　　当机车再生制动时,逆变器工作在整流状态,四象限整流器工作在逆变状态,并通过中间直流回路向主变压器牵引绕组馈电,将再生能量回馈至接触网。

　　为了减少谐波含量,6 组四象限整流器的调制波相位保持一致,但载波的相位不一致,依次相差 30°、60°…180°,从而达到消除特定次谐波的目的,保证等效干扰电流 $J_p \leq 2.5$ A。

### 3. 中间直流电路

　　$HXD_3$ 型电力机车采用的是电压型逆变器。为了保持中间回路电压稳定性,并联了大容量的支撑电容,同时它还对四象限脉冲整流器和逆变器产生的高次谐波进行滤波。中间直流电路主要由中间电压支撑电容 FC、瞬时过电压限制电路和主接地保护电路组成。$HXD_3$ 型电力机车的中间直流电路取消了二次滤波电路,通过逆变器的软件控制,使逆变器输出电压正负周期的电压时间乘积趋于相等,以抑制因二次谐波电流而产生的牵引电机转矩脉动。$HXD_3$ 型机车中间直流电路原理图如图 3-4 所示。

　　瞬时过电压限制电路由 IGBT 和限流电阻组成,电压的检测由电压传感器 DCPT 承担。当中间电压高于规定值时,IGBT 导通,直流回路的能量经由限流电阻释放,从而消除过电压,这是一种多次重复方式的保护。

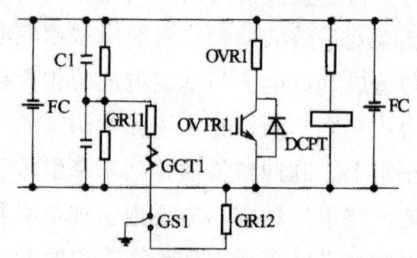

图 3-4　$HXD_3$ 型机车中间直流电路原理图

　　主接地保护电路除对电路进行接地保护外,还保证了主电路各点有固定的电位。主接地保护电路由跨接在中间回路的两个串联电容和一个接地信号传感器组成。当主回路有接地故障时,传感器 GCT1 输出信号送给列车控制和监视系统 TCMS,对该组单元进行保护。每台牵引变流器含有三套独立的接地保护电路,可以分别对 3 组牵引变流器进行接地监测和保护。接地检测信息送至 TCMS 显示屏,实现故障显示。当只有一点接地时,可以将接地故障开关 GS1 打到故障位,实施对接地保护的隔离。这时,由于电阻 GR12 的接入,大大减小了接地故障电流,同时保证了主电路中各点电位的稳定,维持机车继续运行。

#### 4. 逆变和牵引电机电路

逆变和牵引电机电路如图3-5所示,逆变器单元同整流器单元一样使用模块化IGBT元件,实现单元的标准化。$HXD_3$型电力机车牵引逆变器采用矢量控制技术,能够迅速将异步电动机的输出转矩控制在目标值,提高了机车的防空转能力。此技术通过对定子电流的励磁分量和转矩分量的控制,达到分别控制电机磁链和转矩、实现牵引电机的快速响应。

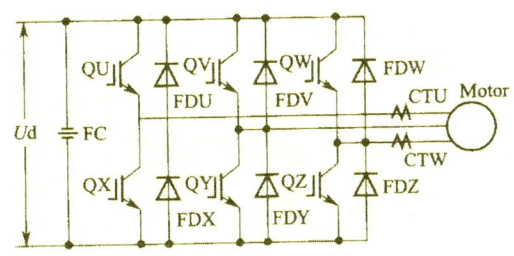

图3-5 牵引逆变器和牵引电动机电路

机车采用轴控方式,实现了每个牵引电机的独立控制。当机车的6个轴的轮径差、轴重转移及空转等可能引起的负载分配不均匀时,均可以通过牵引变流器的控制进行适当的补偿,以实现最大限度地发挥机车牵引力。

#### 5. 库内动车电路

机车具有库内动车功能。将电源通过单相插座送到二、五位牵引电机的牵引变流器环节,即可进行库内动车作业。机车共设置2个牵引电路入库插座和2个牵引电路入库转换开关,方便库内动车需要。如图3-6所示,当需要动车时,将牵引电路入库插座XSM1处接入库内动车电源引线,转换牵引电路入库转换开关QS3,再闭合地面电源,通过操纵司机控制器便可以使机车向前、向后移动。

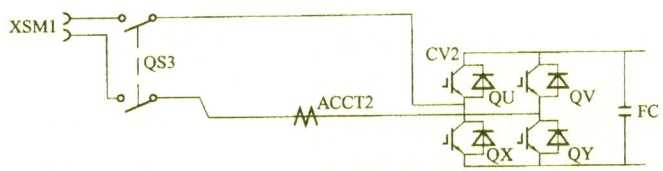

图3-6 库内动车电路

## 二、牵引电路保护

$HXD_3$型机车的主电路保护包括:主变压器牵引绕组过流保护、主回路接地保护、牵引电机过流保护、原边电压保护、瞬时过电压保护和欠电压保护等。

#### 1. 主变压器牵引绕组过流保护

如图3-3所示,在每组牵引变流器的输入回路中,设有1个输入电流互感器ACCT,起控制和监视变流器充电电流及牵引绕组短路电流的作用,其动作保护值为1 960 A。故障发生时，四象限整流器和逆变器的门极均被封锁，输入回路中的工作接触器 K 断开，同时向微机控制系统发出跳主断路器信号，通过复位开关可进行恢复。若这种故障在 3 min 内发生两次，故障将被锁定，必须切断变流器 CI 的控制电源才能恢复正常工作。

### 2. 主回路接地保护

如图 3-4 所示，接地保护系统由跨接在中间回路的两个串联电容和一个接地信号检测传感器组成。主回路工作正常时，由于只有 1 点接地，接地保护电路中流过的电流为零，接地信号检测传感器 GCT 无信号输出。

当电路中出现接地故障时，接地电路形成回路，接地检测回路中有电流流过。当电流值为 10 A 以上且持续时间超过 1 ms 时，传感器输出电流信号，使保护装置动作。保护发生时，四象限整流器和逆变器的门极均被封锁，输入回路中的工作接触器断开，若故障持续时间达到 150 ms，微机控制系统将发出跳主断路器的信号，主断路器断开。

此时司机可将故障支路的变流器切除，机车仍将保留有 5/6 的牵引动力，可以继续维持机车运行。若确认只有一点接地，也可以将控制电器柜上对应的接地闸刀开关打至"中立位"，维持机车继续运行，回段后再作处理。

### 3. 牵引电动机过流保护

如图 3-5 所示，在每组牵引变流器的输出回路中，设有输出电流互感器 CTU、CTW，对牵引电机过载及牵引电机三相电流不平衡起控制和监视保护作用。牵引电机过载保护的动作值为 1 400 A。当保护发生时，四象限整流器和逆变器的门极均被封锁，输入回路中的工作接触器断开，同时牵引变流器控制单元向微机柜 TCMS 发出 CI 过流信息，开断主断路器。

### 4. 一次侧电压保护

网侧电压由高压电压互感器 TV1（见图 3-2）检测。

当一次侧网压高于 32 kV 且持续 10 ms 或者是高于 35 kV 且持续 1 ms 时，变流器 CI 实施保护，四象限整流器和逆变器的门极均被封锁，输入回路中的工作接触器 K 断开，同时向微机控制系统发出一次侧过电压信息。

当一次侧网压低于 16 kV 且持续 10 ms 时，变流器 CI 实施保护，四象限整流器和逆变器的门极均被封锁，输入回路中的工作接触器断开，同时微机控制系统发出一次侧欠压信息。

### 5. 瞬时过电压和欠电压保护

在机车出现空转、滑行或者受电弓离线造成的网压中断等情况时，牵引变流器的中间回路上可能出现瞬时过电压。为了防止这种过电压对变流器造成损坏，在中间直流回路设有由 IGBT 和限流电阻组成的瞬时过电压限制电路，如图 3-4 所示。

当中间回路电压大于等于 3 200 V 且持续时间达 40 μs 时，瞬时过电压保护环节动作，IGBT 将导通，直流回路能量经限流电阻释放，消除过电压。同时四象限整流器和逆变器的门极均被封锁，输入回路中的工作接触器 K 断开。

此外，当中间回路电压小于等于 2 000 V 时，中间回路低电压保护环节动作，四象限整流器和逆变器的门极均被封锁，输入回路中的工作接触器 K 断开（库内动车除外）。

# 任务二　主变压器检查与试验

## 【教学目标】

1. 知识目标

掌握 HXD 型电力机车主变压器的作用、组成和各部件的结构与用途。

2. 能力目标

（1）能认知主变压器，说出主变压器的组成；

（2）对主变压器进行维护检查和试验；

（3）能判断处理主变压器故障。

## 【相关知识】

主变压器又称为牵引变压器，是电力机车上的一个重要的电器设备，用来将从接触网上取得的 25 kV 高压电降为机车各电路所需的电压。主变压器与机车其他部件比较，体积大、重量重，一般都安装在机车中部，一部分在车体内，一部分在车体底架下部。

$HXD_3$ 型电力机车采用 JQFP2-9006/25（DL）型主变压器，其外形如图 3-7 所示。

图 3-7　主变压器外形图

## 一、特　点

（1）采用下悬式安装，强迫导向油循环风冷方式，主变压器总重 13 t。主变压器与冷却装置分开布置。

（2）变压器采用心式卧放结构，A 级绝缘，普通矿物油。

（3）高阻抗绕组结构，使变压器内部空间漏磁场很强，大量采用无磁结构件。

（4）油箱采用钢板加磁屏蔽的方式，避免漏磁干扰外部信号。

（5）线圈导线采用纸绝缘，具有耐热等级高、机械强度大的特点。

（6）全铝板翅式冷却器，两路油循环系统。

（7）高压套管采用高压端子，在低压套管出线装置中采用了新型结构的出线装置，具有安装拆卸方便、可靠及使用寿命长的特点。

（8）具有抗振的特点，适用机车的使用环境。

（9）经常需要检测及保养的部件装配在机车的两侧，以便于进行维护保养、检查。

（10）大电流的低压出线装置与牵引变流器按序安装，使其连线最短。

（11）变压器油采用氮气密封保护，使油不与外界环境相通，防止其劣化。

## 二、主要技术数据

型号　　　　　　　　　　　JQFP2-9006/25（DL）
机车网压范围（kV）　　　　17.2～31.3
频率（Hz）　　　　　　　　50
联结组　　　　　　　　　　I-I$_0$
外形尺寸（mm）　　　　　　3 060×2 760×1 475
安装方式　　　　　　　　　车体下悬挂式
冷却方式　　　　　　　　　强迫油循环风冷
复合冷却器通风量（m$^3$/h）　2×23 400
油流量（m$^3$/h）　　　　　 2×48
出线端子号　　　　　　　　1U；1V；2U1；2V1；2U2；2V2；2U3；2V3；2U4；2V4；
　　　　　　　　　　　　　2U5；2V5；2U6；2V6；3U1；3V1；3U2；3V2
空载电流　　　　　　　　　0.26%
空载损耗（W）　　　　　　 2 600
负载损耗（W）　　　　　　 224
总重量（kg）　　　　　　　13 000

主变压器的额定值见表3-1。

表3-1　主变压器的额定值

| 线圈 | 容量/(kV·A) | 电压/V | 电流/A |
|---|---|---|---|
| 高压线圈 | 9 006 | 25 000 | 360 |
| 牵引线圈 | 8 400 | 6×1 450 | 966 |
| 辅助线圈 | 606 | 2×399 | 759 |

各线圈试验电压如表3-2所示。

表3-2　线圈试验电压

| 线圈 | 工频试验电压 | 感应耐电压 | 冲击试验电压 |
|---|---|---|---|
| 高压线圈网侧 | — | 60 kV，1 min | 150 kV |
| 高压线圈接地侧 | 2.5 kV，1 min | — | — |
| 牵引线圈 | 5.3 kV，1 min | — | — |
| 辅助线圈 | 2.9 kV，1 min | — | — |

## 三、结 构

主变压器由器身、油箱、保护装置、冷却系统和出线装置等部件组成。图 3-8 所示为 JQFP2-9006/25（DL）型变压器结构总图。

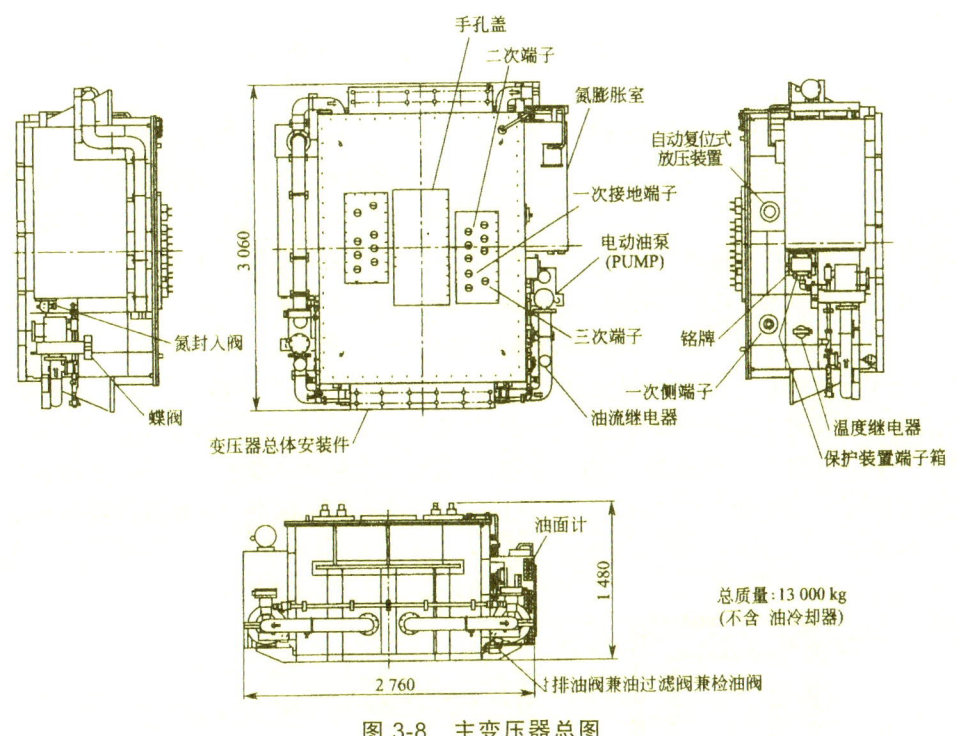

图 3-8 主变压器总图

### 1. 器 身

主变压器器身安放在油箱中，由铁心、绕组（线圈）、器身绝缘和引线装置等组成。JQFP2-9006/25（DL）型主变压器器身结构如图 3-9 所示。

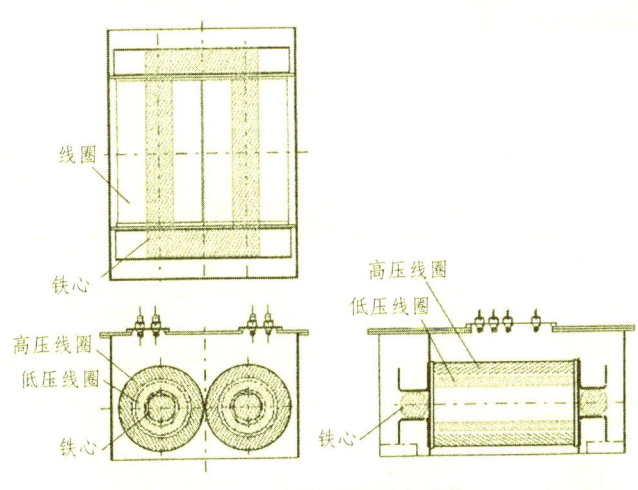

图 3-9 主变压器器身结构

1）铁　心

铁心是构成变压器的闭合磁路，同时也是支撑绕组及引线装置的机械骨架。因此，要求铁心必须具有良好的导磁性能和足够的机械稳定性。

铁心由心柱、铁轭和夹紧装置组成。其中，套装绕组（线圈）的部分称心柱；连接心柱构成闭合磁路的部分称铁轭；夹紧装置用来夹紧心柱和铁轭，以构成坚实的整体，并借以支撑和压紧绕组、固定引线。为了减小铁心中的磁滞和涡流损耗，心柱和铁轭均采用高磁导率的冷轧电工钢片叠装而成。

JQFP2-9006/25（DL）型主变压器铁心为拉螺杆芯式结构，主要组成部分是拉螺杆、上夹件、下夹件、硅钢片等。上、下夹件由不锈钢板焊接而成，为提高刚度，腹板和肢板之间焊有加强筋。2个上夹件之间和2个下夹件之间除了用穿心螺杆连接之外，在两端各有构件连接，这就提高了夹件的刚度，不易变形。铁心采用斜缝铁心结构，由0.30 mm厚的30P105有取向冷轧硅钢片叠成。心柱采用多级近似圆形的截面，直径285 mm，铁轭也为多级近似圆形截面，涂漆，如图3-10所示。铁心叠片系数为0.97。夹件与硅钢片之间有夹件油道，以作为绝缘和冷却油流路径。因为采用强迫导向油循环冷却方式，下夹件上有油孔，从油冷却器出来的油通过油管进入油箱的集油腔，再通过下夹件的油孔，然后流向绕组。

整个铁心只允许有一点接地。如果有两点或两点以上接地，当主磁通穿过此闭合回路时，就会在其中产生循环电流，造成铁心局部过热，邻近的绝缘件碳化、变压器油被分解等事故，这是不允许的。

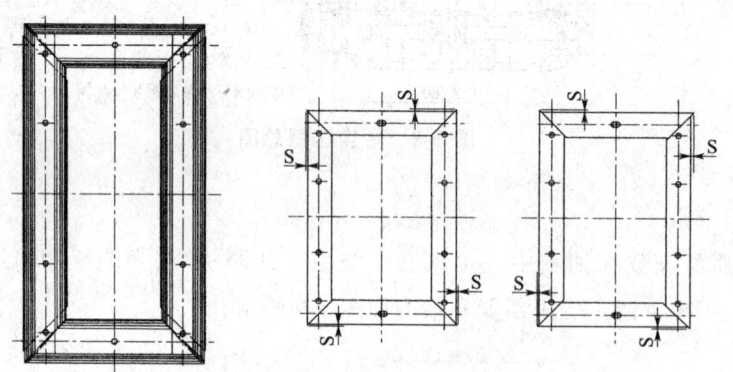

图3-10　主变压器铁心

铁心主要技术数据见表3-3。

表3-3　主变压器铁心数据

| | 有效面积 $A/\text{cm}^2$ | 叠片系数 $f$ | 磁密 $/T$ | 窗高 $H_0/\text{mm}$ | 芯柱中心距 $M_0/\text{mm}$ | 匝电势 $U/$匝 |
|---|---|---|---|---|---|---|
| 铁心 | 521.5（$\phi$285） | 0.97 | 1.565 6 | 1 441 | 810 | 18.125 |
| 铁轭 | 521.5 | | 1.565 6 | | | |

2）绕　组

绕组是主变压器最关键的部件，为了保证变压器安全可靠运行，变压器绕组必须具有足够的电气强度、耐热强度、机械强度和良好的散热条件，使变压器既能在额定工作条件下长期使用，又能经受住过渡过程中（如短路、雷击、操作等）产生的过电压、过电流以及相应的电磁力作用，不致发生绝缘击穿、过热、变形或损坏。

JQFP2-9006/25（DL）型主变压器有三种线圈：高压线圈 1U1V、牵引线圈 2U12V1；2U22V2；2U32V3；2U42V4；2U52V5；2U62V6；、辅助线圈 3U13V1；3U23V2。接线如图 3-11 所示。

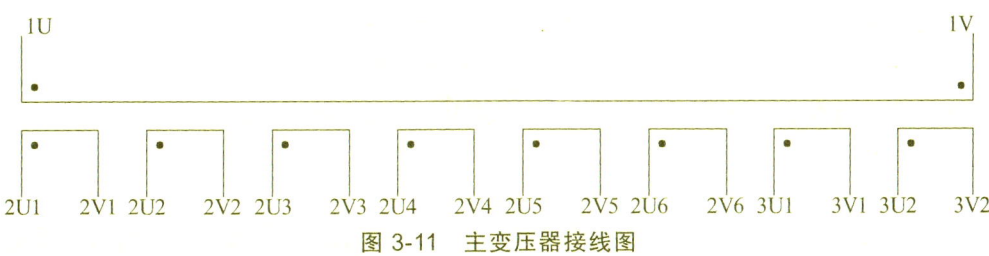

图 3-11 主变压器接线图

为满足高阻抗的要求，变压器线圈采用八分裂形式，心式结构，层式线圈，导线采用铜线纸质绕包。高压线圈分别布置在两个柱上，8 个线圈互相并联。牵引线圈采用多根导线并联，牵引线圈之间互不相连，相互弱耦合。

由铁心开始内侧为牵引线圈和辅助线圈，外侧为高压线圈，线圈绕在 20 mm 的绝缘筒上，整个线圈的辐向宽度为 215 mm。整个绕组不浸漆。

各线圈主要数据如表 3-4 所示。

表 3-4 主变压器各个线圈数据

| | 高压线圈 | 牵引线圈 | 辅助线圈 |
|---|---|---|---|
| 额定电压/V | 25 000 | 1 450×6 | 399 |
| 额定电流/A | 360 | 966×6 | 759 |
| 匝数/柱 | 1 380×3 | 80×3 | 22 |
| 线圈数 | 4 | 3 | 1 |
| 并绕导线数 | 2 | 15 | 15 |
| 线圈形式 | 层式 | 层式 | 层式 |
| 导线规格/mm | 2.1×2.7 / 1.8×2.1<br>2.57×3.17 / 2.27×2.57 | 2.2×5.6<br>2.67×6.07 | 2.2×5.6<br>2.67×6.07 |
| Nomex/mm | 0.47 | 0.47 | 0.47 |
| 裸线截面积/mm² | 10.72 | 180.15 | 180.15 |
| 电流密度/（A/mm²） | 5.22/3.49 | 5.36 | 4.22 |
| 平均半径/mm | 208.9 | 137.6 | 131.3 |
| 导线重/kg | 1 828.5 | 1 073.4 | 97.4 |
| 直流电阻（85 ℃）/Ω | 5.836/8 | 0.013 44 | 0.003 66 |

3)器身绝缘和引线装置

油浸式变压器的内部绝缘分为主绝缘和纵绝缘两类,主绝缘是指绕组(或引线)对地及对其他绕组(或引线)之间的绝缘;纵绝缘则指同一绕组不同部位之间的绝缘。绝缘结构尺寸,特别是主绝缘尺寸将直接影响变压器的重量和外形尺寸,以及阻抗电压、损耗等性能数据。

绕组与油箱、铁心以及不同绕组之间必须有足够的绝缘距离(油隙)。主变压器的器身绝缘结构除了要保证足够的绝缘强度外,还应满足绕组散热的要求。

引线设计结构紧凑,采用顶部电缆出线,占用空间少,电缆交叉处用绝缘纸板包扎,电流大的引线采用多根并联,可以随意弯曲,引线与端子之间采用冷压连接,操作方便,避免了焊接的麻烦。引线固定采用绝缘螺杆和绝缘螺母,拧紧后涂绝缘胶,防止松动。因此,不需要弹簧垫圈、备帽,引线支架采用高强度的层压木,强度好,不易变形。

## 2. 油箱

油箱是油浸式主变压器的外壳,变压器的器身就放在充满变压器油的油箱内。油箱采用钢板焊接。高压绕组的高压接线端子 1U 安装在油箱壁上,其余端子都安装在油箱箱盖上。由于大电流穿过箱盖时,在套管安装孔周围会产生很强的交变磁通,从而在周围钢板内产生相当大的涡流,引起局部过热,因此在套管安装孔周围必须采取隔磁措施,采用磁屏蔽的方法使外泄漏磁限制在一定的范围内。通过 2 个吊挂座把变压器与车体底架连接起来。在油箱壁下部装有 $\phi 15$ 活门,作为注油、滤油和放油用。油箱壁的侧面安装有压力释放阀。油箱的两侧分别是储油柜和氮气膨胀箱,二者之间有管路连接。

## 3. 出线装置

主变压器各绕组的引线从油箱内引至油箱外时,必须采用出线装置,以便使带电的导线与接地的油箱绝缘。主变压器的出线装置多数采用复合瓷绝缘套管。绝缘套管的结构取决于电压等级和额定电流的大小。

1)高压套管(1U 端子)

750S1 型套管是将主变压器原边的高压线圈的高压引线引出油箱的装置。套管的端子号为 1U(见图 3-12)。高压套管安装板以下浸在油中,安装板以上位于空气中。

高压套管性能参数如下:

| | |
|---|---|
| 型号 | 750S1 |
| 额定电压 | 30 kV |
| 最高工作电压 | 36 kV |
| 额定电流 | 630 A |
| 短路耐受电流 | 50 kA |
| 工频耐压 | 75 kV |
| 冲击耐压 | (1.2 ×50 μs) 170 kV |
| 工作温度 | −40 ~ 100 °C |
| 重量 | 1.8 kg |

图 3-12 高压套管

2）低压绕组套管

低压套管的作用是把主变压器的接线引出来，供机车内部接线用。套管的绝缘件采用树脂浇注成型，比以往的电瓷件强度好，且体积小。

低压绕组出线采用标准套管，如图 3-13。

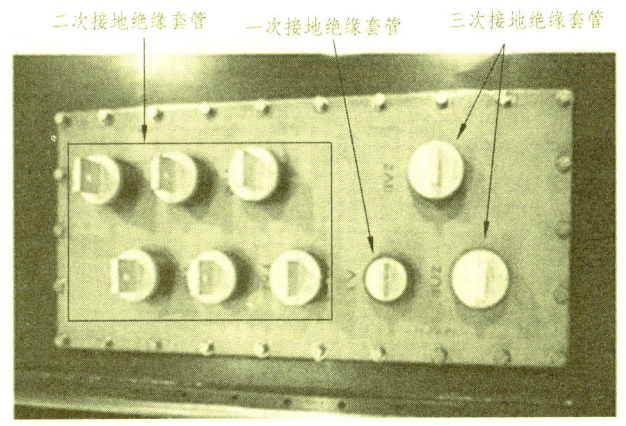

图 3-13　低压套管

4. 冷却系统

主变压器运行中产生的所有损耗将转变为热能，使各部件的温度升高。主变压器温升超过规定的限值，将使绝缘损坏，直接影响主变压器的使用寿命（20～30 年）。因此，主变压器必须具有相应的散热能力。主变压器在保证内部散热能力良好的同时，其外部冷却采用了强迫导向油循环风冷式冷却系统，如图 3-14 所示，该系统分油路和风路两部分。

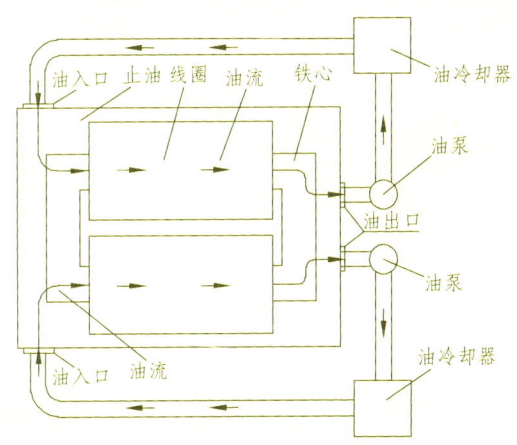

图 3-14　冷却系统油路

1）冷却系统的油路

变压器设有两个油路，被隔板分隔成两个区，一端为进油区，另一端为出油区。进油区有管路连接，保持两端油压平衡。出油部热油被潜油泵抽出，经蝶阀，油流继电器，被冷却器冷却后经油管和蝶阀由油箱进油侧进入油箱、线圈，通过挡油圈、撑条、垫块在线圈内部流动，由线圈排油侧流出。

2）冷却系统的风路

冷却器上部装有通风机，冷却风从车顶吸入后，先进入通风机，再进入冷却柜内的复合冷却器，先冷却复合冷却器上层牵引变流器的冷却水，然后冷却下层的变压器油，最后从车底排出。

3）油冷却器

由于车体空间的限制，变压器油冷却分为两路，与变流器的两个水冷却器组成两个复合冷却器，如图3-15所示，首先冷却变流器，再冷却变压器。冷却器为全铝合金板翘式结构，变压器部分冷却器的热交换容量 $2\times120$ kW。

油冷却器性能参数如下：

热交换功率　　　　240 kW
循环油量　　　　　$2\times48$ m$^3$/h
入口油温　　　　　85 ℃
出口油温　　　　　79 ℃
入口风温　　　　　57 ℃

图 3-15　复合冷却器

4）潜油泵

主变压器有两个潜油泵，如图3-16，强迫变压器油循环进行冷却。该潜油泵冷却方式采用油内循环方式，具有运行可靠、结构简单、使用方便等特点。

潜油泵由电动机与油泵组合为一体。油泵叶轮直接装在电机轴端，靠叶轮旋转离心力作用产生扬程，泵壳将叶轮排出的高速汇流动能转化成压力，迫使变压器油进行循环。

电机一部分热量传给机壳，机壳再将热量传给周围的空气，主要热量经泵的压力区由前轴承座上的几个进油孔将油压入机体内，油流经轴的中心孔和前轴承后流回泵壳进行循环冷却。

潜油泵的性能参数如下：

| | |
|---|---|
| 功率 | 3.7 kW |
| 电压 | 380 V |
| 油流量 | 48 m³/h |
| 扬程 | 157 kPa |
| 重量 | 94 kg |

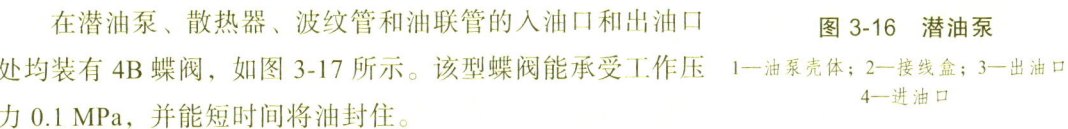

图 3-16 潜油泵
1—油泵壳体；2—接线盒；3—出油口；4—进油口

5）蝶　阀

在潜油泵、散热器、波纹管和油联管的入油口和出油口处均装有 4B 蝶阀，如图 3-17 所示。该型蝶阀能承受工作压力 0.1 MPa，并能短时间将油封住。

在安装前，应将蝶阀清洗干净，以免污物进入变压器油内。主变压器正常工作时为"开"状态，在需要更换散热器、波纹管或油联管时，应先将阀关闭，使阀处于"闭"状态，这样无须全部排除变压器油就能更换某些配件。

6）φ15 阀门（见图 3-18）

φ15 阀门作为注油、放油和滤油用，主变压器的大量注油必须从此处注入。

φ15 阀门在投入工作时应将其密封板和遮盖卸下，工作完后则应装上，以确保阀体内及变压器油不受污染。

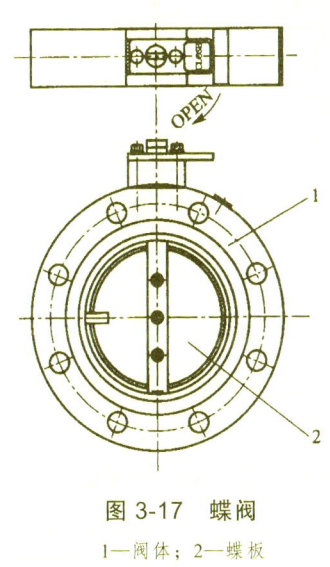

图 3-17 蝶阀
1—阀体；2—蝶板

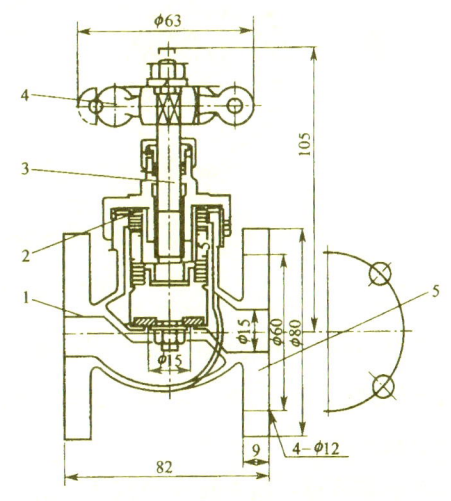

图 3-18 φ15 阀门
1—阀体；2—盖；3—阀杆；4—手轮；5—阀座

## 5. 保护装置

变压器油是从石油中提炼出来的优质矿物油。在油浸式变压器中，变压器油既是一种绝缘介质，又是一种冷却介质。因此，对变压器油的要求是：介质绝缘强度高、黏度低、闪点高、凝固点低、酸值低、灰粉等杂质及水分少。变压器油中只要含少量水分和杂质,就会使绝缘强度大为降低(含 0.004%水分时,绝缘强度降低约 50%)。此外,变压器油在较高温度下长期与空气中的氧接触时会逐渐老化;在油中生成不传热的悬浮物,堵塞油道,并使酸值增加,绝缘强度降低,这对变压器的安全运行是十分不利的。

为了减缓变压器油受潮或老化的程度,使油能较长久地保持良好状态,在主变压器上专门设置了下列几种保护装置。

1)储油柜(油枕)

当变压器油的温度变化时,其体积会发生膨胀或收缩,这就引起了油箱内变压器油油面的升高或降低。为了使油箱内的油面能自由地升降,并使油不致吸入空气里的潮气使变压器油的绝缘强度下降,专门设立了一个储油柜,通常叫它油枕。储油柜安装在油箱的侧面,其大小应能满足变压器在各种可能的运行温度下,油面的升降总是能保持在储油柜的范围内。

2)油流继电器(见图 3-19)

安装油流继电器是为了检查变压器油循环的状态是否正常。由于油流继电器的叶轮转动力超过弹簧的复归力,从而使油流侧的磁铁旋转,该磁铁的磁力旋动隔壁外侧的磁铁,使干簧接点微动开关断开,同时指针也偏转,显示油循环正常。油流一旦停止,叶轮也随之停止转动,由弹簧的复归力的作用使干簧接点接触,报告油流出现异常。

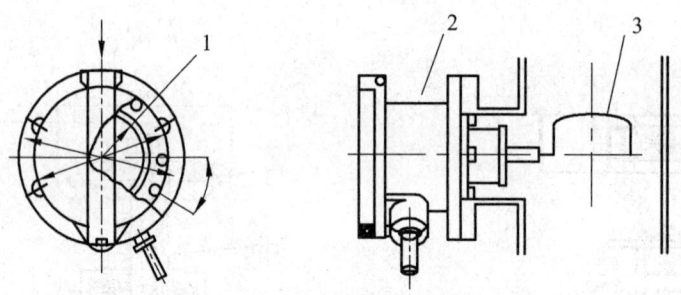

图 3-19 油流继电器

1—指针;2—外壳;3—动板

油流继电器在安装之前应作下列检查:

(1)机械检查:检查油流继电器的动板转动是否灵活,动板被冲动的方向是否和油流指示方向一致。

(2)电器检查:检查接点与接线座的出线位置是否与度盘相同,导线绝缘是否良好。

油流继电器性能参数如下:

公称口径            4B

额定油流量号       48 $m^3/h$

动作油流量         OFF 13.8 $m^3/h$

                      ON 12 $m^3/h$

3）压力释放阀（见图 3-20）

压力释放阀的作用是当变压器油箱内部因某种故障而使压力急剧增大，其压力达到标定值时，压力释放阀能迅速开启释放，从而防止变压器油箱破裂或爆炸；从压力释放阀排出的气体和油流排到容器外，当恢复正常时，阀口关闭。压力释放阀开启压力为（95±15）kPa。

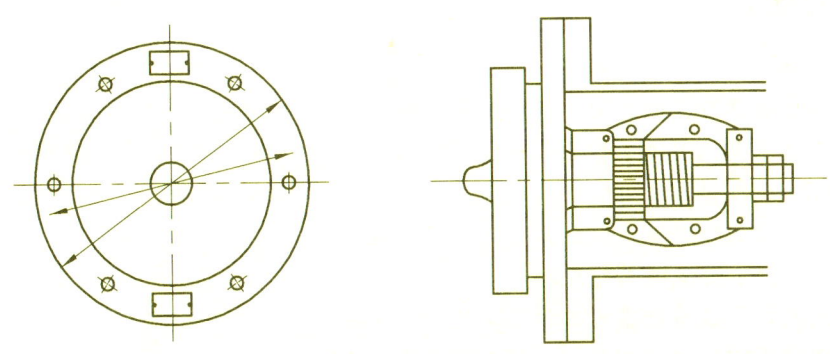

图 3-20　压力释放阀

4）氮气膨胀箱

在绝缘油的油面上部封入氮气，可以完全隔断外部空气和大气的侵入，对绝缘油的酸化的影响就很小，能够保持其高的绝缘能力。变压器油箱内为满油，变压器油热胀冷缩引起液面变化在氮气膨胀箱内进行。通过不同的温度下氮气体积的变化来调节储油柜中油位的高低，以补充油箱中的油量，并且使变压器油不与空气接触，从而减缓变压器油的老化过程。

5）油位计

油位计配置在变压器油箱旁边的氮气膨胀室，表示油位高低。能够从安在变压器油箱侧面的氮气膨胀室上玻璃窗中看到油面。油位计的刻度按温度来表示，从+105 ℃到-40 ℃，每个格为 5 ℃。油位计的表示比温度计的表示低时，有漏油的可能。

6）温度继电器

温度继电器用来测量和监视主变压器油温。

为了保证变压器油的质量，除设置上述油保护装置外，还必须注意：不同产地或不同牌号的变压器油通常不能混用，这是因为变压器油的牌号是以凝固点的温度值命名的，变压器油分 10#、25#、45#，它们的凝固点分别为-10 ℃、-25 ℃、-45 ℃。不同牌号的变压器油混用后，对油的黏度、闪点、凝固点等都有一定影响，会加速油的老化。但在实际使用中又经常遇到变压器油的混用问题，其一般原则是：对不同来源的新油混合使用时，首先必须测量油的凝固点，只有相近方可混合使用。运行中的主变压器需要加油时，应根据加入量，按比例抽取混合油进行油样分析试验，以确定可否混用。

# 任务三　牵引变流器维护保养与检查

## 【教学目标】

1. 知识目标

（1）掌握牵引变流器的作用、特性、基本组成与工作过程；
（2）掌握牵引变流器的工作原理及控制技术。

2. 能力目标

（1）能认知牵引变流器，说出牵引变流器的组成；
（2）能阐明牵引变流的工作原理；
（3）能阐明四象限整流器的工作原理及控制技术；
（4）能阐明 VVVF 逆变器的工作原理及控制技术；
（5）能对变流器进行维护保养与检查；
（6）能处理变流器常见故障。

## 【相关知识】

变流装置用于直流和交流之间进行电能的变换，并对各种牵引电机起控制和调节作用，从而控制机车的运行。

$HXD_3$ 型电力机车牵引变流器原理如图 3-21 所示，每台机车装有两台变流装置，每台变流装置内含三组牵引变流器和一组辅助变流器。牵引变流器（CI）为牵引电动机提供三相交流的变压变频（VVVF）电源。每组牵引变流器主要由四象限整流单元、中间直流电路和 PWM 逆变单元、真空接触器等主电路部分和无接点控制单元等控制电路部分构成。根据列车的速度，通过矢量控制，精确快速地控制牵引电机的转矩和转速。

## 一、牵引变流器参数

| | |
|---|---|
| 牵引变流器每组容量 | 1 400 kV·A |
| 额定输入电压 | 单相交流 1 450 V/50 Hz |
| 额定输入电流 | 966 A |
| 中间电压 | 直流 2 800 V |
| 额定输出电压 | 三相交流 2 150 V |
| 额定输出电流 | 390 A |
| 最大输出电流 | 520 A |
| 输出频率 | 0～120 Hz |
| 效率 | ≥98% |
| 控制电压 | 直流 110 V |

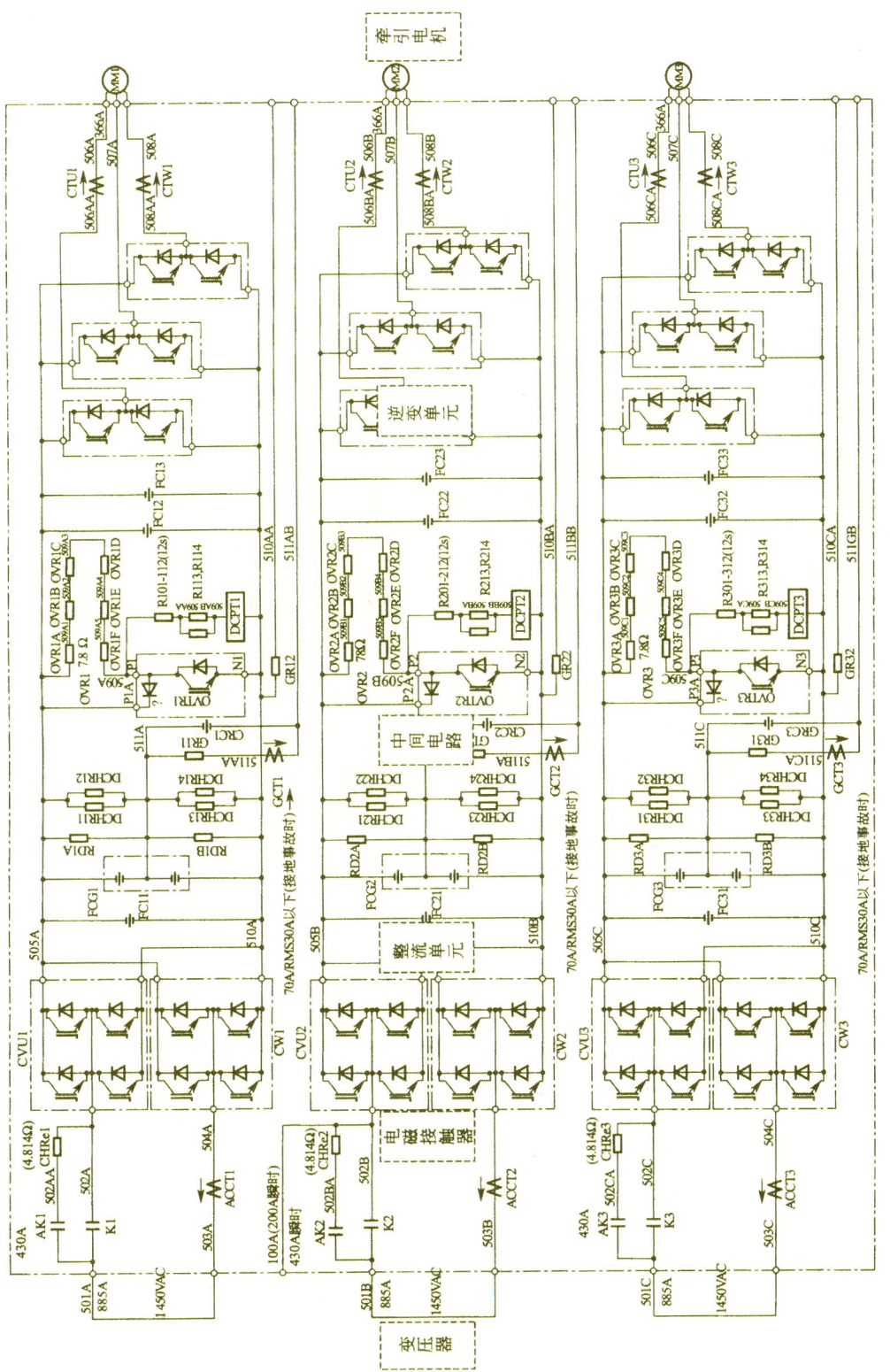

图 3-21 三相牵引变流器的原理图

## 二、牵引变流器特性

（1）四象限整流单元和逆变单元采用 IGBT 元件，对牵引和制动实行连续控制，可靠性高，噪声低，省电力。

（2）可靠的保护电路和保护装置。

（3）高性能的电气元件，能承受短时冲击。

（4）模块化设计便于故障检出和故障排除。

（5）布线科学，降低电磁干扰，保证电磁兼容要求。

## 三、牵引变流器的结构组成

### 1. 牵引变流器的结构组成

牵引变流器与辅助变流器构成一体式箱形结构，如图 3-22 所示，称为电源变换装置。除与复合冷却器相连接的管路以外，其他器件都安装在箱体内部。牵引变流器外形宽 4 000 mm × 高 2 050 mm × 深 1 035 mm，重量 3 650 kg。

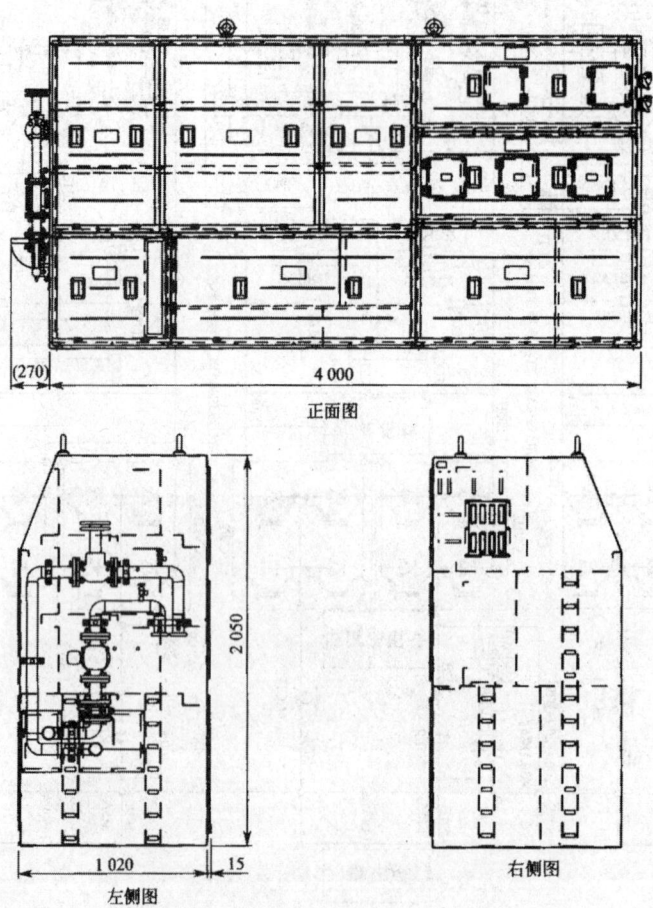

图 3-22　电源变换装置外形图

每台电源变换装置内含有三组牵引变流器和一组辅助变流器，变换装置结构紧凑、便于安装。图 3-23 及图 3-24 为三组牵引变流器各部件在电源变换装置中的配置图。辅助变流器的各部件配置将在项目五中详述。

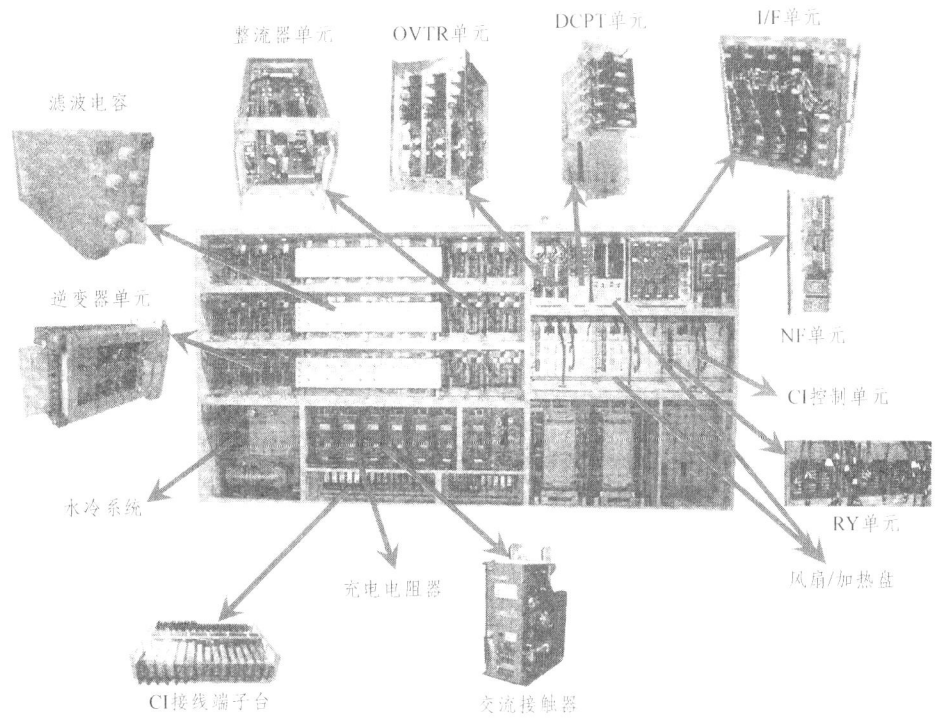

图 3-23　牵引变流器构成图（正面）

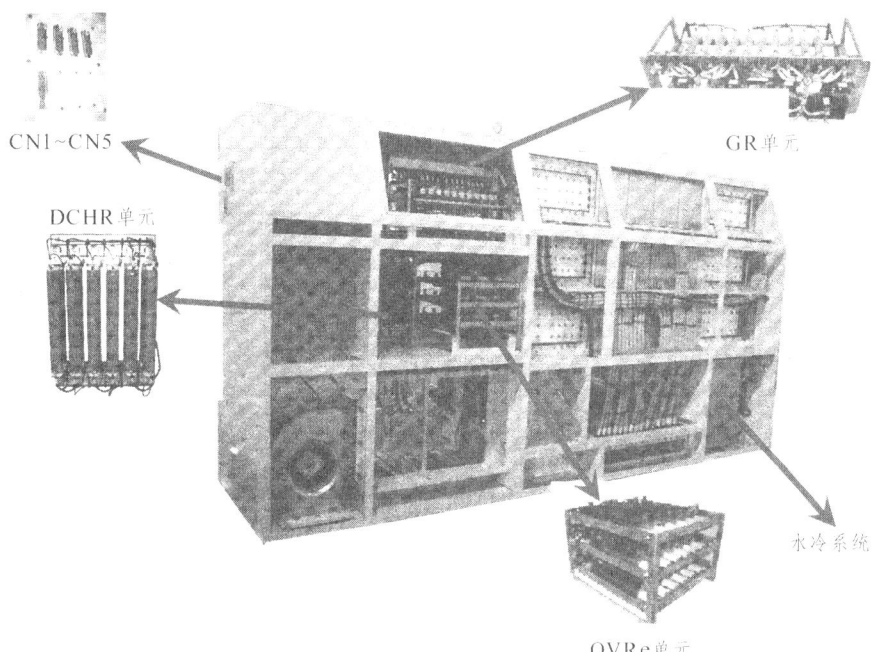

图 3-24　牵引变流器构成图（背面）

在装置的左上段，从上依次为1组、2组、3组设备，从左至右依次设置逆变器单元、滤波电容、整流器单元。

在装置的左下段，设置着水泵、水箱等牵引变流器循环水冷用品。

在装置的中央下段，设置有CI（牵引变流器）主回路接线端子台，在上面设置有交流接触器，里面为充电电阻器及主回路的配线空间。

在装置的右上段，设置有OVTR（过压保护）单元、DCPT（电压传感器）单元、I/F（接口）单元，在里面设置有GR（接地电阻）单元、NF（同步变压器和噪声过滤器）单元。另外在I/F单元、DCPT单元、OVTR单元的下侧还设置有加热器盘，当周围温度比较低时，为各零件预热。

在装置的右中段，设置有CI控制单元，在里面设置着OVRe（限流电阻）单元、RY（继电器）单元、DCHR（放电电阻）单元。另外在CI控制单元的下侧设置着风扇和加热盘，风扇用于冷却控制单元。当低温起动的时候，加热电阻用于预热控制单元。

在装置右侧设置有控制回路连接器，代号为CN1~CN5。

2. 牵引变流器主要部件和单元体

功率模块是构成变流器的核心部件，是由上下桥臂的两组IGBT元件、反并联二极管、冷却元件的水冷散热片和控制IGBT栅极电压的驱动电路构成。

四象限整流单元是由U相、V相两个功率模块构成，逆变器单元由U相、V相、W相三个功率模块构成，即功率模块数量是由相单元决定的。

由于四象限整流单元和逆变单元的电流值要求不同，因此四象限整流单元是由两个IGBT元件并联后组成功率模块，逆变单元则是由单个IGBT元件构成功率模块，因此四象限整流单元和逆变单元的功率模块不能互换。但采用的IGBT元件相同，额定值都是4 500 V/900 A，因此模块内的元件是可以互换的。

牵引变流器的主要构成部件见表3-5。

表3-5 牵引变流器的主要构成部件

| 名称 | 部件符号 | 数量 | 型号规格 |
| --- | --- | --- | --- |
| 整流器单元 | COV—1U、1V、2U、2V、3U、3V | 6 | STC272-A0 |
| 逆变器单元 | INV—1U、1V、1W、2U、2V、2W、3U、3V、3W | 9 | STC273-A0 |
| 滤波电容器 | FC11、12、13、21、22、23、31、32、33 | 9 | EF332162EYQ0735 |
| 接地电容 | FCG1、2、3 | 3 | EF332162EYQ0736 |
| 交流接触器 | K1、2、3 | 3 | CM79-A1 |
| 交流接触器 | AK1、2、3 | 3 | CM75-A2 |
| 充电电阻器 | CHRe1/2/3 | 3 | 2 kW-4.814 OHM |
| OVTR单元 | P—OVTR | 1 | STC274-A0 |
| OVRe单元 | P—OVRe | 1 | RE1000 1.3 OHM 6S（5 500 V） |
| 电流互感器 | ACCT1、2、3 | 3 | NNC—12A—C25A2 3 000 A/10 V |

续表

| 名称 | 部件符号 | 数量 | 型号规格 |
|---|---|---|---|
| 电流互感器 | CTU1、2、3；CTW1、2、3 | 6 | NNC—12A—C25A2 2 000 A/10 V |
| DCPT 单元 | P—DCPT（DCPT 1~5） | 1 | |
| GR 单元 | P—GR（GR11/21/31）（GR12/22/32） | 1 | |
| CI 控制单元 | CI—CTR1、2、3 | 3 | LCU275—B0 |
| I/F 单元 | U-I/F | 1 | |
| 水泵 | WP | 1 | F41-217C4-0405S1-BV |
| 同步变压器 | T1 | 1 | 100V/3×5V-10 mA |
| 噪声过滤器 | NF1、2 | 2 | LF—210AC250V-10A |
| 加热盘 | P—HT1、2、3、4 | 4 | |
| 风扇/加热盘 | P—FH1、2、3 | 3 | |
| 放电电阻盘 | DCHR11、12、13、14 DCHR21、22、23、24 DCHR31、32、33、34 | 1 | |

1）四象限整流单元

通过对四象限整流单元中开关元件 IGBT 的 PWM 控制，将由变压器二次侧绕组引出的 1 450 V/50 Hz 的交流电压整流为 2 800 V 直流电压。

四象限整流单元如图 3-25 所示，主要技术参数如下：

图 3-25　四象限整流单元

额定输入电压　　　　　　1 450 V
额定输入频率　　　　　　50 Hz
每个单元模块重量　　　　30 kg
元件类型：　　　　　　　两个 IGBT 并联
IGBT 元件：
额定电压　　　　　　　　4 500 V（集电极-发射极间电压）

| | |
|---|---|
| 额定电流 | 900 A（集电极的电流有效值） |
| 最大电流 | 1 800 A |
| 使用温度 | -40 ~ 125 ℃ |
| 绝缘耐电压 | 6 000 V 交流（1 min） |

2）中间直流电路

中间直流电路是四象限整流单元和电机侧逆变单元之间的中间环节。在三相交流传动系统中，中间直流电路起着很重要的作用。

（1）中间直流电路主要作用。

在网侧整流器和电机侧逆变器之间实现瞬时功率平衡。

储能电容向牵引电动机提供基波无功功率和高次谐波的通路。

变流器换流能力直接受中间电路电压的影响，逆变器的调制电压质量也取决于其平衡程度，因此对它要求较高。

（2）中间直流电路的组成。

中间直流电路由中间电压支撑电容、瞬时过电压限制电路和主接地保护电路组成。

中间支撑电容组件外形如图 3-26 所示。滤波电容减小中间直流电压的脉动，使其更加平稳。接地电容除了具备滤波电容的功能外，还能提供主回路接地故障检测的中性点。

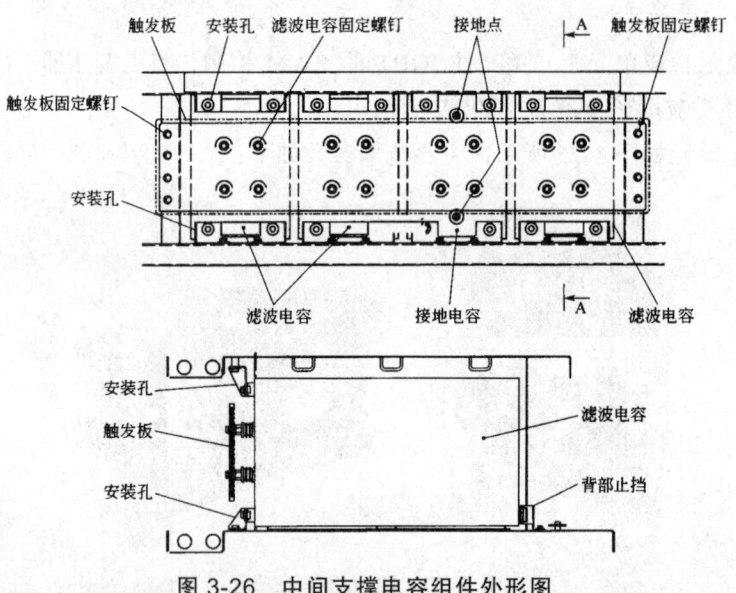

图 3-26　中间支撑电容组件外形图

瞬时过电压限制电路由 IGBT 和限流电阻组成。当电压传感器检测到中间电路过电压时，使 IGBT 导通，通过限流电阻构成放电回路，以降低电压，保护电路元件。

主接地保护电路由跨接在中间回路的两个串联电容和一个接地信号传感器组成。

每套机组分别含三套接地保护电路，可以分别对三个交-直-交电路进行检测和保护，接地检测信号送 TCMS。当出现一点接地时，可以通过接地故障转换开关，实施对接地保护的隔离。

3）逆变单元

逆变电路是由 U、V、W 三相逆变单元构成的，将 PWM 整流单元输出的直流电转换为交流电来驱动牵引电机。通过改变逆变电路的输出电压和输出频率来控制牵引电机的转矩和转速。

PWM 逆变单元如图 3-27 所示。主要技术参数如下：

| | |
|---|---|
| 额定输入电压 | 直流 2 800 V |
| 额定输出电压 | 2 150 V（三相交流线电压） |
| 最大输出电流 | 520 A |
| 输出频率 | 0 ~ 120 Hz |
| 元件类型 | IGBT（4 500 V、900 A） |
| 每个单元模块重量 | 19 kg |

图 3-27　PWM 逆变单元

机车的牵引电动机 M1 ~ M3 分别由牵引变流器 UM1 的 3 个 PWM 逆变器单独供电，M4 ~ M6 分别由牵引变流器 UM2 的 3 个 PWM 逆变器单独供电，实现牵引电动机的独立控制。由于机车六根动轴的轮径差、轴重转移及空转等可能引起负载分配不均匀，都可以通过牵引变流器的控制进行适当的补偿，以实现最大限度地发挥机车牵引力。

**3. 牵引变流器的冷却**

1）冷却系统的组成

牵引变流器的冷却系统是由复合冷却器的水-空气热交换器、连管、阀门、储水箱、水泵、塞门、流量计、冷却介质等组成，利用去离子水和乙二醇的混合冷却介质通过热交换器对 IGBT 器件进行冷却，具有很好的冷却效果。为了提高装置的小型化及冷却性能，牵引变流器采用强制循环水冷方式。这种方式具有冷却效果好、无污染、重量轻、结构上维修方便等特点，是国际上流行的冷却方式。冷却液采用纯水 45% 与乙二醇 55% 的混合溶液，确保在 -40 ℃时不冻结。

图 3-28 为强迫水循环风冷系统原理图，在装置外部的复合冷却器中被冷却的冷却液从装置左侧的入水口进入装置，沿配管进入水箱（ST-TANK）。

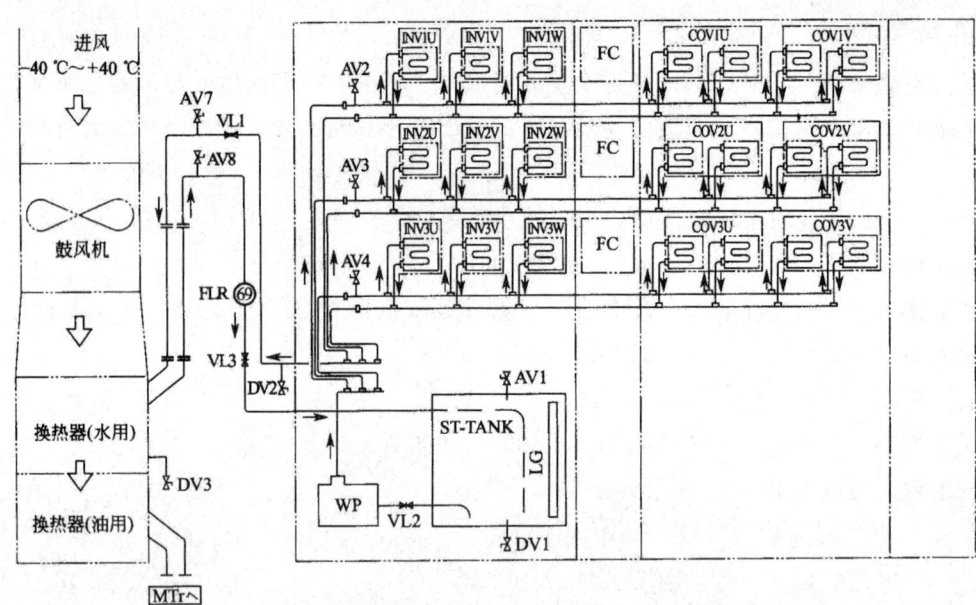

图 3-28 强迫水循环风冷系统图

通过水箱的冷却液在经过水泵之后被分为三路，分别流入 1 至 3 组的分流管，分配给各组的变流设备。每路冷却液在每一组再分成 7 个分支，通过与冷却板交换热量来冷却半导体元件。

冷却半导体元件的冷却液在一根总管内汇集，从装置左侧面的出水口流出变流装置，返回复合冷却器再冷却。这样，通过冷却液反复的循环，来实现对半导体元件的冷却效应。

图 3-29 为 IGBT 模块冷却示意图；图 3-30 为配管构成图，图 3-31 为循环水冷简略构成图，包括主要部件规格表。电源变换装置内设有水泵（WP），用来推动冷却液进行循环。

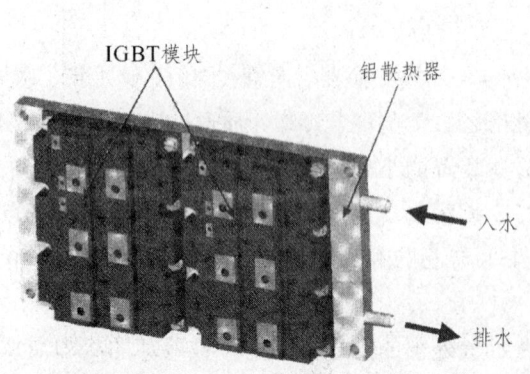

图 3-29 IGBT 模块冷却示意图

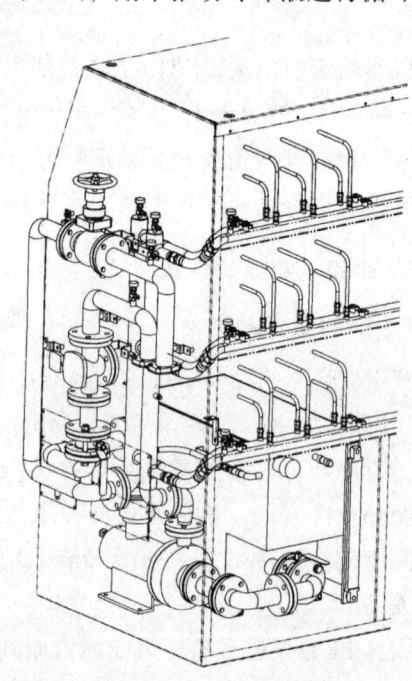

图 3-30 配管构成图

项目三 HXD型电力机车牵引电传动系统

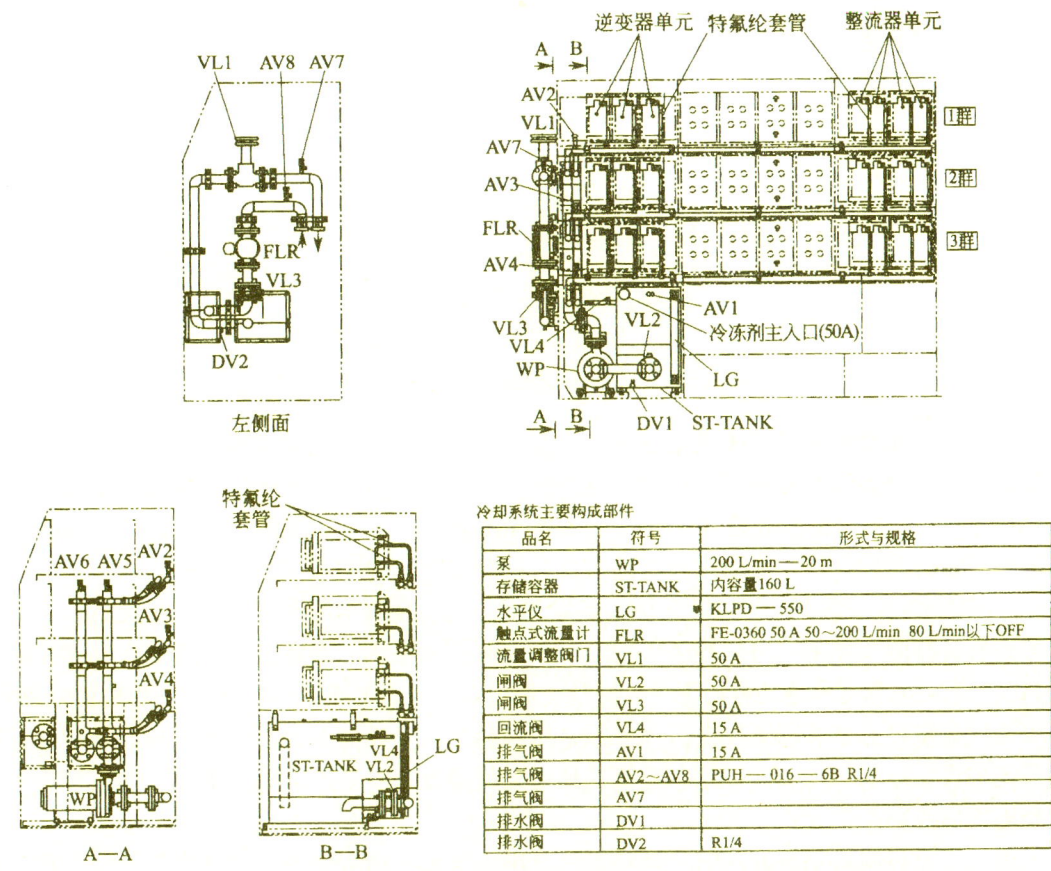

图 3-31 循环水冷简略构成图

2）冷却系统的保护

（1）通过流量计监测冷却水的流速，实现牵引变流器进口水压监测和失压保护；
（2）通过热敏电阻温度继电器对元件的监测，实现牵引变流器进出口水温的监视和保护；
（3）通过水位计，对储水箱的水位进行监视和低于最低许用水位的保护。

## 四、牵引变流器工作原理及控制技术

### （一）四象限整流器工作原理及其控制

四象限整流器因采用脉宽调制的方法，可使整流器的功率因数接近于 1.0，极大地减少了谐波电流分量，并可消除特定的谐波电流。此外它能很方便地工作在整流和逆变的四个象限，不仅可以工作在整流状态也可以工作在逆变状态，即不仅用于牵引也可以用于再生制动，把列车的动能和位能变为电能反馈到电网中去，且动态响应速度比较快，系统稳定性比较好。

## 1. 四象限整流电路工作原理

四象限整流电路原理如图 3-32 所示。

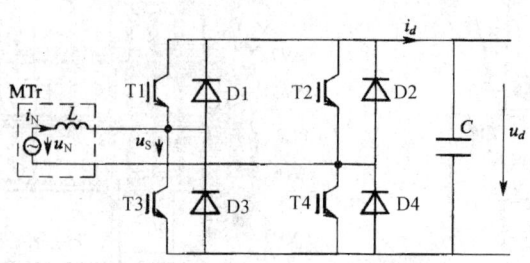

图 3-32 四象限整流器原理图

四象限整流器采用 PWM 调制技术，不仅可以实现整流器网侧单位功率因数正弦波电流控制，而且可以实现电能的双向传输，是一种性能优越的新型 PWM 高功率因数整流器。在 PWM 调制中，输出电流和输入电压由许多脉冲组成，由于不断地开关，电网电流和直流电压将有一定的高频分量，为此在直流环节设有电容支路 $C$ 加以吸收。

从图 3-32 可以看出，与二极管桥式整流相比，每个桥臂上增加了一个可控元件。新增加的可控桥臂有两个作用：一是开关作用，二是可使导通电流 $i_d$ 为负值。由于该电路能在两个方向上导通电流而与所施的电压无关，即整流器可以使输入电压 $u_s$ 和电流 $i_N$ 工作在四个象限。正因为四象限整流器可以工作在四个象限，所以能在两个方向上传送能量，从而能够进行传动系统的再生制动。此外，四象限整流器还能得到接近于正弦形的电网电流，达到对功率因数和电流的控制。

进一步分析四象限整流器的功能时可以看出，电感 $L$ 所吸收的无功功率不可能来自单相交流电网，所以无功功率必须由直流电压侧提供，四象限整流器的新桥臂使这种功率的反馈作用成为可能。概括来说，四象限整流器将有"开关""整流""反馈"三种功能。

开关功能是指当 IGBT 导通时，短接整流器输入端，使变流器的输入电压 $u_s = 0$；当 IGBT 关断时，直流电压接至交流侧，使 $u_s = \pm U_d$。

整流和反馈功能是指控制极性的功能。通过对可控桥臂的控制，可以使电网电流正向或者反向流入中间环节，或者说直流电压正向或者反向接至交流侧。以上功能也可以这样概括：在电压 $u_s$ 和电流 $i_N$ 的第 Ⅰ、Ⅲ 象限，整流器的输入电压 $u_s$ 与电流 $i_N$ 同极性，由二极管整流桥完成整流作用；在电压 $u_S$ 和电流 $i_N$ 的第 Ⅱ、Ⅳ 象限，输入电压 $u_s$ 与电流 $i_N$ 极性相反，由可控桥臂完成反馈作用。开关作用体现在全部四个象限中，由可控桥臂与二极管桥臂共同完成。从能量的传输方向来看，整流时，能量从交流侧通过牵引变流器传送到直流侧；反馈时，则从直流中间环节经由整流器提供电感 $L$ 所需的无功功率，即传输能量到交流输入回路。

如图 3-33 所示的二极管整流电路中，二极管只有在施加正向电压时才会导通。如果没有电抗元件，负载为纯电阻，整流电压、电流波形如图 3-33 所示。在交流电源电压作用下，每个二极管导通的情况如下所示。

在电源电压正半周期内，流过负载的电流为 $i_1$。在电源电压负半周期内，流过负载的电流为 $i_2$。这里，施加在负载上的电压 $U_D$ 是全波整流的直流电压，这是交流-直流转换的基本原则。一般来说，由于电路中有电感元件（如牵引变压器和电机）和电容元件（如滤波电容器），交流电源的功率因数不可能达到 1.0。此外，正如图 3-33 所示，用整流器获得的直流电压 $U_D$ 不可能大于电源电压。

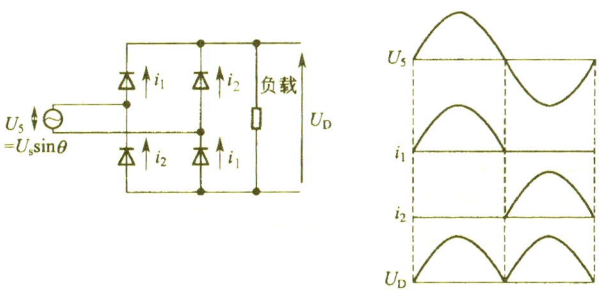

图 3-33 二极管整流器工作状态

采用四象限整流器和二极管整流器将交流转换成直流的基本电路如图 3-34 所示。采用四象限整流器的时候，其电路功能在 IGBT 的控制门电路启动之前，由于所有的 IGBT 被关闭，与二极管的电路功能是一样的。

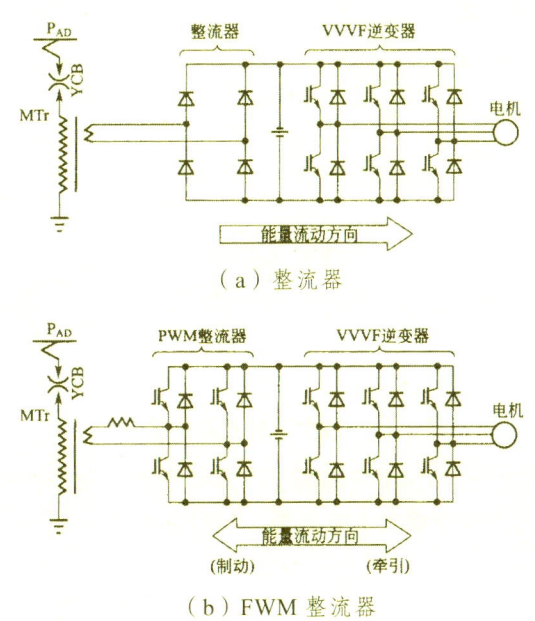

（a）整流器

（b）FWM 整流器

图 3-34 交、直流转换电路

四象限整流器采用 IGBT 元件，将交流电转换成直流电。其特点如下：
① 与二极管桥式整流电路相比，采用了可控元件 IGBT 元件与二极管反向并联。
② 直流侧输出电压幅值大于交流侧输入电压幅值。
③ 在交流电路中即使有感性负载，功率因数也能控制到 1.0。
④ 即使交流电电源电压或直流负载发生变化时，直流输出电压也能被控制在恒定状态。
⑤ 采用 PWM 控制技术。
⑥ 可实现能量双向流动，使机车具有再生制动功能。

## 2．四象限整流器的控制技术

四象限整流器不仅可以将交流转换成直流，使整流器的功率因数接近 1.0，而且直流输出电压可以高于交流输入电压有效值。四象限整流器电路工作状态说明如下。

1）功率因数控制

为了使整流器的功率因数在 1.0 附近，必须采用控制的办法，让网侧电流接近于正弦波，并且使电网电压 $U_S$ 和电流 $I_S$ 同相。为控制 $I_S$ 与 $U_S$ 同相，输入电路中电感 $L_S$ 的电压 $U_{LS}$ 是一个很重要的参数，$I_S$ 的相位角滞后 $U_{LS}$ 90°，$U_{LS}$ 的幅值取决于 $I_S$ 与 $L_S$。必须控制整流器输入端电压 $U_C$ 与电源电压 $U_S$ 之间的相位，才能使 $I_S$ 与 $U_S$ 同相。如图 3-35 所示，矢量图表明了四象限整流器这些参数间的关系。

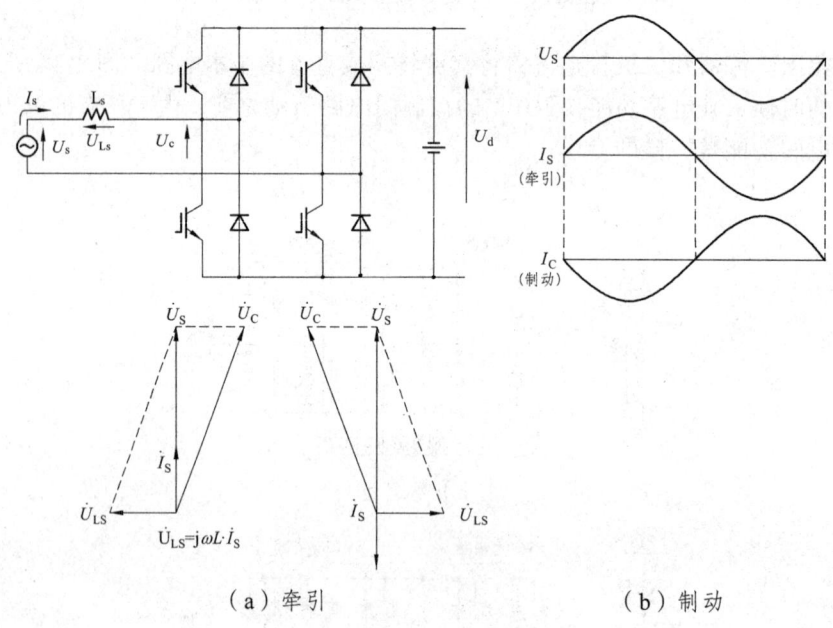

（a）牵引　　　　　　　　（b）制动

图 3-35　四象限整流器矢量图

电感 $L_S$ 串接在电源回路中，IGBT 导通时，电网电流 $I_S$ 上升，电感 $L_S$ 因而储存能量。当四象限整流器的 IGBT 断开，电感接向直流环节，利用电感 $L_S$ 的储能向电容 $C$ 充电时，电流 $I_S$ 将下降。而从电感 $L_S$ 的两端电压来说，可以控制它时而是正向电压 $U_S$ 或 $U_S+U_d$，时而是反向电压 $U_S-U_d$，电感 $L_S$ 两端电压的方向或大小，实际代表着 $di_S/dt$ 的正、负和大小，即电网电流变化的方向和速率可以通过改变 $L_S$ 两端的电压加以控制。为此，不难控制电流 $I_S$ 按一定的规律变化。

对电网电流的正弦调制，先给定电流 $I_S$ 的上、下限制值，以防止电流的过分波动。在电网电压正半周的初始阶段，由于电网电流比较低，即使电源经过电感 $L_S$ 短接，电流 $I_S$ 的上升速度仍较缓慢，而为了能够与网压同相且为正弦波，电流 $I_S$ 应有较高的上升速度 $di_S/dt$，为此，使电感两端的电压 $U_{LS}=U_S+U_d$，即直流中间环节反馈无功功率，让电流 $I_S$ 尽快上升到电流给定值。相反，当电网电压到一定值时，由于此时电网电压较高，以电感 $L_S$ 直接短接电源会得到过大的电流上升速度，为此希望电流尽快地下降到电流 $I_S$ 的给定值，这时可使电压 $U_{LS}=U_S-U_d$，即电感 $L_S$ 承受反向电压以获得较快的电流下降速度。从能量的角度看，此时是向直流中间环节输送能量。由此可以看出，为了在电网电压的幅值附近仍能使电流下降，直流中间环节的电压 $U_d$ 必须高于电网电压的幅值。

2）升压斩波器

由于电感 $L_S$ 的存在，并且采用了 PWM 调制技术，因此四象限整流器实质上是一个升压斩波器。

现以该斩波器的工作状态为例，来说明 PWM 整流器的直流输出电压比交流电压振幅高的原因。如图 3-36 所示，当 IGBT QV（负半周为 QU）在交流电源电压正半个周期内导通时，交流电源经由牵引变压器的内部感抗 $L_S$ 形成短路，并且在 $L_S$ 中累积磁能。当 IGBT 关断时，蓄积在 $L_S$ 内的磁能释放，流入直流电路的滤波电容 FC 中，直流电压 $U_d$ 升高。IGBT 重复以上这些操作，就可实现直流电压高于交流电压的幅值。

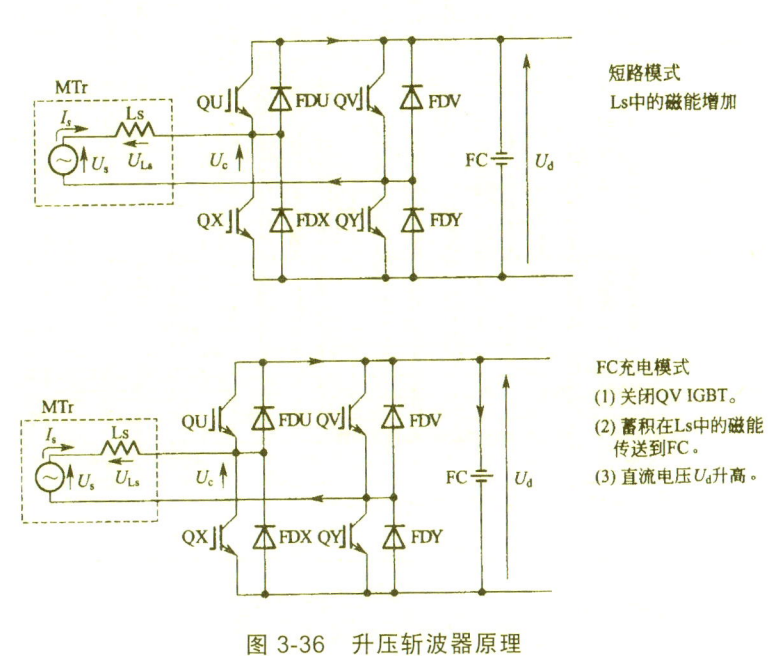

图 3-36 升压斩波器原理

3）PWM 整流器的导通和关断过程

控制 PWM 整流器 IGBT 的导通和关断过程，可使交流电流 $I_S$ 和输入电压 $U_S$ 同相，并且保持直流电压恒定。

图 3-37 展示了单相 PWM 整流器电路在九个脉冲方式中的导通和关断过程。

如图 3-37 所示，PWM 整流器的工作由 4 个周期组成，即：

① 只增加交流输入电流 $I_S$ 的周期；

② 当交流输入电流在增加和降低时受到控制的周期；

③ 在输入电压为负向而整流器工作与 Ⅰ 相同的周期；

④ 在输入电压为负向而整流器工作与 Ⅱ 相同的周期。

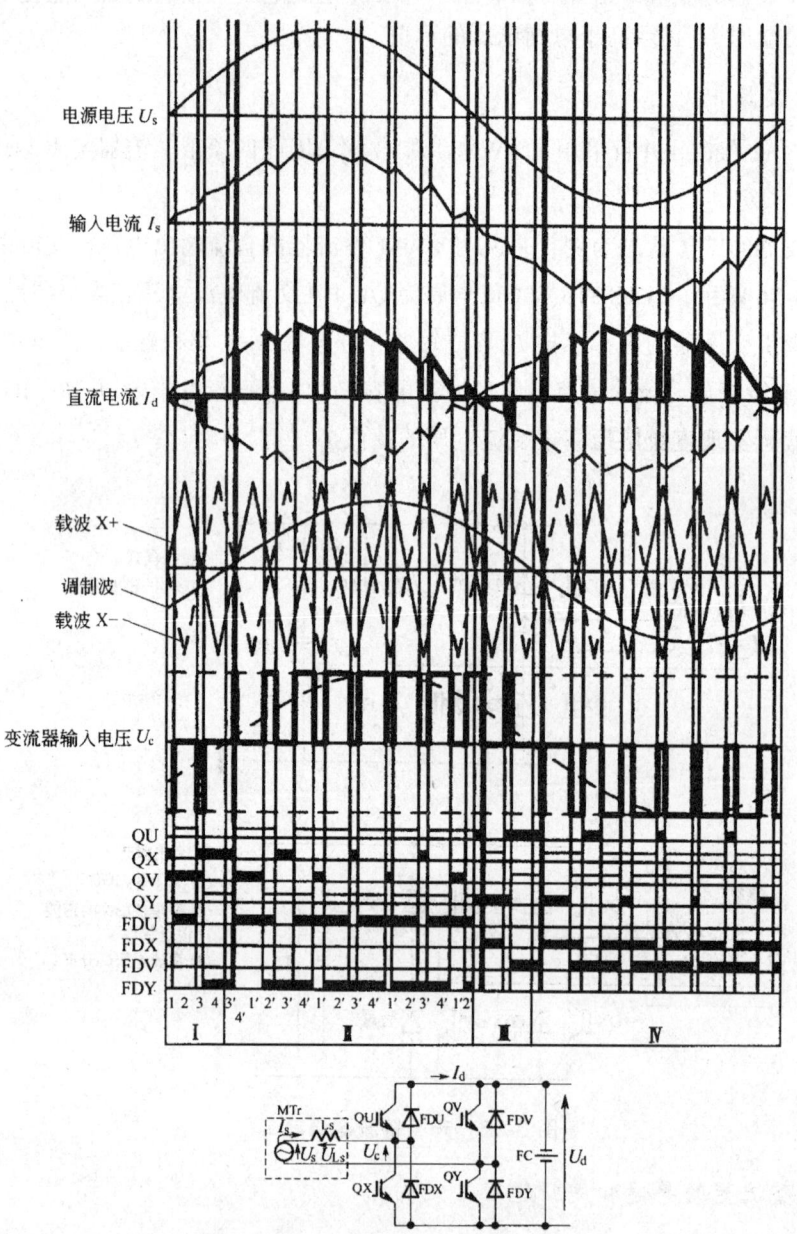

图 3-37 PWM 整流器导通和关断过程

以上每个周期可分成 1-4 和 1′-4′ 微时间模式，且在这些模式中交流电路工作遵循图 3-38 所示的线路。

（1）周期Ⅰ。

在 1-4 模式中，电源电压 $U_S$ 为正向，而调制波为负向。

[Ⅰ-1 模式]：在这个模式中，由于直流电压高于交流电压，放电电流从滤波电容器 FC 流经 IGBT-QV 和 QX 到交流电源，由此，交流电流 $I_S$ 以高比率增加。

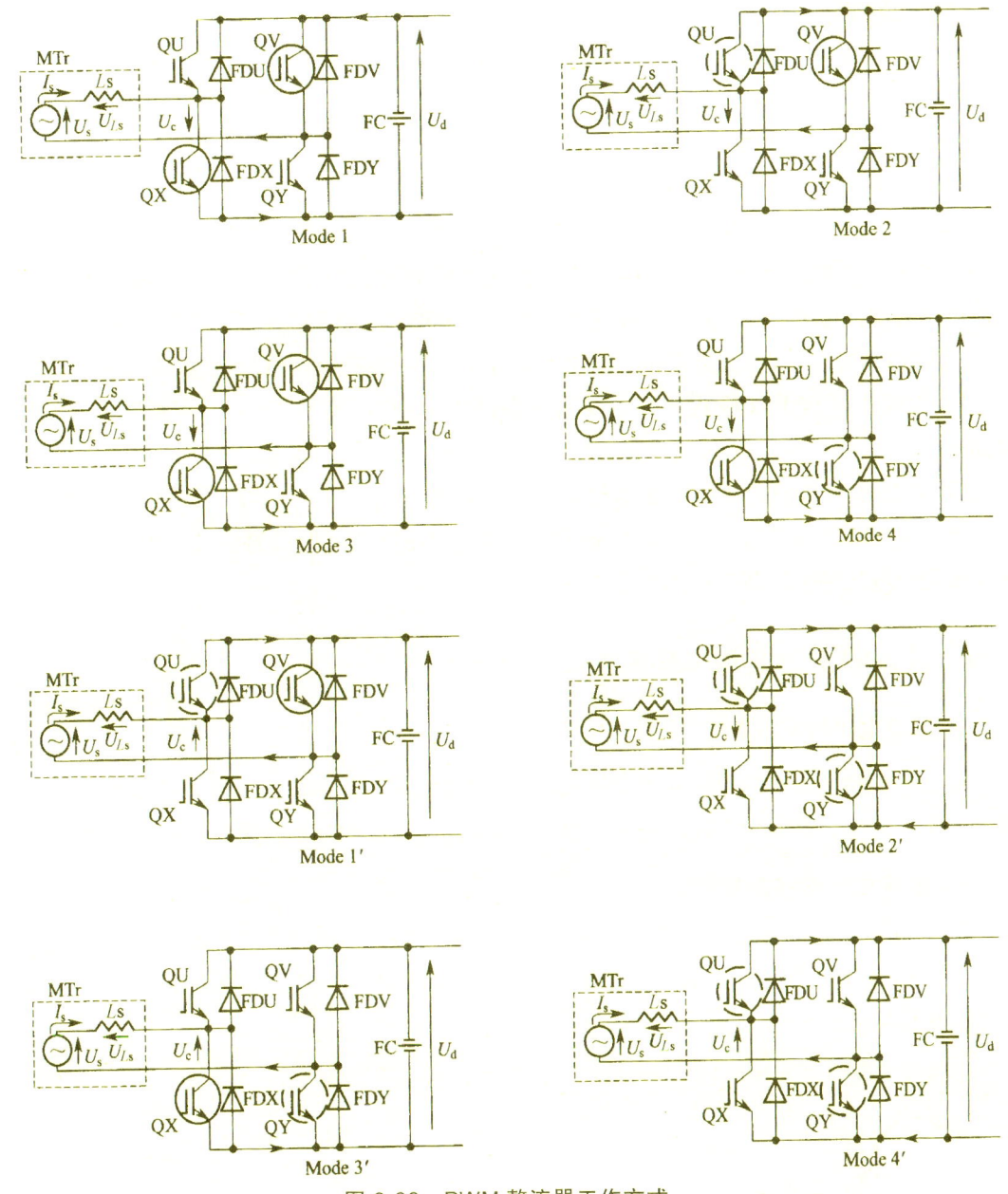

图 3-38 PWM 整流器工作方式

[Ⅰ-2 模式]：在这个模式中，交流电源经由 IGBT-QV 和续流二极管 FDU 形成短路，整流器输入电压 $U_C$ 的极性与交流电源电压相反，由于电抗 $L_s$ 的续流，交流电流增加。然而，交流电增加的比率与Ⅰ-1 模式相比还是低一些。

[Ⅰ-3 模式]：这一模式是Ⅰ-1 模式的重复。在这个模式中，电能重新生成并返回到交流电路。由于从 FC 放电的原因，交流电流增加的比率高。

[Ⅰ-4 模式]：像Ⅰ-2 模式一样，在这个模式中，交流电源被短路而交流电增加。本方式与Ⅰ-2 方式不同之处是由 IGBT-QX 和 FDY 形成回路。

（2）周期Ⅱ。

在这个周期内，调制波的极性被转换成正极，而整流器输入电压与电源电压具有相同的极性。

[Ⅱ-1′模式]：由于交流电源经由 IGBT-QV 和 FDU 形成短路，所以交流电流增加。因此，交流电路的电抗 $L_S$ 中积累的磁能得到增加。

[Ⅱ-2′模式]：IGBT-QV 切断流经 IGBT-QV 的交流短路电流，因此，在交流电路的电抗 $L_S$ 中产生感应电势以阻止电流的降低，在交流电路的电抗 $L_S$ 中积累的磁能经 FDU 和 FDY 给直流电路的滤波电容器 FC 充电。在这种情况下，磁能从 $L_S$ 释放出，交流电流降低。因此，由于 $L_S$ 的助增效应，FC 被迫充电，使直流电压 $U_d$ 有可能比交流电源电压 $U_S$ 要高。

[Ⅱ-3′模式]：像Ⅱ-1′模式一样，交流电源经由 IGBT-QX 和 FDY 形成短路，交流电流增加。

[Ⅱ-4′模式]：该模式是重复Ⅱ-2′模式的工作方式。

通过重复以上这些方式，PWM 整流器可以使交流电的波形成为正弦曲线，能使直流电压高于交流电压并可以将功率因数控制为 1.0。

## （二）VVVF 逆变器工作原理及控制技术

### 1. 感应电机的控制系统

直流电机的速度控制主要基于电压和磁场，而感应电机的速度控制需要控制更多参数（如端子电压、电流、电源频率及转差率）。以下将对这些参数的基本控制方法进行描述。

1）感应电机的扭矩特性

图 3-39～图 3-41 显示了当电机频率、电压、电流及转差率变化时速度和扭矩的变化。

图 3-39 显示了当只有频率发生变化而电压恒定不变时的特性。当频率发生变化时，扭矩按 $1/f^2$ 比例降低。

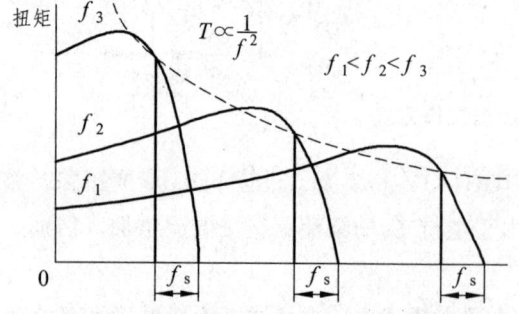

图 3-39 速度-扭矩特性（只有频率变化时）

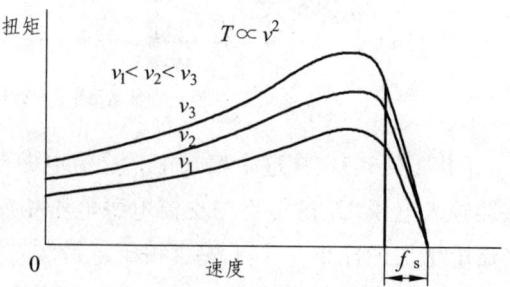

图 3-40 速度-扭矩特性（只有电压变化时）

图 3-40 显示了当只有电压发生变化而频率恒定不变时的特性。当频率不发生变化时，扭矩按 $U^2$ 比例增加而速度并不增加。

图 3-41 显示了当频率发生变化,而且保持电压与频率(U/f)比率恒定不变时的特性。U/f 保持恒定时,虽然速度变化,但扭矩可以保持不变。

2)基本控制方法

利用感应电机的上述特性,可能使感应电机驱动的电力机车具有与传统的直流电机驱动的电力机车一样的速度-牵引力特性,如图 3-42 所示。

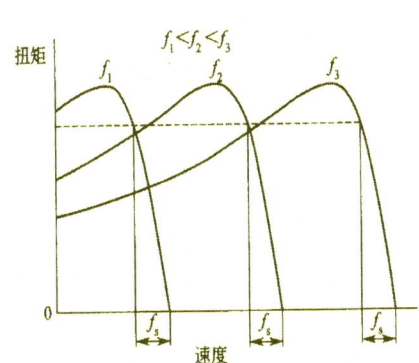

图 3-41 速度-扭矩特性(当 u/f 恒定的时候)

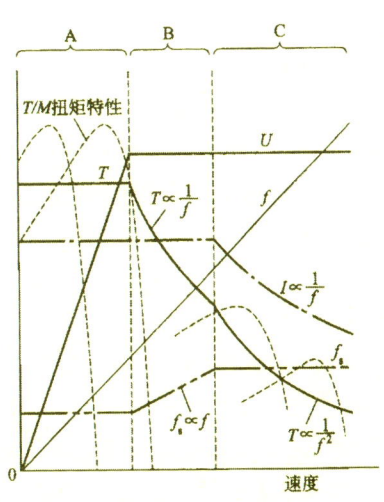

图 3-42 速度-牵引力特性

A—恒扭矩区;B—恒功率区;C—特性区

根据感应电机扭矩的基本特性,该基本特性的表示方法如下:

由于机车起动时需要较高的牵引力,所以机车工作在 A 区和 B 区。在 A 区,应根据机车的黏着特性,输出尽可能大的扭矩。

在转差频率 $f_s$ 较小的区域,电机扭矩 $T$、端子电压 $U$、电机电流 $I$ 和逆变器频率 $f$ 之间的关系由下式表示:

$$T = k_1 \cdot \Phi \cdot I \tag{3-1}$$

$$\Phi = k_2 \cdot \frac{U}{f} \tag{3-2}$$

其中:

$$I = k_3 \cdot \Phi \cdot f_s \tag{3-3}$$

将公式(3-2)的磁通 $\Phi$ 和公式(3-3)的电机电流 $I$ 代入公式(3-1)得

$$T = k_4 \cdot \left(\frac{U}{f}\right)^2 \cdot f_s \tag{3-4}$$

其中 $k_4 = k_1 \cdot k_2^2 \cdot k_3$(恒定)。

此外,电机输出功率 $P$ 和电机扭矩之间的关系可用公式(3-5)表示。其中 $k_5$ 恒定不变。

$$T = k_5 \cdot \frac{P}{f} \tag{3-5}$$

每个区域的详细扭矩特性如下所示：

（1）恒扭矩区。

为了使扭矩保持不变，公式（3-1）需保持不变。为此，有必要将电机电流 $I$ 和磁通量 $\Phi$ 控制在不变的水平上。但是由于电机电流 $I$ 与磁通量 $\Phi$ 和转差频率 $f_s$ 成正比，所以，逆变器只得控制磁通量 $\Phi$ 和转差频率 $f_s$ 在不变的水平上。为了使磁通量 $\Phi$ 保持不变，根据公式（3-2），电机端子电压 $U$ 与频率 $f$ 的比率需控制在恒定不变的水平上。所以，为了使扭矩保持不变，如公式（3-4）所示，$U/f$ 和转差频率 $f_s$ 需控制在恒定不变的水平上。为了增加速度，逆变器频率 $f$ 需要增加，然而为了获得不变的输出扭矩，电机端子电压 $U$ 需要与逆变器频率 $f$ 同样的比率增加，这样磁通量 $\Phi$ 就会保持恒定。同时，转差率需控制在不变的水平上以使电机电流 $I$ 保持不变，即：在不变扭矩区，保持电机电流 $I$ 和转差频率 $f_s$ 不变，控制电机端子电压 $U$ 和逆变器频率 $f$，这样就可保持 $U/f$ 不变，因而输出扭矩也就保持不变。当根据负载条件有必要改变扭矩，而保持 $U/f$ 不变时，可以改变转差频率以此来改变电机电流，从而获得所要求的扭矩。

（2）恒功率区。

这是在电机端子电压在不变扭矩区中达到最大水平以后，在较宽的范围内获得大牵引力"扭矩"的区域。在电机端子电压 $U$ 达到最大水平以后，由于电压 $U$ 在最大水平上不变，随着速度的提高，$U/f$ 与逆变器频率 $f$ 成反比降低，结果造成磁通量 $\Phi$ 与频率 $f$ 成反比降低，而且电机电流 $I$ 也降低。此时，为了尽可能小的降低扭矩，有必要进行控制使电流 $I$ 减少得小一些，也就是说要增加转差频率。为了使降低了的磁通量 $\Phi$ 所造成的扭矩降低得小一些，转差频率要与逆变器频率成正比增加，使电机电流被控制在不变的水平上。

在恒功率内，由于电机端子电压 $U$ 不变，转差频率 $f_s$ 与逆变器频率 $f$ 成正比增加，所以电机电流 $I$ 不变，从而防止了牵引力"扭矩"的增加。在这种情况下，扭矩与逆变器频率 $f$ 成反比降低。

（3）特性区。

由于转差频率使用范围有一个限制，所以转差率在达到某个水平后应保持不变。在该区，由于只有逆变器频率 $f$ 提高了，所以，特性曲线就变得如同图3-39所示。在特性区内，由于电机端子电压处在可控最大位，补偿由于增加逆变器频率而导致磁通量 $\Phi$ 降低的转差频率无法再增加，$U$ 和 $f_s$ 不变。所以，如公式（3-4）所示，扭矩与速度的平方成反比降低。

**2. 逆变器的工作原理及其控制**

感应电机具有结构简单、紧凑、重量轻、无导致环火的换向器等优点，所以故障率低，便于保养。将其用于运输行业，必须有大范围速度控制和扭矩控制。采用了变压变频（VVVF）逆变器就可以达到这个目的，因为变压变频（VVVF）逆变器可以改变输出电压和输出频率，因此能够控制感应电机的旋转速度。

1）逆变器的工作原理

如下是以单相逆变器为例，说明直流如何转换成交流（逆变器工作原理）。

图3-43（a）表明开关A和D闭合时的工作状态，而图3-43（b）表明开关B和C闭合时的工作状态。虽然该电路采用直流电源，操作这些开关可以将施加在负载上的电压反向，

即通过操作这些开关，交流电压可以施加在负载上，这就是直流-交流转换的基本原理。图 3-44 表示一个 3 相逆变器的工作原理图，使用的是半导体元件而不是图 3-43 中的开关。根据图中模式 1 到 6 的导通和关断过程，通过闭合/关断这些元件，可获得 U、V 和 W 相由电压 E 和 0 组成的矩形波，然后每两个相之间则有线电压 UV、VW、WU。由此，可获得 120°相位差的 3 相交流电压。图 3-44 和图 3-45 表明在 60°到 120°、180°到 240°、300°到 360°区域内各相相电流的流通路径。此时，$Z_U$、$Z_V$、$Z_W$ 被认为是纯电阻。

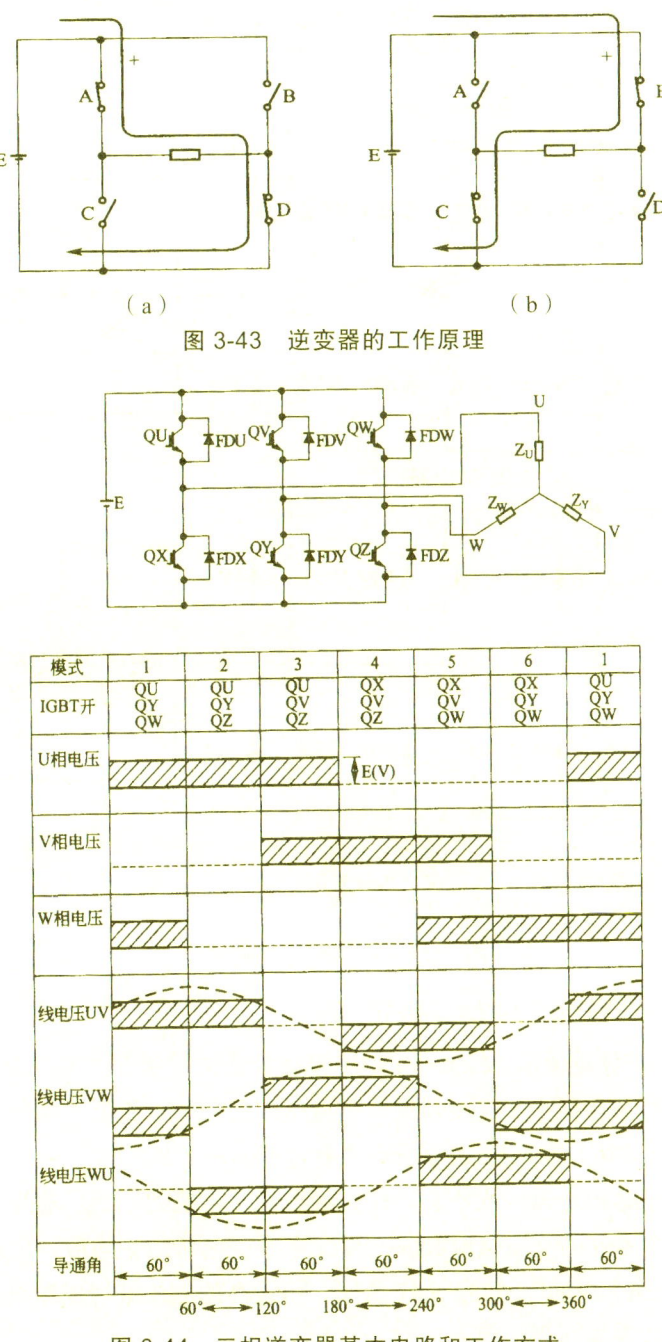

图 3-43 逆变器的工作原理

图 3-44 三相逆变器基本电路和工作方式

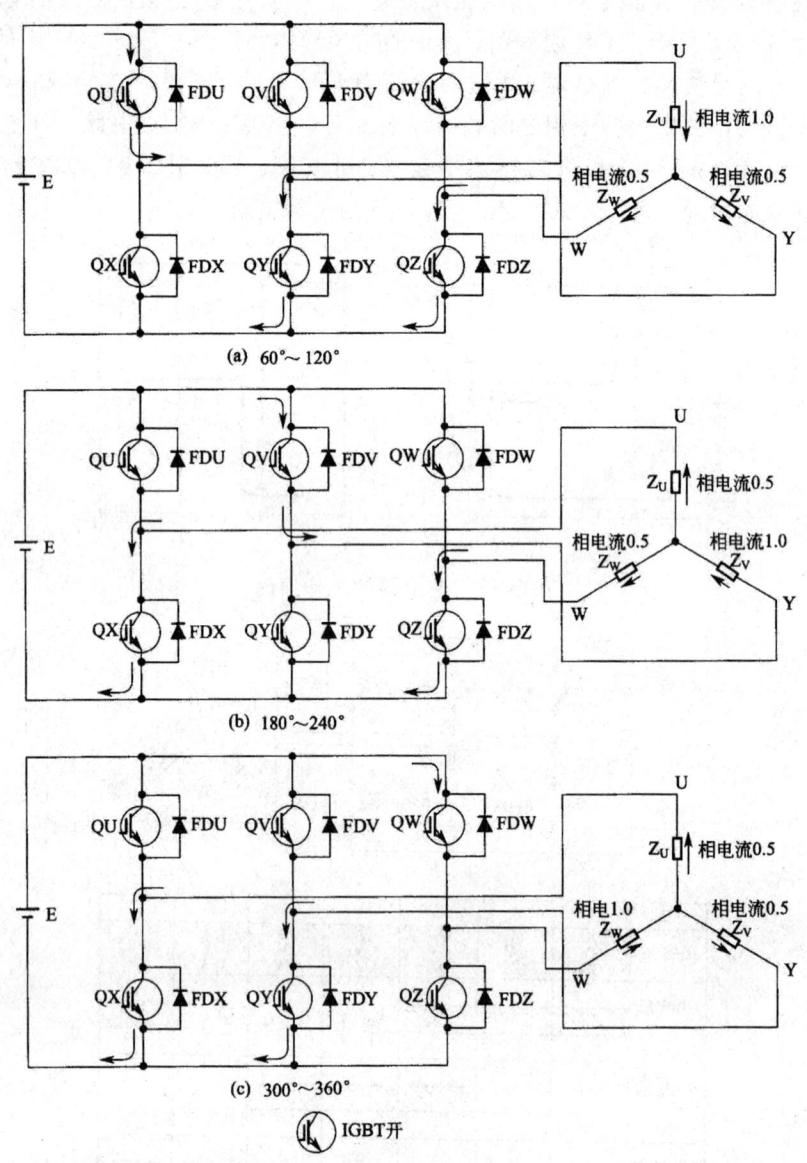

图 3-45 逆变器的基本操作

2）逆变器的脉宽调制（PWM）控制

为了获得 PWM（脉宽调制）控制，VVVF 逆变器必须控制开关元件 IGBT 的导通和关断过程。通过把载波信号与同步于逆变器输出电压基波部分的正弦波（调制波）比较，来确定 IGBT 的导通和关断过程。图 3-46 是导通和关断过程的一个例子。

为了控制逆变器输出电压的大小，采用控制电压平均值的办法。通过闭合、关断开关元件 IGBT，可把一个不变的电压截成数块，以此来改变电压的平均值。因此，这种方法被称为"脉宽调制（PWM）控制"。如图 3-47 所示，恒波高的电压被切成数块，通过改变这些被切成数块的宽度来控制电压平均值。

项目三　HXD型电力机车牵引电传动系统

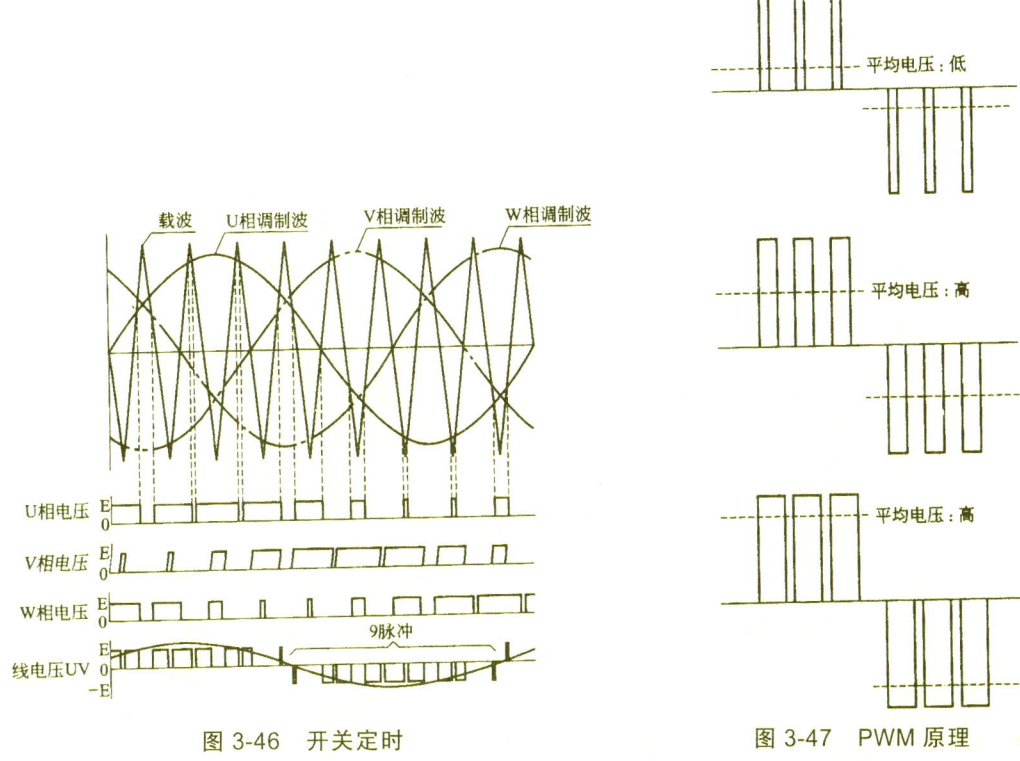

图3-46　开关定时　　　　　图3-47　PWM原理

　　为了控制逆变器输出频率，则采用改变单位时间的开关频率，即改变IGBT或其他开关元件的开关频率。图3-48表示改变开关元件的开关频率而保持其闭合时间不变的一个逆变器输出波。

（1）脉冲方式。

　　VVVF逆变器通过转换恒定电压电路输出矩形波。因此，逆变器输出电压为含高次谐波的正弦波形。通过增加开关频率可以使输出电压接近于正弦波；而另一方面，由于元件开关损耗和冷却系统的特性，开关频率又受到限制。由于驱动车辆要求VVVF逆变器有一个大范围的输出频率，因此在每个速度区内要选择最为合适的转换方法（脉冲方式），在中高速度区内采用同步脉冲方式。

（2）同步脉冲方式与异步脉冲方式的区别。

① 同步脉冲方式：
- 载波的零交叉点与调制波的零交叉点重合，如图3-49（a）所示。
- 在调制波的一个周期内的载波循环数为一个整数，适合脉冲方式。
- 当脉冲方式相同时，开关频率的改变与逆变器频率同步。
- 载波频率用等式表示为

$$f_c = N_P \cdot f_{inv}$$

式中　$f_{inv}$——调制波频率；
　　　$f_c$——载波频率；
　　　$N_P$——脉冲方式。

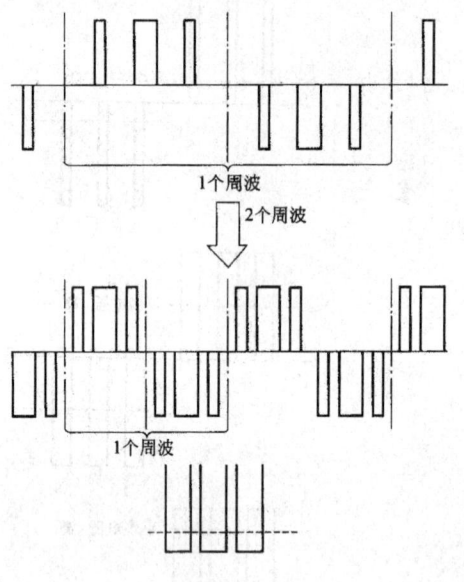

图 3-48　输出频率控制

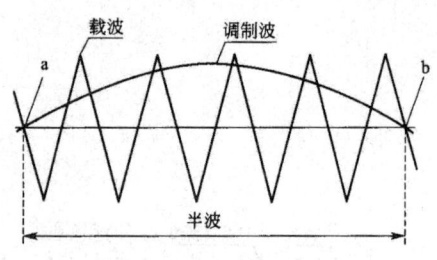

（a）同步脉冲方式

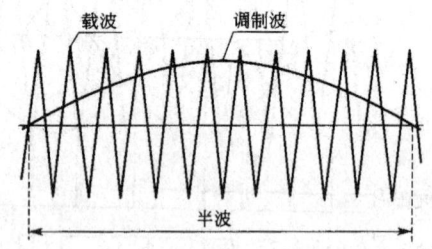

（b）异步脉冲方式

图 3-49　同步与异步脉冲方式

② 异步脉冲方式：
- 载波的零交叉点与调制波的零交叉点没有任何关系。
- 在调制波的一个周期内的载波循环数随调制波频率的改变而改变。
- 即使当逆变器频率改变时，开关频率也不改变。

（3）逆变器输出电压和脉冲方式。

图 3-50 显示逆变器输出电压和脉冲方式之间的关系。在中低速度区，使用异步 PWM 方式，通过把电压输出指令与载波的三角波相比执行 PWM 控制。在逆变器输出电压最大的高速区，使用方波脉冲方式。此外，为了在这两者之间顺利改变输出电压波，在 PWM 方式和方波脉冲方式之间使用过调 PWM 方式。图 3-51 显示在方波脉冲方式中的输出电压波。

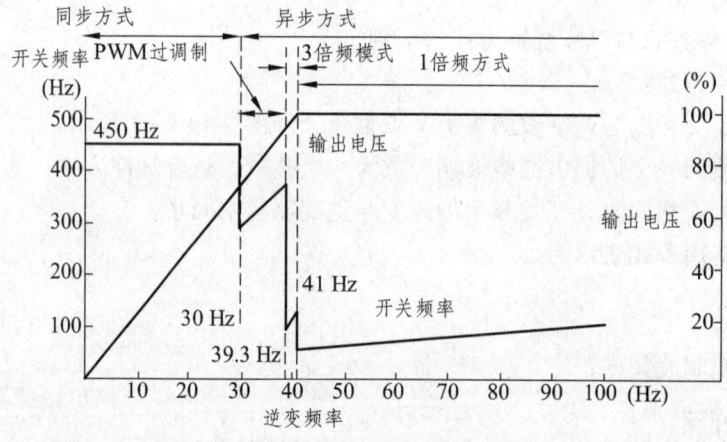

图 3-50　脉冲方式

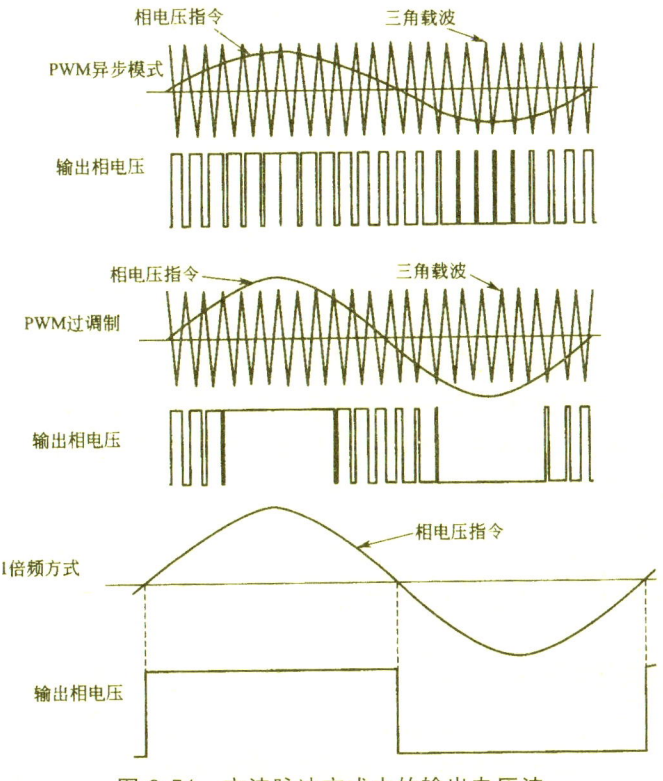

图 3-51 方波脉冲方式中的输出电压波

## 五、牵引变流器的保护

在牵引变流器内,设立了多种保护功能,以保护牵引变流器和整车的安全运行。

1)过流和过载保护

同牵引电路主变压器牵引绕组过流保护和牵引电机过流保护。

2)接地保护

同牵引电路主回路接地保护。

3)牵引变流器的超压保护和欠压保护

同牵引电路原边电压保护。

4)牵引变流器中间直流回路电压保护

同牵引电路瞬时过电压和欠电压保护。

5)器件保护

① 四象限整流器器件的短路保护:通过对门极放大器的监测,当出现门电压不一致时,说明四象限整流器器件短路,四象限整流器和逆变器的门极均被封锁,输入回路中的工作接触器断开,同时微机控制系统发出跳主断路器的信号。

② 逆变器器件的短路保护：通过对门极放大器的监测，当出现门电压不一致时，说明逆变器器件短路，四象限整流器和逆变器的门极均被封锁，输入回路中的工作接触器断开，同时微机控制系统发出跳主断路器的信号。

6）牵引变流器内部控制电源故障时的保护

牵引变流器内部的控制电源故障时，通过微机系统内部检测实施保护，四象限整流器和逆变器的门极均被封锁，输入回路中的工作接触器断开。

7）牵引变流器检修安全联锁保护

在检查或操作牵引变流器之前，必须断开主断路器，降下受电弓，然后闭合牵引变流器的试验开关，通过司机台上的微机显示屏确认设备内的电容器已放电完毕（小于 36 V）或观察故障显示灯中的"预备"灯灭后，才能进行检查操作。否则中间回路的支撑电容上有很高的电压，会危及人身安全。

## 六、牵引变流器的维护保养和检查

### 1. 维护保养检查注意事项

（1）试验和检查前必须切断高压电路。

（2）切断主断路器，受电弓下降后，闭合变流装置试验开关，通过显示屏确认变流器内的电容器放电（36 V 以下）。

（3）为了变流器内部的散热，在背面上部盖以及背面下部盖上设置了 $12 \times 12$ 的方孔。因为有高压触电的危险，所以在高压充电中禁止将突出物等物件插入方孔。

（4）变流器停止运转后，仍有暂时过热的部件，一旦触摸就有被烧伤的危险，因此要充分冷却后（30 min 以上）再开始检查。

（5）变流器内 20 kg 以上的重物要恰当使用起重机，注意重心位置进行安全作业。

（6）更换不良零部件时，使用和以前相同型号的零部件。

（7）检查、维护保养、修理后，检查确认在变流器内是否遗留了使用的工具等物件。

（8）不要坐在变流器、配管上。

（9）根据标准紧固扭矩进行螺栓的紧固。

（10）不要用手直接触摸组装在安装座上的部件和连接器端子。

（11）慎重使用电路板和端子，并特别注意不要污损。

（12）检查电路板时注意静电。

（13）将电路板放入防静电袋中进行保管和搬运。

（14）不要轻易用手触摸光纤。

（15）不要将光纤过度弯曲，弯曲半径不能在 50 mm 以下。

（16）不要将光纤接近照明设备等发热物体。

总之，在维护保养时，常伴有危险发生，所以在事前一定要充分注意人员的安全和设备的保护。特别是对充电部件的检查过程中，应确认切断电路并已经可靠接地，并切实进行残留电荷的放电工作。

## 2. 维护保养和检查的周期

维护保养和检查周期：日常检查 7 日；定期检查 4 个月；重要部件的检查 4 年；整体检查 8 年。

维护保养和检查的更换周期以下述使用条件为标准：

① 装置内平均温度：45 ℃；

② 主电路通电时间：13 小时 × 300 日 = 3 900 小时/年；

③ 辅机通电时间：17 小时 × 300 日 = 5 100 小时/年。

## 3. 维护、保养和检查项目（见表 3-6）

表 3-6　牵引变流器维护、保养和检查项目

| 设备名称 | 检查项目 | | 检查方法 | 检查和处理内容 | 日常 | 定检 | 重检 | 整体 |
|---|---|---|---|---|---|---|---|---|
| 装置总体 | 外观 | | 目测 | 外观有异常情况时修理，不能修理时更换 | √ | √ | √ | √ |
| | 外壳 | | 目测 | 外观有异常情况时修理，不能修理时更换 | √ | √ | √ | √ |
| | 绝缘电阻 | | 试验 | 绝缘电阻阻值不合要求时，检修或更换有故障的部件 | | | √ | √ |
| 装置内部 | 外观 | | 目测 | 外观有异常情况时修理，不能修理时更换 | | | √ | √ |
| | 配线 | 电线 | 目测 | 出现老化或损坏等异常情况时更换 | | | √ | √ |
| | | 端子 | 目测 | 有变形情况时修理。有变色、裂纹等异常情况时更换 | | | √ | √ |
| | | 端子排 | 目测 | 有变色、裂纹等异常情况时更换 | | | √ | √ |
| | | 端子螺丝 | 目测 | 有螺丝松缓情况时紧固 | | | √ | √ |
| | 导体导电元件 | | 目测 | 变形、变色、损伤等异常情况时更换 | | | √ | √ |
| | 光纤 | | 目测 | 变形、变色、损伤等异常情况时更换 | | | √ | √ |
| | | | 测量 | 用光量计测量，衰减量在 3 dB 以上时更换 | | | √ | √ |
| | 连接器类 | | 目测 | 有变形、变色、损伤等异常情况时更换 | | | √ | √ |
| | 安装螺丝 | | 目测 | 有螺丝松缓情况时紧固 | | | √ | √ |
| 配管 | 法兰部 | | 目测 | 泄漏冷却液的部分紧固，紧固也不能修改时更换衬垫 | | | √ | √ |
| | 接头部位 | | 目测 | 泄漏冷却液的部分紧固，紧固也不能修改时更换密封带 | | | √ | √ |
| | 特氟纶软管 | | 目测 | 外观有异常情况时修理，不能修理时更换 | | | √ | √ |
| 逆变器单元 | 外观 | | 目测 | 外观有异常情况时修理，不能修理时更换 | | | √ | √ |

续表

| 设备名称 | 检查项目 | 检查方法 | 检查和处理内容 | 日常 | 定检 | 重检 | 整体 |
|---|---|---|---|---|---|---|---|
| 整流器单元 | 门极放大器 | 目测 | 出现老化或焊点开裂等异常情况时更换 | | | √ | √ |
| 滤波电容器 | 外观 | 目测 | 外观有异常情况时修理,不能修理时更换 | | | √ | √ |
| 接地电容器 | 外观 | 目测 | 外观有异常情况时修理,不能修理时更换 | | | √ | √ |
| 交流接触器 | 外观 | 目测 | 外观有异常情况时修理,不能修理时更换 | | | √ | √ |
| 充电电阻器 | 外观 | 目测 | 外观有异常情况时修理,不能修理时更换 | | | √ | √ |
| OVTR 单元 | 外观 | 目测 | 外观有异常情况时修理,不能修理时更换 | | | √ | √ |
| | 门极放大器 | 目测 | 出现老化或焊点开裂等异常情况时更换 | | | √ | √ |
| OVRe 操作板 | 外观 | 目测 | 外观有异常情况时修理,不能修理时更换。 | | | √ | √ |
| 电流传感器 | 外观 | 目测 | 外观有异常情况时修理,不能修理时更换 | | | √ | √ |
| DCPT 操作板 | 外观 | 目测 | 外观有异常情况时修理,不能修理时更换 | | | √ | √ |
| GR 操作板 | 外观 | 目测 | 外观有异常情况时修理,不能修理时更换 | | | √ | √ |
| 接地开关 | 外观 | 目测 | 外观有异常情况时修理,不能修理时更换 | | | √ | √ |
| 辅助变流器整流器单元 | 外观 | 目测 | 外观有异常情况时修理,不能修理时更换 | | | √ | √ |
| | 衬底 | 目测 | 出现老化或焊点开裂等异常情况时更换 | | | √ | √ |
| | 门极放大器 | 目测 | 出现老化或焊点开裂等异常情况时更换 | | | √ | √ |
| | 散热片 | 清洁 | 清扫放热部的污损和堵塞 | | | √ | √ |
| 辅助变流器逆变器单元 | 外观 | 目测 | 外观有异常情况时修理,不能修理时更换 | | | √ | √ |
| | 衬底 | 目测 | 出现老化或焊点开裂等异常情况时更换 | | | √ | √ |
| | 门极放大器 | 目测 | 出现老化或焊点开裂等异常情况时更换 | | | √ | √ |
| | 散热片 | 清洁 | 清扫放热部的污损和堵塞 | | | √ | √ |
| 熔断器 | 外观 | 目测 | 外观有异常时修理,不能修理时更换 | | | √ | √ |

续表

| 设备名称 | 检查项目 | 检查方法 | 检查和处理内容 | 日常 | 定检 | 重检 | 整体 |
|---|---|---|---|---|---|---|---|
| 无熔丝电流断路器 | 外观 | 目测 | 外观有异常时修理,不能修理时更换 | | | √ | √ |
| 交流滤波电容器 | 外观 | 目测 | 外观有异常时修理,不能修理时更换 | | | √ | √ |
| 电动鼓风机 | 外观 | 目测 | 外观有异常时修理,不能修理时更换 | | | √ | √ |
| CI 控制单元 | 外观 | 目测 | 外观有异常时修理,不能修理时更换 | | | √ | √ |
| | 底座 | 目测 | 出现老化或焊点开裂等异常情况时更换 | | | √ | √ |
| I/F 设备电源设备 | 外观 | 目测 | 外观有异常时修理,不能修理时更换 | | | √ | √ |
| | 底座 | 目测 | 有焊接裂痕等恶劣情况时更换 | | | √ | √ |
| AVR1~4 继电器设备 | 继电器 | 动作检查 | 对继电器进行动作检查,有异常情况时更换 | | | √ | √ |
| 电源设备（AVR5） | 外观 | 目测 | 外观有异常时修理,不能修理时更换 | | | √ | √ |
| | 底座 | 目测 | 出现老化或焊点开裂等异常情况时更换。 | | | √ | √ |
| APU 控制单元 | 外观 | 目测 | 外观有异常时修理,不能修理时更换 | | | √ | √ |
| | 底座 | 目测 | 有焊接裂痕等恶劣情况时更换 | | | √ | √ |
| | 继电器 | 工作的确认 | 对继电器进行动作检查,有异常情况时更换 | | | √ | √ |
| 同步变压器 | 外观 | 目测 | 外观有异常时修理,不能修理时更换 | | | √ | √ |
| 噪音过滤器 | 外观 | 目测 | 外观有异常时修理,不能修理时更换 | | | √ | √ |
| 加热器操作板 | 外观 | 目测 | 外观有异常时修理,不能修理时更换 | | | √ | √ |
| 风扇加热操作板 | 外观 | 目测 | 外观有异常时修理,不能修理时更换 | | | √ | √ |
| 泵 | 外观 | 目测 | 外观有异常时修理,不能修理时更换 | | | √ | √ |
| | | 动作检查 | 对继电器进行动作检查,有异常情况时更换 | | | √ | √ |
| 冷却液 | 冷却液剂量 | 目测 | 根据水准仪确认冷却的剂量。如果不足,在查明原因后进行处理。处理后注入缺少的冷却液 | √ | √ | √ | √ |
| | 流量 | 目测 | 根据流量计确认流量是 200 L/min。若流量不是 200 L/min,查明原因再做处理。处理后调整流量为 200 L/min | | √ | √ | √ |

# 任务四　牵引电机维护保养与检修

## 【教学目标】

1. 知识目标

掌握 HXD 型电力机车牵引电机的组成和各部件的结构与用途。

2. 能力目标

（1）能认知牵引电机，说出牵引电机的组成；

（2）对牵引电机进行维护保养、检修和试验；

（3）能判断处理牵引电机常见故障。

## 【相关知识】

交流异步电机作为和谐型电力机车的牵引电机，与传统的串励直流电机相比在机械、绝缘、维修、黏着、效率、重量尺寸等多方面具有优势。

（1）构造简单，可靠性高，维修简便。三相异步电机结构中无换向器、无电刷装置，与直流电机相比，可靠性更高、维修量小且检修简便，维修费用大大降低。应用实践表明：不仅延长了计划修理间隔，而且减少了计划外修理次数。

（2）重量轻，体积小。相同功率等级下，异步电机的重量更轻、体积小，可使机车转向架簧下部分重量相应减少，在机车通过曲线时，轮轨之间侧向压力也相应减少，这对高速行车尤为重要；同时，由于电机体积减小，便于选择更为合适的悬挂方式，从而简化转向架结构。

（3）功率大，牵引力大，制动性能好，机车可发挥较高的输出功率。异步牵引电机不存在换向的问题，所以高速行车时效率也就更高；同时，牵引电机因无换向器，空间利用好，使机车功率得以进一步提高，再生制动时亦能输出较大的电功率。而串激直流电机结构复杂，定子、转子都有绝缘要求很高的绕组，有换向器装置和电刷机构，摩擦部分多，接线复杂，机械转速受换向条件和机械强度的限制，只能达到 2 500 r/min 左右。而交流异步电机转速超过 4 000 r/min，试验转速甚至可达 6 000 r/min，这是直流电机望尘莫急的。同时，交流异步电机可在广阔的速度范围内实行电制动，甚至可以制动到速度为零，制动功率大。

（4）黏着性能好。① 异步电动机有很硬的机械特性，所以当某电机发生空转时，随着转速的升高，转矩很快降低，具有很强的恢复黏着的能力。空转发生时，转速上升值不大，即使是同步转速，与原工作点的转速差不会超出 5% 以上。串激电动机则不然，转矩变化一点，转速就有很大的变化。② 异步电动机的工作点可以很方便地进行平滑调节，以实现最大可能的黏着利用，不会出现黏着中断情况。可以根据检测到的有关黏着控制的信号，准确、迅速地改变逆变器输出的电压和频率，寻求最佳工作点，使驱动系统既不发生空转，又能充分发挥最大的牵引力。

HXD₃型电力机车采用YJ85A型三相鼠笼式异步牵引电机,其整机如图3-52所示。该电机为滚抱结构,单端输出;采用强迫外通风,冷却风从非传动端进入、传动端排出;采用三轴承结构,三个轴承均为绝缘轴承;在两端盖处设有注油口,使用中可补充润滑脂。

图3-52 YJ85A牵引电机整机图

## 一、牵引电机的特点及参数

### 1.牵引电机的工作特点

牵引电机是机车的重要部件之一,它安装在转向架上,通过齿轮与轮对相连。机车在牵引运行状态时,牵引电机将电能转换成机械能,通过轮对驱动机车运行。机车在电气制动状态运行时,牵引电机将机械能转换成电能,产生机车的制动力,此时电机处于发电状态。

牵引电机的工作条件十分恶劣:负载变化大、冲击和振动严重、恶劣的风沙、雨雪气候、受酸碱性气体影响侵蚀严重。对于交流变频调速异步牵引电机来说,还有一个特殊之处,就是要在PWM波调制的、含有大量谐波和尖峰脉冲的、非标准的正弦波电源供电下工作。

机车在运行中,牵引电机要在起动、爬坡这样的大电流状态下运行;要在平直道上轻载高速状态下运行;要在过弯道、过道岔这样的冲击和振动状态下运行;还要能适应沿海多雨潮湿、内地干燥风沙的环境。

### 2.牵引电机的技术参数

型号　　　　　YJ85A
额定功率　　　1 250 kW
额定电压　　　2 150 V
额定电流　　　390 A
额定转速　　　1 365 r/min
额定频率　　　46 Hz
额定效率　　　95%
功率因数　　　0.91
最高转速　　　2 662 r/min

| | |
|---|---|
| 极数 | 4 |
| 绝缘等级（定/转） | 200 级 |
| 接线方式 | Y |
| 冷却空气量 | 1.53 m³/s（92 m³/min） |
| 重量 | 2 600 kg |

## 二、牵引电机的结构

电机与机车的连接为滚动抱轴承结构，单端外锥轴斜齿轮输出，输出面锥度为 1∶50。电机带有一支磁电式速度传感器，测速通过装在非输出端轴头的测速齿盘来完成。电机采用三轴承结构，传动端装用 NU 型绝缘圆柱滚子轴承，非传动端用一个 NU 型绝缘圆柱滚子轴承和一个 QJ 型绝缘四点接触球轴承，三个轴承均采用国产的铁路牵引电机专用润滑脂润滑。采用绝缘轴承是为了防止制造中转子和定子不同心，或逆变器脉冲电源在电机轴上产生轴电流。电机采用轴向强迫通风方式，冷却风从非传动端端盖径向通风孔进入，经过转子通风孔、定转子间的气隙、定子背部的通风道后，从传动端端盖轴向排出。电机两端的端盖均为铸钢结构，在电机定子与传动端端盖间还有一个定子过渡盘，此件也为铸钢结构。在电机两端盖处均设有注油口，在维护保养时可以按要求进行定时、定量补充润滑脂。电机的结构如图 3-53 所示。

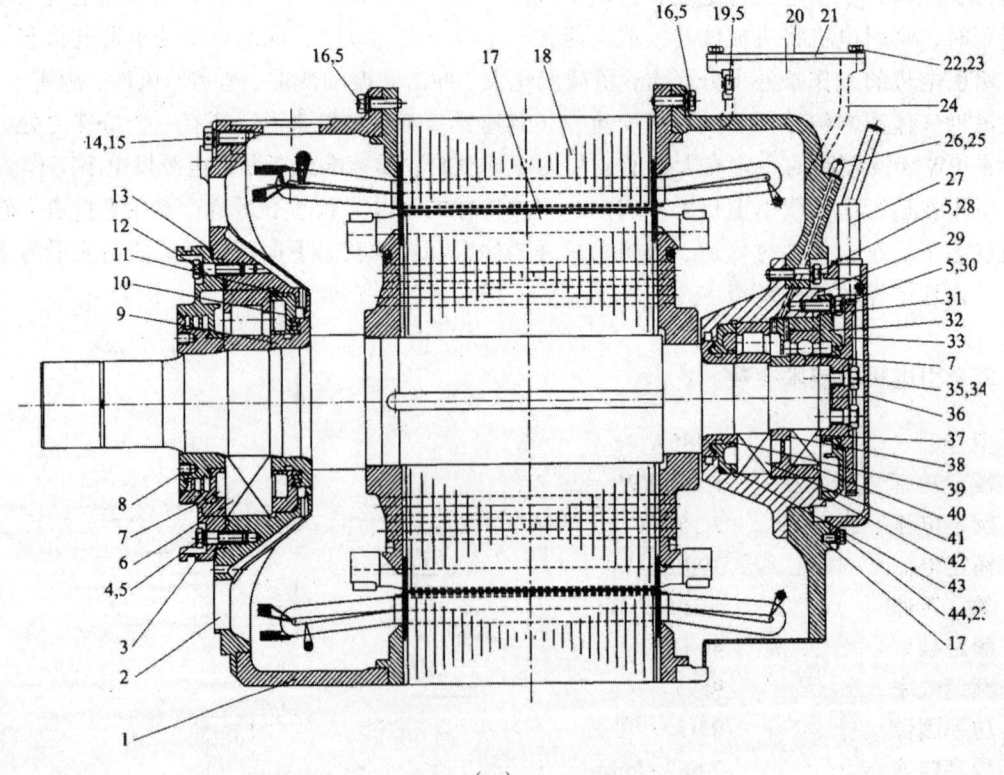

(a)

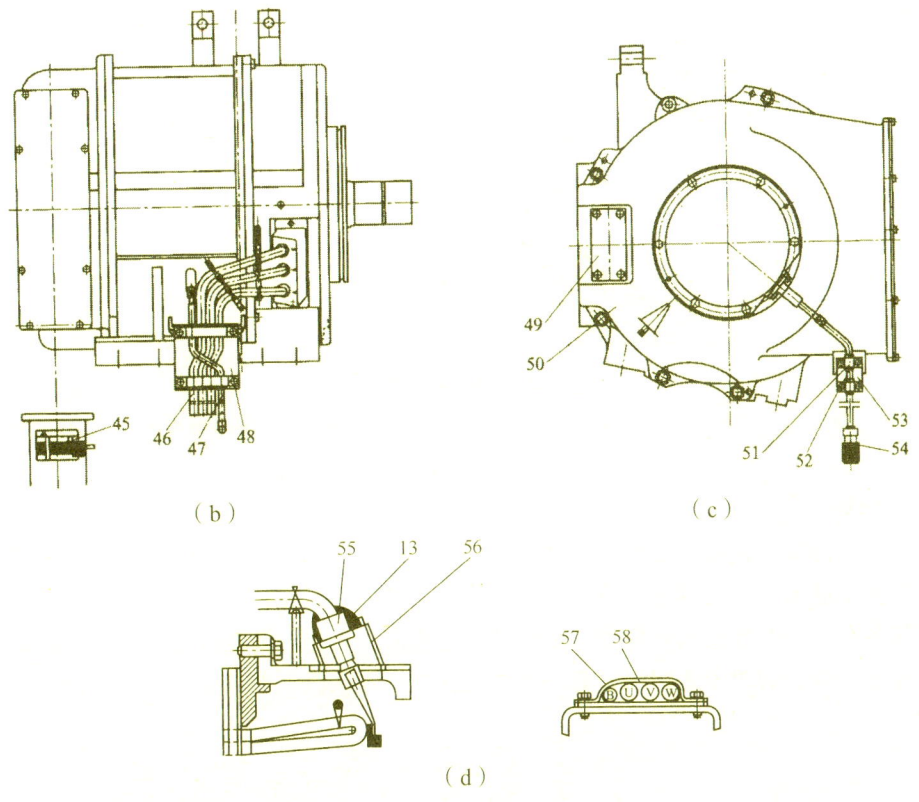

**图 3-53　YJ85A 牵引电机结构图**

1—过渡盘装配；2—传动端端盖；3—传动端轴承外盖；4—螺栓 M16；5—垫圈 16；6—NU 轴承；7—润滑脂；
8—传动端外封环；9—传动端轴套；10—传动端内封环；11—销子；12—密封圈；13—密封胶；14—螺栓 M20；
15—垫圈 20；16—螺栓 M16；17—转子；18—定子；19—螺栓 M16；20—进风口盖板；21—进风口防护罩；
22—螺栓 M12；23—垫圈 12；24—非传动端端盖；25—加油嘴盖；26—加油嘴；27—测速传感器；
28—螺栓 M16；29—非传动端轴承座；30—螺栓 M16；31—键；32—非传动端外封环；33—测速齿盘；
34—轴头扣片；35—螺栓 M12；36—非传动端轴承外盖；37—QJ 轴承；38—轴承内圈隔套；
39—非传动端内轴套；40—轴承外圈隔套；41—NU 轴承；42—密封垫；43—非传动端内封环；
44—螺栓 M12；45—铭牌；46—三相引出线；47—接地线；48—引出线引导板；49—观察孔盖板；
50—小件组焊；51—油管卡子；52—橡胶保护垫；53—传感器引导板；54—传感器接头；
55—引出线护套；56—接线盒；57—大线卡子；58—橡胶护垫

## 1. 定子结构

定子无传统的框架式机座，直接用硅钢片叠压而成，采用开口式槽型。定子槽内垫有槽绝缘，绕组为双层硬绕组，根据接线需要，绕组的引出线做成五种长度形式，因此无须过渡连线，定子的槽楔用绝缘材料制成而且很薄。定子的三相引出线接成 Y 形，绕组与三相引出电缆线间有一过渡连线，此过渡连线可以减少连线间截面积的过大变化和电流密度的过大变化，三相引出线采用机车专用电缆。电机设有接地线，接地线也采用机车专用电缆。针对变频电机需在较高频率下运行的特点，绕组采用聚酰亚胺薄膜带熔敷的导线二根并绕而成。为了得到足够的机械强度、良好的电气性能与优良的热稳定性，定子绕组用端箍固定。定子整体经过真空压力浸漆（VPI），电机的绝缘耐热等级为 200 级。定子结构如图 3-54 所示。

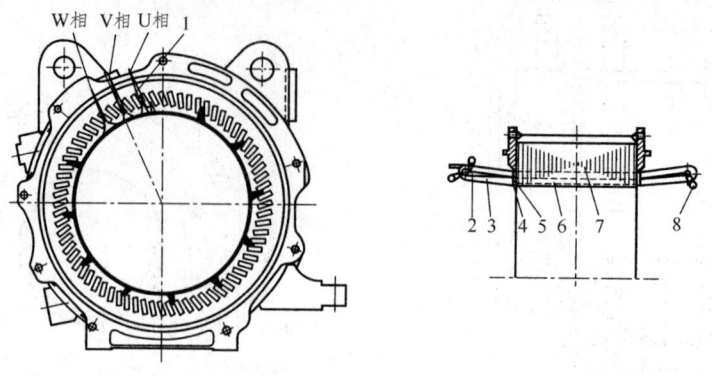

图 3-54 定子结构图

1—定子引线头；2—定子护环；3—定子线圈；4—槽楔；5—槽口绝缘；
6—槽绝缘；7—定子铁心；8—定子护环

### 1）定子铁心

定子铁心由冷轧硅钢片冲制的定子冲片叠压，通过上吊挂组件、下吊挂组件、小吊挂组件三个组件及两个通风道与两端定子压圈焊接而成。定子铁心既无拉螺杆也无拉板，定子冲片与两端压圈间各有一个点焊而成的定子端板以防冲片齿胀，为防电机在运行中因小吊挂螺栓故障而脱落，在定子铁心的两个压圈间焊有一块安全托板。定子铁心结构如图 3-55 所示。

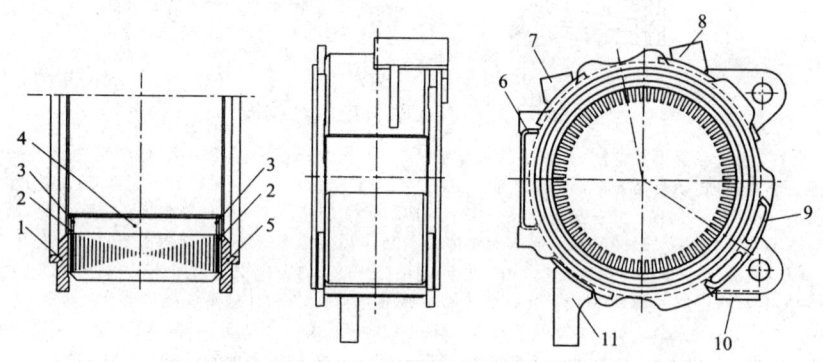

图 3-55 定子铁心结构图

1—传动端压圈；2—定子端板；3—定子大槽冲片；4—定子冲片；5—非传动端压圈；6—下通风道板；
7—下吊挂组件；8—上吊挂组件；9—上通风道板；10—安全托板；11—小吊挂组件

### 2）定子冲片

用 50W470 硅钢片冲制而成，冲片内圆冲有 72 个开口槽，冲片上既没有轴向通风孔也没有焊接用定位槽。定子冲片、槽形放大图如图 3-56、3-57 所示。

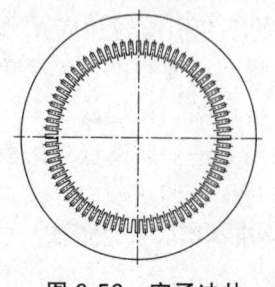

图 3-56 定子冲片

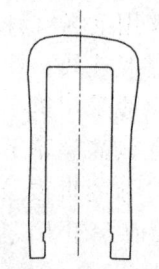

图 3-57 槽形放大图

3）吊挂组件和通风道

定子铁心的吊挂件由压成弧形的钢板和锻钢吊挂块焊接而成,铁心上的通风道直接用钢板压制成形。

4）定子线圈

线圈用2根薄膜绕包的电磁线并绕而成,线圈匝间垫有云母绝缘,对地用聚酰亚胺复合云母作为主绝缘,外包绝缘采用无碱玻璃丝带。定子线圈及线圈端部如图3-58、3-59所示。

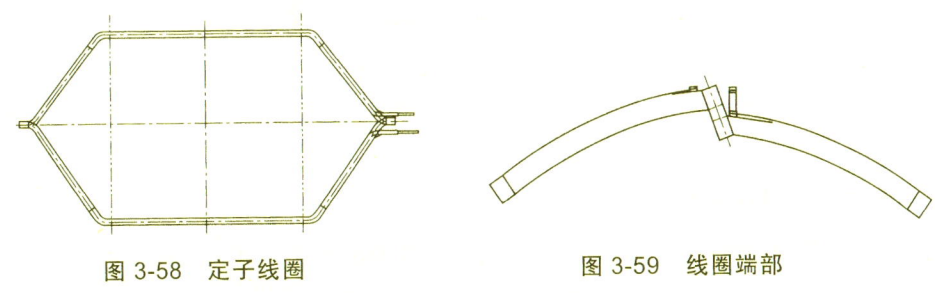

图3-58 定子线圈　　　　　图3-59 线圈端部

## 2. 转子结构

转子为鼠笼式结构,鼠笼由专用铜合金导条与锻纯铜的端环用感应焊焊接而成。端环-侧车-较浅的环槽,导条与端环进行对接焊接,称为对接式结构。为防止导条在铁心槽内出现窜动,导条打入槽后用专用滚压机将导条滚压胀紧。为提高端环抗高速旋转时产生的离心力的强度,鼠笼焊成后,端环的外圆经过加工再套一个护环。护环用高强度的专用护环钢制成。转子经过动平衡检验,避免高速旋转时对整机带来的振动。转子结构如图3-60所示。

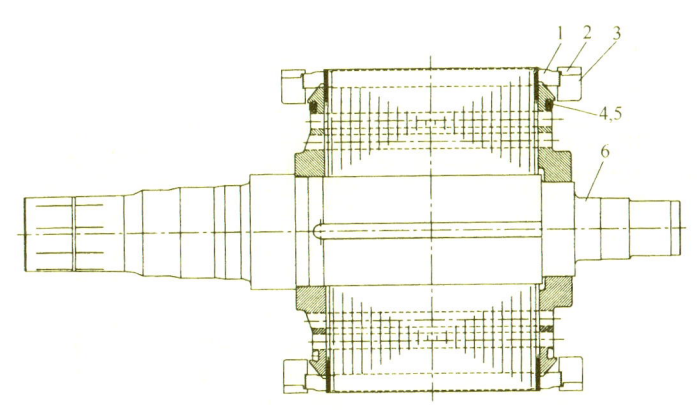

图3-60 转子结构

1—导条；2—护环；3—端环；4—平衡块；5—平衡块螺钉；6—转子铁心

1）转子铁心

由冷轧硅钢片叠压而成,铁心两端为铸钢结构的压圈。与定子一样,冲片与两端压圈间各有一个端板冲片点焊而成的转子端板以防冲片齿胀。转子铁心结构如图3-61所示。

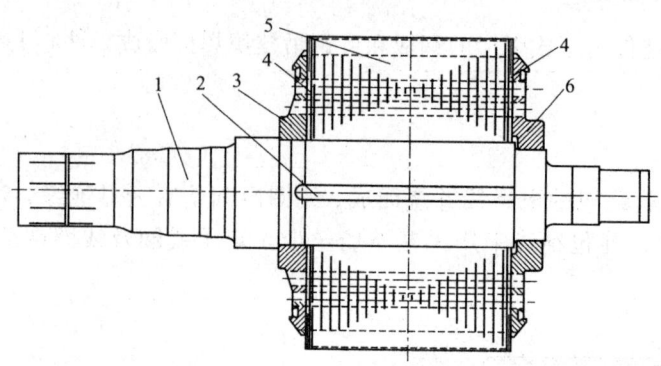

图 3-61 转子铁心结构

1—转轴；2—键；3—转子传动端压板；4—转子端板；
5—转子冲片；6—转子非传动端压板

2）转子端环、转子护环

转子端环用锻纯铜制成，转子护环用高强度的专用护环钢（特种不锈钢）制成。两件均为整体锻出，不得拼焊。为了防止护环剩磁在电机运行时产生涡流发热，护环加工后除需经超声波探伤外，还需进行剩余残磁量的检查。

转子护环的作用是对端环及端环与导条的焊接面进行保护，所以护环材料的机械性能的稳定、化学成分的稳定、内部晶格结构的均匀、加工尺寸的合格都至关重要。

端环与护环间过盈量的选取也是一个很重要的问题。由于不同的材料有不同的弹性模量和线胀系数，所以在选取过盈量时应考虑电机运行中温度变化带来的影响。

端环、护环如图 3-62、图 3-63 所示。

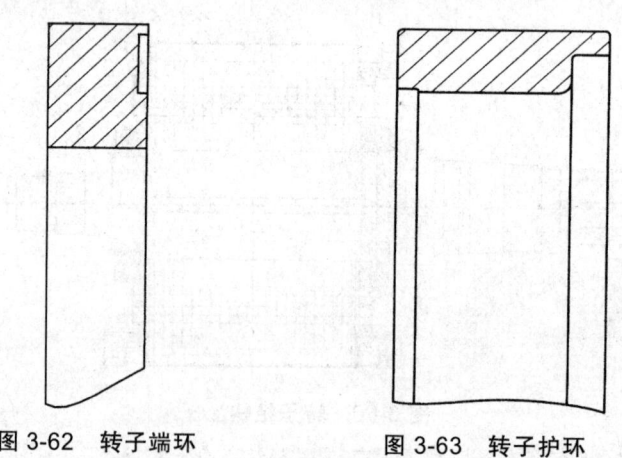

图 3-62 转子端环　　　图 3-63 转子护环

3）转子导条

转子导条选用电阻温度系数较小的专用铜合金拉制或轧制，导条形状如图 3-64 所示，导条端部结构如图 3-65 所示。

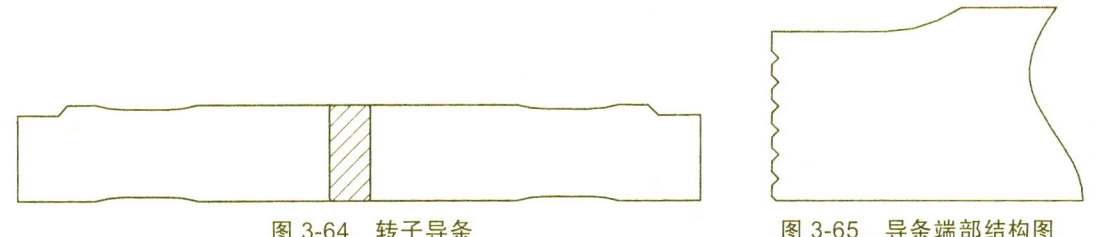

图 3-64 转子导条　　　　　图 3-65 导条端部结构图

4）转子冲片

转子冲片与定子冲片由同一张硅钢片复冲而成。定子冲片内孔落下的料，去除电机气隙所在部分的材料后，即为转子冲片的原料。

转子冲片上有二排轴向通风孔，不设径向通风槽，冲片上冲有 58 个半闭口槽。转子冲片及槽形分别如图 3-66、3-67 所示。

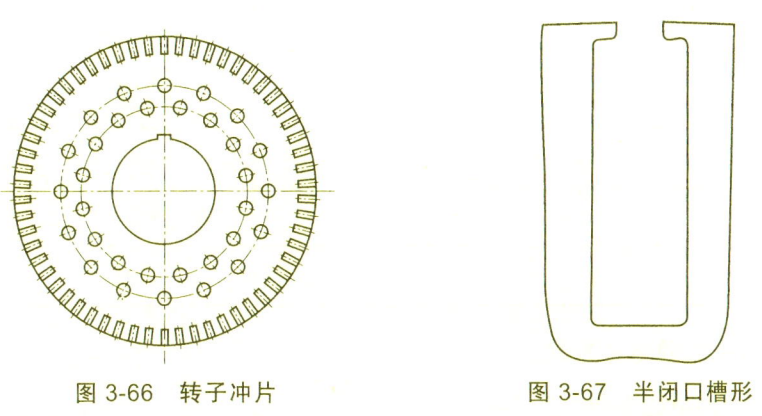

图 3-66 转子冲片　　　　　图 3-67 半闭口槽形

5）转　轴

电机的转轴用优质合金钢锻造，锻造后进行粗加工、调质、精加工和磨削加工。锻造和调质保证转轴既有高的强度又有好的抗冲击韧性，精加工和磨削加工保证转轴有好的组装性能和高的回转精度。转轴为外轴锥，锥度 1∶50，锥度大端直径为 $\phi$125 mm，转轴全长 1 106 mm。由于锥度面较长，为拆卸齿轮方便，轴锥上均匀划了 9 条油槽。转轴形状如图 3-68 所示。

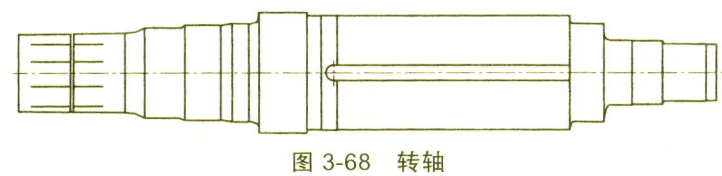

图 3-68 转轴

## 三、牵引电机的电气性能

### 1. 电机特征点的力能指标

电机特征点的力能指标见表 3-7。

表 3-7　电机特征点的力能指标

| 特征点 | 单位 | 启动点 | 进恒功点 | 最高速度点 |
| --- | --- | --- | --- | --- |
| 定子频率 | Hz | 0.9 | 46 | 86 |
| 电压 | V | 91.4 | 2 150 | 2 150 |
| 定子电流 | A | 510.7 | 390 | 410 |
| 功率 | kW | 0 | 1 250 | 1 250 |
| 转速 | r/min | 0 | 1 360 | 2 662 |
| 转矩 | N·m | 11 852 | 8 806 | 4 703 |
| 功率因数 |  | 0.983 | 0.926 | 0.871 |
| 效率 | % | 0 | 94.67 | 94.01 |
| 转子频率 | Hz | 0.85 | 0.625 | 1.389 |
| 转差率 | % | 100 | 1.4 | 1.6 |
| 机车速度 | km/h | 0 | 65 | 120 |
| 牵引力 | kN | 558.5 | 412.9 | 221.5 |

**2. 电机特征点的电磁参数**

电机特征点的电磁参数见表 3-8。

表 3-8　电机特征点的电磁参数

| 特征点 | 单位 | 启动点 | 进恒功点 | 最高速度点 |
| --- | --- | --- | --- | --- |
| 定子频率 | Hz | 0.9 | 46 | 86 |
| 定子电流 | A | 510.7 | 390 | 410 |
| 压频比 | V/Hz | 24.22 | 25.66 | 12.98 |
| 定子齿磁密 | T | 1.913 3 | 1.914 2 | 0.981 9 |
| 转子齿磁密 | T | 1.882 1 | 1.882 9 | 0.965 1 |
| 定子轭磁密 | T | 1.499 3 | 1.499 3 | 0.755 2 |
| 转子轭磁密 | T | 0.982 9 | 0.982 9 | 0.495 1 |
| 气隙磁密 | T | 0.893 7 | 0.894 1 | 0.457 9 |
| 磁化电流 | A | 77.76 | 77.75 | 37.63 |

续表

| 特征点 | 单位 | 启动点 | 进恒功点 | 最高速度点 |
|---|---|---|---|---|
| 导条/端环电流密度 | A/mm² | 9.79/8.65 | 7.45/6.58 | 8.20/7.25 |
| 定子发热因数 |  | 11 398.4 | 6416.7 | 7352.6 |
| 定子/转子铜耗 | kW | 47.74/31.63 | 27.19/18.31 | 32.07/22.01 |
| 铁耗 | kW | 0.05 | 8.42 | 5.37 |
| 机械/杂散损耗 | kW | 0/0 | 3.97/12.54 | 7.41/12.58 |
| 总损耗 | kW | 79.42 | 70.42 | 79.63 |

### 3. 电机牵引特性曲线

电机牵引工况特性曲线如图 3-69 所示。图中：

曲线 1——电机效率与电源频率的关系 $\eta(f)$；

曲线 2——电机功率因数与电源频率的关系 $\cos\varphi(f)$；

曲线 3——电机线电压与电源频率的关系 $U(f)$；

曲线 4——定子电流与电源频率的关系 $I(f)$；

曲线 5——电机输出功率与电源频率的关系 $P_2(f)$；

曲线 6——电机转矩与电源频率的关系 $T(f)$；

曲线 7——电机转矩倍数与电源频率的关系 $T_m(f)$；

曲线 8——转子转差率与电源频率的关系 $s(f)$。

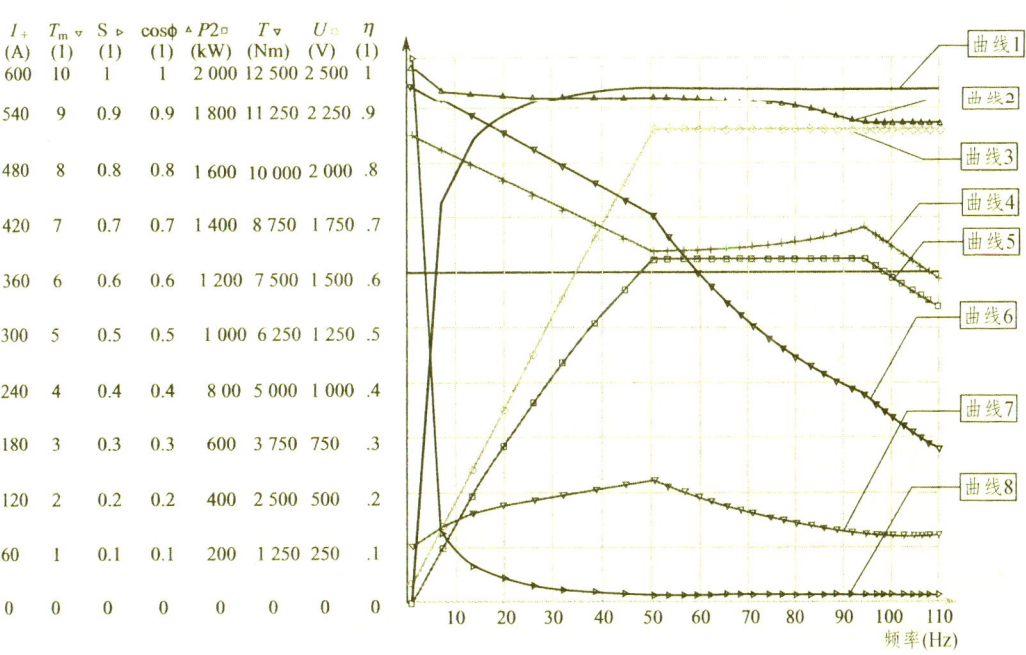

图 3-69　电机牵引工况特性曲线

### 4. 电机制动特性曲线

电机制动工况特性曲线如图 3-70 所示。图中：

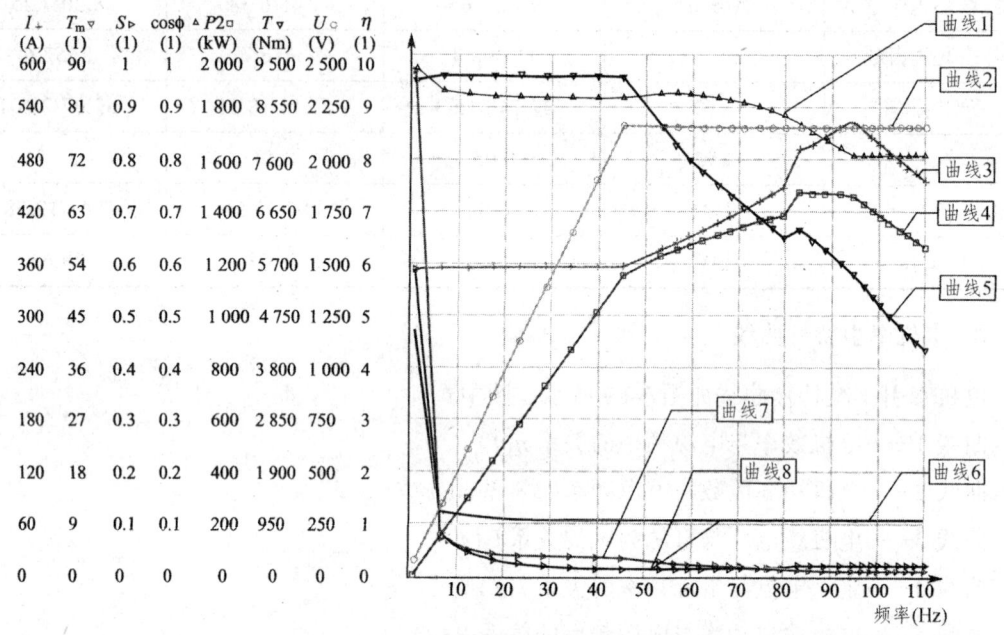

图 3-70　电机制动工况特性曲线

曲线 1——电机功率因数与电源频率的关系 $\cos\varphi(f)$；

曲线 2——电机线电压与电源频率的关系 $U(f)$；

曲线 3——定子电流与电源频率的关系 $I(f)$；

曲线 4——电机制动功率与电源频率的关系 $P_2(f)$；

曲线 5——电机转矩与电源频率的关系 $T(f)$；

曲线 6——电机效率与电源频率的关系 $\eta(f)$；

曲线 7——电机转矩倍数与电源频率的关系 $T_m(f)$；

曲线 8——转子转差率与电源频率的关系 $s(f)$。

## 四、牵引电机的技术要求

### 1. 使用环境条件

（1）环境空气温度（遮阴处）为 $-25\,℃ \sim 45\,℃$，在 $-40\,℃ \sim -25\,℃$ 可正常存放；

（2）海拔不超过 2 500 m；

（3）空气相对湿度：最湿月月平均最大相对湿度为 90%（该月月平均最低温度为 25 ℃）；

（4）配装的机车可以受雨、雪、风沙的侵袭，但电机的冷却空气需经滤清；

（5）电机可承受机车正常运行时产生的冲击和振动。

## 2. 电机定额和通风

电机以连续定额为保证定额;电机为强迫外通风,风量为 1.53 m³/s(92 m³/min)。

## 3. 温升限值

(1)电机在冷却空气温度为 10 ℃~40 ℃ 的环境条件下,用 PWM 波逆变器供电进行各种定额的温升试验,其允许温升值不超过表 3-9 的规定。

表 3-9 温升限值

| 电机部件 | 测量方法 | 允许温升(K) |
| --- | --- | --- |
| 定子绕组 | 电阻法 | 200 |
| 转子 | 电温度计法 | 温升以不损害邻近绕组或其他部件为限 |

当冷却空气温度在 10 ℃~40 ℃ 之外时,应对所测温升进行修正。修正公式如下:

$$修正温升 = \Delta\theta[1-(t-25)/(235+\Delta\theta+t)]$$

式中 $t$——试验时冷却空气温度。

(2)轴承温升限值:当冷却空气温度不超过 40 ℃ 时,电机轴承允许温升限值为 55 K。

## 4. 承受超速性能

电机在热态下,能承受 3 194 r/min、2 min 的超速试验。试验后电机没有影响正常运行的机械损伤和永久变形。

注:在做出厂试验时,为预防因空转高速运行对轴承的损害,超速试验转速应减少到 2 662 r/min。

## 5. 绝缘性能

(1)绝缘电阻:电机在热态下,用 1 000 V 兆欧表测量定子绕组对机座的绝缘电阻,阻值应不低于 10 MΩ。冷态下,绝缘电阻值应不低于 100 MΩ。

用 500 V 兆欧表测量定子对转轴间的绝缘电阻,阻值应不低于 5 MΩ。

(2)承受对地耐压性能:在热态下,定子绕组对机座可承受 5 400 V 工频耐压 1 min,无击穿和闪络。

## 6. 电机的振动

电机在额定转速范围内空转运行,当固定时,其振动速度小于 2.8 mm/s;当自由状态时,其振动速度小于 3.5 mm/s。

## 7. 电机的噪声

电机空载运行,转速在 1 360~2 662 r/min 范围内,正常通风,两个转向上噪声的 A 计权声功率极限值为 110 dB(A)。

## 8. 特性曲线试验和制造偏差

特性试验时，绕组的基准温度为 150 ℃。

电机的规定特性和典型特性为配套逆变器供电下的变频特性。特性曲线是指电源供给电机的线电压、线电流、电压频率与由此产生的转差、转矩、功率因数、效率与转速的关系曲线。

（1）转矩偏差：相应于规定特性曲线上 0~90%最大转速范围内，在任一输入功率时，典型转矩不应小于规定值的 95%。

（2）损耗偏差：在连续定额下测得的牵引电机损耗不应超过规定特性曲线上对应值的 15%。

（3）空载试验时，对应等效电压 2 150 V，50 Hz 的电流偏差不应超过最初四台电机（其中一台经过型式试验）确定的典型值的 ±10%。

（4）转子堵转试验时，试验电压为能产生额定电流的对应值（在经型式试验合格的被试电机上确定此电压值），在这一电压下，转子堵转时的电流偏差不超过最初四台电机（其中一台经过型式试验）确定的典型值的 ±5%。

# 技能训练一　主变压器维护检查与试验

## 【学习目标】

（1）能说出机车主变压器的结构组成、各部件的名称及作用；
（2）能按照主变压器的检查项目对主变压器进行检查维护保养；
（3）能按照主变压器的试验要求对主变压器进行试验。

## 【学习任务】

结合主变压器实物，学习各部结构及作用，练习说出其各部名称；根据教师示范，按照检查项目对主变压器进行维护保养。

## 【环境设备】

天车、滤油机、储油罐、油盘、专用吊具、吊环、真空干燥炉、压缩空气设备、试验设备、散热器清洗装置、散热器泄漏试验装置、兆欧表、直流电桥、器身吊具、扳手、丝钳、钢丝刷、毛刷。

## 【操作指导】

### 1. 维护检查

根据表 3-10 所示,氮压力和绝缘温度的相关检查是必要的。对于其他的检查,不需要特殊的工具和试验器具。

表 3-10 主变压器容器维护检查项目表

| 检查项目 | 检查内容 | 注意事项 | 检修周期 | | | | 备注 |
| --- | --- | --- | --- | --- | --- | --- | --- |
| | | | 行修 | 辅修 | 小修 | 中修 | |
| 外观 | 目视检查电气设备有无损伤及灰尘附着 | 如无故障,禁止拆卸 | √ | √ | √ | √ | 修理或者更新吹净后用干净布擦拭 |
| 紧固件 | 检查有无松动 | | √ | √ | √ | √ | 紧固牢靠 |
| 接线 | 目视确认有无污垢、损伤以及松动 | | | √ | √ | √ | 清扫或更新后若有松动要紧固 |
| 电瓷管 | 目视确认有无污垢、损伤以及裂纹 | | √ | √ | √ | √ | 清扫或更新 |
| 氮压力和绝缘油温度的关系 | 点检氮压力和绝缘油温度的关系,确认氮气有无泄漏 | | | | | √ | 出现油温度-氮压力曲线范围外的情况,变压器运转停止时通过氮气的补给或放出调整 |
| 绝缘电阻 | 1. 常温状态下测定。记录测定时的气温、湿度、油温<br>2. 主变压器温度继电器、油流继电器（2台全部）测定<br>3. 油泵（2台全部）的绝缘电阻 | | | | | √ | 1. 主变压器:一次~二次~接地间,二次~三次~接地间,三次~接地间每个都在 200 MΩ以上;<br>2. 温度继电器端子~接地间 100 MΩ以上;油流继电器（2台全部）端子~接地间 100 MΩ以上;<br>3. 油泵（2台全部）端子~接地间 100 MΩ以上 |

### 2. 部件的更换周期

各部件正确保养标准、更换周期、更换期限见表 3-11,不满足保养标准值则应进行更换。

表 3-11 部件的更换周期

| 部件名称 | 更换周期 | 更换期限 |
| --- | --- | --- |
| 温度指示控制器 | 5 年 | |
| 油流继电器 | 5 年 | |
| 潜油泵 | 仅轴承为 10 年 | 如有异常音响则应进行更换 |
| 波纹管 | 5 年 | 如有漏油则应进行更换 |
| 压力释放阀 | 5 年 | 如有漏油则应进行更换 |
| 各种阀类 | 根据检查结果更换 | 如发现漏油现象则应更换 |
| 套管类 | 根据检查结果更换 | 如发现破损，漏油现象则应进行更换 |
| 箱沿密封圈（耐油橡胶） | 5 年 | 根据检查结果确定是否更换 |
| 各端子密封件（耐油橡胶） | 5 年 | 根据检查结果确定是否更换 |
| 油路密封件（耐油橡胶） | 5 年 | 根据检查结果确定是否更换 |
| 其他橡胶件（耐油橡胶） | 10 年 | 根据检查结果确定是否更换 |

**3. 主变压器试验**

主变压器试验的目的是对变压器参数性能的验证、对其质量的考核。执行标准为国际电工委员会标准 IEC 60310—2004 和中华人民共和国铁道行业标准 TB/T 1680—2006。变压器的试验按照试验大纲的要求包括以下项目：

（1）外观检查。要求按图纸检查铭牌的标示，查看各继电器、电源线的走线是否按图纸要求等。

（2）线圈的电阻测量。测量高压线圈及牵引、辅助线圈的电阻并折算到 85 ℃。

（3）变压比测量。测量高压绕组和其他绕组间的变压比，并判断是否在规定的范围内。

（4）空载电流和空载损耗的测量。出厂试验时要求测量一次线圈在额定电压 1.0$U$ 下的空载电流和空载损耗，型式试验时则要分别考核 0.7$U$、0.8$U$、0.9$U$、1.0$U$、1.1$U$、1.24$U$ 下的空载电流和空载损耗。

（5）阻抗电压的测量。出厂试验中要求测量高压绕组分别对 6 个牵引绕组和 2 个辅助绕组间的短路阻抗、6 个牵引绕组串联和 2 个辅助绕组串联间的短路阻抗。而型式试验除包括上述内容，还要测量高压绕组、6 个牵引绕组、2 个辅助绕组中任意两个绕组间的短路阻抗。

（6）负载损耗和总损耗的测量。负载损耗在测量短路阻抗时同时被记录下来，总损耗是空载损耗与折算到相应基准温度的绕组负载损耗之总和。

(7)温升试验。该项试验仅在型式试验中做,模拟变压器在满负荷时的工况,测量各绕组和不同位置的油温。

(8)耐电压试验包括感应耐压试验、工频耐压试验和雷电冲击试验。工频耐压试验考核低压线圈的主绝缘,感应耐压试验则考核各线圈的纵绝缘是否有缺陷,雷电冲击试验用 5±30%/50±20% μs 的脉冲波形,模拟大气雷电对变压器进行冲击,该项试验仅出现在主变压器的型式试验中。雷电冲击试验波形如图 3-71 所示。

除以上项目外,主变压器试验还包括密封性试验、变压器油试验等,主变压器的主要附件如油泵等也需要试验。

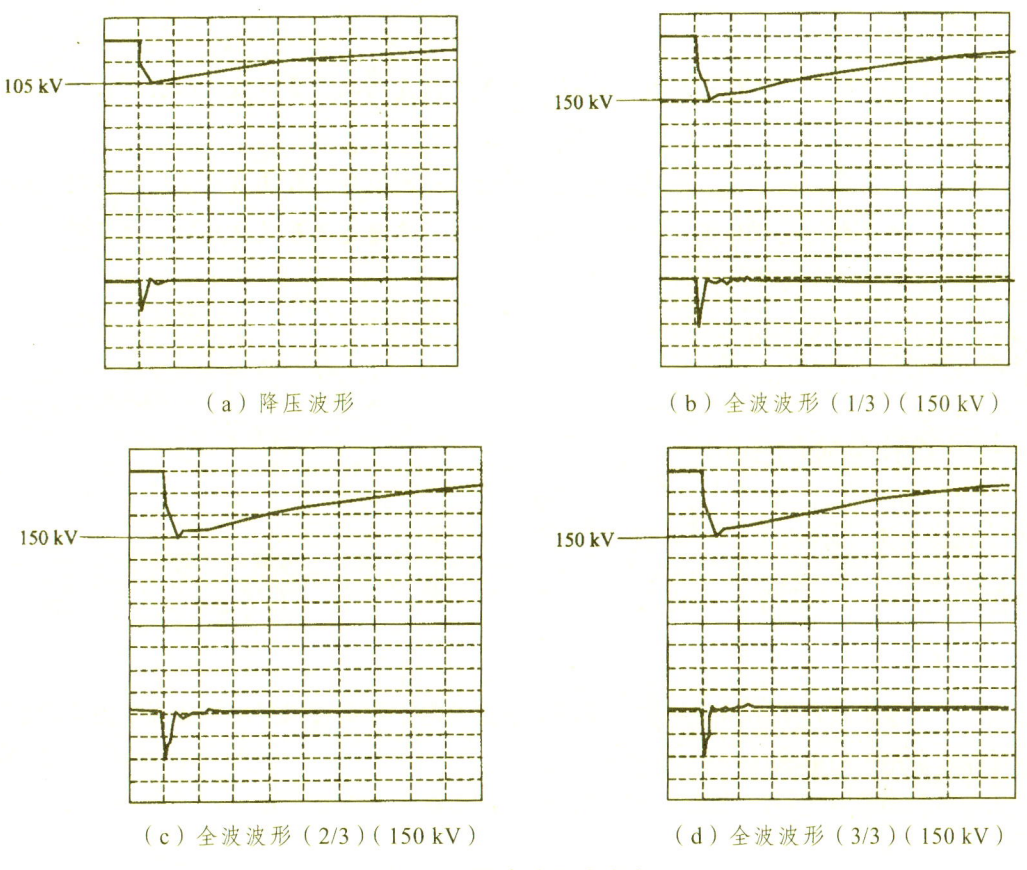

图 3-71 雷电冲击试验波形

# 技能训练二 牵引电机的维护保养、故障诊断与检修

【学习目标】

(1)能识别牵引电机的各部结构,说出其名称和作用;

(2)能说出牵引电机的工作原理;

（3）能按照牵引电机的检修工艺步骤检修牵引电机各部件并进行组装；

（4）能按照牵引电机的试验步骤进行牵引电机试验；

（5）能对牵引电机常见故障进行判断和处理。

## 【学习任务】

依据已学牵引电机的专业知识，结合牵引电机实物，认知牵引电机各部结构；按照牵引电机的检修工艺流程，自己动手，学习牵引电机的检修方法。

## 【环境设备】

逆变器变频调速控制系统、扭矩传感仪、负载直流发电机、负载直流牵引电机、负载同步发电机、馈网控制系统。

功率分析仪、存储记录仪、直流双臂电桥、红外线测温仪、数字万用表、测振仪、磁电式传感器、电机工频耐电压试验仪、噪声统计分析仪、流量通风系统控制器、电子秤、测试传感器专用电源。

## 【操作指导】

## 一、牵引电机的试验

### 1. 试验类别

电机的试验分型式试验、例行试验和装机运行试验。

1）型式试验

试验时，电源最好采用运行中实际使用的逆变器电源，也可以采用与实际变流器的电气输出特性非常相似的电源。

凡遇到下列情况之一时，应进行型式试验，试验在一台电机上进行：

① 新产品试制完成时；

② 电机设计或工艺材料的变更，足以引起某些特性和参数发生变化时，应进行有关项目的型式试验；

③ 出厂试验结果与以前进行的型式试验结果发生不可允许的偏差时；

④ 转产或长期停产后重新投产时；

⑤ 对成批或大量生产的产品进行定期的抽试，每两年抽试 2 台；

⑥ 逆变器的输出特性发生变化时。

2）例行试验

每台出厂电机都应进行电机的例行试验。由工频 50 Hz，2 150 V 电源供电，试验在一个旋转方向上进行。

3）装车运行试验

新产品在型式试验后进行装车运行试验,在运行中工作应安全可靠,零部件状态应正常。

### 2. 试验项目

1）例行试验项目

① 电机外观、外形尺寸及安装尺寸、转动状态（包括转向）的检查；

② 定子绕组对机座、定子对转轴间绝缘电阻的测定；

③ 定子绕组在实际冷态下直流电阻的测定；

④ 旋转确认试验；

⑤ 空载电流的测定；

⑥ 堵转电流的测定；

⑦ 超速试验；

⑧ 振动试验；

⑨ 绝缘试验；

⑩ $\tan\delta$ 和传感器波形的测定。

2）型式试验项目

① 出厂试验的全部试验项目，并测取空载及堵转特性；

② 温升试验，在连续定额下进行；

③ 特性曲线测定和绘制；

④ 噪声测定；

⑤ 轴电压的测定；

⑥ 称重。

### 3. 试验依据

GB1032　三相异步牵引电机试验方法；

IEC60349—2　铁路机车车辆和公路车辆用旋转电机第二部分：电子变流器供电的交流牵引电机；

IEC60349—3　铁路机车车辆和公路车辆用旋转电机第三部分：用损耗总和法来确定变流器供电的交流牵引电机的总损耗；

GB10068　旋转电机振动测定方法及限值；

GB10069.1　旋转电机噪声测定方法及限值；

JTD3530001　YJ85A异步牵引电机技术条件。

### 4. 试验方法

试验在通过国家试验站资质认证的交流电机试验站进行。采用能量反馈的试验线路，即从工频电网取电，经变频调速控制系统到被试电机，再通过扭矩仪将机械力传递到陪试负载电机，陪试负载电机发出电能，经过控制系统将能量反馈到电网。

## 二、牵引电机的维护保养

经常检查轴承的温升情况,如果发现轴承温升过高时,应及时找出原因予以处理。一般原因有:加油过多、油质不纯、变质、轴承径向游隙太小、轴承窜油、轴承质量不良、油封摩擦以及内部不干净等。

不得使用未经制造厂同意的润滑脂,严格保证润滑脂的清洁。建议润滑脂的补充量为 10~15 g/50 000 km。

## 三、牵引电机的故障诊断

1. 电机转向不对

一般原因是三相引出线与电源连接错误。

2. 电机转速太低

一般原因有三条:一条是电源电压太低,不能产生足够的扭矩来抵消电机空转所需的扭矩;另一条是频率太低;再一条是负载过大,即转差太大。

3. 绝缘击穿

应从以下两个方面分析处理:

(1)电机发生异常情况,短时电压过高。

(2)绝缘电阻太低,绝缘受到酸、碱等腐蚀性气体侵害、线圈不洁、过热、过潮,环境温度过低,绝缘老化等原因引起。

4. 电机振动大

应从以下三个方面分析处理:

(1)安装不良;

(2)电机转轴弯曲;

(3)电机转子平衡不良。

5. 轴承过热

应从以下四个方面分析处理:

1)电 蚀

现象:表面可看见斑点,在显微镜下可观察到斑点是由细小的凹坑簇集而成,进一步发展就可导致波纹状表面。

原因:电流流经轴承,就会产生电火花,从而熔融滚道表面。

解决办法:通过集流环或绝缘轴承避免电流流动。

2)剥　离

现象：滚道表面被剥离，表面发生剥离后非常粗糙。

原因：辗压疲劳。剥离常常是因为过载而过早发生，而过载是由不正确操作导致，轴和轴承座精度太低、安装误差、异物侵入或生锈等引起。

解决办法：

① 找出载荷过重的原因。
② 检查工作环境并且尽量采用承载能力大的轴承。
③ 增加润滑油的黏度和改善润滑系统以形成润滑油膜。
④ 减小安装误差。

3）刮　痕

现象：表面粗糙并且有细小微粒黏着。

原因：滚动体在滚动中产生滑动，而润滑剂性能太差，不能避免滑动。

解决办法：

① 选择最佳润滑油和润滑系统，使之能够形成完整的油膜。
② 使用附带加压装置的润滑剂。
③ 采取如选择较小径向游隙和预压的方式以避免滑动。

4）缺损和破裂

现象：轴承内、外圈以及滚动体部分破损。

原因：较大固体异物侵入，冲击或过大载荷，不适当的搬运方式。

解决办法：

① 排除故障，矫正冲击载荷或过大载荷。
② 改善搬运条件。
③ 改善密封条件。

## 四、牵引电机的检修

### 1. 基本技术要求

（1）电机内、外部清洁，整齐，铭牌清晰，引出线标记准确。

（2）机座端盖无裂纹与缺陷，各部件应完整牢固，不得松动。

（3）接线紧固，螺栓无松动，接线、插座无损伤，连接插座紧固无松动。

（4）定子绕组线电阻值换算到 20 ℃ 时，阻值应与典型值 0.079 48 Ω的相对误差不超过 ±10%。

（5）电机绝缘要求：用 1 000 V 兆欧表测量定子绕组冷态绝缘电阻，阻值不低于 100 MΩ，热态绝缘电阻不低于 10 MΩ。用 500 V 兆欧表测量转轴对定子的绝缘电阻，阻值不低于 5 MΩ。

（6）耐压试验：50 Hz 正弦交流 5 400 V，1 min，无击穿闪络现象。

（7）轴承转动灵活无异音，温升不超过 55 K。

（8）电机上的速度传感器应连接紧固无松动，信号显示正确。

（9）探伤范围：

① 电机轴锥处。

② 更换轴承时，轴承位轴颈。

### 2. 原形尺寸及限度

电机在进行维护、检查、修理时，请参照以下标准。

（1）机座与端盖的配合：进风端止口原形尺寸为 $\phi752H7/p6$、出风端止口原形尺寸为 $\phi704H7/p6$。允许等级修，每修一次，机座孔径尺寸加大 1 mm。配制端盖，配合过盈量（+0.008~+0.138 mm）不变。

警告：电机出风端的机座与端盖间有一定子过渡盘，此过渡盘与定子是对号配装的，检修中一般不需要将他们分离。若有必要分离，重新装配时应对号配装。

（2）出风端端盖与轴承的配合：端盖公差 $\phi320_{-0.038}^{-0.02}$，不允许等级修。

（3）进风端端盖与轴承的配合：端盖公差 $\phi215_{-0.028}^{-0.015}$，不允许等级修。

（4）进风端轴承与轴的配合：进风端轴承有两个，NU 轴承靠内、QJ 轴承靠外，NU 轴径尺寸 $\phi100_{+0.028}^{+0.050}$，QJ 轴径尺寸 $\phi90n6$，不允许等级修。

（5）出风端轴承与轴的配合：轴径 $\phi150n6$，不允许等级修。

（6）轴承间隙如下：（单位：mm）

| 部位 | 径向自由间隙 | 组装后径向间隙 | 报废径向间隙 |
| --- | --- | --- | --- |
| 传动端 | 0.165~0.215 | 0.064~0.181 | ≥0.26 |
| 非传动端 | 0.125~0.165 | 0.057~0.168 | ≥0.21 |

由于非传动端有两个轴承，上述非传动端轴承间隙指 NU 轴承的间隙。QJ 轴承在按设计要求的配合下安装时一般无须检测径向间隙。

QJ 轴承的轴向间隙为 0.186~0.246 mm。

（7）转子轴锥：外锥长 169 mm，锥度 1:50，接触面积≥80%，修理极限接触面积≥75%。

（8）转子轴和轴承的配合超过限度时的处理方法：在车削掉表面粗糙和变形等部分（表面粗糙度要达到 $R_a \leq 1.6$ 以上）后，进行镀硬铬处理，再精加工到规定公差，加工完后的镀层厚度为 0.1~0.4 mm。

### 3. 检修工艺过程

1）解体前的检查

（1）查阅履历卡（簿），根据实际技术状态和历次检修的记载及运用动态变化，确定重点检修项目。

（2）外观检查：电机各部分状况，特别注意有无裂纹、松动、折断、灼伤等现象。

（3）测量绝缘电阻：用 1 000 V 兆欧表测量定子绕组对地的冷态绝缘电阻；用 500 V 兆欧表测量转轴对定子的绝缘电阻。

（4）在 50 Hz、1 500 V 的工况下，正反转各 30 min，检查下列项目：
① 检查电机是否振动，以确定电机转子是否需做动平衡。
② 检查轴承有无异音。
③ 观察是否有其他异状，确定故障所在。

2）解　体
（1）定子、转子分离：
拆去绑测速传感器的绑线和卡子、非传动端外轴承盖螺栓，退下非传动端外轴承盖；拆去非传动端轴承座螺栓，在非传动端轴承座上装上两个导向螺杆，在传动端轴锥上装上总装吊具，再用顶出螺栓两端同时对称顶出转子。

注意：顶出用螺栓头部必须磨成圆弧，以减少对机座面的损伤，拧顶出螺栓时必须两端同时拧且应对称，边拧边晃动吊具，整个转子顶出过程中吊具都应在可晃动状态。

（2）端盖与转子分离：
① 用拉拔器拉出传动端外封环。
② 卸下传动端轴承外盖，退下传动端端盖。
注意：端盖较重，退下时应装吊环螺钉才能吊出。
③ 使用拉轴承外圈工装，将轴承外圈和传动端内封环拉出。
④ 使用拉拔器将大轴承内圈和传动端轴套从转子轴上拆下。
⑤ 打开非传动端扣片，退出压测速齿轮的螺钉，取下测速齿轮。
⑥ 退出非传动端外封环螺栓，取下非传动端外封环。
⑦ 用拉拔器拉出非传动端轴承座，此时球轴承的半个内圈将同时被拉出，球轴承的外圈也同时可取出。
⑧ 使用拉轴承外圈工装，将轴承外圈和非传动端内封环拉出。
⑨ 使用拉拔器将两个轴承内圈和非传动端轴套从轴上拆下。

注意：电机的三个轴承均为外圈绝缘轴承，绝缘层为陶瓷，很脆，拉拔时要十分小心，严防损伤绝缘层。轴承拉出后，要做好标记（不得在轴承外圈上刻画），以便对号组装。

3）吹扫和清洗
（1）将大小轴承表面残油刮去，放入轴承专用清洗机清洗，清洗后的轴承按号放在专用存放架上。不能用棉纱擦洗轴承，如需擦洗，只能用棉布。
（2）清洗测速齿轮、油封、轴承盖、端盖等部件。
注意：应将所用工具一并清洗并妥善存放。
（3）定子，转子的清洗：
① 用铲刀、刷子清除电机各部件外表面的油垢污物，黏结在定子或转子上的污垢硬壳要用铲刀或竹片仔细刮掉。
② 把定子、转子吊入吹扫室用压缩空气吹扫灰尘。

③ 把定子、转子分别吊入专用清洗机清洗。洗涤液为 3%～5%浓度的中性洗涤剂溶液，pH 值不大于 9，温度为 60～80 ℃，洗涤剂冲洗时间为 10 min。排掉洗涤剂溶液后，用 50～70 ℃的清水再冲洗 4～5 min，洗掉电机绝缘层表面的残存洗涤剂。

④ 电机定、转子各部件，凡用清洗机无法洗掉的污垢，应用手工继续清洗。可用毛刷、软布、竹片等刷洗擦净。清洗后要求表面露出绝缘漆、覆盖漆的本色。

⑤ 定子前、后端盖可用高温压力清水直接冲洗，或用 5%左右的洗涤液煮洗。清洗时可用刷子、铲子配合刮刷，直到洗净为止。

⑥ 清水冲洗完毕的电机定子、转子从清洗箱吊出后，用 0.5～0.6 MPa 的压缩空气吹去残留在转子内部及定子内外表面的水。

⑦ 把清洗干净的电机定子、转子吊入烘箱。烘燥时要逐步升温，先用约一小时时间升温到 60 ℃，保温约 2 h，以利于电机内外水气彻底蒸发散逸。然后加温至 110～120 ℃左右烘 8～10 h。

⑧ 在烘燥过程中用 1 000 V 兆欧表每隔 1 h 测量绕组对地绝缘电阻。在最终温度进行烘焙 3 h 后，每隔 20 min 测量一次绝缘电阻值，当三次测量值均大于 10 MΩ，且三次误差不大于 10%时可以认为烘焙合格，否则应延长烘焙时间。

4）检修过程

（1）定子、转子的检修：

① 定子的检修，用 1 000 V 兆欧表测量定子绕组对地的绝缘电阻，阻值应不低于 100 MΩ。

② 用双臂电桥或 TZ 测量仪测量定子三相绕组，20 ℃时绕组的线电阻为 0.079 48 × (1 ± 10%) Ω，测量值折合到 20 ℃时应在此范围内，三个线电阻与线电阻平均值的差不应超过平均值的 ±4%。

③ 允许用 2.5 kV 兆欧表或升高电压的方法判断击穿点。

④ 定子应保持良好的清洁状态，绕组端部、槽口、通风孔内不许积存油污和灰尘。

⑤ 用 4 590 V、50 Hz 正弦交流电进行对地耐压检查 1 min 无击穿、闪络现象。

⑥ 轴、油封、平衡块、护环、端环、支架不得有裂伤变形及松动。轴锥面不许有擦伤、划痕等缺陷。

⑦ 转轴轴承位、轴锥面及轴锥过渡圆角处应磁粉探伤检查，不得有裂纹。

⑧ 平衡块丢失、松动、空转振动大或经重新浸漆，转子需做动平衡试验。转子最大不平衡力矩为 62 g·cm（即不平衡量 3 g）。

经过上述检查确认定子没有缺陷的，首次修可不浸漆，以后二次修时应补一次浸漆。浸漆最好用真空，条件有限时也可用普浸代替，但不论是否浸漆都应喷一次表面漆。转子若用导条振动仪检测发现振频低于 1 300 Hz 时应补刷绝缘漆，以充实转子铁心槽。与定子一样检修后都应喷一次表面漆。

（2）端盖的检修：

① 检查端盖的螺栓孔、油槽等状况是否良好。端盖有裂纹，允许焊修加固处理。

② 端盖轴承安装孔座或内油封磨损拉伤时，可用金属喷涂或电刷镀方法修复，恢复至原形尺寸。

(3) 轴承的检修:

① 轴承内外套圈、滚动体、工作表面及套圈的配合面必须光洁，不许有裂纹、磨伤、压坑、锈蚀、剥离、疲劳起层等缺陷。

② 轴承的清洗，应采用能在轴承表面留下油脂的清洗剂。

③ 轴承保持架不许有裂纹、飞边、变形。铆钉或螺钉不许有折断、松动，防缓件应作用良好。

④ 轴承拆装时，严禁直接锤击。加热温度不得超过 120 ℃，采用电磁感应加热时剩磁感应强度不大于 $3 \times 10^{-4}$ T。轴承内圈与轴的接触电阻值不大于统计平均值的 3 倍。

⑤ 轴承要成套更换，并分别在内、外圈上标明安装日期，下次检修时外圈要转动 90°~120°。轴承上写字使用酸液配方为：硫酸铜 8.5%，亚硒酸 7.5%，硝酸 10%。

注意：绝缘轴承外圈上严禁刻画。

⑥ 更换轴承内圈时，必须检查轴承内圈与轴径的配合尺寸，选配过盈量应符合技术要求和限度的要求。

5) 电机的组装

(1) 非传动端端盖的组装：

定子非传动端止口上抹上密封胶，在非传动端端盖进风孔对角装两个 M12 吊环螺钉，将端盖吊于定子处，对准止口，用端盖螺栓将端盖均匀压入止口，禁止锤击端盖，以防变形。

(2) 转子非传动端的组装：

① 用烘箱加热轴套、封环和轴承内圈（球轴承仅需加热内圈），将他们按顺序套在轴上，轴承标记朝外。轴承内圈加热温度为 110~120 ℃，其他件加热温度为 140~160 ℃。

② 内封环外圈上稍微抹点润滑脂，油槽内加 210 g 润滑脂，油槽朝上放置待用。滚柱轴承外圈上稍微抹点润滑脂，标记朝外放置待用。

③ 将非传动端轴承座电磁感应加热或烘箱加热后水平放在一平台上，将内封环放入轴承座内，放入后应有间隙可转动。将滚柱轴承外圈放入轴承座内，用力顶压使其到位，稍后在轴承内抹上润滑脂，加脂量为 70 g，加时应用手指或合适的工具使润滑脂挤入轴承的滚柱间。

注意：禁止锤击轴承外圈。

④ 在隔套内油槽加 180 g 润滑脂，外油槽加 70 g 润滑脂，将球轴承外圈上稍抹点润滑脂压入轴承隔套内，轴承内抹上润滑脂，加脂量为 30 g，加时应用手指或合适的工具使润滑脂挤入轴承的球间。将隔套连同球轴承外圈一起放入轴承座内，放时注意隔套上的缺口对正轴承座缺口，放入时最好用均匀的压力压入，条件受限时可用铜棒对称均匀地轻击隔套，使其到位。

注意：禁止锤击轴承外圈。

⑤ 将非传动端轴承座整体套在非传动端轴上。

⑥ 将球轴承内圈加热套在非传动端轴上。

⑦ 在隔套和轴承座两件对正的缺口上装上定位键，密封垫换新。外封环的四个外槽内加 165 g 润滑脂，内槽内加 100 g 润滑脂，用螺栓将其拧在轴承座上。

⑧ 装上测速齿盘，扣片四角扣在螺栓的边上，不得扣在角上。

（3）转子传动端的组装：

① 用烘箱加热轴套和轴承内圈，加热温度同上。将他们按顺序套在轴上，轴承标记朝外。

② 内封环外圈上稍微抹点润滑脂，油槽内加 555 g 润滑脂，油槽朝上放置待用。滚柱轴承外圈上稍微抹点润滑脂标记朝外放置待用。

③ 将传动端端盖电磁感应加热或烘箱加热后水平放在一平台上，将内封环放入端盖内（注意小销子应对正端盖相应的缺口），放入后应有间隙可转动。将滚柱轴承外圈放入端盖内，用力顶压使其到位，稍后在轴承内抹上润滑脂，加脂量为 240 g，加时应用手指或合适的工具使润滑脂挤入轴承的滚柱间。

注意：禁止锤击轴承外圈。

④ 用天车将传动端端盖连同轴承外圈吊起，套在传动端轴上，密封圈换新。

⑤ 轴承外盖的四个外槽内加 300 g 润滑脂，内槽内加 280 g 润滑脂，用螺栓将其拧在端盖上，轴承外盖与端盖的间隙抹密封胶。

⑥ 将传动端外封环在烘箱内加热到 140～160 ℃ 后套在传动端轴上，套前端盖应向内推到底。

（4）定子与转子的组装：

① 非传动端轴承座上装上两个导向螺杆。

② 传动端轴上套上总装用铜套，用压板螺栓压紧，将总装吊弓套在铜套上，用锁紧螺栓锁紧，移动吊弓上的吊鼻、试吊转子，使转子成水平。

③ 徐徐移动天车，将转子水平装入定子内，转动两个导向螺杆，使非传动端轴承座上的加油孔对正端盖上的加油孔，传动端端盖的抱轴缺口与定子的抱轴缺口对正。

④ 两端端盖进入定子止口后，用端盖螺栓两端同时对称将端盖均匀压入止口；与拆卸时一样，拧螺栓时应晃动吊弓，使其可活动。禁止锤击，以防变形。

注意：传动端端盖螺栓拧紧前，应调整齿轮罩安装孔与大吊挂间的距离。

⑤ 卸去总装吊具，卸去铜套，拨动转子应转动灵活。

⑥ 按总装图要求，在非传动端轴承外盖的止口位抹上密封胶，在外盖未覆盖住的一个轴承座螺孔上抹上密封胶，用螺栓将外盖装在非传动端端盖上。

⑦ 测量测速传感器孔到测速齿轮齿顶的距离应为 $50.8 \pm 0.15$ mm，孔口抹上密封胶（注意，此胶与抹轴承外盖的胶不同），用螺栓将测速传感器装上，按总装图要求将测速传感器电缆绑好。

6）电机的试验

为保证牵引电机的检修质量，解体检修过的电机均需进行运转试验，以考核电机的运转状态，及时消除不良。中修后的电机必须进行下列试验：

（1）空转试验，电机在 50 Hz 正弦、1 500 V 电源驱动下，正、反转各 30 min，测量轴承温升不超过 35 K。

（2）热态绝缘电阻测定：用 1 000 V 兆欧表测量定子绕组对地绝缘电阻，阻值应不低于 10 MΩ，用 500 V 兆欧表测量定子对转轴绝缘电阻，阻值应不低于 5 MΩ。

（3）电机检修各项数据均按检修记录表要求详细记录。

7）搬运与存放

（1）电机的搬运：

① 电机应装在包装箱内运输，包装箱应有足够的强度和刚度，并能防雨防潮。电机在包装箱内应固定牢靠，使电机能经受住运输途中的颠簸震动。

② 电机到达用户后，用户应在一周内开箱检查，检查是否受潮、损伤，发现问题及时处理。

③ 为防异物进入电机，电机在收尾时通风口上装有密封盖板，在电机与机车通风道相连前应取下该盖板。

④ 为避免运输途中转子的轴向窜动损伤轴承，在轴头上装有防止电机轴向窜动的工装，电机使用时，拆下此工装。

（2）电机的存放：

为了防备出现零件损伤等情况，建议应经常配备备品。备品的使用量因零件的寿命及电机台数的不同而不同，请根据使用经验来决定适当数量的备品。

长期保管备品时，请避开高温、高湿的场所，不要直接放置在地上，而要放在适当的平台上进行保管。

请使用防潮剂，以避免受潮。

容易生锈的零件，要涂上防锈涂料后再进行保管。

（3）备品电机的使用：

开始使用长期保管的备品电机时，要先进行充分的检查整理，确认没有问题后再使用。特别是开始使用备用电机时，请按以下步骤进行检查：

① 测量绝缘电阻，确认无异常。

② 检查轴承润滑脂，发现有老化或异常时，请更换润滑脂。保管期超过一年时，使用前必须更换润滑脂。

③ 使用变频电源，先加上 10~15 Hz 频率，$46.74 \times f$（频率）的电压值，空转 15 min，再接通 50 Hz、不大于 2 150 V 的电源（1 500 r/min）空载运行 1 h 左右，检查有无异常。

## 【练习与思考】

1. 叙述 $HXD_3$ 型电力机车牵引电传动系统的主要特点。
2. 简述 $HXD_3$ 型电力机车网侧电路的组成。
3. 叙述 $HXD_3$ 型电力机车整流电路的工作原理。
4. 简述 $HXD_3$ 型电力机车中间直流电路的组成和作用。
5. $HXD_3$ 型电力机车为什么采用轴控技术？
6. $HXD_3$ 型电力机车库内动车如何操作？
7. 分析 $HXD_3$ 型电力机车四象限整流电路工作原理。
8. 四象限整流电路功率因数如何控制？

9. $HXD_3$ 型电力机车牵引电路有哪些保护？各保护如何执行？
10. JQFP2-9006/25 型主变压器在 $HXD_3$ 型电力机车上有何作用？
11. JQFP2-9006/25 型主变压器有哪些特点？
12. 简述 JQFP2-9006/25 型主变压器的基本组成。
13. 油流继电器的作用是什么？
14. 压力释放阀的作用是什么？
15. 主变压器有哪些试验内容？
16. 主变压器有哪些检查项目？
17. 简述牵引变流器在 $HXD_3$ 型电力机车上的作用。
18. 简述牵引变流器的组成。
19. 叙述 PWM 整流器的导通和关断过程。
20. 叙述感应电机的基本控制方法。
21. 叙述 VVVF 逆变器 IGBT 的导通和关断过程。
22. 叙述 VVVF 逆变器的矢量控制原理。
23. 简述牵引变流器的冷却系统组成。
24. 牵引变流器设有哪些保护？各保护如何执行？
25. 叙述 YJ185A 牵引电机的基本组成。
26. 牵引电机有哪些试验项目？
27. 分析牵引电机轴承过热的原因，如何处理？
28. 叙述牵引电机解体前的检查内容。
29. 叙述牵引电机定、转子的检修过程。
30. 如何进行牵引电机空转试验？

# 项目四　HXD型电力机车高压电器

## 【项目描述】

机车高压电器是指安装在电力机车车顶部位（或网侧柜），工作在25 kV高压电的环境下的一些电器，在电路中主要体现在主电路的原边部分。本项目的核心任务是掌握受电弓、主断路器、高压电流互感器、高压电压互感器、避雷器、高压连接器、高压隔离开关等主型电器的结构、性能和工作原理，并能对机车主要高压电器进行维护保养和检修。

## 【教学目标】

1. 知识目标

通过本项目的学习，使学生掌握受电弓、主断路器、高压电流互感器、高压电压互感器、避雷器、高压连接器、高压隔离开关等机车高压电器的结构、工作原理和主要高压电器的检修工艺。

2. 能力目标

通过本项目的学习，使学生会对机车主要高压电器进行维护保养和检修。

## 任务一　受电弓维护保养与检修

### 【教学目标】

1. 知识目标
（1）掌握受电弓的作用、结构组成和升、降弓动作原理；
（2）掌握受电弓主要部件的作用；
（3）掌握自动降弓装置的作用、结构组成、主要部件的作用和自动降弓原理。

2. 能力目标
（1）能认知受电弓的结构组成；
（2）能阐明受电弓的升、降弓动作原理；
（3）能阐明自动降弓装置的自动降弓原理；
（4）会对受电弓进行维护保养和检修。

## 【相关知识】

受电弓是电力机车从接触网获得电能的重要电气部件,通过支持绝缘子安装于机车车顶上,不用时处于折叠状态,运用时升起至与接触网接触。通过它直接与接触网接触,将电流从接触网上引入机车,供车内的电气设备使用。

DSA200 型受电弓采用气囊驱动方式升弓,主要用于干线电力机车。

## 一、DSA200 型受电弓技术参数

| | |
|---|---|
| 设计速度 | 200 km/h |
| 额定电压/电流 | 25 kV/1 000 A |
| 静态接触压力 | 70 ± 5 N |
| 动态接触压力 | 通过弓头翼片调节（选装） |
| 输入空气压力 | 400 ~ 1 000 kPa |
| 正常工作压力 | 360 ~ 380 kPa |
| 自动降弓时间 | 1.5 s（到离网 150 mm） |
| 落弓保持力 | ≥120 N |
| 升弓时间 | ≤5.4 s |
| 降弓时间 | ≤4 s |
| 升弓驱动方式 | 气囊装置 |
| 精密调压阀耗气量 | 输入压力 < 1 MPa 时,≤11.5 L/min |
| 弓头总长度 | 1 950 mm |
| 弓头宽度 | 580 ± 2 mm |
| 弓头（弓头支架、滑板）的垂向移动量 | 60 mm |
| 滑板工作部分长度 | 1 250 mm |
| 滑板原始厚度 | 22 mm（剩 5 mm 禁用） |
| 折叠长度 | 2 561 mm |
| 最大升弓高度 | 3 081 mm（含 400 mm 绝缘子） |
| 落弓位高度 | 669 mm（含 400 mm 绝缘子） |
| 质量 | 约 130 kg（绝缘子除外） |

## 二、DSA-200 型受电弓结构组成

如图 4-1 所示,DSA-200 型受电弓主要由弓头部分、铰链机构、升弓装置、底架、升弓气源控制阀板和自动降弓装置 6 大部分组成。

## 项目四　HXD 型电力机车高压电器

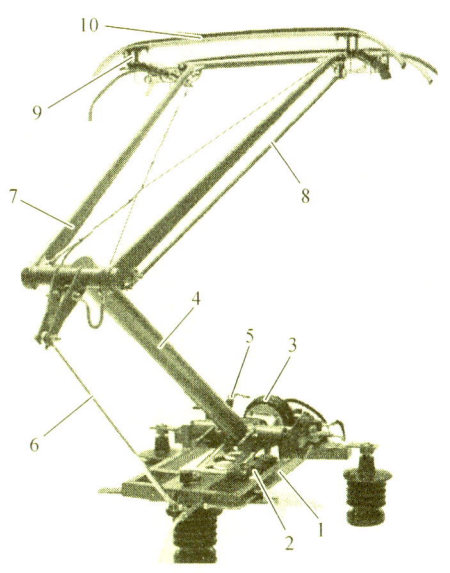

**图 4-1　DSA-200 型受电弓结构**

1—底架；2—阻尼器；3—升弓装置；4—下臂；5—弓装配；6—下导杆；
7—上臂；8—上导杆；9—弓头；10—滑板

### 1. 弓头部分

弓头安装在受电弓框架的顶端，直接与接触网接触，汇集电流。它主要由滑板座、幅板、滑板、4 个拉伸弹簧、2 个横向弹簧及其附属装置组成，如图 4-2 所示。弓头由较轻的铝合金材料结构设计而成，借助框架的伸缩可以上下移动。

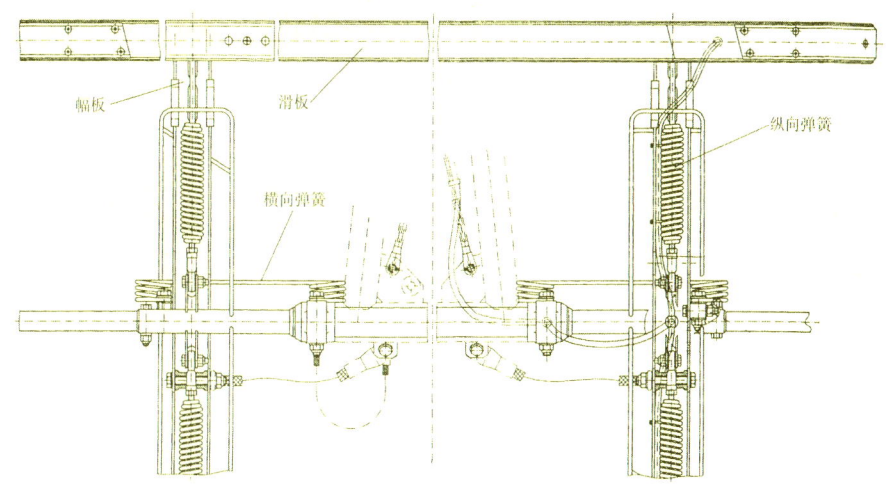

**图 4-2　弓头结构图**

图 4-3 为弓头与上臂的组装，图 4-4 为弓头与上臂之间各连接件的组装。两个滑板座与两个幅板相连，组成相对坚固的弓头支架。弓头支架悬垂在 4 个拉簧下方，两个横向弹簧安装在弓头和上臂间，滑板安装在弓头支架上。这种结构使滑板在机车运行方向上移动灵活，而且能够缓冲各方向上的冲击，达到保护滑板的目的。

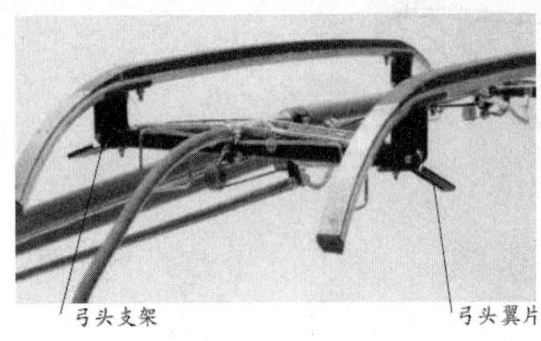
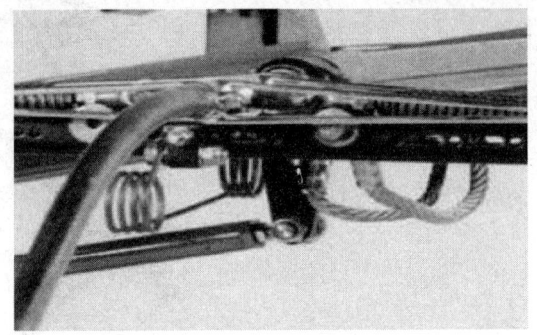

图 4-3 弓头与上臂的组装　　　　图 4-4 弓头与上臂之间各连接部件的组装

滑板中有气腔，通有压缩空气，如果滑板出现磨损到限或断裂时，自动降弓装置发生作用，受电弓会迅速自动降下，更换滑板后，要重新启动自动降弓装置。

### 2. 铰链机构

铰链机构主要由上臂、下臂、上导杆、下导杆和铰链座组成，构成两个四连杆机构。下部四连杆机构由下臂、铰链座、下导杆和底架组成，其作用是当下臂转动 $\phi$ 角时使弓头上升或下降并保持其运动轨迹基本上为一铅垂线。上部四连杆机构由上臂框架部分、弓头导杆及弓头支架组成，其作用是使滑板在整个运动高度保持水平状态。

如图 4-5 所示，下臂为钢管，支承受电弓重量，传递升降弓力矩，其长度决定了受电弓的工作高度。图 4-6 是下臂和底架的装配实物图，其一端固定在底架上，另一端通过铰链和上臂相连。其上设有钢索导轨，通过钢索和升弓装置相连，升弓装置带动下臂绕轴转动。其内有空气管路，通过管接头和软管连接，作为自动降弓装置的气路。

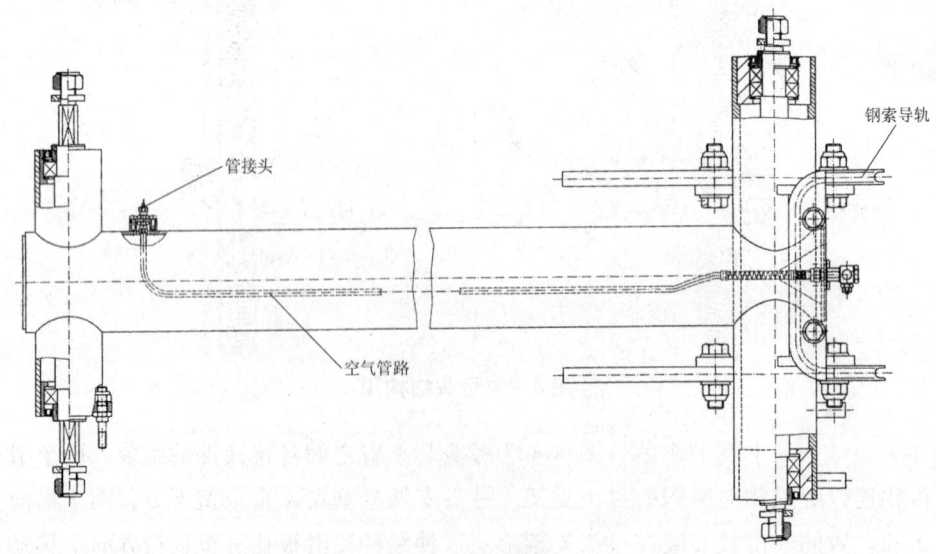

图 4-5 下臂结构

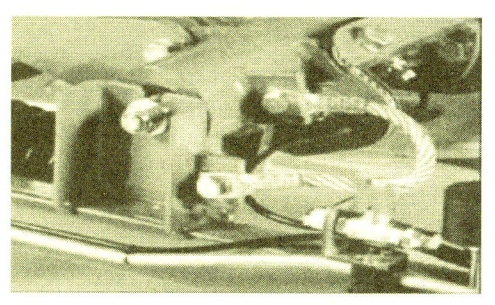

图 4-6 下臂和底架的装配

下导杆分别接在上臂一端和底架上，用于调整最大升弓高度和滑板运动轨迹。

上臂为铝合金框架，用于支承弓头重量，传递向上压力，保证受电弓工作高度。

上导杆一端接在下臂，另一端接在弓头支架的幅板下方，其作用是调整滑板在各运动高度均处于水平位置。

### 3. 升弓装置

升弓装置是受电弓的动力装置，由气囊式气缸和导盘组成，其导盘通过钢索连接在下臂钢索轨道上，如图 4-7 所示。升弓装置安装在底架上，通过钢丝绳作用于下臂。

图 4-8 为装有升弓装置的底架。进气时气囊胀大，推动导盘向其前方运动，导盘和钢索轨道间拉紧的钢索带动下臂绕轴向上转动，受电弓升起；排气时气囊式气缸回缩，受电弓降弓。

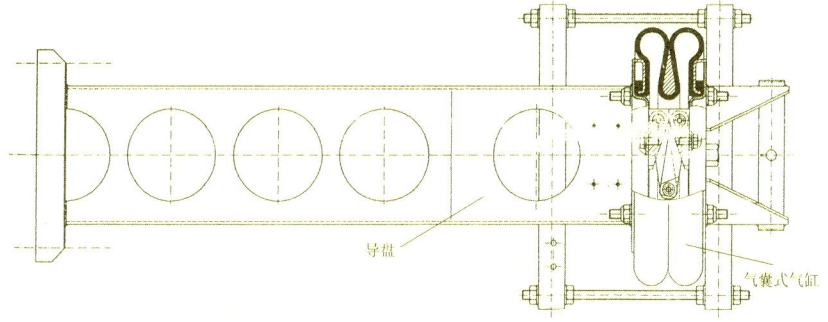

图 4-7 升弓装置的结构

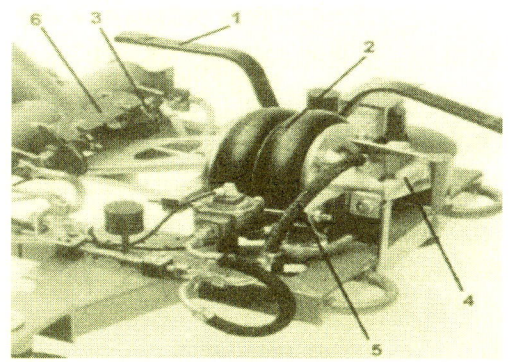

图 4-8 装有升弓装置的底架

1—弓装配；2—升弓装置；3—钢丝绳；4—销轴；5—主通气管；6—线导向

## 4. 底架

底架通过支持绝缘子和 3 个安装座将受电弓安装到车顶上。底架上有 3 个电源引线连接点和升弓用气路，还装有阻尼器和自动降弓用快速排气阀、试验阀、关闭阀，如图 4-9 所示。

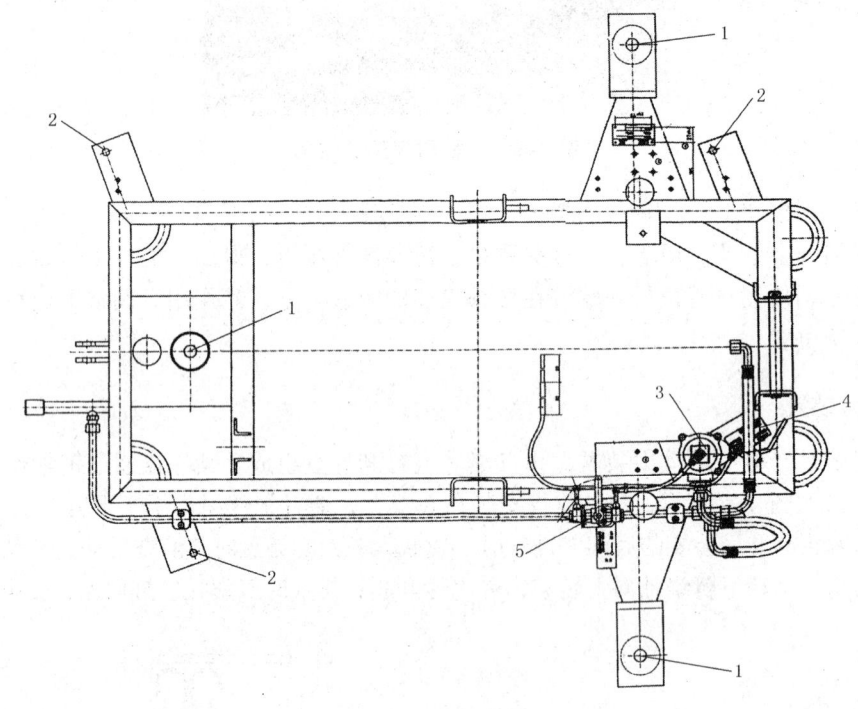

图 4-9　底架结构

1—安装座；2—电源引线连接点；3—自动降弓用快速排气阀；
4—自动降弓用试验阀；5—自动降弓用关闭阀

阻尼器装在底架和下臂之间，如图 4-10 所示，是一台液压减振器，用于缓冲机车运行中因振动对受电弓产生的影响，它使得机车运行速度变化大时受电弓和接触网压力变化不大。阻尼器包括防护套、防尘盖、安装座和锁紧螺母。安装时通过锁紧螺母可调节并锁定阻尼器的长度。

图 4-10　阻尼器外形

## 5. 升弓气源控制阀板

升弓气源控制阀板如图 4-11 所示，它安装在机车控制电器柜及 Ⅱ 端机械室空压机组后面的侧墙上，用于调节受电弓升降弓时间和静态接触压力等参数。其中空气滤清器可提高升弓气源的洁净度，确保各空气元件可靠动作；调节升弓节流阀可调整升弓速度；减压阀（调压阀）用于改变进入升弓气囊的空气压力，以实现调节受电弓静态接触工作压力，精确度为±20 kPa，每 10 kPa 的压力变化将导致弓网接触压力变化 10 N；压力表可显示工作压力，用于粗略显示压力调节数值；调节降弓节流阀可调整降弓速度；当调压阀出现故障造成工作压力过高时，则由安全阀进行保护性泄漏以限制压力；压力开关的作用是为司机提供升弓到位信号，同时提供断主断信号。当压力开关正常时，升弓后，压力开关闭合，主断路器闭合；当由于自动降弓装置动作等原因导致压力开关断开后，机车自动断开主断路器，切断机车受电弓主气路并发出报警信号，从而避免带负载降弓时弓网之间产生严重拉弧而损坏受电弓和接触网。

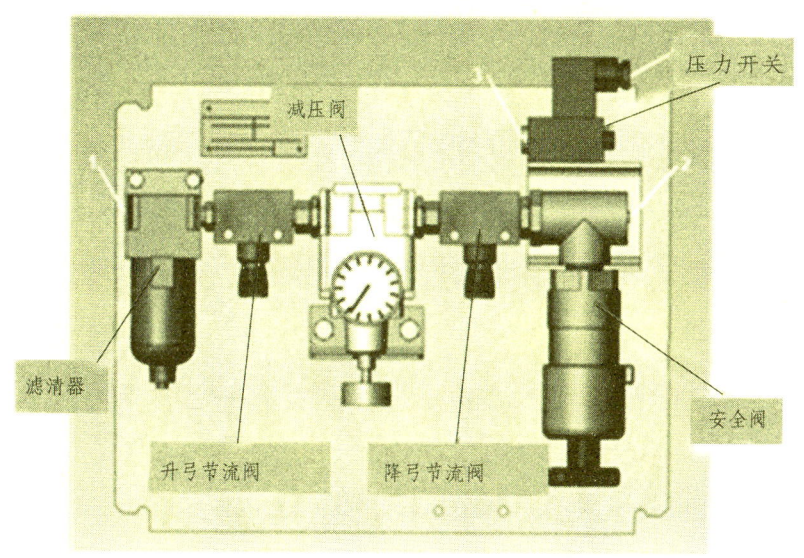

图 4-11 升弓气源控制阀板

**6. 自动降弓装置**

自动降弓装置（ADD）的作用是保证当滑板断裂或磨损到限时，与接触网接触的受电弓能自动下落，从而避免接触网和受电弓的损坏。

1）自动降弓装置的组成

自动降弓装置由快速排气阀、自动降弓关闭阀、试验阀及相应气路组成。

快速排气阀用于检测气路压力，当滑板发生破裂造成压缩空气泄漏时，快速排气阀将受电弓升弓装置中的空气快速排出，实现自动降弓的功能。

当自动降弓装置本身发生故障或快速排气阀和滑板间的气路断裂时，可通过自动降弓关闭阀停止该装置的运行。

试验阀接在关闭阀后面，用于检测受电弓自动降弓装置的功能是否完好。受电弓正常工作时，该阀处于关闭状态；当需要测试自动降弓装置功能是否正常时，扳动试验阀，使其模拟滑板中的压缩空气泄漏，达到自动降弓的目的。

2）自动降弓装置的工作原理

如图 4-12 所示，升弓压缩空气在进入升弓装置的同时，还有一路进入自动降弓装置，经快速排气阀、自动降弓关闭阀及下臂中气路、上臂或软管气路至受电弓滑板座下部。滑板的碳边缘设有一个通道，里面充有来自受电弓供气系统的空气。

当受电弓的自动降弓功能处于开启状态（ADD 关闭阀打在"开"位）且受电弓升起时，若机车行驶过程中滑板破裂或磨损到限，控制管路内的压缩空气经滑板的破损处排入大气，控制管路内的气压下降并控制快速排气阀打开，气囊式气缸内的压缩空气直接由快速排气阀排入大气，使受电弓快速下降，从而实现弓网故障时快速自动降弓的功能。

滑板若存在微小裂缝和少量的漏气但能够正常升弓，则属于正常允许范围，不会影响其正常使用。

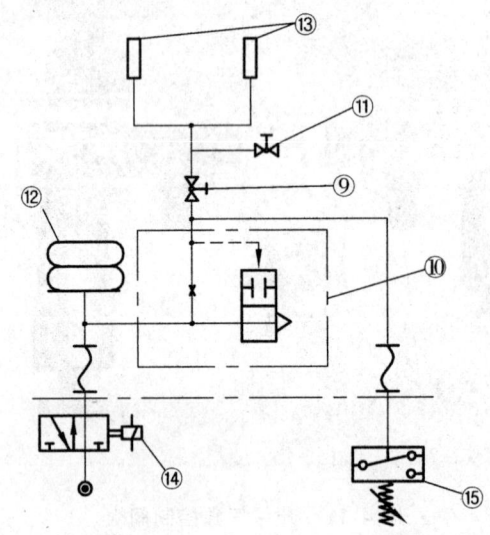

图 4-12　自动降弓装置（ADD）原理图

9—关闭阀；　10—自动降弓阀；　11—试验阀；　12—升弓装置；
13—碳滑板；　14—电空阀；　15—压力开关

## 三、受电弓工作原理

升、降弓由气囊式气缸进行控制，气囊式气缸由电磁阀控制进、排气。该控制气路可保证：

① 受电弓无振动且有规律地升起，直至最大工作高度。

② 受电弓弓头从开始上升算起，最多在 5.4 s 内无异常冲击地抵达接触网线上。

③ 从任意高度上（包括工作区间）的降弓都应迅速，降弓时间不大于 4 s。

④ 实现不会使受电弓及其他车顶设备受到任何损坏的完全降弓。

受电弓气动原理图如图 4-13 所示。

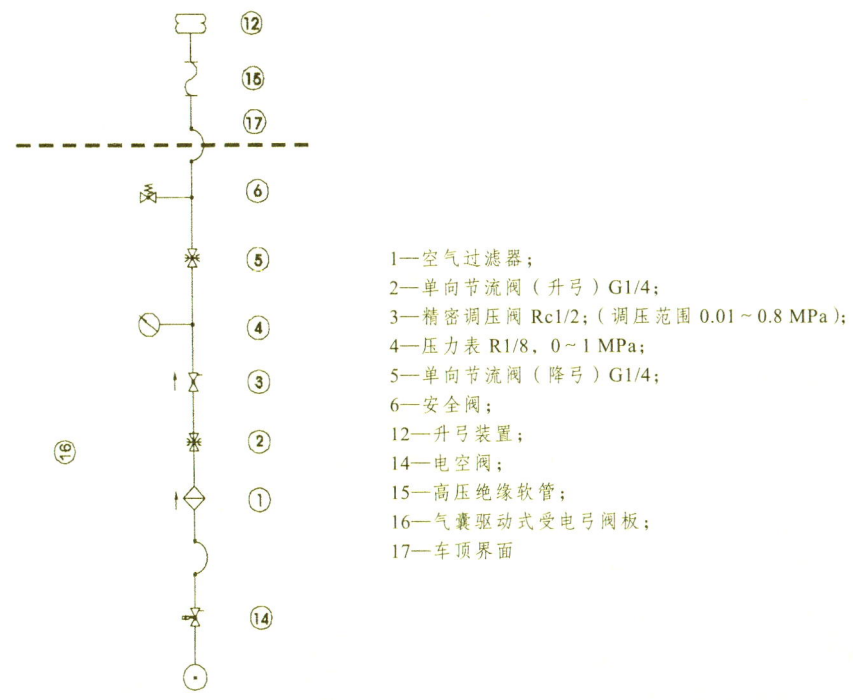

图 4-13 受电弓气动原理图

1—空气过滤器；
2—单向节流阀（升弓）G1/4；
3—精密调压阀 Rc1/2；（调压范围 0.01～0.8 MPa）；
4—压力表 R1/8，0～1 MPa；
5—单向节流阀（降弓）G1/4；
6—安全阀；
12—升弓装置；
14—电空阀；
15—高压绝缘软管；
16—气囊驱动式受电弓阀板；
17—车顶界面

### 1. 升弓原理

升弓时，司机将受电弓扳键开关扳至"升"位，控制受电弓电空阀使压缩空气通过电空阀 14 流经由空气过滤器 1、升弓用单向节流阀 2、精密调压阀 3、压力表 4、降弓用单向节流阀 5、安全阀 6 组成的受电弓气源阀板和高压绝缘软管 15 进入车顶受电弓升弓装置。

气囊充气，推动导盘前移，通过钢索带动下臂绕轴顺时针旋转，此时上臂在下导杆的作用下逆时针转动，使受电弓弓头升起。

调节节流阀 2 可以调整升弓时间，调压阀 3 可以调整滑板对接触网的压力。

### 2. 降弓原理

降弓时，司机将受电弓扳键开关扳到"降"位，控制受电弓电空阀使气路与大气接通，气囊收缩，下臂作逆时针转动，最终使受电弓弓头降到落弓位。

调节节流阀 5 可调整降弓时间。

## 四、受电弓的调试

以下工作必须由专业技术人员和乘务员承担。在任何情况下，必须采取必要的安全和防护措施。

（1）在车顶工作时，必须切断接触网线供电电源。

（2）受电弓升弓时，应确保压缩空气供应无意外故障发生。因为一旦压缩空气供应发生故障，受电弓就会下降，可能造成受电弓臂底下人员的人身伤害。

（3）维修时，需用约 0.9 m 长的木棒支撑在底架和上交叉管间。

注意：不能把木棍放在气囊或升弓装置的某些部件上。

（4）当调节受电弓的接触压力时，为防止受电弓意外下降（如自动降弓装置出现故障时），应使自动降弓装置关闭阀处于关闭状态。

（5）当受电弓的空气管路出现故障后，在重新运行前应清理干净渗入其中的水或杂质。

（6）发生过自动降弓的受电弓须经全面调试，才能重新使用。

**1．基本调试**

受电弓的基本调试包括静态接触压力和升降弓时间的调整。

调试必须由两个人进行（一个人在车内或司机室内，另一个在车顶）。调试前，受电弓应进行至少 2~3 次的升弓和降弓。使用测量范围 0~100 N 的弹簧秤进行测试。

1）调整静态接触压力（见图 4-14）

调整静态接触压力须按下列步骤进行：

① 在车内使电空阀得电，升起受电弓。

② 把弹簧秤和受电弓的上交叉管相连，如果需要的话，在上交叉管上套上绳子。

③ 调整精密调压阀使受电弓慢慢上升，在高出车顶1.6 m 处用弹簧秤均匀阻止受电弓的上升，弹簧秤显示为 70 N 时调节好精密调压阀。

④ 拧紧精密调压阀手轮的防松螺母，固定调整的最终压力。

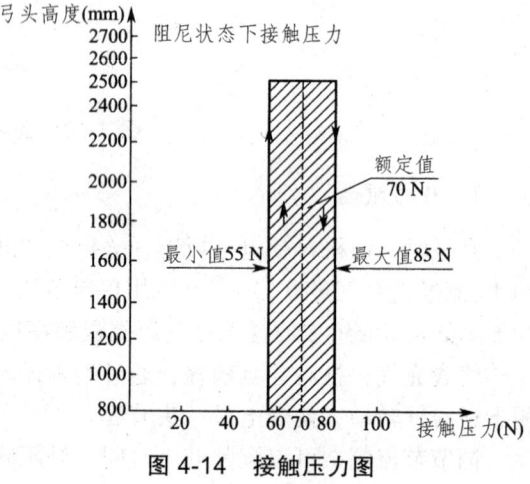

图 4-14 接触压力图

精确调整接触压力的方法是：先通过弹簧秤使受电弓以 0.05 m/s 的速度匀速朝下运动，然后再使受电弓以相同速度匀速向上运动（上升和下降运动均是在大约 1.6 m 的高度上进行，并且每次向上或向下移动的距离为 0.5 m）。从弹簧秤上读出所测得的力，相加并平均，最终结果即平均接触压力，其值为 70 N。

注意：在图 4-14 中，向下运动时，力的最大值不超过 80±5 N，向上运动时，力的最小值不低于 60±5 N，在同一升弓高度，两个值之差都不应超过 20 N。由于滑板的磨损（重量减轻），接触压力最大可以增加 10 N，这时不必再调整压力，因为一旦安装上新的滑板时又恢复到以前接触压力值，精密调压阀上的压力表的示值只能用于粗略检查，而不能用于调整校正。

2）调整升弓和降弓时间

静态接触压力调好后，通过节流阀 2 和节流阀 5 调整受电弓从降弓位到工作位置（即从降弓位升高到约 2 m）的升弓和降弓时间。

升降弓时间是指静态接触压力及气囊压缩空气均为正常时，滑板自落弓位上升至 2 000 mm 高度（自绝缘子下平面）或自 2 000 mm 高度（自绝缘子下平面）降至落弓位所需时间。升弓时从弓头开始动作计时，升至 2 000 mm 停止计时。降弓时从弓头开始动作计时，降至落弓位停止计时。

要求时间满足以下要求：

升弓时间不大于 5.4 s；降弓时间不大于 4 s。

升弓时不许受电弓有任何回跳；降弓时受电弓必须有缓冲，上交叉管落于两个橡胶减振器上，允许降弓时，在降弓位调跳。

如果实际操作值与规定值有偏差，那么首先按图 4-11 重新调试节流阀 2 或节流阀 5。

### 2. 自动降弓装置的试验

受电弓自动降弓装置基本调试：受电弓的 ADD 控制阀不应经常试验，在更换滑板时，检验 ADD 性能，即将受电弓升起 0.6 m，打开试验阀，受电弓应迅速降下（必须注意安全）。

工作时，ADD 控制阀必须调节到以下基本位置：

（1）ADD 关闭阀在"ON"（打开）位；

（2）ADD 试验阀在"OPERATION"（运转）位。

如果关闭阀在"OFF"（关）位，将切断试验阀功能和通往滑板的气路。

### 3. 气密性检测

断开控制阀板与气囊驱动装置相连管路，将受电弓进气口与 3 L 的储气缸相连，通以 400 kPa 的压缩空气，关闭进气，10 min 后，气压下降应不大于 20 kPa。

### 4. 橡胶减振器安装位置的检测

在落弓位置，受电弓放在三个橡胶减振器上。

三个橡胶减振器承载着受电弓上、下臂和弓头，且在落弓时，有弓装配来防护弓头。

由于在车顶和受电弓底架之间存在水平差异，受电弓安装到机车上后，必须通过目测底架上橡胶减振器是否水平。如果不平，应该重新调整橡胶减振器的高度来消除底架水平误差。另外，在落弓状态时，弓装配与弓头之间的间隙应为 8～12 mm，可以通过调整弓装配来实现。

要确保上臂组装的上交叉管由两个橡胶减振器均匀支撑。

支撑下臂的橡胶减振器位置应稍低于落弓位置。

## 五、受电弓的维护保养

受电弓由于结构复杂，其日常检查、维护及检修必须由经过专业培训的作业人员进行，在任何情况下，必须采取必要的安全和防护措施。

### 1. 受电弓运用前检查维护要求

（1）用干燥的压缩空气（压力不大于 400 kPa）清除受电弓各部位的灰尘和脏物。

（2）受电弓各铰接部分应转动灵活。

（3）受电弓气囊、空气管路及各接头连接处不得有漏气现象。

（4）所有紧固件应紧固到位，各导电软连线应安装良好，无断裂或破损现象。

（5）滑板不得有严重缺损，应安装牢固，接缝处应平整、密贴。滑板托及弓角无裂损、变形。滑板托顶面平整，不得有严重锈蚀。弓角与滑板之间应平滑过渡，间隙不得超限。滑板支架活动部分在任何高度均能动作灵活。

（6）各弹簧件无裂损、锈蚀。

## 2．受电弓维护、保养及存放要求

（1）机车运用回段，受电弓支持绝缘子表面必须进行维护保养，在车顶无电状态下，用带有干净汽油或酒精的白布擦抹绝缘子表面。

（2）应使用弹簧秤经常性对正常工作高度下受电弓接触压力做检测，如有异常，必须及时修理、调整或更换滑板，并重新测定和调整接触压力使其符合要求。

（3）受电弓升降特性、滑板横动量及高低偏差等均应符合受电弓技术条件和试验大纲要求。

（4）保持活动框架、转轴、铰链部分清洁，可用沾有汽油或酒精的白布擦拭，并定期用汽油清洗铰接部分，然后用白布擦净并涂以适量润滑脂。

（5）运行中如发现受电弓有强大火花、不正常的上举和下降情况，必须进行调整。

（6）升起状态下，如果压缩空气供应故障、滑板断裂或磨损到限，受电弓将自动降下。经检查恢复后必须重新启动自动降弓装置。

（7）受电弓不使用而需存放时，应对受电弓进行一次全面检查，若有零部件缺损、绝缘子裂纹、涂层脱落、水泥胶合剂脱落、紧固件松动等，都应进行更换、修整。

## 3．受电弓检修内容

1）定期检修项目

为便于描述，以下定期检修范围中，仅列出区别于低等级的项目，即高等级同时执行低等级的作业范围（如半年检也必须全部执行月检的内容，年检则全部执行半年检的范围）。

（1）月检范围：

① 受电弓外观检查，若存在损坏的绝缘子、破损的软连接线、损坏的滑动轴承和变形的部件都应更换。若磨损部件超过其磨损极限，也应当更换。

② 清洁车顶与受电弓之间的绝缘子，可用中性清洁剂，不得使用带油棉纱。每天用干棉纱擦拭，防止灰尘吸附，避免高压侧短路现象。

（2）半年检范围：对整个受电弓进行性能检测。目测软连接线，用卡尺测量滑板厚度，若磨损到限则应更换。

（3）年检范围：检测螺栓的连接，尤其是整个弓头弹性系统的零部件。如果需要拧紧螺母，应注意保证相应的扭矩，M8 螺栓扭矩为 $12\pm2$ N·m。

（4）两年检范围：检查轴承的润滑，滑动轴承可自润滑，对于下导杆两端的关节轴承以及升弓装置销轴处的润滑，可用注油枪向润滑油杯内注 Shell Alvania R3 型润滑脂，注完后用油杯帽密封。下臂上的 6 个滚动轴承的润滑，需拆下下臂，从有弹性挡圈的一端将轴拆下，衬套内注 Shell Alvania R3 型润滑脂后，装上下臂。拆装下臂时严格执行拆装工艺。

（5）四年检范围：更换软连接线。

（6）八年检范围：更换全部轴承。

2）非定期检修项目

（1）润滑。

滚动轴承必须有良好的润滑，才能保证其正常的使用寿命。在最初安装时、两年一次的维修期或常规维修时，油杯应注意密封以防尘土和水。滑动轴承可自行润滑，不需维护。

（2）清洗。

控制阀板上的滤清器应定期清洗，拧开滤清器的外罩，清理灰尘和水分。清洗周期由压缩空气供应装置的情况决定，特别是空气的污染程度。建议一开始 1 周检查一次，随着时间延长而延长检查周期。

（3）更换滑板。

出现下列情况时，必须更换滑板：

a. 碳条磨耗后高度小于 5 mm 或滑板总高度小于 22 mm；

b. 由于发生弓网故障，造成滑板扭曲、断裂等；

c. 由于产生电弧，造成滑板变形和缺陷，并自动降弓；

d. 发生刻痕或剥落；

e. 滑板松动或渗水。

如果仅需更换一个滑板，新滑板与另一个旧滑板的高度差应不超过 3 mm，更换过程中注意滑板空气接口安装的正确位置。如有必要，则更换两块滑板。更换时，拧开底部的四个 M8 螺母便可拆下滑板。

注意：当把压缩空气软管装配到滑板上时，必须注意在均匀地拧紧管接螺母过程中（拧紧力矩≤3 N·m），铝制型材的空气通道柱头螺栓要用扳手施加反向力。

无论何时更换滑板，一定要检查翼型板的正确位置。

（4）调试更换阻尼器。

阻尼器在安装受电弓前必须经过调试。如果受电弓实际动作特性与额定值之间有较大差别，有必要检查阻尼器的安装情况。

当阻尼器发生损坏、动作不灵活或漏油时，必须更换阻尼器。

调节时一定要拆下阻尼器，安装时一定要使阻尼器卡在垂直位，并使安装座朝下。具体操作如下（见图 4-15）：先把阻尼器拉伸、压缩 5 次，保证长度 1 = 54 mm，落弓位置的安装长度 2 = 480 ± 1.5 mm。

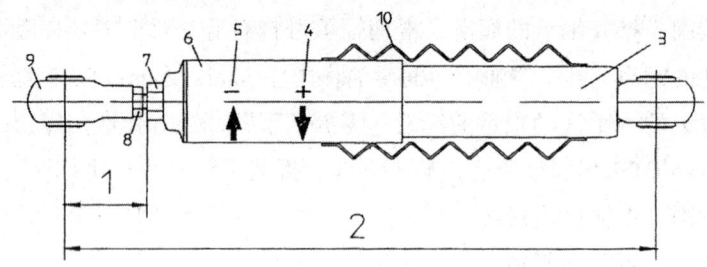

图 4-15　阻尼器调试说明图

1—长度 = 54 mm；2—长度 = 480 ± 1.5 mm；3—阻尼器；4—右侧；5—左侧；6—防尘盖；
7—锁紧螺母（气缸）；8—锁紧螺母（安装座）；9—安装座；10—防护套

（5）检查升弓装置。

建议每 4~6 周在落弓位置检查一次钢丝绳的松紧。如果需要，则把钢丝绳拉紧，但两螺母拧紧量要相同，避免升弓装置松弛（落弓位置）。

（6）检查自动降弓装置。

① 检查自动降弓装置功能。

注意：在操纵台上扳动受电弓开关置"升弓"位，降弓范围内不许有人。

自动降弓装置应有如下性能：如果自动降弓装置关闭阀在"开"位，试验阀在"工作状态"位，接触网与滑板接触力良好，则气囊工作正常；如果试验阀处于"试验状态"位，快速降弓阀排气，则受电弓快速降下。

② 检查自动降弓装置后重新检查受电弓。

如果受电弓运行中由于滑板磨损或断裂而导致自动降弓装置作用，受电弓在重新使用前应有专门技术人员检查，要检查静态接触压力和升弓、降弓时间。降弓时，在离落弓位置 1 m 高处要注意受电弓的下降速度。

3）故障后的检修、检测

当机车运行中发生弓网故障，造成受电弓滑板、弓头、上臂等零部件变形或损坏时，应将受电弓从车顶拆下，进行全面调修或更换零部件；检修完成后在专用试验台上对受电弓进行例行试验（包括动作试验、弓头自由度测量、气密性试验、静态压力特性试验、ADD 性能试验等），试验合格后方可重新装车投入使用。

对于较轻的刮弓，可在车顶调试升/降弓时间，进行静态压力特性试验、ADD 性能试验等。

注意：

① 更换滑板时，在滑板安装座接触表面加导电膏，用力矩扳手拧紧螺母，扭紧力矩为 15 N。连接气管接头时，用手拧紧锁紧螺母，最多用扳手再拧紧 1 周。

② 在车顶不用调试快速降弓，检查关闭阀及试验阀是否用尼龙扎带扎紧。调试切主断路器时，升弓高度不大于 0.8 m。

# 任务二　主断路器维护保养与检修

## 【教学目标】

1. 知识目标

（1）掌握真空断路器的作用、结构组成和分/合闸动作原理；

（2）掌握真空断路器主要部件的作用。

2. 能力目标

（1）能认知真空断路器的结构组成；

（2）能阐明真空断路器分、合闸动作原理；

（3）能阐明真空断路器主要部件的作用；

（4）会对真空断路器进行维护保养和检修。

## 【相关知识】

主断路器是电力机车的一个重要组成部件，用于开断、接通电力机车的 25 kV 电路，同时用于机车过载和短路保护。电力机车的主断路器要求分断大容量电路，且要求有较强的灭弧能力。

空气断路器在电力机车上已经得到了普遍的应用。由于电力机车的特殊使用环境和一些恶劣工作条件的限制，真空断路器直到 20 世纪 80 年代才开始运用到电力机车上。

真空断路器以真空作为绝缘介质和灭弧介质，利用真空耐压强度高和介质强度恢复速度快的特点进行灭弧。与空气断路器相比，真空断路器具有结构简单、工作可靠、分断容量大、动作速度快、绝缘强度高、环境稳定性好、机械寿命长、维护保养简单、整机检修工作量小等诸多优点，因而在电力工业中得到了广泛应用。

$HXD_3$ 型电力机车装有一台 BVAC.N99 型真空断路器，其外形如图 4-16 所示。

BVAC.N99 交流真空主断路器是单断点交流断路器，采用真空管实现高效灭弧，动静触头的通断实现电空控制，作为机车输入电源的总开关用于高压电路电源的导通、分断；同时又作为保护电路的执行机构，机车出现严重故障时实现输入电源的分断，用于过载和短路时对机车电路实施保护。具有如下特点：

（1）绝缘强度高；

（2）采用真空灭弧，环境稳定性好；

（3）结构简单；

（4）开断容量大；

（5）机械寿命长；

图 4-16　BVAC.N99 交流真空主断路器外形

（6）维护保养简单；

（7）与空气断路器有互换性。

## 一、BVAC.N99 型交流真空主断路器主要技术参数

| | |
|---|---|
| 额定电压 | 30 kV |
| 额定电流 | 750 A |
| 额定频率 | 50 ~ 60 Hz |
| 额定分断容量 | 600 MV·A |
| 额定分断电流 | 20 kA |
| 固有分闸时间 | 25 ~ 60 ms |
| 合闸时间 | ≤60 ms |
| 额定工作气压 | 450 ~ 1 000 kPa |
| 额定控制电压 | DC110 V |
| 机械寿命 | 250 000 |

## 二、真空断路器结构及主要部件的作用

BVAC.N99 交流真空主断路器结构如图 4-17 所示。根据连接电路、完成功能及部件组成，真空断路器包括三大部分：上面是连接受电弓的高压部分，中间是实现高低压隔离的中间绝缘部分，下面则是完成通断控制的电空机械装置和控制电路的低压控制部分。

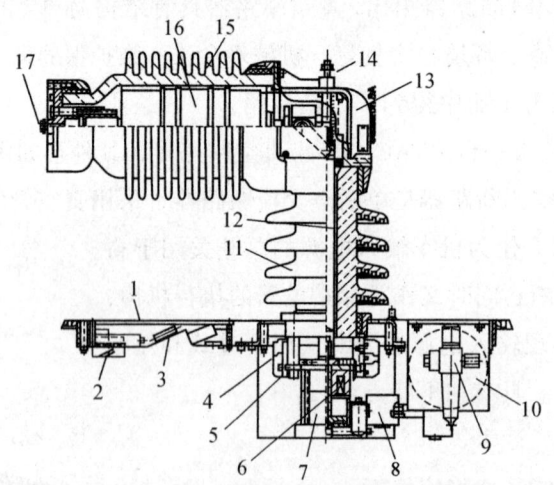

**图 4-17　BVAC.N99 交流真空主断路器**

1—底板；2—插座连接器；3—110 V 控制单元；4—辅助触头；5—肘节机构；6—保持线圈；7—传动气缸；
8—电磁阀；9—调压阀；10—储风缸；11—垂直绝缘子；12—绝缘操纵杆；
13—传动头组装；14—高压连接端（HV1）；15—水平绝缘子；
16—真空开关管组装；17—高压连接端（HV2）

## 1. 高压部分

高压部分结构如图 4-18 所示，包括水平绝缘子、真空开关组装和传动轴头组装等。

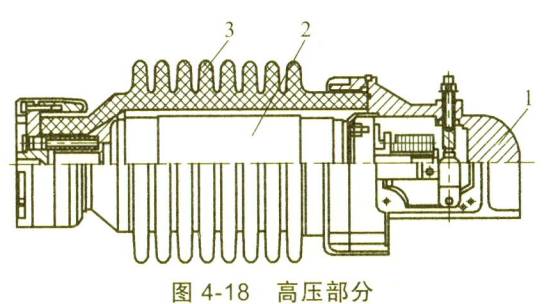

图 4-18　高压部分

1—传动轴头组装；2—真空开关组装；3—水平绝缘子

真空开关组装安装于水平绝缘子内部，构成机车车顶的高压回路，可以通断高压交流电并实现有效灭弧，灭弧室通过密封结构实现与空气的隔离。

所谓"真空"是由于空间中的空气分子很少，大大降低了空气电离产生的导电离子浓度，能够极大地提高产生电弧的电压，也就是具有良好的绝缘性，对于起开关作用的电器的动静触头间的距离可以设计得很小。在开关分断过程中，交流电流过零点时，交流电弧很容易熄灭，在毫秒级的时间内，触头间绝缘可以马上恢复，且电弧不会重燃。

真空开关如图 4-19 所示，由两个负责电路通断的铜合金触头组成，一个是静触头，另一个是动触头。静触头安装在一个金属法兰上，该法兰安装在灭弧室的陶瓷外壳上。该外壳通常是由两部分组成，中间隔着一个金属筛网。当触头开断时燃弧产生的金属蒸气会产生沉淀物，这个筛网正是用来防止这些沉淀物黏附在瓷部件上的。

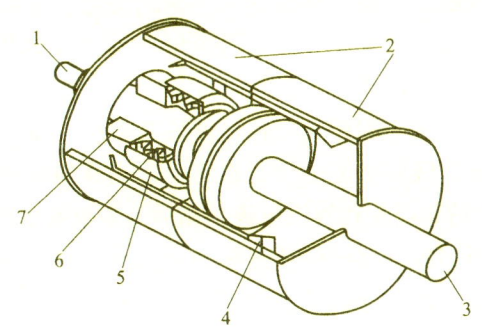

图 4-19　真空开关结构示意图

1—动触头；2—瓷质外罩；3—静触头；4—筛网；5—波纹管罩；6—金属波纹管；7—导套

动触头的移动控制由电空机械装置和合闸过程中的导向装置完成，这样就可以保证它的轴向运动和适合角度。

金属波纹管焊接在动触头上，末端法兰（这是封口的一个完整部分）用于密封真空包。金属筛网同样包围在波纹管四周来保护它。

金属波纹管的设置既可保持密封，又可使动触头在一定范围内移动，保证动、静触头在一定的真空度下断开。真空度是真空包最重要的参数之一，和真空开关的开断能力成一定关系。

真空开关的分、合闸操作体现了整个主断路器的分合闸状况，具体表现为对动触头的操作，通过右端传动轴头组装导向来自气动部分产生的机械动力来完成，这样就可以保证它的轴向运动。

### 2. 中间绝缘部分

中间绝缘部分包括如图 4-17 所示的垂直绝缘子 11、底板 1 以及安装于车顶与断路器之间的 O 形密封圈。

垂直绝缘子安装在底板上，一方面提供高压部分的支撑，另一方面提供高压部分与低压控制部分的电气绝缘，用以满足 30 kV 的绝缘要求。垂直绝缘子为空心结构，通过中心的绝缘导杆连接下部的电空机械装置和真空开关管中的动触头。为保证主断路器的安装，在主断路器底板与车顶之间使用 O 形密封圈实现密封、防水。

### 3. 控制部分

控制部分安装在真空断路器底板下部的控制箱内，用于接受分、合闸的控制电信号，通过压缩空气操作动触头实现高压电路的通断。包括如图 4-17 所示的储风缸 10、调压阀 9、压力开关、电磁阀 8、传动气缸 7、保持线圈 6、肘节机构 5、110 V 控制单元 3 等操纵控制部件。

BVAC.N99 交流真空主断路器采用电空控制。该控制通过空气管路在动触头快速合闸过程中提供必需的压力。储风缸 10 是实现断路器气动控制的气压源，要求其能够满足在机车对断路器不供气的状态下，其残存压缩空气至少能使断路器完成一次动作。调压阀 9 安装在断路器进气口与储风缸之间，通过整定气压值，用以保持储风缸内风压恒定，以保证合闸速度。同时，调压阀上安装有一空气过滤阀，以保证进入储风缸的气体清洁与干燥。压力开关（图中未表示出来）安装于储风缸上与调压阀相对的一侧，与储风缸内气体相连，用以监控断路器合闸的最小气压值，当储风缸内气压低于其整定值时就会自动断开，并通过低压控制线路将信息反馈给 110 V 控制单元，以使断路器拒绝进行操作，保证可靠合闸。电磁阀 8 接受控制电压信号，控制储风缸内的气流的通断。传动气缸 7 把空气压力转化为机械作用力，通过传动机构使动触头闭合。保持线圈 6 安装于气缸上部，当其通电时通过对气缸活塞的吸合，实现对断路器合闸状态的保持；当保持线圈电流切断后（即控制电源失电），断路器实现分闸。肘节机构 5 用以实现真空断路器分闸时的快速脱扣，保证断路器快速地分断。快速脱扣功能通过恢复弹簧的压缩压力来实现，保证了系统在失电和停气时主断路器的开断。为了限制脱扣装置的振动，通过分闸过程中传动气缸中压缩空气的漏放来实现缓冲。110 V 控制单元 3 安装在真空断路器底板下部，对断路器的动作进行整体控制。

## 三、真空断路器动作原理

BVAC.N99 交流真空主断路器操作包括分闸与合闸操作。

### 1. 合闸原理

图 4-20 为真空断路器处于开断状态时各阀及触头等的状态示意图。

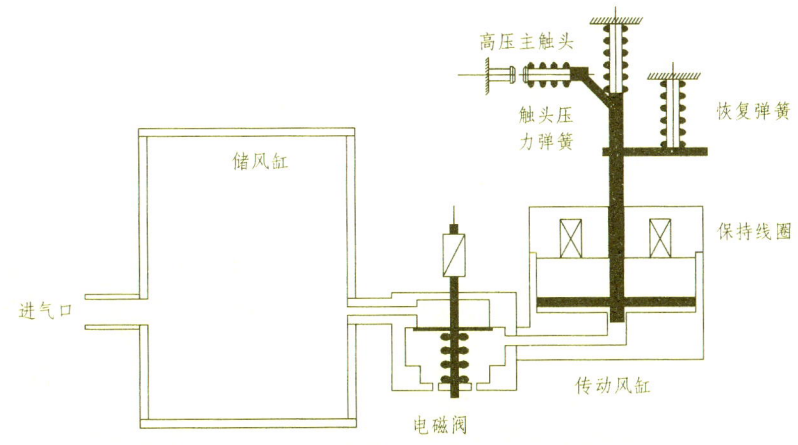

图 4-20　BVAC.N99 交流真空主断路器开断状态示意简图

只有满足如下条件，主断路器才能闭合：
① 主断路器必须是断开的。
② 必须有充足的气压。
③ 必须使保持线圈得电。

主断路器断开状态如图 4-21 所示，合闸过程如下：
① 将主断路器扳键开关置"合"位，电磁阀得电，压缩空气由储风缸流入传动风缸，如图 4-22 所示。

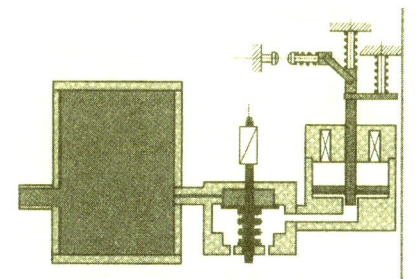

图 4-21　真空断路器断开状态

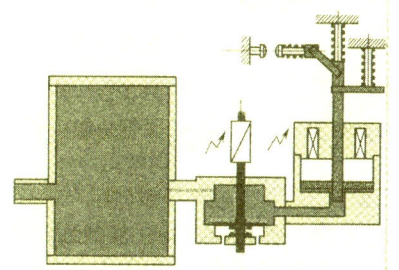

图 4-22　电磁阀得电打开

② 压缩空气进入传动气缸推动活塞上移，活塞与绝缘导杆同步上移，主动触头随着活塞的移动而运动，如图 4-23 所示。

③ 随着恢复弹簧压缩，主触头完成闭合，触头压力弹簧压缩实现超程的目的，活塞到达行程末端时，保持线圈在保持位置得电确保主触头的可靠闭合，如图 4-24 所示。

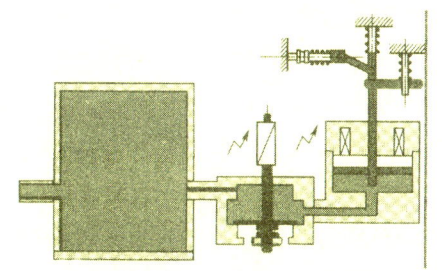

图 4-23　主触头移动

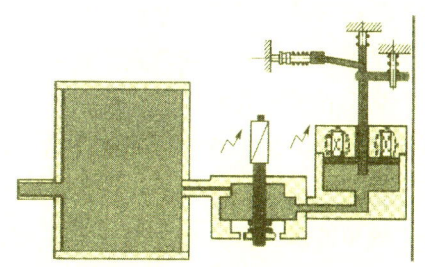

图 4-24　动触头弹簧压缩

④ 电磁阀失电，传动风缸内的空气排出，真空断路器完成闭合，如图 4-25 所示。

**2. 分闸原理**

在所有情况下，当控制电源失电时，主断路器将开断（主断路器扳键开关置"分"位）。分闸步骤如下：

① 保持线圈失电，如图 4-26 所示。

② 活塞在弹簧力作用下移动（动触头的接触压力和恢复弹簧）。

③ 主触头打开，真空室灭弧。

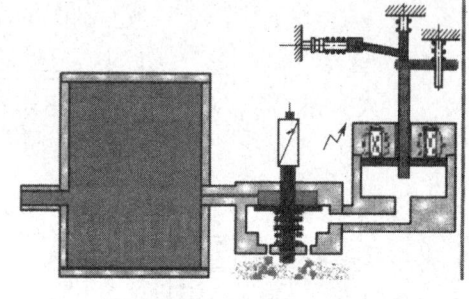

图 4-25　主触头闭合

④ 行程结束，通过传动气缸中压缩空气的漏放实现活塞复位的缓冲，主断路器可靠分断，如图 4-27 所示。

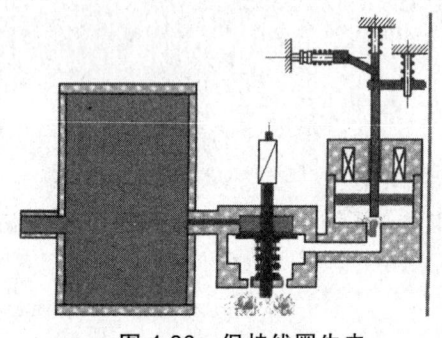

图 4-26　保持线圈失电

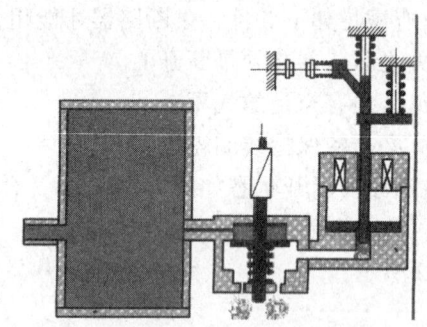

图 4-27　主触头开断

## 四、真空断路器的维护保养

高压能造成电弧燃烧和人身事故，真空断路器是高压电路开关，在检查和维护时，为避免电危害，连接断路器的所有电、气源必须隔离。主断路器上所有的检查和维修，必须在断开电源、降弓和主断路器接地的情况下操作。

**1. 检查范围**

（1）检查绝缘子不得有裂痕及瓷釉损伤，并保持清洁。

（2）当出现不明情况的短路及非正常的机械振动时，要检查真空管的真空度。

（3）检查各连接件必须紧固，各阀及接头不能有漏风现象。

（4）气路检查。真空断路器主要由压缩空气提供动力，应定期检查空气压力是否符合要求。压力低会造成闭合时间长，主触头接触压力小，使触头燃弧时间长或接触不良，导致触头过热烧损。压力高于规定值，会造成主触头闭合时冲击力加大，导致触头在闭合时产生触头弹跳，不利于灭弧，降低真空开关管的寿命。另外还会造成触头的机械损伤。

（5）触头磨损检查。真空断路器主触头磨损量在产品出厂时已按照规定值设置好，触头磨损到限如果继续使用，会造成触头接触不良最终导致烧损，造成行车事故。

（6）接触电阻检查。真空断路器运行一定时间，主触头会出现不同程度的烧损及磨损，造成接触电阻增大，导致触头工作时过热，严重时致使触头烧损黏结。定期检测主触头基础电阻，可有效预防断路器不分断故障的发生，确保机车的安全运行。

检测方法：在主电路无电状态下闭合真空断路器，用接触电阻测试仪（电流大于 100 A）检测高压输入端和高压输出端的电阻。接触电阻小于 100 μΩ。

#### 2．典型故障分析判断

1）主触头不闭合

（1）电磁阀损坏。电磁阀线圈损坏，导致电磁阀不动作，压缩空气不能进入传动气缸，断路器无法闭合。

（2）压缩空气泄漏。气路系统密封不良导致空气泄漏，气压低于压力开关设定值，压力开关触点不闭合，电磁阀不得电，断路器无法闭合。

（3）压力开关不闭合。压力开关损坏，导致触点不闭合，电磁阀不得电，断路器无法闭合。

（4）操纵机构机械卡滞。

2）主触头不分断

（1）主触头烧损。

① 真空开关管真空度下降，绝缘性能降低，触头燃弧烧损黏结；

② 多次开断短路电流，电气寿命到限，主触头烧损黏结；

③ 过压导致触头极间击穿，触头受损，接触电阻增大，触头过热烧损黏结；

④ 主触头磨损到限，触头接触压力低，接触电阻增大，触头过热烧损黏结。

（2）操纵机构机械卡滞。

（3）机车网络原因。

## 任务三　高压隔离开关和高压接地开关维护保养

### 【教学目标】

#### 1．知识目标

（1）掌握高压隔离开关和高压接地开关的用途；

（2）掌握高压隔离开关的结构组成和控制方法；

（3）掌握高压接地开关的结构组成和工作原理。

#### 2．能力目标

（1）能够对高压隔离开关和高压接地开关进行维护检修；

（2）会操作高压隔离开关对故障受电弓隔离；

（3）会操作高压接地开关。

## 【相关知识】

### 一、高压隔离开关

HXD₃型电力机车上装有两台受电弓,这两台受电弓通过车顶高压母线连接在一起。在机车运用过程中,常常因为外部原因或质量问题发生弓网故障。当一台受电弓损坏或严重变形时,可以使用另一台受电弓继续运行。但此时应该将损坏的受电弓进行捆绑,并将其与车顶高压母线实行隔离。实现电路隔离的就是高压隔离开关。

与受电弓相对应,机车设置2台高压隔离开关。当机车正常工作时,高压隔离开关将受电弓与高压回路连通;当受电弓故障时,则将其与高压回路的连接断开。

#### 1. 高压隔离开关技术参数

| | |
|---|---|
| 型号 | BT25.04 |
| 结构 | 单极隔离开关 |
| 动作方式 | 空气操作式(机车内设置4个电磁阀) |
| 标称电压 | 25 kV |
| 额定电压 | 29 kV |
| 额定电流 | 400 A |
| 额定频率 | 50 Hz |
| 冲击电压 | 170 V |
| 控制电压 | DC110 V |
| 最小动作电压 | DC77 V |
| 额定工作气压 | 400 ~ 1 000 kPa |
| 最小动作气压 | 350 kPa |
| 耐受电流能力 | 8 kA(1 s) |
| 耐受峰值电流能力 | 20 kA |
| 工频耐压 | 75 kV |
| 机械寿命 | 20 000 次 |
| 硅橡胶外表面爬距 | ≥1 000 mm |
| 重量 | 50 kg |

#### 2. 高压隔离开关结构

BT25.04型高压隔离开关安装在机车顶盖上,以底板为界,分为上下两部分。底板上端主要有绝缘子、接触闸刀和簧片,压力气缸和控制单元板安装在底板下面。控制单元板用于电磁阀和连接凸轮开关电源的输入,底板上一个M8的螺钉用于连接到机车的接地系统。结构如图4-28所示。

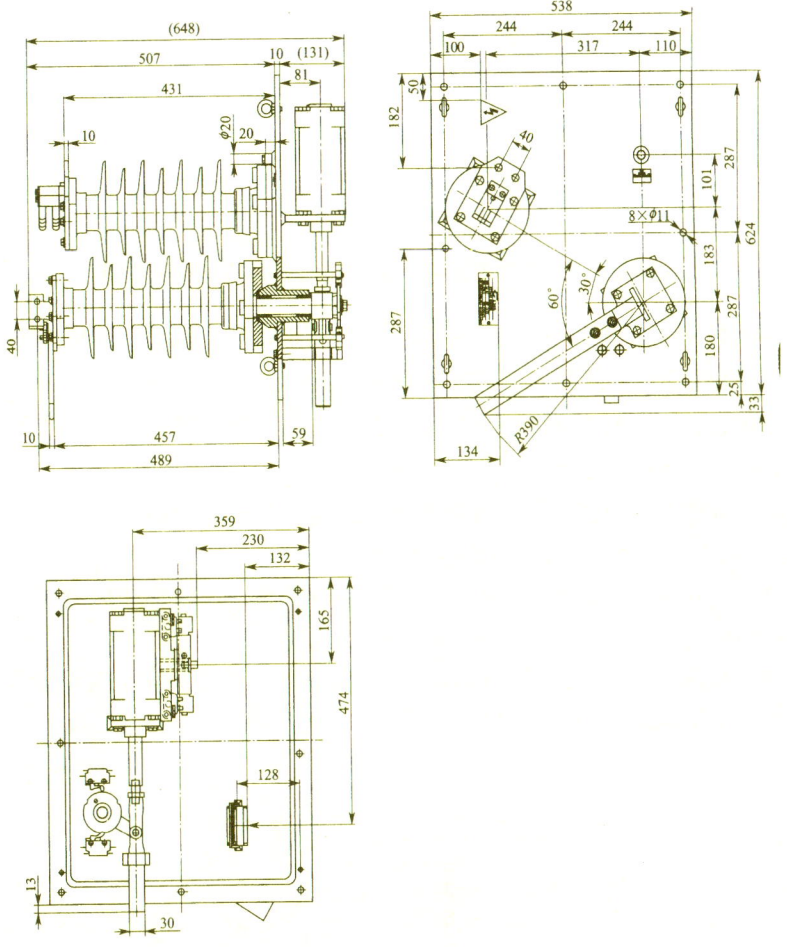

图 4-28　BT25.04 型高压隔离开关

### 3. 高压隔离开关的控制方法

1）工作条件

① 高压隔离开关的动作频率要尽可能低。
② 不需要和主断路器控制器联动。
③ 受电弓发生故障时，司机控制打开对应高压隔离开关，从而断开故障的受电弓。
④ 必须在真空断路器断开的时候，才能开闭高压隔离开关。
⑤ 在没有电源和气源的情况下，高压隔离开关维持原状态（原来开就保持开的状态，原来闭就保持闭的状态）。

2）电　路

机械室电器柜内设置 1 个控制高压隔离开关的转换开关 SA96，如图 4-29 所示，其控制原理如下：

① 受电弓 1、2 均正常时，转换开关 SA96 置于"正常"位。
② 若想切除高压隔离开关，除了将 SA96 转至对应的"隔离"位，送出相应的控制信号外，还需提供相应的气源。

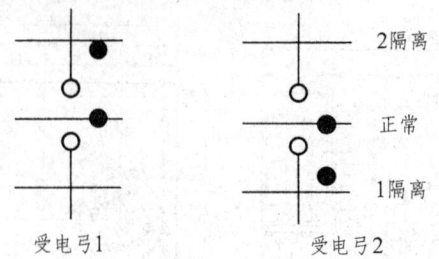

图 4-29　控制高压隔离开关的转换开关 SA96 示意图

③ 受电弓 1 异常时，转换开关 SA96 置于"1 隔离"位，同时高压隔离开关 1 的断开电磁阀得电，高压隔离开关 1 打开后，该电磁阀失电。

④ 受电弓 1 复位时，转换开关 SA96 返回到"正常"位，同时高压隔离开关 1 的闭合电磁阀得电，高压隔离开关 1 闭合后，该电磁阀失电。

⑤ 受电弓 2 异常时，转换开关 SA96 置于"2 隔离"位，同时高压隔离开关 2 的断开电磁阀得电，高压隔离开关 2 打开后，该电磁阀失电。

⑥ 受电弓 2 复位时，转换开关 SA96 返回"正常"位，同时高压隔离开关 2 的闭合电磁阀得电，高压隔离开关 2 闭合后，该电磁阀失电。

⑦ 无论哪种情况，闭合或断开高压隔离开关时，真空断路器均会自动断开，需要通过手动操作再闭合。如图 4-30 和图 4-31 所示。

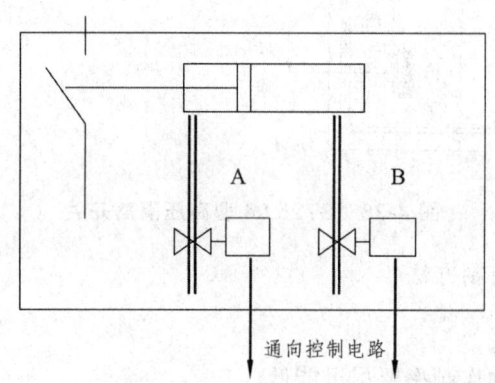

图 4-30　高压隔离开关电磁阀

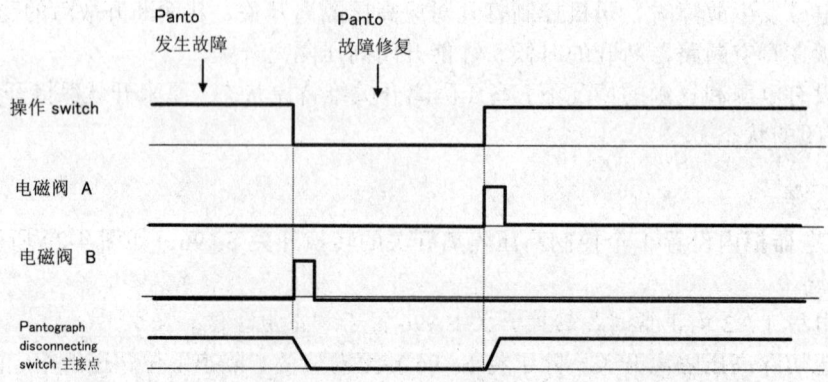

图 4-31　受电弓故障隔离开关与高压隔离开关配合逻辑图

#### 4. 高压隔离开关维护保养

1）小　　修

每个月进行一次小修，检查隔离闸刀与刀夹的接触性能是否良好。将隔离闸刀打开，检测刀夹在自由状态下两弹簧片间的距离≤7.5 mm，闸刀接触部分厚度≥9 mm。绝缘子应保持整洁干净，表面无裂纹或碰痕。检查各风管接头是否漏水，润滑各滑动配合面及连杆销。

2）中　　修

每6个月要进行一次中修。用酒精清洗各联锁触头的触点，检查各联锁触头接触状况是否良好，接触不良者必须更换。同时检查隔离闸刀和接触簧片的状况是否良好，旋转机构能否灵活转动，传动气缸和电磁阀能否正常动作，有损坏零部件必须更换。

3）大　　修

每3年要进行一次大修。主要检查接触闸刀和簧片，并检查所有部件能否正常动作。更换损坏零部件和报废部件，需要清洗和润滑的部件必须进行单独的维护，特别是要对辅助开关触头和凸轮进行润滑。

（1）簧片的检查。

图 4-32 为簧片示意图。接触压力 $P$ 为 50~70 N，接触间距为 10 mm。

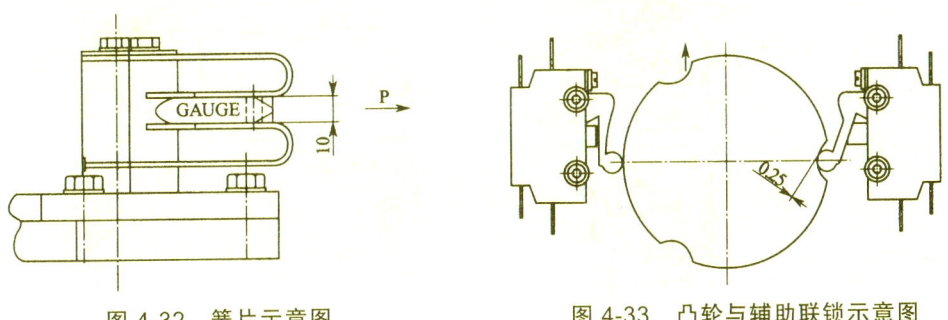

图 4-32　簧片示意图　　　　图 4-33　凸轮与辅助联锁示意图

（2）辅助联锁的检查。

图 4-33 为凸轮与辅助联锁示意图。接触压力应为 3 N，接触宽度为 3.2 mm。如果触头磨损至 1.5 mm 或更少，必须更换开关。在滚子接顶部位置（需要最小 0.25 mm 的间隙）上的凸轮的地方，无论如何不允许出现触头的磨损，触头必须安装防尘罩。

（3）润滑。

在大修期间，要清洁接触闸刀和隔离开关的连接处并紧固，同时要涂一些油脂。这些操作应在机车与电网断开并且整个回路接地的安全前提下进行。

用乐泰 8104 硅脂来润滑滑动套筒，用 Molykote G-n 加润滑油来润滑簧片。

所有检修完成后必须进行性能测试，各技术参数及动作性能都必须满足试验大纲的要求。

### 二、高压接地开关

高压接地开关的主要功能是：当进行机车检查、维护或修理时，把牵引机车上的主断路器两侧的电路接地，保证牵引机车的安全操作，并保证工作人员的人身安全。

HXD₃型电力机车采用1台BTE25040L1A2B02型高压接地开关,其结构如图4-34所示。

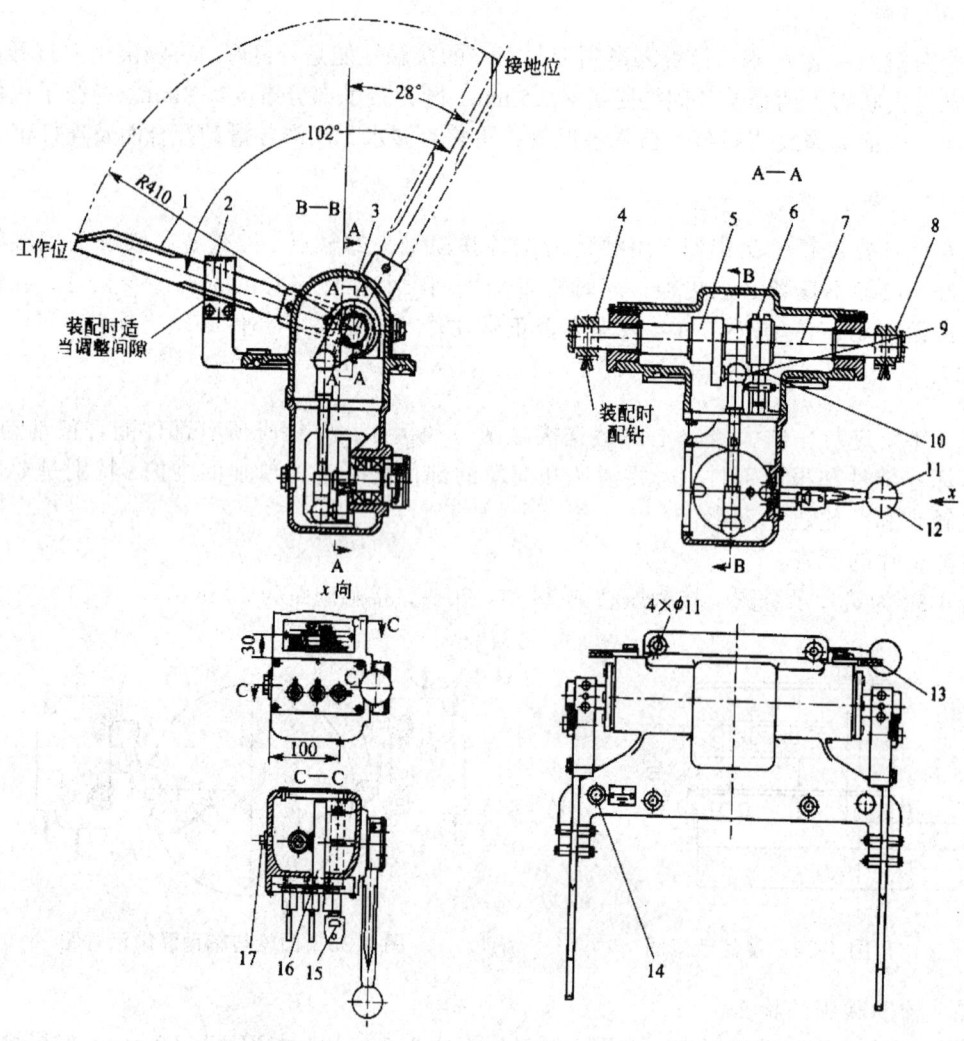

图 4-34 BTE25040L1A2B02 型高压接地开关结构

1—闸刀;2—触头弹簧片;3—上罩;4—左支架;5—曲柄组装;6—凸轮块;7—轴;8—右支架;9—连杆件组装;
10—辅助联锁;11—下罩;12—操纵杆组装;13—软连线;14—接地螺栓;
15—锁组装(1A+2B);16—转盘组装;17—插座

## 1. 高压接地开关技术参数

| | |
|---|---|
| 额定电压 | 30 kV |
| 额定电流 | 400 A |
| 峰值耐受电流 | 20 kA |
| 短时耐受电流 | 8 kA/1 s |
| 闸刀转换角度 | $102°^{+0}_{-2°}$ |
| 触头弹簧片距离 | 6～7 mm,偏差 1～1.5 mm |

| 闸刀与触头弹簧片接触长度 | ≥20 mm |
| 操纵力 | ≤150 N |
| 机械寿命 | 20 000 次 |

### 2. 高压接地开关结构及动作原理

1）结　构

高压接地开关主要分车外部分和车内部分。车外部分主要包括：上罩、闸刀、触头弹簧片以及在上罩内的轴等传动机构。车内部分主要包括：下罩、操纵杆组装、锁组装以及在下罩内的传动机构。

2）动作原理

闸刀通过支架安装在轴上，而轴、曲柄组装、连接杆组装以及操纵杆组装则组成一个传动机构。转动操纵杆，使整个传动机构进行传动，进而使得轴带动闸刀旋转一定角度：在操纵杆从一端旋转180°到另一端时，闸刀也相应从"工作位"旋转102°到"接地位"或者从"接地位"旋转102°到"工作位"。

锁组装控制传动机构能否转动，共设3个锁，其中1个供蓝色钥匙使用，2个供黄色钥匙使用。仅在蓝色锁被蓝色钥匙打开后，操纵杆才能从"操作"位置旋转到"接地"位置。一旦旋转到"接地"位置，联锁机构就被带有黄色钥匙的锁锁定在此位置，然后可把黄色钥匙从锁中拔下。

### 3. 高压接地开关安装与操作

1）安　装

接地开关应安装在牵引机车车顶（用4个M10螺栓）上，邻近于主断路器。安装时，闸刀应刚好滑入主断路器触头弹簧片内。当接地开关处在"接地"位置时，在未完成检查和维护之前，任何情况下都不能把闸刀从触头弹簧片内拉出来。应考虑在接地开关和车顶之间安装O形圈以避免有水渗入机车内部。为保证可靠接地，应在接地开关上罩接地线端与牵引机车骨架之间进行适当的电气连接。

2）操　作

接地开关有3个锁，其中的2个用于黄色钥匙，1个用于蓝色钥匙。

（1）高压接地：在制动柜上旋转用于受电弓锁闭的蓝色钥匙90°，至"受电弓降下"位，拔出钥匙并插入接地开关的蓝色锁内；旋转蓝色钥匙90°，拉出操纵杆并旋转至"接地"位；两个黄色钥匙可以旋转90°并拔出，用于打开高压室的门锁或车顶天窗。

（2）运用操作：将高压室关闭、车顶天窗关闭后，旋转90°并拔出"黄色"钥匙，插入接地开关的黄色锁内；旋转黄色钥匙，拉出接地开关操纵杆并旋转至"操作"位；再将蓝色钥匙旋转90°并拔出，插入受电弓开关锁内，并旋转到"受电弓上升"位置，受电弓才能升起。

### 4. 高压接地开关维护与检修

高压接地开关的维护与检修应在接触网可以断电并且整个系统能可靠接地的机务段内进行。

1) 维 护

按规定周期（取决于牵引机车的运行小时数），对闸刀和触头弹簧片进行彻底清理，并涂少许润滑脂。维护所用润滑脂为美孚SHC100。

2) 小 修

直接在机车上进行，每3个月一次。

检查闸刀和触头弹簧片的外观、磨损程度和清洁度。若发现闸刀和触头弹簧片之间有污物，必须彻底清理并涂润滑脂。

3) 中 修

直接在机车上进行，每年一次。

检查闸刀和触头弹簧片的磨损和清洁状况，以及传动机构的动作情况；检查闸刀能否准确滑入主断路器的触头弹簧片内；检查锁组装的联锁情况。若发现闸刀和触头弹簧片之间有污物，必须彻底清理并涂润滑脂。

4) 大 修

每3年一次。

检查之前，应彻底清洗整个接地开关。进行中修所有检查操作，并检查零部件的机械状况和功能。更换受损或磨损的部件，对闸刀和触头弹簧片加润滑脂。

5) 故障判断及排除

不能把闸刀从"操作"位置推向"接地"位置的最常见的原因是：闸刀受损或触头弹簧片变形或断裂。为了消除此故障，更换触头弹簧片或闸刀。

# 任务四　高压连接器的检修与维护

## 【教学目标】

1. 知识目标

（1）掌握高压连接器的结构组成和工作原理；

（2）掌握高压连接器的特点和电流路径。

2. 能力目标

（1）能够对高压连接器进行维护检修；

（2）会操作高压连接器的对接和分离。

## 【相关知识】

高压连接器的主要功能是在两节机车进行连挂时，自动连接两节机车车顶的 25 kV 高压电路。高压连接器安装在每节车的尾部车顶，依靠机车连挂车钩的力量与车钩同时对接，分离时也随机车的车钩脱开而自动分离。

高压连接器的主要特点是：

（1）高压连接器自身不带动作机构，其连接与分离都随机车车钩连挂和脱开同时完成，操作方便。

（2）高压连接器不带灭弧装置，所以必须在无电状态下进行分合操作。

（3）两节车的高压连接器构造完全一致，具有良好的互换性。

主要技术参数如下：

| | |
|---|---|
| 标称电压 | 25 kV |
| 额定电压 | 30 kV |
| 额定电流 | 400 A |
| 额定频率 | 50 Hz |
| 接触电阻 | ≤650 μΩ |
| 左右摆动角度 | ≥34° |
| 上下摆动角度 | ≥8.5° |
| 机械寿命 | 20 000 次 |
| 工作温度 | −40 ℃ ~ 70 ℃ |
| 重量 | 49 kg |

## 一、高压连接器的结构

单台 TLG1-400/25 型高压连接器的外形如图 4-35 所示，主要由机械传动机构和电气连接机构两部分组成。

### 1. 机械传动机构

高压连接器的机械传动机构由伸张弹簧、橡胶波纹管、十字轴支承装置、止动器、球面止挡、支承缸体及支持绝缘子等组成。支持绝缘子将连接器的主体固定在车顶，并与车顶电气隔离。支承缸体安装在支持绝缘子上，并由缸体定位销定位。

伸张弹簧安装在橡胶波纹管内。当连接器头部不受压缩力时，连接器处于最大伸张状态，为对接做好准备。对接时，两台连接器相互压缩，当压缩到一定量时，连接器头部的半环与叉形连接机构动作，相互扣紧，连接过程完成。当两台连接器之间的距离随机车变化时，两台连接器的伸张弹簧保证其头部的电气连接机构一直处于扣紧状态，导电半环与叉形件的接触压力保持不变，因而具有优良的导电性能。TLG1 型高压连接器允许的运动距离是 160 mm。

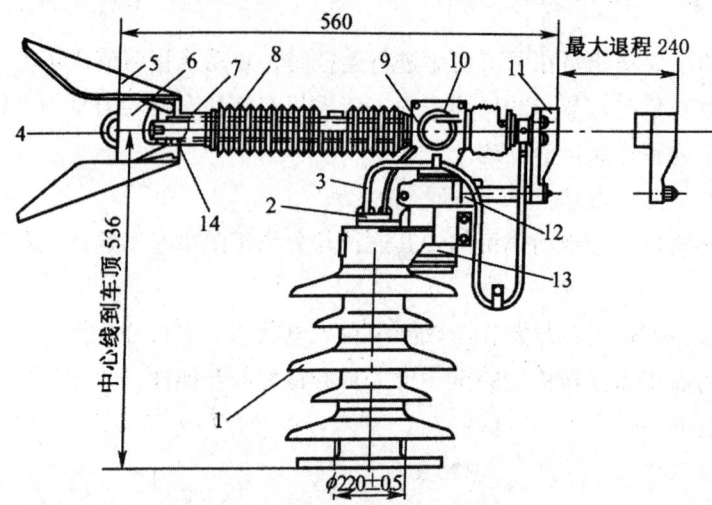

图 4-35 高压连接器的外形图

1—支持绝缘子；2—导电板；3—软连线；4—半圆环；5—导向羊角件；6—喇叭形头部；
7—导电杆；8—橡胶膜波纹管；9—挡板；10—十字轴支承；
11—止动器；12—球面止挡；13—缸体；14—伸张弹簧

十字轴支承体包括十字接头安装和十字轴支承装置。十字接头安装由十字接头和轴套组成，如图 4-36 所示。十字接头通过三个沉头螺钉与轴套固定连接。轴套由黄铜管加工而成，开有一长方形键槽孔。

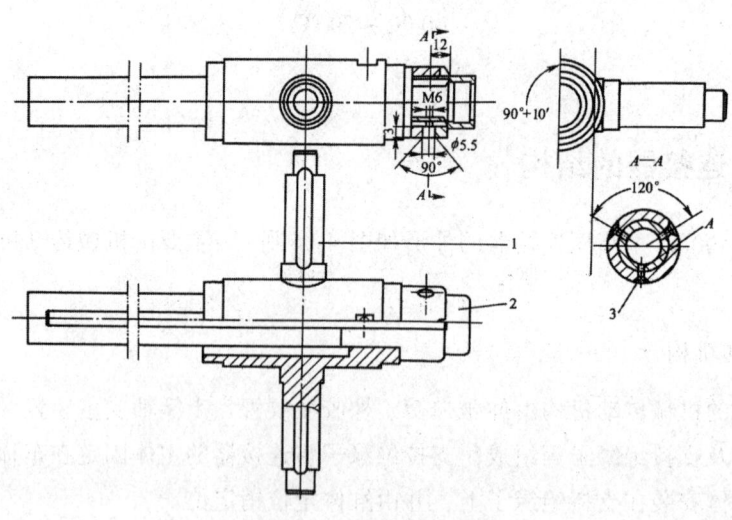

图 4-36 十字接头安装

1—十字接头；2—轴套；3—沉头螺钉

十字轴支承装置如图 4-37 所示。在单节机车运行时，单台连接器处于自由状态，其连接电杆伸出机车端墙，处于悬臂状。为了保证在此状态上运行的稳定性，设有十字轴支承装置和止动杆。十字轴支承装置用于使处于自由状态的单台连接器处于平衡状态，止动器用于保证伸张弹簧有一定的初始压力。止动器下部的止动杆与球面止挡形成一对自复位机构，当连接器头部作上下左右摆动时，自复位机构能使连接器回到中心位置，保持在车顶的稳定位置。

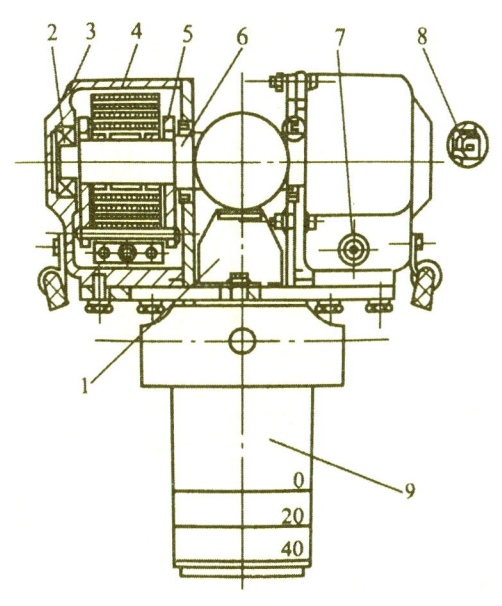

图 4-37 十字轴支承装置

1—板簧；2—轴承；3—左右十字支承座；4—蜗卷簧；5—止动板；
6—十字头安装；7—调整螺钉；8—密封圈；9—缸体

考虑到机车在弯道、坡道和轮缘磨耗等状态下对接和运行的可靠性，要求高压连接器具有较宽的上下、左右导向和偏摆裕度。

高压连接器头部的上下摆动控制由图 4-37 中的板簧及蜗卷簧来平衡。板簧用螺钉固定在转动板上，再将左右十字头支承座体用三个螺钉固定在转动板的内侧，起支承十字接头安装的作用。蜗卷簧由弹簧钢带绕制而成，套装在十字头支承座内。静止时，板簧及头部重力形成的力矩与蜗卷簧的力矩相等，从而使导电杆保持水平。当因外力的作用使头部上下摆动时，由蜗卷簧及板簧的作用使之回到静止平衡状态。由于蜗卷簧的张力可以由调整螺钉进行调整，因而可以容易地通过连接器在静止时使导电杆达到水平状态。此外，在不同轮箍磨耗情况的机车对接时，可预先调整连接器的安装高度，使前后两台连接器基本处于同一水平面上。图 4-37 上十字轴支承装置的缸体上的刻度便是做高度调整用的。

连接器头部的左右摆动由支承缸体中的弹簧控制。支承缸体由缸体和转轴安装等组成，如图 4-38 所示。轴承安装由转轴、轴承座、上传动块、扭簧、下传动块和轴承等组成。转轴由轴与钢板焊接后加工而成，轴承套于转轴上。扭簧由弹簧钢丝右旋绕制，套于转轴上。扭簧上端用上传动块与开口销扭住，下端用下传动块与开口销扭住。转轴安装完毕后，装入缸体内，在转轴上装入轴承后，用螺栓将盖板固定在缸体上。缸体中的这对扭簧通过其定位螺钉的调整，使其处于对中状态。当连接器头部左右摆动时，可在扭簧的作用下自动回位。

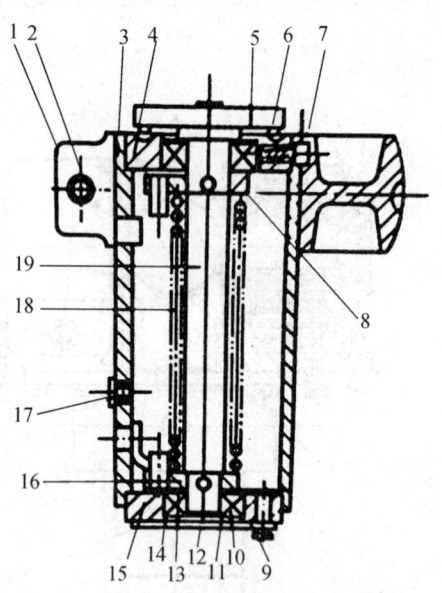

图 4-38 支承缸体

1—球面止挡；2、7、9—螺栓；3—缸体；4、15—密封圈；5—轴承安装；6—套环；
8—上传动块；10—轴承；11—盖板；12—开口销；13—调整垫；14—垫圈；
16—下传动块；17—定位销；18—扭簧；19—转轴

## 2. 电气连接部分

电气连接部分既决定了喇叭形头部的摆动方向，又起导通电流的作用。它由图 4-35 中喇叭形头部、导电杆、盖板装配等组成。

喇叭形头部的主体由轻质铸铝合金制成。在喇叭形头部上装有羊角、半环与叉形件。羊角在水平及垂直方向都具有较宽的导向范围，当两台高压连接器对接时，即使水平位置或垂直位置存在误差，也可以保证良好的自动导向对接性能。此特性保证机车在最小曲率半径 125 m 及前后两节车轮箍磨耗（单边）差不大于 30 mm 时，高压连接器能可靠地进行摘挂。

导电杆如图 4-35 所示。它轴向穿过十字接头安装孔，再通过导电杆上的键槽与十字接头的轴套上的长方形键槽孔配合，组装成一整体。这就有效地控制了高压连接器的退程范围，起到了导通电流、机械连接、滑动和限位的作用。

盖板装配主要由盖板、叉形件（动触头）、半圆环（静触头）和拉簧等组成，如图 4-39 所示。盖板为薄形铸铝合金板，在其上面装有叉形件（动触头）、半圆环（静触头）和拉簧。盖板紧固在喇叭形头部上，喇叭形头部、双连线再与顶杆紧固连接成整体。

高压连接器的叉形件（动触头）和半圆环（静触头）为铜质镀银材料，采用线接触方式，具有工作可靠、接触电阻小和散热较好的优点。连接动作时，两台高压连接器的叉形件插入彼此的半圆环中，同时由叉形件上的拉簧提供接触压力。

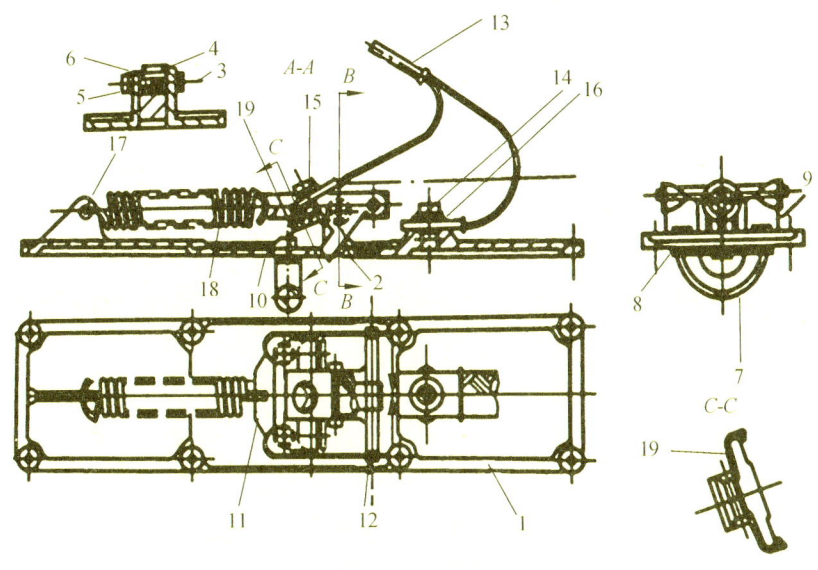

**图 4-39 盖板装配**

1—盖板；2—叉形件；3、12—销；5、9、14、15、20—螺栓；6、10、16—垫圈；
7—半圆环；8—双金属片；11—卡箍；13—双连线；
17—套环；18—拉簧；19—罩

## 二、工作原理

### 1. 对 接

当两台连接器靠近时，在羊角的导向作用下，喇叭形头部对接，同时，主弹簧也开始受力压缩。当压缩到一定量时，一台连接器的半圆环和另一台连接器的叉形件在外力作用下互相扣紧，对接过程完毕。高压连接器接合状态下的电流路径是：从一节车的高压回路到导电板，再经软连线到导电杆，然后通过喇叭形头部内的分流线、叉形件及半圆环到另一台连接器的半圆环、叉形件、分流线、导电杆、软连线及导电板，最后经导电板到另一节车的高压回路。

### 2. 分 离

当两节机车车钩脱开后，高压连接器随之自动分离。当两台连接器分离时，连接器由压缩状态至自由状态，再由自由状态至拉伸状态，同时，主弹簧也开始受力拉伸。当拉伸到一定量，一台连接器的半圆环和另一台连接器的叉形件在外力作用下脱扣分开，分离过程完毕。

## 三、维护与检修

高压连接器上所有检查和维修，必须在断开电源、降下受电弓和车顶电气接地的前提下进行操作。

禁止非专业人员进行高压连接器的维护，除非有专业技术人员在场。

高压连接器出现损坏和故障，必须由经过培训的专业技术人员进行维修，否则不能保证连接器能够恢复可靠操作和相关的安全可靠性能。

（1）保证在无电状态下进行连接或分离操作。在进行连接操作前，注意观察喇叭形头部是否清洁，头部盖板内的叉形件是否有弹回的情况，如果已经弹回，则需用钩形工具将其拉开到开启状态，然后才能进行连接操作。

（2）检查绝缘子表面应清洁干燥、无裂纹或损伤，否则应予及时清扫或更换。

（3）检查橡胶波纹管，如有破损应及时更换，以免雨水、灰尘进入喇叭形头部与十字接头安装结构内，造成零件锈蚀，影响动作性能。

（4）对各转动部分进行润滑处理，使之能上下左右按规定摆动并复位。当单节连接器喇叭形头部不能保持水平时，可以由十字支承件上的调整螺钉进行调整，顺时针方向调高，逆时钟方向调低。

（5）观察连接器上下左右摆动情况及前后伸缩情况，了解卷簧、扭簧和弹簧的机械性能。如果出现不能自由摆动、伸缩或不能自行复位的情况，应及时进行检查。

（6）更换波纹管时，应将喇叭形头部盖板拆下，松开与顶杆连接的螺栓，松开卡箍后方能进行。

（7）高压连接器长期存放后，使用前必须进行 75 kV（1 min）耐压试验，合格后方能装车。

# 任务五　高压电压互感器、高压电流互感器的维护与检修

## 【教学目标】

1. 知识目标

掌握高压电压互感器、高压电流互感器的结构和特点。

2. 能力目标

会维护检修高压电压互感器和高压电流互感器。

## 【相关知识】

### 一、高压电压互感器

为了准确掌握电力机车的输入电压，司机控制台上都设置了网压表，而网压表的输入信号则由电压互感器提供。$HXD_3$ 型电力机车上使用了 JDZXW2-25A 型高压电压互感器。该互感器为户外全封闭式电压互感器，采用环氧树脂与硅橡胶复合绝缘支柱式结构，适合在户外交流 50~60 Hz、额定电压为 25 kV 的电力机车电网中作电压测量和继电保护使用。

1. 高压电压互感器技术参数

额定电压　　　　　　　　　　25 kV

| | |
|---|---|
| 额定电压比 | 25 000 V/100 V |
| 相数 | 单相 |
| 精确等级 | 1.0 级 |
| 额定二次输出 | 30 V·A |
| 极限输出 | 400 V·A |
| 绝缘等级 | E 级 |
| 表面爬电距离 | 1 100 mm |
| 额定电压因数 | 1.5（30 s） |
| 功率因数 | $\cos\varphi = 0.8$（滞后） |
| 温升限值 | 75 K |
| 重量 | 59 kg |

**2. 高压电压互感器结构组成**

电压互感器从结构及原理上讲，其实就是一台"变压器"，只是其功能不是电能的传输，而是信号的检测。高压电压互感器接线原理如图 4-40 所示，外形及安装尺寸如图 4-41 所示。

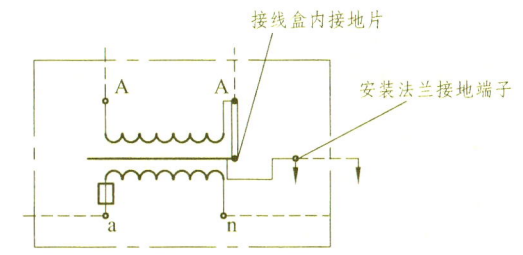

图 4-40　高压电压互感器接线原理图

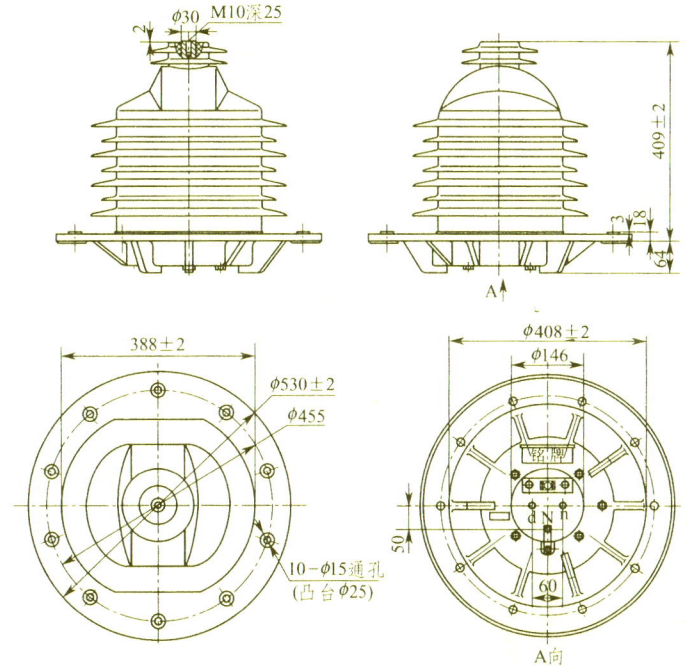

图 4-41　高压电压互感器外形及安装尺寸

高压电压互感器提供绝缘的外部护套和伞裙，采用高温硅橡胶材料，具有良好的憎水性，大大地提高了污闪电压，能有效地防止污闪故障的发生；具有抗老化和耐漏电起痕性能，电蚀损性能高，可以连续承受污闪电压；具有耐机械冲击能力强、重量轻、便于安装、不易损坏、维护周期长的特点。

二次端采用聚碳酸酯防护盖板，便于观察二次接线情况及检修工作，一次接地端采用接地片直接接在底板上。

### 3. 高压电压互感器维护与检修

高压电压互感器在正常运行时不需要维护和检修，在机车检修期间，需要做如下维护检修：

（1）外观检查表面有否损伤，如表面完好，可用洁净水或普通洗洁剂清洁表面并擦拭干净，达到表面清洁、无积尘或污垢。切不可用尖锐物体刮刺表面，也不得用强酸强碱等腐蚀剂擦拭。

（2）检查紧固一次、二次引线连接件是否有松动及表面氧化和接触不良现象，必要时清除氧化层，涂抹导电膏，达到接线端子无氧化层、连接可靠。检查二次熔断器相关紧固件是否已按要求紧固。

（3）安装板是否有松动现象，必要时用专用工具重新紧固，达到安装牢固，运行时无松动。

（4）为保证绝缘及连接更加可靠，一次导线连接完毕后，建议用加热缩套等绝缘材料包封住一次导线裸露部分。

（5）绝缘电阻检测：一次绕组对二次绕组及地 ≥ 1 000 MΩ，二次绕组对地 ≥ 100 MΩ。

（6）工频耐压试验：一次绕组对二次绕组及地 3 000 V，1 min；二次绕组间及对地 3 000 V，1 min。

（7）感应耐压试验：采用 150 Hz 频率，从二次侧施加电压 320 V，一次绕组应感应到 80 kV 电压，耐压时间 40 s。

## 二、高压电流互感器

为了计算电力机车的用电情况，并防止因大功率用电设备故障带来的过流、过热、甚至火灾情况，必须要测量高压侧的电流值。$HXD_3$ 型电力机车上使用了 LMZBK-25 型电流互感器。该互感器是专门为电力机车设计的电网专用电流互感器，采用复合绝缘穿心对接式结构，适用于交流 50 Hz 或 60Hz、额定电压为 25 kV 的电力机车内作计量或继电保护使用。

### 1. 高压电流互感器技术参数

| | |
|---|---|
| 额定电压 | 25 kV |
| 额定一次电流 | 400 A |
| 额定二次电流 | 5 A |
| 额定二次输出 | 25 V·A |

| | |
|---|---|
| 相数 | 单相 |
| 额定绝缘水平 | 0.5/3 kV |
| 额定频率 | 50 Hz |
| 准确等级 | 3 级（在 25%～100%额定电流范围内） |
| 负荷功率因数 | $\cos\varphi = 0.8$（滞后） |
| 铁心温升限值 | 50 K |
| 整体结构 | 穿心对接式 |
| 重量 | 35 kg |

### 2. 高压电流互感器外形图

高压电流互感器外形及安装尺寸如图 4-42 所示。

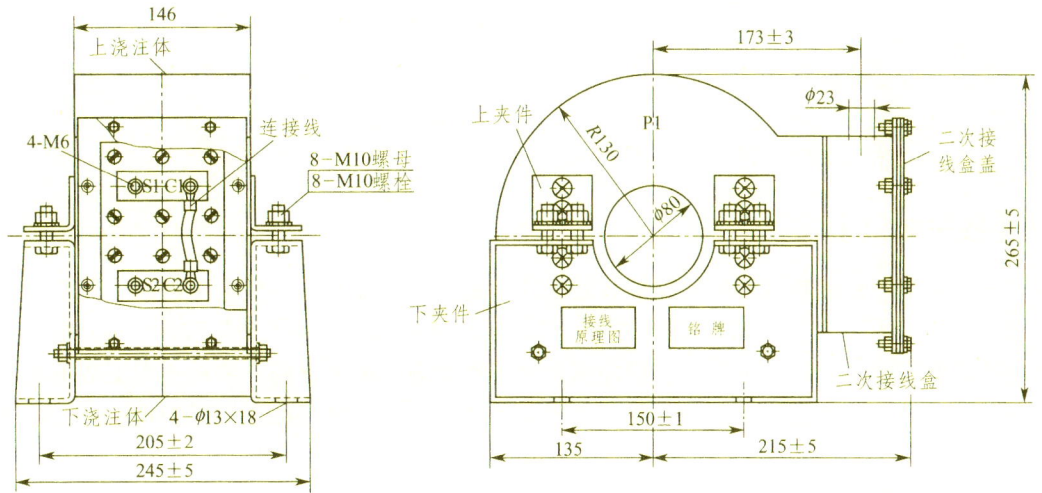

图 4-42　高压电流互感器外形图及安装尺寸

### 3. 高压电流互感器接线原理图

接线原理图如图 4-43 所示。

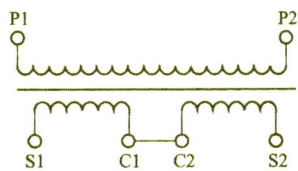

图 4-43　高压电流互感器接线原理图

### 4. 高压电流互感器维护及检修

高压电流互感器在正常运行时不需维护和检修，在机车检修期间，需做如下维护和检修：

(1)外观检查表面是否有损伤,在确保表面完好的情况下,可用洁净水或普通洗洁剂清洁表面并擦拭干净,达到表面清洁、无积尘或污垢。切不可用尖锐物体刮刺硅橡胶表面,也不得用强酸强碱等腐蚀剂擦拭。

(2)检查紧固二次引线连接件,不得有松动及表面氧化和接触不良现象,必要时清除氧化层,涂抹导电膏,达到接线端子无氧化层,保证连接可靠。

(3)检查紧固夹件及安装接线盒的螺钉,不得有松动现象,否则必须加以紧固。

# 任务六　避雷器的维护保养

## 【教学目标】

1. 知识目标

掌握避雷器的结构及工作原理。

2. 能力目标

会维护保养避雷器。

## 【相关知识】

避雷器是一种限制过电压的保护装置,通常由火花间隙和非线性电阻组成,其基本工作原理如图4-44所示。它与被保护物并联,当出现的过电压危及被保护物时,避雷器放电,使高压冲击电流泄入大地,尔后,它仍能恢复原工作状态,截止伴随而来的正常工频电流,使电路与大地绝缘。过电压越高,火花间隙击穿越快,从而限制了加于被保护物上的过电压。

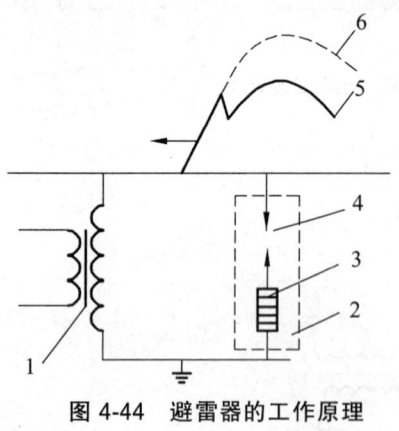

图4-44　避雷器的工作原理

1—被保护变压器；2—避雷器；
3—非线性电阻；4—火花间隙；
5—被限制的过电压波；6—未被限制的过电压波

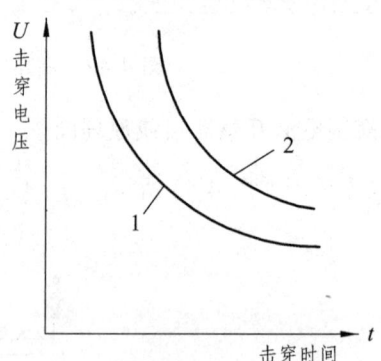

图4-45　避雷器的伏-秒特性

1—避雷器的伏秒特性；
2—被保护物绝缘的伏秒特性

击穿电压的幅值同击穿时间的关系称为伏-秒特性。为了使避雷器能可靠地保护被保护物,避雷器的伏-秒特性至少应比被保护物绝缘的伏-秒特性低20%~25%,如图4-45所示。

另外,避雷器在放电时,应能承受耐热以及机械应力等变化,而本身结构不致损坏。

机车在运用过程中,有可能遭受意外的雷电侵害,由于雷电电压远远大于接触网的电压,为防止雷电危害,机车上专门配备了避雷器。

HXD₃型电力机车采用1台YH10WT-42/105D型硅橡胶外套氧化锌避雷器,安装在机车顶盖上,是专用的过电压防护装置,主要用于机车一次侧高压电气设备的绝缘保护,使之免受大气过电压和操作过电压的损害。

### 1. 避雷器的技术参数

系统电压　　　　　　　　　　27.5 kV
额定电压　　　　　　　　　　42 kV
额定频率　　　　　　　　　　50 Hz
持续运行电压　　　　　　　　31.5 kV
直流参考电压　　　　　　　　≥58 kA（1 mA下）
标称放电电流　　　　　　　　10 mA
操作冲击残压　　　　　　　　≤89 kV（峰值）（0.5 kA,30/60 μs）
雷电冲击残压陡波冲击残压　　≤105 kV（峰值）（10 kA,8/20 μs）
2 ms方波电流耐受　　　　　　400 A/18次
持续运行电压下阻性电流　　　≤300 μA
0.75倍直流参考电压下漏电流　≤50 μA
硅橡胶外套表面爬距　　　　　≥1 050 mm
闪络距离　　　　　　　　　　≥408 mm

### 2. 避雷器的结构特点

如图4-46所示,YH10WT-42/105D型硅橡胶外套氧化锌避雷器主要由硅橡胶复合外套、芯棒、连接金具、连接底板等部分组成。其基本工作元件是密封在复合外套内的芯棒。芯棒采用高强度、高电气性能的氧化锌阀片,它具有很好的非线性伏安特性,并且和硅橡胶有强力亲和性,内部充入高强度绝缘胶,使避雷器形成全密封的固体,抗污性强。连接金具采用不锈钢,保证表面耐蚀性和美观。

图4-46　避雷器

### 3. 避雷器的工作原理

金属氧化物避雷器利用密封在复合外套内芯棒优异的伏安特性,使其在持续工作电压下仅流过微安级的泄漏电流,动作后无续流,实现无间隙。

避雷器安装于机车顶部,与被保护设备并联。当雷电或操作过电压的电压值上升到规定的避雷器阀片的阈值电压时,阀片电阻突然减小,并通过巨大的峰值电流,使避雷器残压被限制在允许值之下,从而保护了机车上其他电气设备的绝缘。当电压值正常后,避雷器又迅速恢复原状,以保证系统正常供电。

#### 4. 避雷器的维护保养

避雷器在使用过程中，应避免激烈碰撞及尖锐物体划伤外壳，周围不得存在强酸、强碱等腐蚀性气体。要定期检查外观，保持外表面光洁，不许有裂纹，安装要牢固。检查顶盖安装螺栓紧固、密封良好；避雷器单元与上下安装座安装良好，不许有开裂等不良状态；接地片安装牢固；避雷器阀口不得有缺口、开裂现象，否则应更新。

避雷器在投入运行前或运行 1 年后，应作预防性试验。具体项目为：

（1）绝缘电阻测试：用 1 000 V 兆欧表测量避雷器的绝缘电阻，阻值应不低于 1 000 MΩ。

（2）直流参考电压 $U_{1\,\mathrm{mA}}$ 测试：避雷器两端施加直流电压，直流电压的脉动不大于 ±1.5%，待流过避雷器的电流稳定为 1 mA 时读取电压值，其值应大于 58 kV。

（3）直流泄漏电流测试：在避雷器两端施加 $0.75U_{1\,\mathrm{mA}}$（直流参考电压），读取流过避雷器的泄漏电流，其值不得超过 50 μA。

（4）交流参考电压测试：用 LCD-4 型阻性电流仪，对避雷器施加 50 Hz 工频电压，当流过避雷器的阻性电流为 1 mA 时，读取电压的峰值，其值不得小于 56 kV。

注：避雷器不允许进行工频放电电压或工频电压耐受特性试验，否则会损坏避雷器。试验时硅橡胶外套必须保持干燥、清洁，试验读取数值后应立即降低电压，切断电源。不允许在读数状态长期停留。测参考电压的时间不得超过 1 min，测试过程尽可能快。

# 任务七  25 kV 高压套管和车顶绝缘子的维护保养

## 【教学目标】

1. 知识目标

掌握 25 kV 高压套管和车顶绝缘子的结构和技术参数。

2. 能力目标

会进行 25 kV 高压套管和车顶绝缘子的检修。

## 【相关知识】

### 一、25 kV 高压套管

25 kV 高压套管是电力机车的重要部件，它担负着机车与接触网之间的电气连接，结构如图 4-47 所示。导电铜杆插入高压套管中，其连接方式为滑入式连接。高压套管为硅橡胶绝缘子，其结构、外形设计合理，绝缘强度高，抗污闪能力强。与车顶盖连接安装部分密封性能好，10 MPa（100 bar）高压冲洗没有滴漏现象。

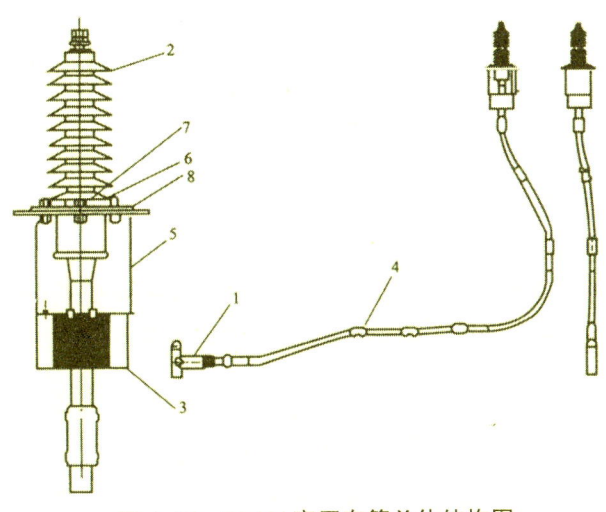

**图 4-47　25 kV 高压套管总体结构图**

1—T 形连接器；2—穿墙套管；3—25 kV 电流互感器；4—线套；5—支撑座；
6—隔板；7—密封圆形垫片；8—密封垫

25 kV 高压套管主要技术参数如下：
额定电压　　　　　　25 kV
额定电流　　　　　　400 A
额定频率　　　　　　50 Hz
工作电压范围　　　　14～31 kV

## 二、车顶绝缘子

电力机车车顶绝缘子是用来支持受电弓及母线并使其绝缘的部件。HXD$_3$ 型机车车顶上的受电弓支持绝缘子和母线支持绝缘子全部采用复合绝缘子，如图 4-48 和图 4-49 所示。每台机车（两节）共安装受电弓支持绝缘子 6 个，母线支持绝缘子 20 个。

**图 4-48　受电弓支持绝缘子**　　　　**图 4-49　母线支持绝缘子**

电力机车车顶复合绝缘子主体由环氧玻璃纤维芯棒与硅橡胶伞裙复合组成，上、下安装座为金属件。由于采用环氧玻璃纤维芯棒与硅橡胶复合材料，因而具有尺寸小、重量轻、机械强度高等优点。伞棱薄，伞伸出长，具有较长的爬电距离。抗污闪和湿闪的能力强，可用于严重污秽地区。当上、下安装座采用黑色金属制造时，其表面应有防腐蚀镀层。

1. 技术要求

| | |
|---|---|
| 标称电压 | AC 25 kV |
| 最高工作电压 | ≥AC 31 kV |
| 爬电距离 | ≥1 000 mm |
| 标准雷电全波冲击耐受电压 | ≥170 kV（1.2/50 μs） |
| 工频 1 min 湿耐受电压 | ≥75 kV |

进行绝缘子机械性能试验时，机车受电弓支持绝缘子应能承受不小于 8 kN 的弯曲破坏载荷。机车母线支持绝缘子应能承受不小于 4 kN 的弯曲破坏载荷。

2. 维护与保养

（1）每年定期清扫 2~4 次，采用中性洗洁净兑水擦拭干净。

（2）检验上、下金属安装座是否有松动、滑脱，绝缘伞套是否有变形、撕裂、老化、憎水性失效。

（3）复合绝缘子不需要维修，如果损坏，应进行更换。

# 技能训练一　受电弓的维护与检修

【学习目标】

（1）能说出受电弓的结构组成、各部分的名称及作用；

（2）能按照受电弓的检查项目对受电弓进行维护检修。

【学习任务】

结合受电弓实物，学习各部结构及作用，练习说出各部名称；根据教师示范，按照检修标准对受电弓进行检修。

【环境设备】

1. 辅助用料及配件

（1）棉纱、白丝布、中性清洁剂、SHELL ALVANIA R3 润滑剂、试漏剂、导电接触脂 FT40 V1、螺纹润滑剂、聚氨酯磁漆 RAL7012、清洗剂、刷子。

（2）滑板及需要更换的备件。

2. 设备及工量具

（1）受电弓试验台；

（2）风源、风管及 3 L 储风缸；

（3）两用扳手 1 套、扭力扳手 8~40 N·m、60~220 N·m、油枪 500 cm³ G1/8、手锤、木槌或塑料手锤钢卷尺 3 m、钢直尺 300 mm、机械秒表、弹簧秤 0~200 N、游标卡尺 200×0.02、水平仪 600 mm。

## 项目四　HXD型电力机车高压电器

【操作指导】

1. 受电弓检修工艺（见表4-1）

表4-1　受电弓的检修工艺

| 工序 | | 工步 | 工作内容 | 质量标准 |
|---|---|---|---|---|
| 一、拆解工艺流程 | （一）分解部件连接 | 1. 从车顶拆下受电弓 | 拆除高压绝缘管、3个绝缘子与受电弓的连接，将绝缘管、受电弓从车顶上拆下 | |
| | | 2. 拆软连接线 | 用扳手拆下软连接线，70 mm² 4根、50 mm² 2根、35 mm² 1根 | |
| | | 3. 拆连接气管 | （1）拆除底架、下臂、上臂、弓头之间的连接气管PU-4；<br>（2）拆除气囊连接橡胶气管 | |
| | （二）分解弓头 | 1. 拆滑板 | （1）拆除滑板连接气管PU-4；<br>（2）用扳手拧下滑板安装螺母M8及垫圈8；<br>（3）取下滑板 | |
| | | 2. 拆弓角 | 用扳手拧下弓角螺栓M6×35，拆除两端弓角 | |
| | | 3. 拆卸弓头 | （1）用扳手拆下上导杆杆端轴承与弓头传力柱头的连接螺栓；<br>（2）用扳手拧下扭簧与柱头、传力柱头连接螺栓M8×60；<br>（3）拆下左右支撑装配、柱头、传力柱头、0.3 mm尼龙垫圈；<br>（4）使用小刀轻轻将上臂顶管一端的滑动轴套取出；<br>（5）从上臂顶管中抽出管轴，取出另一端滑动轴套 | |
| | | 4. 分解弓头 | （1）用扳手分别拆下左、右支撑装配的扭簧及扭簧安装座；<br>（2）用扳手分别拆下左、右支撑装配的弹簧组装；<br>（3）将左、右支撑装配拆解为支架焊接、弓头支撑、弹簧组装、扭簧等零部件 | |
| | （三）分解上臂 | 1. 拆卸上臂 | （1）用套筒扳手拧下下臂短轴与上臂的连接螺母M16及垫圈16；<br>（2）用扳手拧下上臂中心连接与下导杆连接的M16铰孔螺栓，取出黑色尼龙垫圈及尼龙轴套；<br>（3）将上臂从受电弓上取下 | |
| | | 2. 分解上臂 | （1）先用扳手松开张紧绳上拴头螺套两端螺母，然后用4 mm加长内六角扳手松开两根张紧绳；<br>（2）用钢丝钳取出张紧绳两端开口销，抽出销轴，拆下张紧绳 | |
| | （四）分解上导杆 | 1. 拆卸上导杆 | 用扳手拆下上导杆杆端轴承与下臂的连接螺栓 | |
| | | 2. 分解上导杆 | （1）用扳手松开上导杆两端杆端轴承螺母；<br>（2）拆下左、右旋杆端轴承 | |
| | （五）分解下臂 | 1. 拆卸下臂 | （1）用扳手拧开阻尼器与下臂连接螺栓M8×50，抽出阻尼器连接销轴；<br>（2）用扳手拧开钢丝绳两端螺母M16；<br>（3）用扳手拧开线导向安装螺栓M12×50；<br>（4）拆除钢丝绳；<br>（5）用套筒扳手拧下下臂长轴与底架的连接螺母M16及垫圈16；<br>（6）将下臂从受电弓上取下 | |

续表

| 工序 | 工步 | 工作内容 | 质量标准 |
|---|---|---|---|
| 一、拆解工艺流程 | （五）分解下臂 | 2. 分解下臂 | （1）用扳手拧开线导板连接螺栓 M16×55，拆除两端线导板；<br>（2）用弹簧挡圈专用卡钳拆下下臂主轴与中心轴孔内的弹簧挡圈 52；<br>（3）退出两端隔套、轴承、垫圈等；<br>（4）拧开进气管两端接头，取出气管 PU-4 | |
| | （六）分解下导杆 | 1. 拆下下导杆 | 用扳手拆下下导杆杆端轴承与底架的连接螺栓 M16×75 | |
| | | 2. 分解下导杆 | （1）用扳手松开下导杆两端杆端轴承螺母；<br>（2）拆下左、右旋杆端轴承 | |
| | （七）分解升弓装置 | 1. 拆下升弓装置 | （1）用钢丝钳拆除升弓装置与底架连接销轴的开口销；<br>（2）从底架支撑中抽出销轴；<br>（3）将升弓装置取下 | |
| | | 2. 分解升弓装置 | （1）用扳手拧开升弓装置上限位装置螺杆上的 M10 螺母，取下螺柱及方管；<br>（2）用扳手拧开连接关节装配螺栓 4-M8×12 及连接气囊的锁紧螺母 8-M10；<br>（3）从升弓装置底板焊接上拆除油杯 | |
| | （八）拆除附件 | 1. 拆卸弓装配 | （1）用扳手拆下弓装配与底架连接螺栓 M8×30；<br>（2）拆下弓装配 | |
| | | 2. 拆卸阻尼器 | （1）用扳手拆除阻尼器与底架连接螺栓 M8×35；<br>（2）拆下阻尼器，抽出阻尼器连接销轴 | |
| | （九）分解底架 | 分解底架 | （1）用扳手拆除底架上的管卡、弯管、橡胶堆、球阀、快速降弓阀、橡胶气管、PU-4 气管及各管件；<br>（2）将底架从工作台上取下，受电弓分解完成 | |
| 二、清洗检查 | （一）清洗零部件 | | （1）使用专用高强度清洗剂清洗各零部件表面，然后用清水洗干净表面的清洗剂，再用干棉纱或白丝布擦干；<br>（2）白色绝缘管用棉纱蘸中性清洁剂擦拭干净，然后用干棉纱擦干，不得有油污 | |
| | （二）检查各零部件 | 1. 检查弓头零部件 | （1）检查滑板是否磨损到限，碳滑条磨耗极限为 5 mm； | 磨损到限及时更换，如果仅需更换一个滑板，新滑板与另一个旧滑板的高度差不超过 3 mm |

续表

| 工序 | | 工步 | 工作内容 | 质量标准 |
|---|---|---|---|---|
| 二、清洗检查 | （二）检查各零部件 | 1. 检查弓头零部件 | （2）检查滑板有无损坏较严重现象 | 碰撞掉块V字形，深6 mm左右应修整成坡面 |
| | | | （3）检查弓角涂层厚度是否磨耗到限 | 弓角涂层厚度<0.1 mm需更换弓角 |
| | | | （4）检查管轴是否磨耗到限 | 管轴直径<$\phi$29.5 更换管轴 |
| | | | （5）目测弓头支架等件是否变形 | |
| | | 2. 检查上臂零部件 | （1）目测上臂是否变形 | |
| | | | （2）检查滑动轴套内径 | >$\phi$30.2，更换滑动轴套 |
| | | 3. 检查下臂零部件 | （1）目测轴承是否有缺损，转动是否灵活 | |
| | | | （2）确认轴承是否到更换期限 | 更换期限为8年 |
| | | | （3）检查密封圈是否完好 | |
| | | 4. 检查底架零部件 | （1）检查橡胶堆是否老化变形；（2）检查橡胶气管是否有破损 | |
| | | 5. 检查升弓装置 | 检查气囊是否有裂纹、破损现象 | |
| | | 6. 检查阻尼器 | 检查阻尼器是否有泄漏 | |
| | | 7. 检查软连接线 | （1）检查软连接线是否有破损 | |
| | | | （2）确认软连接线是否到更换期限 | 更换期限为4年 |
| | | 8. 检查钢丝绳 | 检查钢丝绳是否有断股现象 | 出现断股即更换 |
| | | 9. 其他检查项目 | （1）检查PU-4气管是否有破损；（2）检查升弓装置关节装配是否转动灵活 | |
| 三、受电弓组装调试工艺流程 | | | 与拆解过程相反。 | |

## 2. 磨损极限

以下部件达到表4-2所示的磨损极限尺寸后，应当更换。

表 4-2　受电弓各部件磨损限度表

| 序号 | 名称 | 图纸尺寸（mm） | 极限尺寸（mm） |
|---|---|---|---|
| 1 | 滑板（碳条高度） | $22^{+1}$ | 5 |
| 2 | 弓角涂层 | $0.3^{+0.4}_{0}$ | 0.1 |
| 3 | 顶管滑动轴承 | $\phi 30.02$ | $\phi 30.2$ |
| 4 | 弓头管轴 | $\phi 30^{0}_{-0.15}$ | $\phi 29.5$ |
| 5 | 三种软连接线 | — | 出现破损 |
| 6 | 钢丝绳 | — | 有一股断裂 |
| 7 | 升弓装置 | | 出现裂缝<br>发生泄漏 |
| 8 | 阻尼器 | | 发生泄漏 |

# 技能训练二　主断路器的检查与检修

【学习目标】

（1）能说出主断路器的结构组成和各部分作用；
（2）能对主断路器进行定期检查和维护；
（3）能掌握主断路器的辅修及中修流程。

【学习任务】

结合主断路器实物，学习各部结构和作用；根据教师示范，能够对主断路器进行定期检查，并能熟悉掌握主断路器检查要求。

【操作指导】

## 一、定期检查、维修范围及周期

定期检查、维护范围及周期见表 4-3 所示。

表 4-3　主断路器定期检查、维护范围及周期

| 检查和维护范围 | 特殊工具 | 间隔时间 |
|---|---|---|
| 外观检查：<br>● 绝缘子和密封件的外观<br>● 整体外观<br>● 高压接地开关的外观（清扫和润滑） | 无 | 3 个月，间隔时间与空气污染程度有关 |
| 检查扭紧力矩<br>● 高压连接器<br>● 接地开关<br>● 固定螺栓 | 扭矩扳手 | 3 个月 |

续表

| 检查和维修 | 特殊工具 | 间隔时间 |
|---|---|---|
| 气路检查：<br>• 调压阀<br>• 排空储风缸<br>• 检查是否漏气<br>每年冬季前必须检查 | 无 | 3个月（冬季之前） |
| 辅助维护：<br>• 检查真空管的真空度 | 真空检测器：<br>HSBA433418P1 | 1年或在特殊情况下（例如：不明电流短路，不正常机械振动，无浪涌避雷器下雷击等）。 |
| 内部器件维护：<br>• 真空开关的主触头磨损的检查 | 检查开距：<br>SG310093R1 | 5年或参照寿命 |

## 二、真空断路器的一般检查

### 1. 外观检查

进行主断路器的外观检查和绝缘子检查，如有裂纹或绝缘子的瓷釉和密封件的损坏则将其更换。

用柔软制品或布把真空断路器外部清理干净。绝缘子的外部可以用硅树脂油脂进行清洗。

注意：禁止使用任何含有氟酸盐、氯酸盐或钠硅酸盐成分的产品清洗部件。

### 2. 检查扭紧力矩

用力矩扳手检查下面部件的扭紧力矩，检查位置如图4-50所示。高压连接部分A扭紧力矩为67 kN·m，接地连接部分B扭紧力矩为50 kN·m，主断路器固定螺栓C扭紧力矩为67 kN·m。

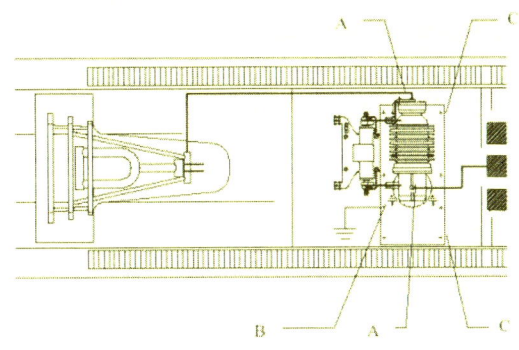

图4-50 装有真空断路器的车顶视图

### 3. 气路检查

为了保证气路元件的正常动作，必须找到机车上管路中容易积水的器件（如真空断路器储风缸的底部、调节阀内）并排除积水，如图4-51所示。

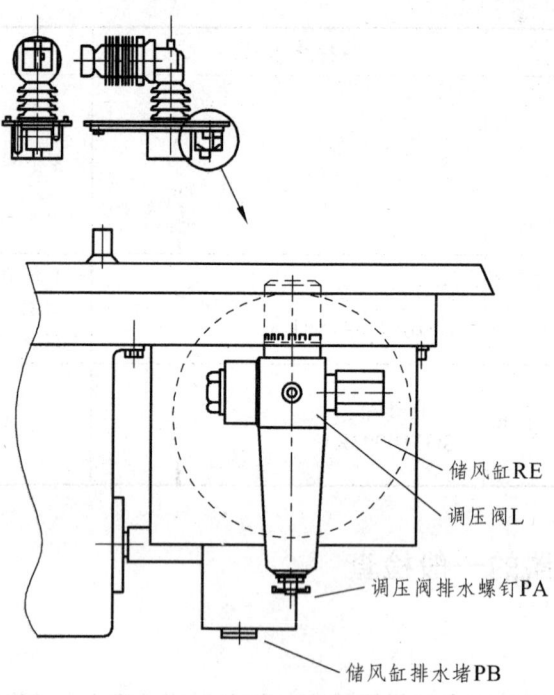

图 4-51 真空断路器排水塞门

1）调压阀的排水（L）

在有气压的空气管路，拧开翼形螺钉（PA）充分排放积水。当气流停止，重新拧紧翼形螺钉（PA）并检查是否漏气。

2）真空断路器储风缸排水（RE）

装有排水阀的储风缸：

① 当储风缸处于有压力状态时打开排水阀，排除积水（注意泄漏）。
② 储风缸排水完毕关掉排水阀。
③ 检查是否漏气，如有必要，清理排放管路。

没有排水阀的储风缸：

① 关闭隔离阀，慢慢拧开位于储风缸下面的塞门（PB），释放压缩空气。
② 一旦压力完全下降，完全打开塞门。
③ 慢慢打开主气路的隔离阀，让空气从出气口排出，直到储风缸积水排尽。
④ 关断主气路的隔离阀。
⑤ 拧紧塞门。
⑥ 检查是否泄漏。

注意：在冬季之前排放气路，以免积水冻结造成气动元件误动作。

3）检查密封件

在完成断路器气路系统排水后，全部检查主要管道的连接密封程度，确保连接器的密封件、塞门密封件和软管安装紧固状态良好。

## 三、C1-C3 修检查要求

（1）清洁绝缘子，绝缘子不许有裂痕、缺损等现象。
（2）各软连线、接地线及安装底座状态良好，下部风管路不许有泄漏。
（3）接地开关接触板与主断路器接地夹接触良好。
（4）旋转机构转动正常。
（5）各紧固锁紧机构状态良好。

## 四、C4 修检查要求

### 1. 真空断路器（BVAC.N99D 型）检修要求

（1）真空管的真空度大于 0.066 Pa 或在真空管两个高压连接端进行 40 kV、10 s 的工频耐电压试验，不许有击穿、闪络。

（2）主触头动作灵活，复原弹簧完好，主触头超程符合 2~4.25 mm，触头允许磨损量<2 mm，触头压力弹簧压缩量符合 19~20.5 mm。

（3）绝缘子内孔光洁，与金属件结合牢固，密封良好。

（4）传动机构各部件不许有裂纹、变形，状态良好，作用正确可靠。各销、套、紧固件不良者更新。紧固件扭紧力矩符合设计要求。活塞往复运动时不许有阻滞现象。气路畅通，阀及阀口密封性能良好。

（5）调压阀、通风管堵及密封件不许有漏气，调压阀、储风缸不许有积水。

（6）连接断路器的主要管道气密性良好，连接器的密封件、塞门密封件和软管连接的密封件不许有泄漏现象。

（7）线圈不许有过热变色、断路、短路，接线柱不许有松动，电磁阀线圈电阻值在温度 20 ℃时为（13±1）Ω（11~13 Ω（进口））；保持线圈电阻值在温度 20 ℃时为 38.0~44.6 Ω。

（8）插座及联锁触头系统各部件表面清洁，不许有裂损、变形；110 V 控制单元板逻辑控制顺序正确。

### 2. 真空断路器（BVAC.N99D 型）试验要求

（1）真空断路器闭合时，主电路电阻值不大于 200 μΩ。

（2）控制电压 77 V 与 138 V 时，气压 450 kPa 与 1 000 kPa 条件下，断路器均能正确完成分、合闸操作。

（3）在额定控制电压 110 V DC、额定工作气压 450~1 000 kPa 下，主断路器分、合闸时间必须符合规定。固有分闸时间为 0.02~0.06 s（即从断开信号发出至主触头打开时间），合闸时间＜0.06 s。

（4）用 2 500 V 兆欧表测量，主断路器主电路对地绝缘电阻值不小于 500 MΩ。

## 【练习与思考】

1. 叙述 DSA-200 型受电弓的结构和各部件的功能。
2. 叙述 DSA-200 型受电弓的动作原理。
3. 简述 DSA-200 型受电弓自动降弓装置的组成和工作原理。
4. 简述 DSA-200 型受电弓调整升、降弓时间的方法。
5. 简述 DSA-200 型受电弓调整接触压力的方法。
6. 简述 BVAC N99 型交流真空主断路器的结构和主要部件的作用。
7. 简述真空灭弧的原理。
8. 简述真空开关管的结构组成及主要部件的作用。
9. 简述 BVAC N99 型交流真空主断路器的合闸和分闸过程。
10. 叙述 BVAC N99 型交流真空断路器的检查范围。
11. 高压隔离开关有什么用途?
12. 简述 BT25.04 型高压隔离开关的结构和控制原理。
13. 高压接地开关有什么用途?
14. 简述 BTE25040L1A2B02 型高压接地开关的结构和操作过程。
15. 高压连接器的主要作用是什么?
16. 简述 TLG1-400/25 型高压连接器的结构和工作原理。
17. 如何进行高压连接器头部上下摆动控制?
18. 简述 JDZXW2-25A 型电压互感器的结构和工作原理。
19. 简述 LMZBK-25 型电流互感器的结构和工作原理。
20. 避雷器有什么用途?
21. 简述避雷器的基本原理。
22. 简述 YH10WT-42/105D 型避雷器的结构和维护保养。
23. 简述 25 kV 高压套管的作用。
24. 简述车顶绝缘子的作用。
25. 简述高压电压互感器和高压电流互感器的作用。

# 项目五　HXD 型电力机车辅助电气系统

## 【项目描述】

本项目主要学习 $HXD_3$ 型电力机车辅助电路的组成和工作原理，学习辅助电器的作用、结构和工作原理，进行辅助电路分析技能训练。

## 【教学目标】

1．知识目标

（1）掌握 $HXD_3$ 型电力机车辅助电气系统的组成；
（2）掌握 $HXD_3$ 型电力机车辅助电路的组成；
（3）掌握 $HXD_3$ 型电力机车辅助电路的原理；
（4）掌握辅助变流器的结构及原理；
（5）掌握各辅助电器的作用、原理及各电器的维护保养。

2．能力目标

（1）能分析 $HXD_3$ 型电力机车辅助电路；
（2）能判断处理辅助电路电气故障；
（3）能对辅助电气设备进行维护保养。

# 任务一　辅助电路的分析与检查

## 【教学目标】

1．知识目标

（1）掌握 $HXD_3$ 型电力机车辅助电气系统的组成；
（2）掌握 $HXD_3$ 型电力机车辅助电路的组成；
（3）掌握 $HXD_3$ 型电力机车辅助电路的原理；
（4）掌握辅助变流器的结构及原理。

2．能力目标

（1）会分析 $HXD_3$ 型电力机车辅助电路；
（2）会判断处理辅助电路电气故障。

## 【相关知识】

HXD$_3$型交流传动货运电力机车的辅助电气系统是由辅助变流器、各辅助机组及辅助加热设备等组成。系统采用冗余设计，具有电压稳定、平衡、节能、低噪声、维护工作量少等优点。辅助变流器是为通风机和压缩机等辅助机组提供三相交流电源的电源装置，根据负载特性不同，系统具有可变电压、可变频率的VVVF控制和固定电压、固定频率的CVCF控制两种功能。为了确保根据机车运行状况而提供实际所需的冷却风量和降低运转噪声，系统中两台复合冷却器通风机和6台牵引电机通风机设定为VVVF控制模式，其他负载采用CVCF控制模式。

机车装载有两组辅助变流器。正常工作时，一组（UA11）采用VVVF控制，另一组（UA12）采用CVCF控制。当某一组辅助变流器出现故障时，另外一组辅助变流器将采用CVCF控制模式为所有辅助负载提供能量。

## 一、辅助变流器原理及参数选择

### （一）辅助变流器组成

#### 1. 辅助变流器的结构

在机车变流器装置的中央下段，设置有辅助变流器（APU）接线端子台，辅助变流器（APU）、交流接触器、熔断器、充电电阻器，如图5-1所示。

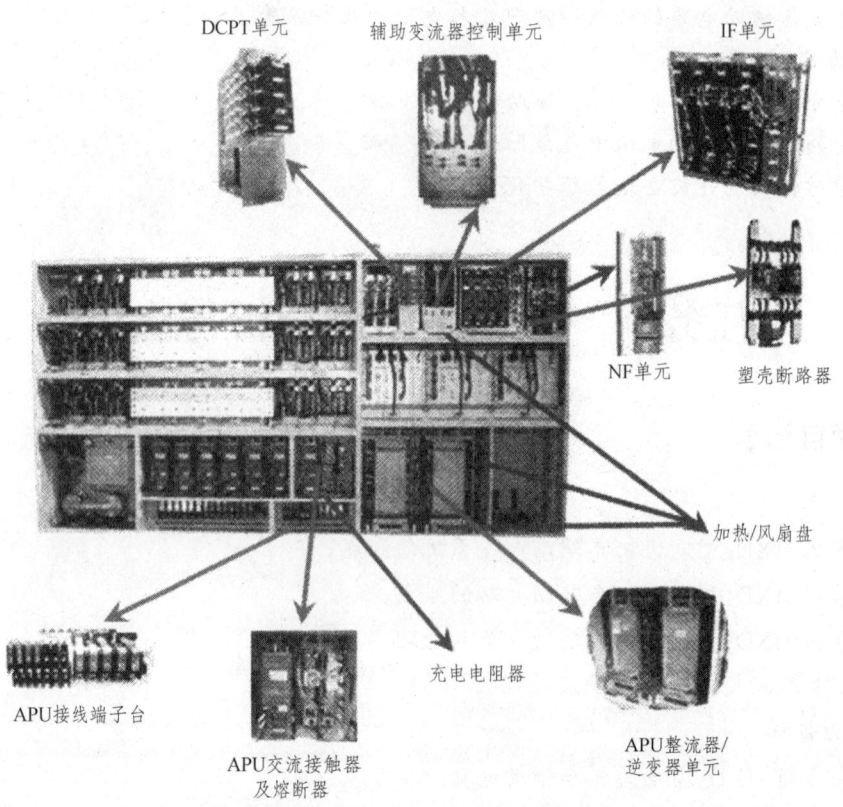

图5-1 辅助变流器构成图（正面）

在变流器装置的右上段,设置有辅助变流器与牵引变流器共用的 DCPT(电压传感器)单元、I/F(接口)单元、辅助变流器控制单元、塑壳断路器。在里面设置有辅助变流器与牵引变流器共用的 GR(接地电阻)单元、同步变压器与噪声过滤器元件。另外在辅助变流器控制单元、I/F(接口)单元、DCPT(电压传感器)单元、OVTR(过压保护)单元的下侧设置有加热器元件,当周围温度比较低时,为各零件加温。

在变流器装置的右下段,设置有辅助变流器逆变器单元、整流器单元及滤波电容。在该单元的下侧,设置有加热器元件,侧面设置有风扇。另外,变流器装置后部是风道,通过在右侧里面设置的通风机对辅助变流器逆变器单元和整流器单元进行强制风冷,如图 5-2 所示。

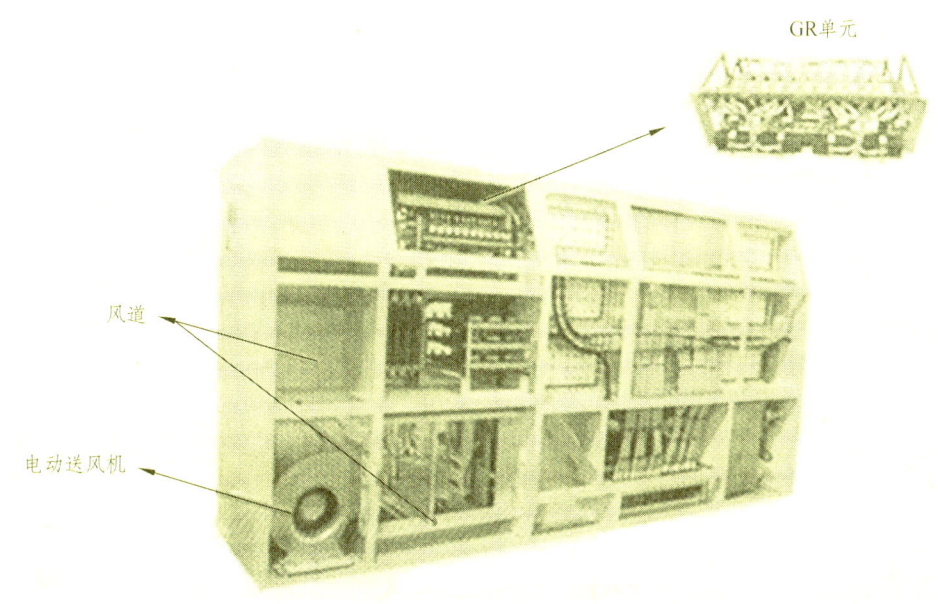

图 5-2 辅助变流器构成图(背面)

### 2. 预充电电路

四象限整流器的输出端接有直流回路支撑电容,电容器上的电压不能突变。如果没有限流电阻,那么在接触器 K 闭合瞬间,主变压器辅助绕组、整流器中的续流二极管和中间电容形成回路,造成很大的电流冲击,预充电电路的目的在于减小这种电流冲击。

如图 5-3 所示,预充电电路由充电接触器 AK、工作接触器 K 和限流电阻 CHR 组成。当中间直流回路电压为零时,先闭合充电接触器 AK,主变压器的辅助绕组通过充电电阻向四象限整流器供电,给中间直流回路支撑电容充电。当中间直流电压建立后,闭合工作接触器 K,断开充电接触器 AK,在切除充电电阻的同时,继续向中间直流回路支撑电容充电,直至中间直流回路电压达到 750 V。至此,辅助变流器预充电过程完成。

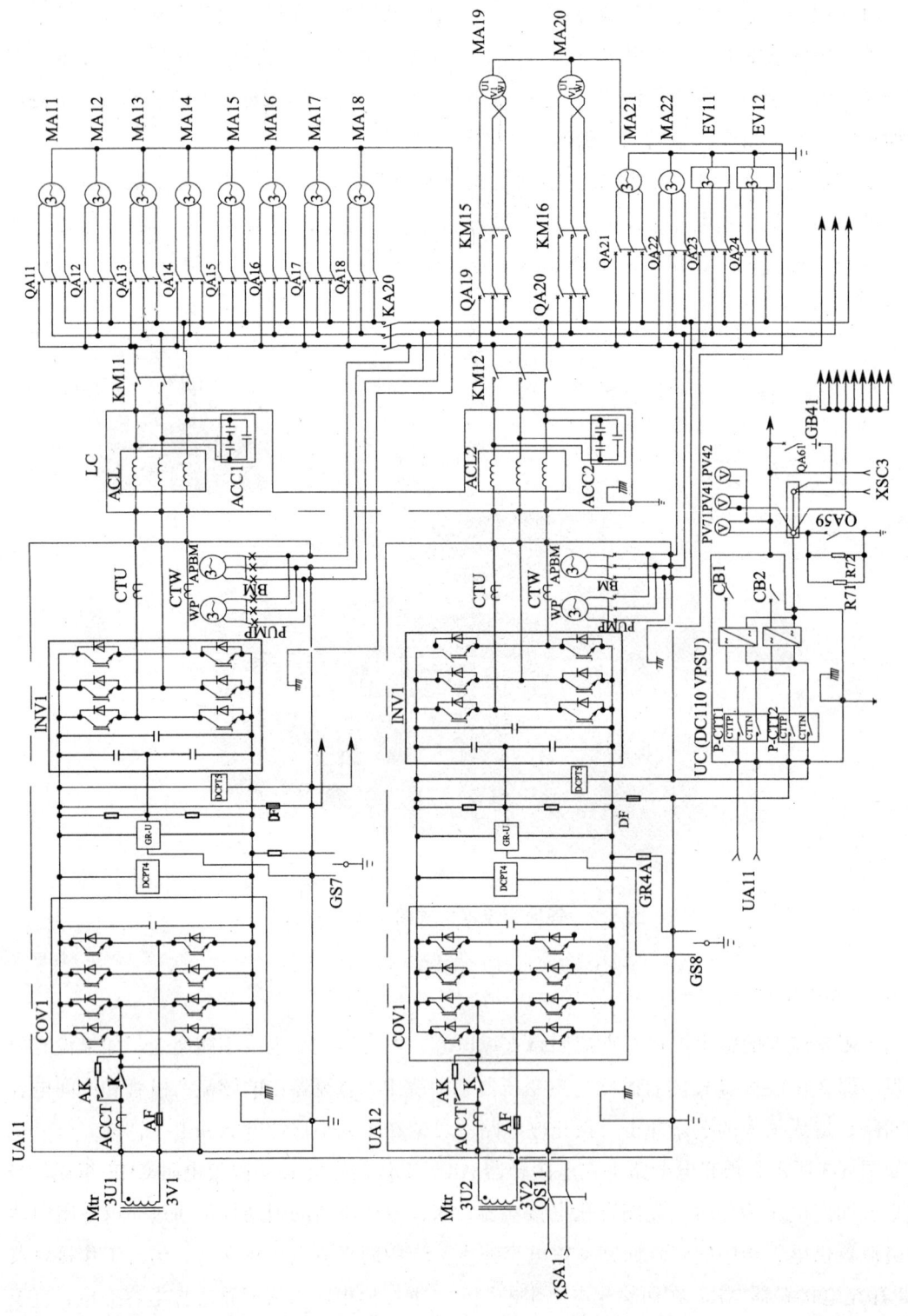

图 5-3 辅助变流系统及其供电电路

### 3. 四象限整流器电路

四象限整流器电路的主要技术参数如下：

| | |
|---|---|
| 辅助变流器构成 | 整流器单元 1 台 + 逆变器单元 1 台 × 2 组/机车 |
| 主回路输入 | 单相 399 V-50 Hz |
| 主回路输出 | CVCF 230 kV·A-380 V-50 Hz |
| | VVVF 230 kV·A |
| | 频率可变范围 0.2 ~ 50 Hz |
| | 电压可变范围 2 ~ 380 V |
| | 效率：大于 90%。 |
| 中间直流电压 | DC 750 V |
| 冷却方式 | 强制风冷方式 |
| 控制电压 | DC 110 V |
| 周围温度 | − 40 °C ~ + 40 °C |

四象限整流电路是一个脉宽调制变流器，它将升压斩波与整流电路结合起来，使输入电流近似正弦波并与网压同相。其结构属于升压整流方式，输入电压低于输出电压，其输入侧功率因数较高，接近于 1，同时限制了谐波电流分量。因此与相控整流器比较，四象限整流器的功率因数高，谐波电流含量也小得多。采用 IGBT 作为其功率器件后，调制频率提高，当其输入端或输出端发生变化时，控制系统能很快做出响应，快速调节使输出保持稳定。

### 4. 中间直流电路

中间直流回路由中间电压支撑电容、中间电压测量电路和辅助接地保护电路组成。

辅助变流器采用的是电压型逆变器，为了稳定中间回路电压，并联了大量的支撑电容，同时还对辅助逆变器产生的高次谐波进行滤波。

每个辅助变流器的接地保护系统都是由跨接在中间回路的 2 个串联电容和 1 个接地信号检测传感器组成。辅助回路正常工作时，由于只有 1 点接地，接地保护电路中流过的电流为零，接地信号检测传感器无信号输出。当辅助电路某一点接地时则形成回路，接地检测回路有故障电流流过，传感器输出电流信号，使保护装置动作。保护发生时，相控整流器和逆变器的门极均被封锁，同时向微机控制系统发出跳主断路器的信号。可以通过接地故障转换开关，实施对接地保护的隔离。

### 5. 逆变器电路

HXD$_3$ 型电力机车辅助变流器的逆变器具有工作频率高、自我保护能力强、控制方法较简单等优势。逆变器的任务是将直流电压转换成三相交流电压向负载电机供电，其输出方式既可以选择变压变频（VVVF）方式，也可以选择恒压恒频（CVCF）方式，以满足不同负载的需要。辅助变流器正常工作时，将所有泵类负载（如压缩机、油泵、空调机组）由一组辅助变流器供电，采用 CVCF 方式。而所有风机类负载如牵引风机、复合冷却器通风机等，由另一组辅助变流器供电，采用 VVVF 方式。当任何一组辅助变流器出现故障时，通过微机控制监视系统的信息传递和故障切换，可以实现由另一组辅助变流器以 CVCF 方式对全部辅助机组供电，完成了机车辅助变流系统的冗余控制，提高了机车辅助变流系统的可靠性。

逆变器主要技术参数如下：
CVCF 变流器输出容量　　　230 kV·A
输出电压　　　　　　　　　AC 380 V（三相）
输出频率　　　　　　　　　50 Hz
元件类型　　　　　　　　　IGBT（1 700 V、1 200 A）
VVVF 变流器输出容量　　　230 kV·A
输出电压　　　　　　　　　AC 2～380 V
输出频率　　　　　　　　　0.2～50 Hz
元件类型　　　　　　　　　IGBT（1 700 V、1 200 A）

#### 6. 供电电路

HXD$_3$ 型交流货运电力机车辅助变流系统的供电电路是由主变压器辅助绕组、辅助变流器、滤波电感、滤波电容、接触器、自动开关、辅助电动机等组成，具体电路如图 5-3 所示。

辅助变流器 UA11、UA12 分别由主变压器的两个辅助绕组供电，两个辅助绕组的电压均为 399 V。每个辅助变流器的输出侧都加有滤波电感 ACL 和滤波电容 ACC 组成的正弦波滤波器，这样将传统逆变器输出的正弦脉宽调制（SPWM）波变换为正弦波给各辅助电动机供电，从而大大降低了对电机绕组匝间绝缘的要求，提高了电机的使用寿命。机车上的各辅助电动机均通过各自的自动开关与正弦波滤波器连接，除两台空气压缩机外，均不设电磁接触器，使辅助电动机电路简单、可靠。

辅助变流器 UA11 的输出首先经过正弦波滤波器 ACL1，再经过接触器 KM11 给牵引风机电动机 MA11、MA12、MA13、MA14、MA15、MA16 和复合冷却器风机电动机 MA17、MA18 供电。由于以上负载属于风机类负载，辅助变流器可工作在变频变压状态。

辅助变流器 UA12 的输出首先经过正弦波滤波器 ACL2，再经过接触器 KM12 给空气压缩机电动机 MA19 和 MA20、主变压器油泵 MA21 和 MA22、司机室空调 EV11 和 EV12、两台牵引变流器水泵 WP、两台辅助变流器通风机 APBM 以及其他辅助设备（加热器、厕所等）供电。由于以上负载属于泵类负载，辅助变流器工作在恒频恒压状态。

同时辅助变流器 UA11、UA12 的中间直流还向 PSU（DC 110 V 电源装置）供电。

### （二）辅助变流器电路

辅助变流器通过由 IGBT 构成的整流器单元把从主变压器辅助绕组提供的单相交流电转换为恒定电压的直流电，然后通过由 IGBT 构成的逆变器单元把直流电转换为三相交流电。

#### 1. 控制原理

无论是整流器单元还是逆变器单元均采用 PWM 调制方式进行控制。

辅助变流器的原理简图如图 5-4 所示。其工作原理与主变流器的原理基本相同，不再叙述。

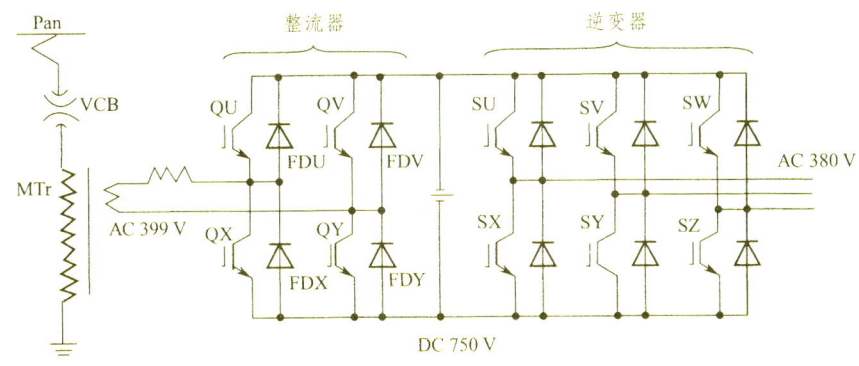

图 5-4 辅助变流器原理简图

**2. 辅助变流器电气回路**

辅助变流器的电气回路如图 5-5 所示。其主要由以下几部分构成：

1）交流输入及充电回路

主要是将主变压器辅助绕组的 399 V 交流电源引入辅助变流器，通过整流器单元对中间电容进行充电。

主要由主接触器（K）、辅助充电接触器（AK）、充电电阻（CHR）及输入保护用熔断器（AF）构成。

2）输入电压检测回路

回路主要是通过装在 CI 内的同步变压器（TV1）对架线电压进行监控并采样，并将检测信号发送给中央控制单元。其主要由交流电压检测器、低通滤波器构成。

3）输入电流检测回路

回路主要是对辅助变流器输入电流进行检测，并将检测信号发送给中央控制单元。其主要由交流电流检测器（ACCT）构成。

4）整流器单元

主要是将 399 V 交流电转换成恒定的 750 V 直流电。图 5-5 中，变流器的元件由 IGBT 和整流器组成的模块构成，对四象限整流器，每一个桥臂为两个模块并联。

整流器单元由模块门极驱动板（GUU1、GUU2）、检测基板（DET511）构成。检测基板将中央处理器发来的驱动信号传递给门极驱动板，并将门极驱动板的反馈信号综合处理后返送给中央处理器。门极驱动板接收到经由检测基板传递来的驱动信号后，对 IGBT 进行驱动控制，并对 IGBT 的运行状况进行检测，将检测信号发送到检测基板。

5）直流整形回路

对整流器单元输出的直流电进行整形，以消除中间直流回路的波动电压，达到平滑的目的。

其由整流器单元中的滤波电容（FC11～FC16）和逆变器单元中的滤波电容（FC21～FC24）构成。

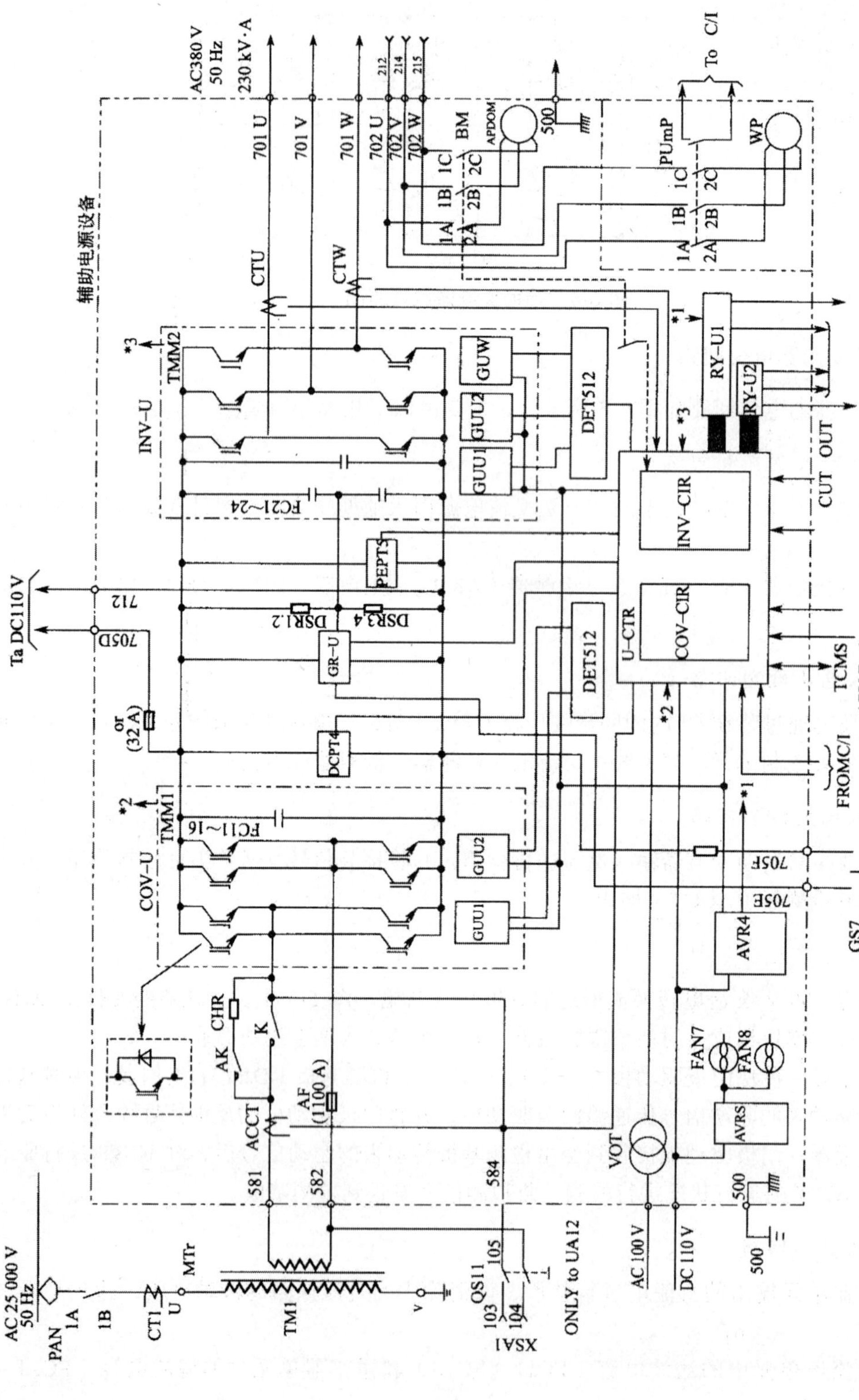

图 5-5　辅助变流器电气回路

6）直流电压检测回路

本回路对中间直流回路的 750 V 直流电压进行检测，并将检测结果输入到中央控制单元。该回路由电压传感器（DCPT4、DCPT5）构成，DCPT4 对整流器单元的输出电压进行检测，DCPT5 对逆变器单元的输入电压进行检测。

7）接地保护回路

本回路对直流中间回路、交流输入侧及交流输出侧的接地进行检测，并将检测信号发送给中央控制单元。本回路由接地检测单元（GR—U）及逆变器单元中的电容（GRC5、GRC6）构成。

8）逆变器单元

本回路将中间直流回路的 750 V 直流电转换成 380 V 的交流电，为各负载提供电源。其中，为主牵引电机 6 台冷却风机（MA11～MA16）和 2 台复合冷却器风机（MA17、MA18）提供电源的辅助变流器（UA11）采用 VVVF 控制方式，而为其他负载提供电源的辅助变流器（UA12）采用 CVCF 控制方式。采用 VVVF 控制方式的 UA11，根据机车的运转状态不同，输出的 380 V 交流电采用不同的频率。机车手柄级位为 4 级（含 4 级）以下运行时，频率为 33 Hz，4 级以上时，频率为 50 Hz。

其主要由 IGBT 门极驱动板（GUU、GUV、GUW）、检测基板（DET512）构成。检测基板将中央处理器发来的驱动信号传递给门极驱动板，并将门极驱动板的反馈信号综合处理后返送给中央处理器。门极驱动板接收到经由检测基板传递来的驱动信号后，对 IGBT 进行驱动控制，对 IGBT 的运行状况进行监控，并将监控信号发送到检测基板。

9）中央控制单元

本单元是辅助变流器的核心控制部分，它将各部分的检测信号进行分析处理后，对各部分实施控制。其主要由 COV—CIR 及 INV—CIR 两部分构成。COV—CIR 主要是对整流器单元进行控制；INV—CIR 主要是对逆变器单元进行控制。

10）辅助变流器冷却回路

辅助变流器的冷却方式是强制风冷，辅助变流器冷却风机电动机电路主要由冷却风机电动机（APBM）和断路器（BM）构成。

11）主变流器冷却回路

主变流器的主冷却方式是液体冷却，主变流器水泵电动机电路由水泵电动机（WP）和断路器（PUMP）构成。

## 二、辅助电动机电路

机车上的各辅助电动机均通过各自的自动开关与辅助变流器连接，除两台空气压缩机外，均不设电磁接触器，使得辅助电动机电路更简化、更可靠。当辅助变流器采用软启动方式进行启动，除空气压缩机电动机外，其他辅助电动机也随之启动。空气压缩机的启动受电磁接触器控制，电磁接触器受机车司机控制扳键开关和总风缸空气压力继电器的控制。

## 三、辅助加热装置电路

HXD$_3$ 型交流传动货运电力机车的辅助加热电路如图 5-6 所示。

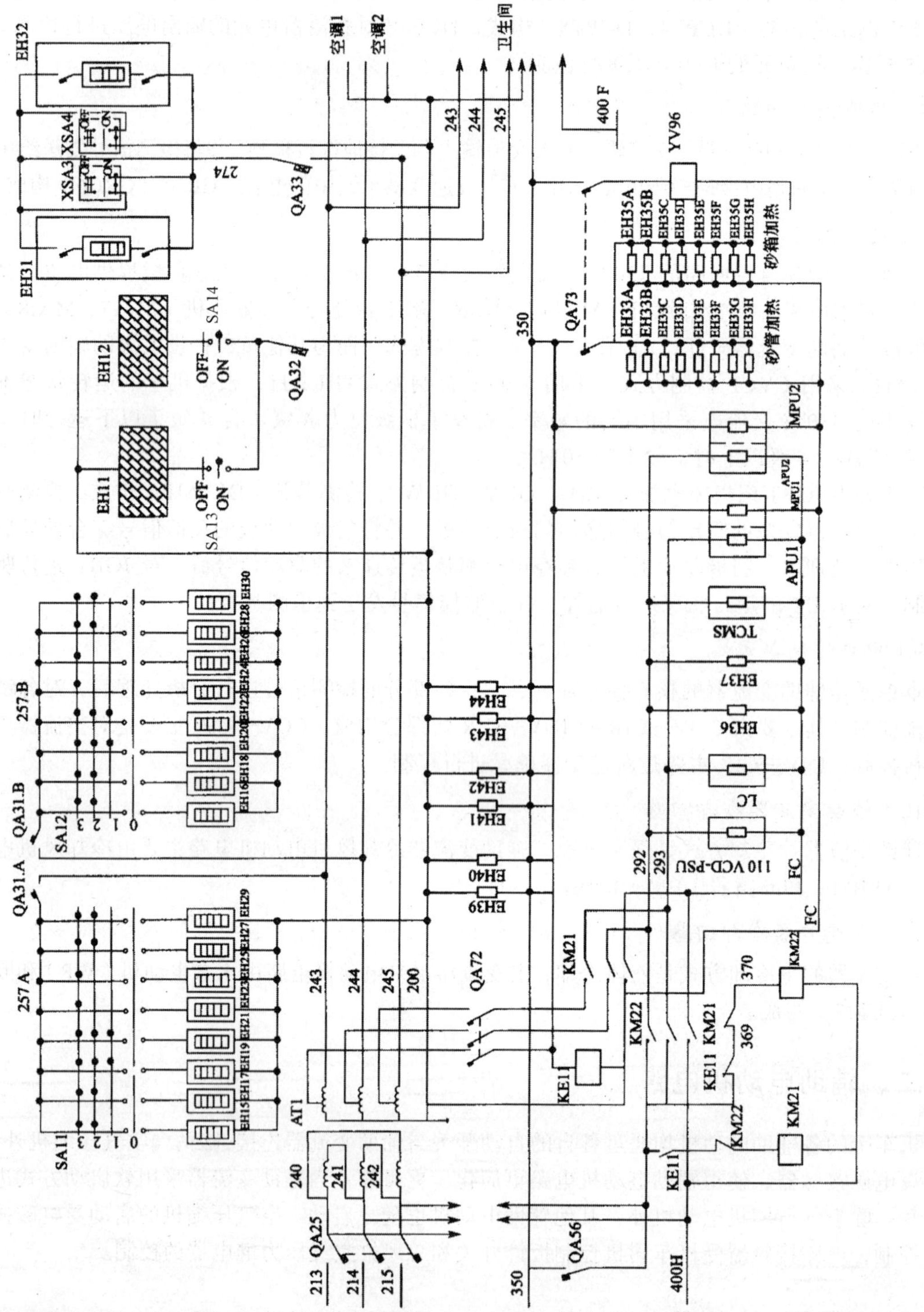

图 5-6 辅助加热装置电路

机车辅助加热装置主要有电热玻璃 EH11~EH12、膝炉 EH15~EH18、侧墙暖风机 EH19~EH22、脚炉 EH23~EH26、后墙暖风机 EH27~EH30、司机室多功能饮水机 EH31~EH32 及低温预热回路等，它们均由 UA12 通过隔离变压器 AT1 进行供电。

在膝炉、侧墙暖风机、脚炉、后墙暖风机支路上设置了功能转换开关 SA11、SA12 进行投入和切除转换，并设置了空气自动开关 QA31A 和 QA31B 进行过流保护。

在电热玻璃支路上设置了功能转换开关 SA13、SA14 进行投入和切除转换，并设置了空气自动开关 QA32 进行过流保护。

在司机室多功能饮水机支路上设置了空气自动开关 QA33 进行过流保护。另外，还设置了两个司机室电源插座 XSA3、XSA4，给司机室提供 220 V 交流电源，方便司机的需要。

机车辅助加热回路中，还设有低温预热回路，由 DC 110 V 供电，预热完毕后，机车转由 AC 110 V 供电。当机车需要低温预热时，首先闭合自动开关 QA56、QA72，与接触器 KM22，采用 DC 110 V 低温预热方式，对辅助变流器、110 V 电源充电模块、TCMS 微机系统等进行加热。预热一定时间后，微机开始工作，然后升弓合主断，待辅助变流器正常工作后，继电器 KE11 和接触器 KM21 闭合，接触器 KM22 断开，转由 AC 110 V 进行低温预热，对主变流器、辅助变流器、110 V 电源充电模块、总风压力开关、重联插座等进行加热。通过闭合自动开关 QA73，可以对撒砂装置进行加热。

## 四、辅助电路的过流、过载、过压和欠压保护

辅助变流器主要由两部分组成，即将单相交流变换成直流的整流器和将直流变换成三相交流的逆变器。整流器和逆变器拥有各自的控制单元，并进行独立的故障检测。

保护大致分以下几类：

① 将装置的故障影响降到最低限度的保护。该保护通过熔断 Fuse 或切断主断路器 VCB 将辅助变流器从主电路中切断。

② 防止异常电压和过电流的保护。

③ 内部故障的保护。即防止 IGBT 元件烧损和装置内短路，或检测器异常和控制关联机器异常等故障扩大的保护。

④ 其他保护。

1）辅助系统主电路接地保护

在辅助变流器 UA11、UA12 内部各设有一套接地保护装置，进行辅助系统主电路的接地保护。当对应辅助回路发生接地故障且确认只有一点接地时，可以将控制电器柜内对应的接地故障转换开关置"中立位"，继续维持机车运行，也可将故障的辅助变流器切除，机车维持一组辅助变流器供电。

2）辅助变流器的过流和过载保护

在每一组辅助变流器的输入回路中，设有输入电流互感器 ACCT，起控制、监视辅助变流器充电电流及辅助绕组短路电流的作用，其动作保护值为 1 600 A。保护发生时，四象限整流器的门极均被封锁，工作接触器 K、AK 均断开，同时向微机控制系统发出跳主断路器的

信号。该故障消除后10 s内自动复位，如果此故障在2 min内连续发生两次，该辅助变流器将被封锁，必须切断辅助变流器的控制电源，才可解锁。

在每一组辅助变流器的输出回路中，设有输出电流互感器CTU和CTW，对辅助电动机回路过载及三相不平衡起控制和监视保护作用，辅助电动机回路过载保护的动作值为850 A。保护发生时，逆变器的门极均被封锁，同时向微机控制系统发出跳主断路器的信号。该故障消除后10 s内自动复位，如果此故障在2 min内连续发生6次，该辅助变流器将被锁死，必须切断辅助变流器的控制电源，才可解锁。

3）辅助变流器中间直流回路电压保护

辅助变流器中间直流回路设有两组电压监测环节，其中DCPT4是用于四象限整流器的控制，DCPT5是用于逆变器的控制。当DCPT5监测到中间回路电压大于等于825 V或小于等于580 V时，中间回路电压保护环节动作，逆变器门极被封锁，逆变器停止输出。当DCPT4监测到中间回路电压大于等于825 V或小于等于270 V时，四象限整流器门极被封锁，四象限整流器停止输出。

4）辅助变流器输入电压的保护

当辅助变流器的输入电压（即辅助绕组的输出电压）低于279 V时（即网压低于17.5 kV时），低压保护环节动作，四象限整流器的门极被封锁，工作接触器K、AK断开，四象限整流器停止输出。当辅助变流器的输入电压高于502 V时（即网压高于31.5 kV时），过压保护环节动作，四象限整流器的门极被封锁，工作接触器K、AK断开，四象限整流器停止输出。

5）110 V充电模块输入电源的短路过载保护

每组辅助变流器均可向110 V充电模块提供DC 750电源，输出电源回路通过熔断器DF进行短路过载保护，熔丝额定值为215 A。当DF出现熔断后，辅助变流器将通知微机控制系统TCMS，进行110 V充电模块输入电源的转换。由另一组的辅助变流器向110 V充电模块提供直流电源，同时微机显示屏也进行相应故障显示和记录。

# 任务二　辅助电器的维护与保养

## 【教学目标】

1. 知识目标

（1）掌握HXD$_3$型电力机车控制电器柜、TCMS柜和ATP柜设备布置；

（2）掌握接触器在HXD$_3$型电力机车上的作用；

（3）掌握LC滤波装置的结构组成和工作原理；

（4）了解司机室加热器的作用和布置。

2. 能力目标

（1）会对各辅助设置进行检查、维护和保养；

（2）会处理辅助设备常见故障。

【相关知识】

一、控制电器柜

控制柜主要安装了机车上大部分的控制继电器、辅助电路用接触器、断路器及部分其他器件。控制柜正面布置如图 5-7 所示，控制柜背面布置如图 5-8 所示。

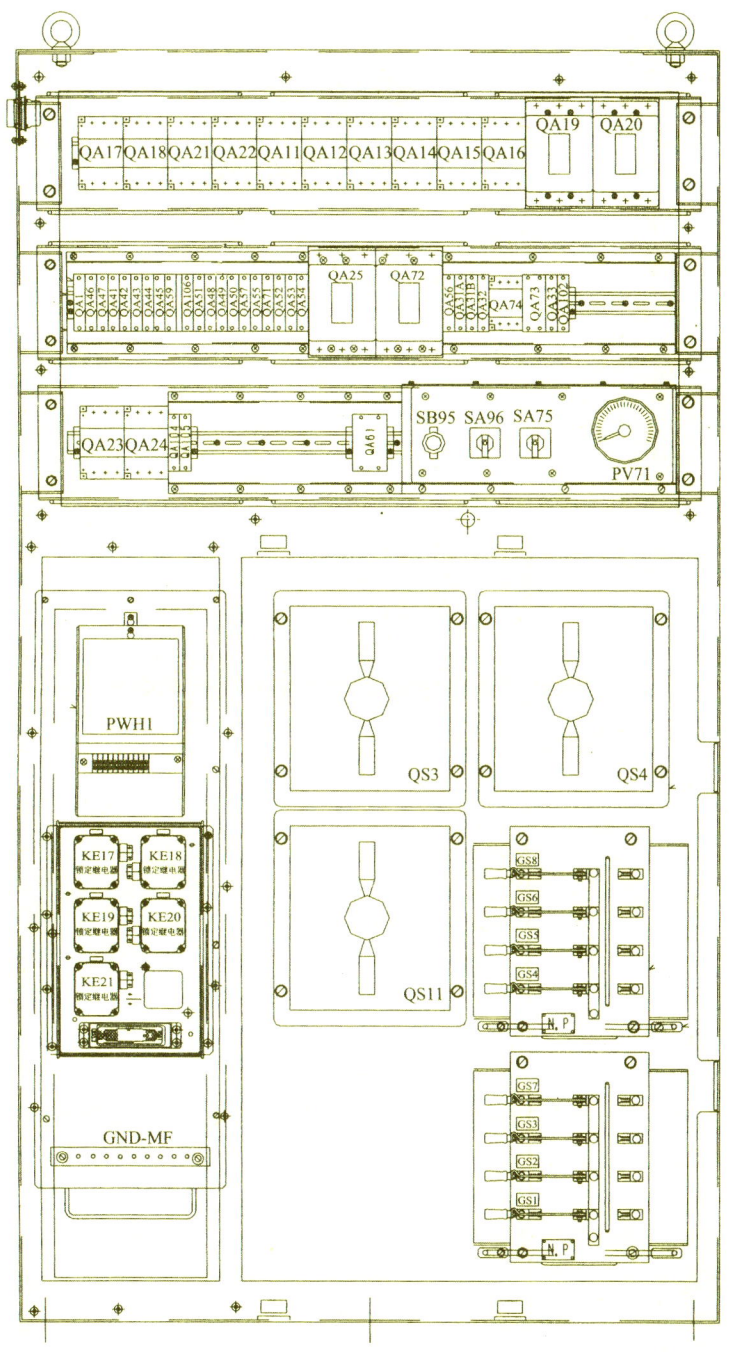

图 5-7　电器柜正面布置图

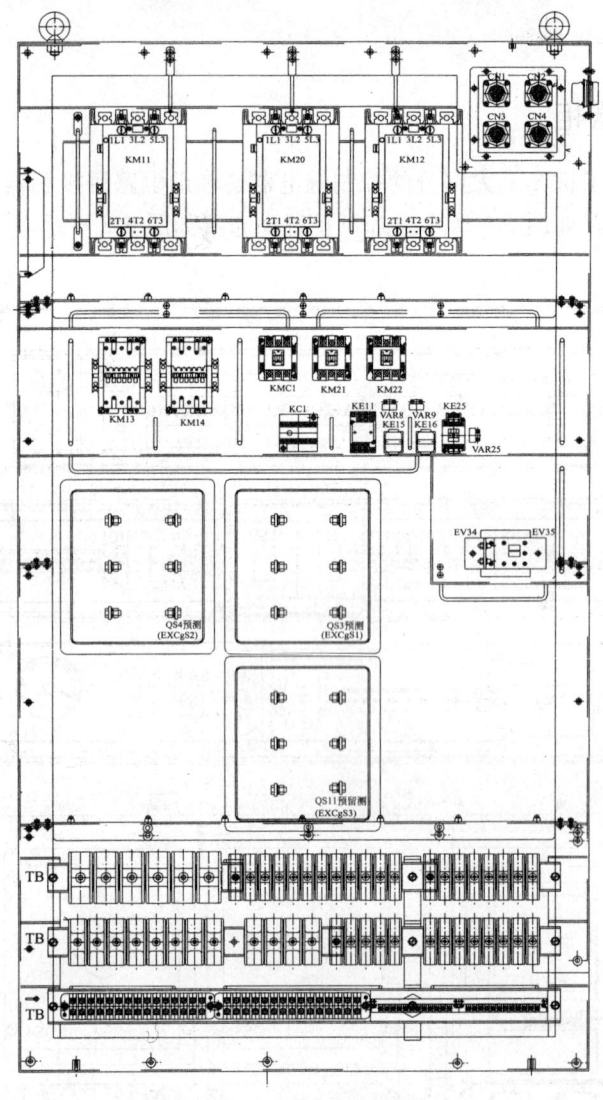

图 5-8 电器柜背面布置图

控制柜正面上部配置断路器、辅助压缩机启动按钮、万能转换开关及电压表。

上段断路器：牵引电机通风机、复合冷却器通风机等的断路器。

中段断路器：控制电路用的小型断路器。

下段断路器：空调等辅助电路用断路器。

另外还设置了库用电源切换用的万能转换开关。

控制柜下部配置主电路库用转换开关 QS3、QS4，辅助电路库用转换开关 QS11，主电路和辅助电路接地开关 GS1~GS8。

电能表安置在控制柜正面左下的罩内。

为保证人身安全，在平开门上设置了联锁装置。主断路器断开，受电弓降下后，将制动装置内的受电弓升弓阀用的钥匙开关置于断开位，然后将钥匙（蓝色）拔出，将拔下的钥匙插入高压接地开关（QS10）钥匙箱旋转 90°，然后将 QS10 的把手扳向接地位置。只有处于安全状态时，才能够从接地开关钥匙上拔出黄色的钥匙，打开平开门。

装置的背面侧排列了辅助电路用的负荷接触器，为了安全，设计了螺纹止回式的罩。装置的背面和侧面的上部，配置了6个控制电路的单手柄式27芯接头，装置背面的下部，配置了主电路、辅助电路用的端子排。

## 二、TCMS 和 ATP 柜

TCMS 和 ATP 柜主要装载 TCMS 装置、机车监控装置和机车信号系统。

TCMS 和 ATP 柜主要设备布置如图 5-9 所示。

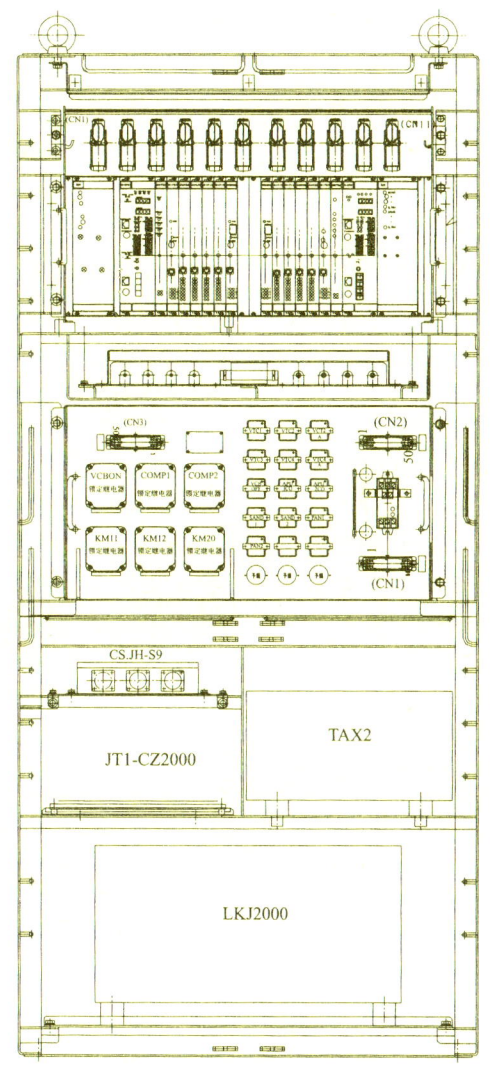

图 5-9　TCMS&ATP 柜

TCMS 和 ATP 柜由上下 2 层构成。

上层：打开上半部分的平开门，有 TCMS 装置的控制单元主体和继电器盘。

下层：打开下半部分的平开门，有 LKJ2000 监控装置、机车安全监控装置 TAX2，主体化机车信号车载系统 JT1-CZ2000。

TCMS 装置配线用的连接端子在装置背面上部，全部采用 27 芯连接器。

## 三、辅助变压器

辅助变压器 380 V/220 V/110 V 三相变压器,在电路中给机车提供 220 V 及 110 V 单相交流电源,接线原理图如图 5-10 所示。

主要技术数据如下:

| | |
|---|---|
| 容量 | 40 kV·A |
| 重量 | 约 250 kg |
| 冷却方式 | 干式自冷 |
| 频率 | 50 Hz |
| 一次电压 | 380 V（D 接） |
| 二次电压 | 220 V/110 V（Y 接） |
| 二次电流 | 60 A（有效值） |
| 绝缘等级 | F 级 |
| 温升限值 | 140 K |
| 绝缘电阻 | 100 MΩ 以上（用 1 000 V 的欧姆表测量） |
| 绝缘耐压 | 一次对二次、一次对地工频 2.9 kV,1 min;二次对地工频 2.0 kV,1 min |
| 线圈要求 | 线圈采用防电晕的电磁线 |

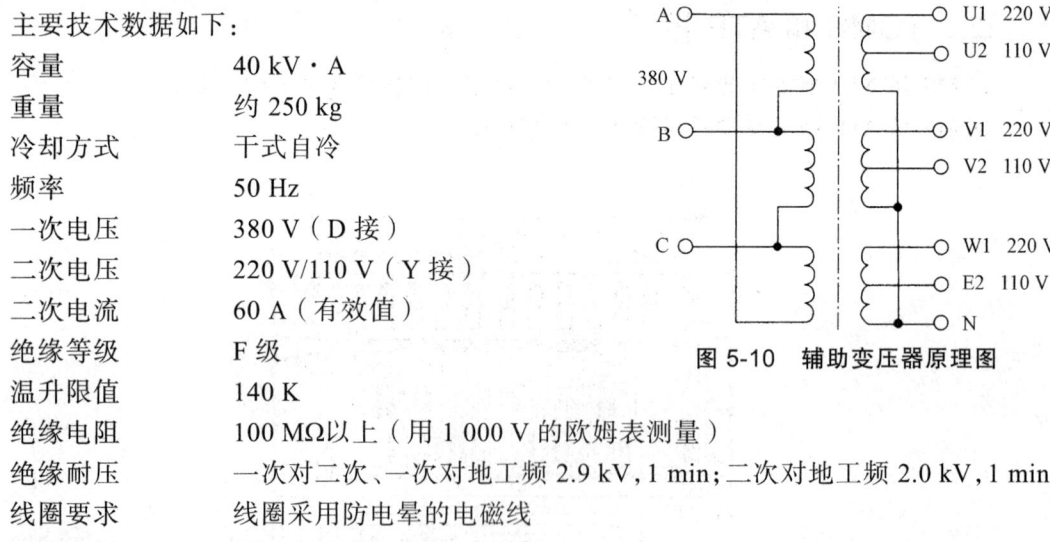

图 5-10 辅助变压器原理图

## 四、LC 滤波装置

### 1. LC 滤波装置原理

辅助变流器 UA11、UA12 输出的是含有高次谐波的交流矩形波,高次谐波会对后端负载产生影响。为了减少影响,在辅助变流器后端配置了 LC 滤波器,对其输出波形进行整形和滤波。LC 滤波装置原理如图 5-11 所示。

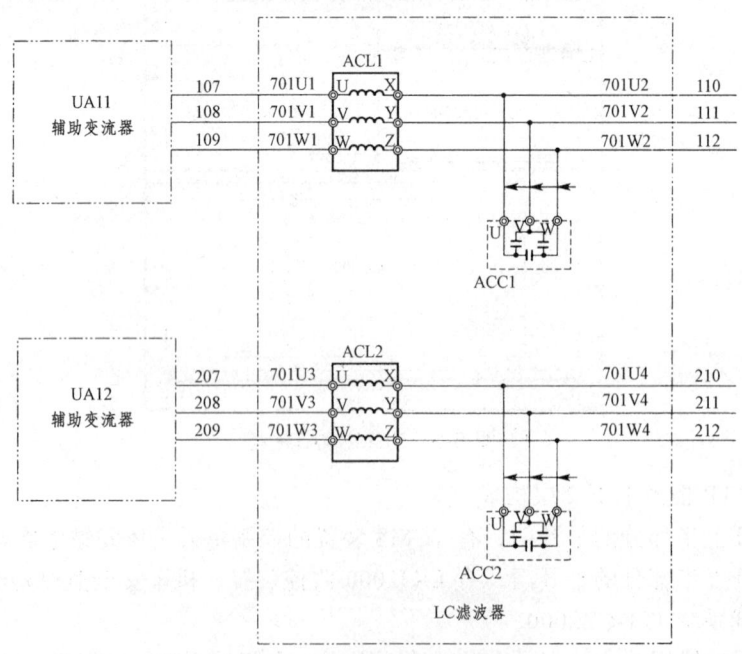

图 5-11 LC 滤波装置原理图

## 项目五　HXD 型电力机车辅助电气系统

辅助变流器中间回路的 DC 750 V 直流电经逆变器单元的 PWM 控制转换成方形波，其控制及输出波形如图 5-12（a、b、c）所示。接在后面的电抗器 L 和电容 C 构成了低通滤波器，以消除其中的高次谐波，使其波形更加平滑、完美，满足负载的需要。滤波后的输出波形如图 5-12（d）所示。LC 滤波器的谐振频率 $f_0 = 1/(2\pi\sqrt{LC})$。

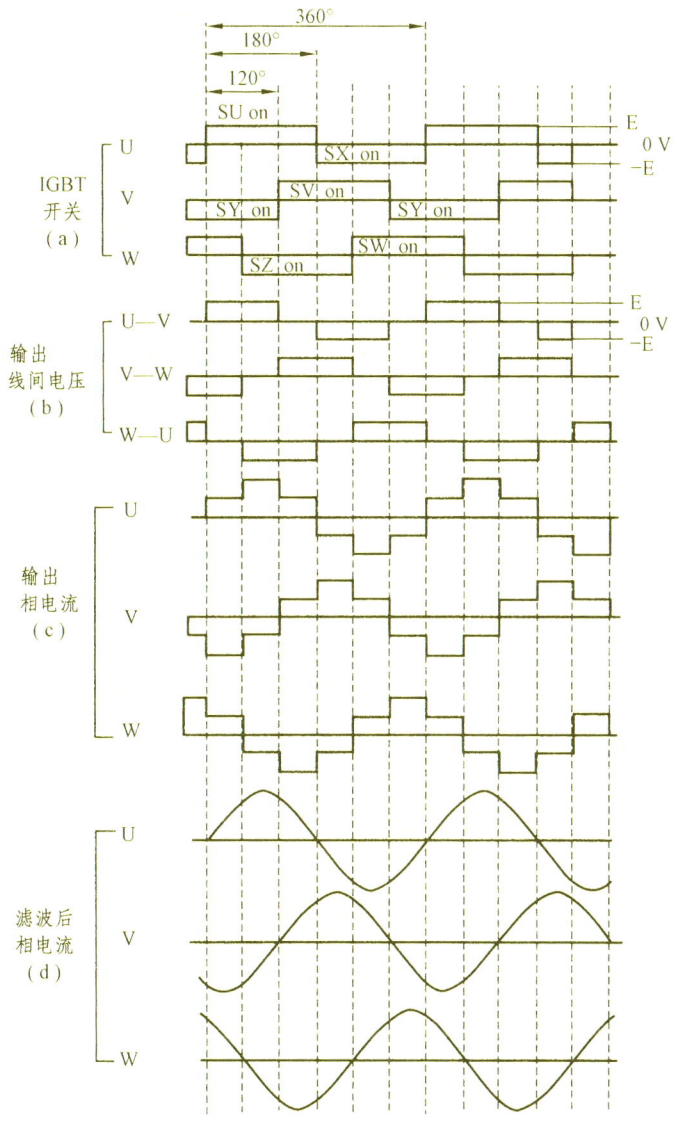

图 5-12　LC 滤波装置波形图

### 2. LC 滤波装置的结构组成

LC 滤波装置中，上层设有两套交流电抗器，下层设有两套交流电容器。另外，在交流电容器下部设有加热电阻器以满足低温启动的要求。组装侧的配线可以从右侧面左下方的配线孔中引出，如图 5-13 所示。

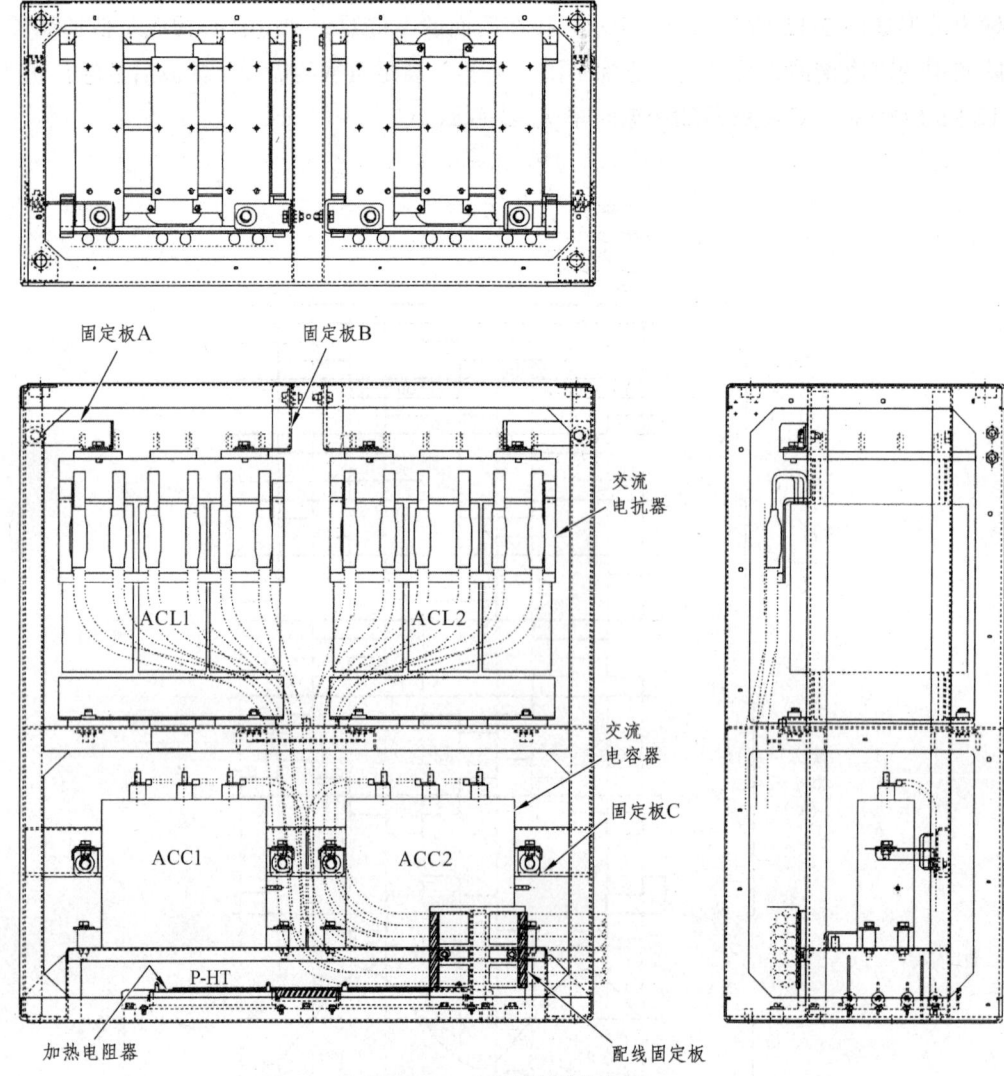

图 5-13 滤波装置的布置

LC 滤波装置的主要构成部件见表 5-1。

表 5-1 LC 滤波装置的主要构成部件

| 名称 | 部件代号 | 数量 | 型号规格 |
| --- | --- | --- | --- |
| 交流电抗器 | ACL1，ACL2 | 2 | 380*UH350A<br>3-SOO 60 Hz |
| 交流电容器 | ACC1，ACC2 | 2 | AC 380 V，3*300 μF |
| 加热器 | P-HT | 1 |  |
| 电阻 | Hel～8 | 8 | RT200-120 Ω-S E |

## 五、司机室加热器

### 1. 司机室取暖设备

司机室取暖设备主要包括侧墙暖风机、后墙暖风机、膝炉和脚炉。

侧墙暖风机、后墙暖风机和膝炉均采用金属电阻膜作为发热元件，离心风机作为散热元件制作而成。其发热元件不易老化、损坏，功率不衰减，发热体和散热体接触面积大，因而发热体长期处于较低温度下工作，安全、可靠、寿命长。

主要技术参数如下：

额定工作电压　　　　　　AC 220 V
额定功率：侧墙暖风机　　1 500 W
　　　　　后墙暖风机　　1 800 W
　　　　　膝炉　　　　　500 W
　　　　　脚炉　　　　　300 W
绝缘电阻　　　　　　　　≥50 MΩ（冷态）

工频耐压：在冷态时，主电路应能承受 2 000 V 工频电压 1 min，无击穿、闪络现象。电子线路部分：将输入、输出端短接后对地应能承受 1 000 V 工频电压 1 min，无击穿、闪络现象。

加热方式：采用机械方式强迫热空气对流的方式加热。

### 2. 多功能饮水机

多功能饮水机包括电热水器、食品加热箱等。使用了新型高效加热元件，并在线路中增加了短路等保护功能，使用更安全可靠，能充分满足机车司乘人员的需要。其结构如图 5-14 所示。

主要技术参数如下：

工作电压　　　AC 220 V（154～275 V）
水箱容量　　　≥6 L
热饭箱功率　　700 W
加热壶功率　　1 500 W
加热壶容量　　1.7 L
开水温度　　　（95±5）℃
热饭箱容积　　140 mm×220 mm×225 mm
热饭箱加热时间 0～90 min（可调）

加热器件有防干烧保护，加热壶设置了水沸腾自动控制功能，可保证司乘人员的饮水健康。

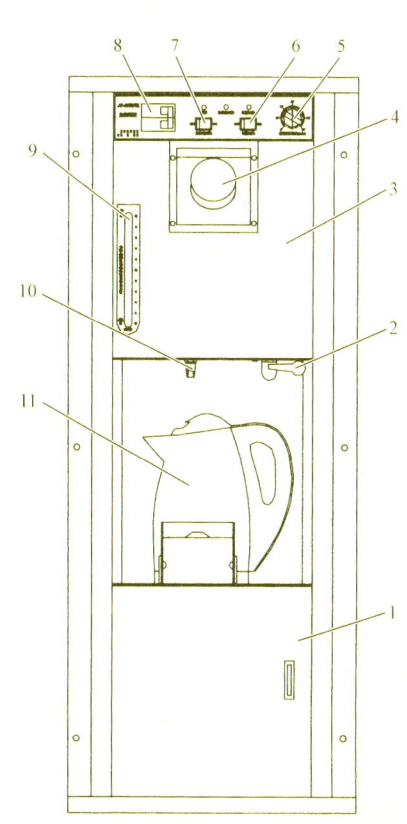

**图 5-14　多功能饮水机结构**

1—饭箱；2—放水阀；3—水箱；4—加水口；5—饭箱定时器；
6—饭箱开关；7—加热壶开关；8—空气开关；
9—水箱水位计；10—出水口；11—加热壶

饭箱设有 0～90 min 可调热饭时间定时控制器，且在达到所设定的热饭时间后自动断电。热饭箱设置有电源开关控制，更加方便了司乘人员的使用。

多功能饮水机具有短路、过载等保护功能。

## 六、低压电流互感器

低压电流互感器为穿心式，测量主变压器 X 端的电流，电缆从 X 端引出，穿过该互感器后与机车车体相连，如图 5-15 所示。

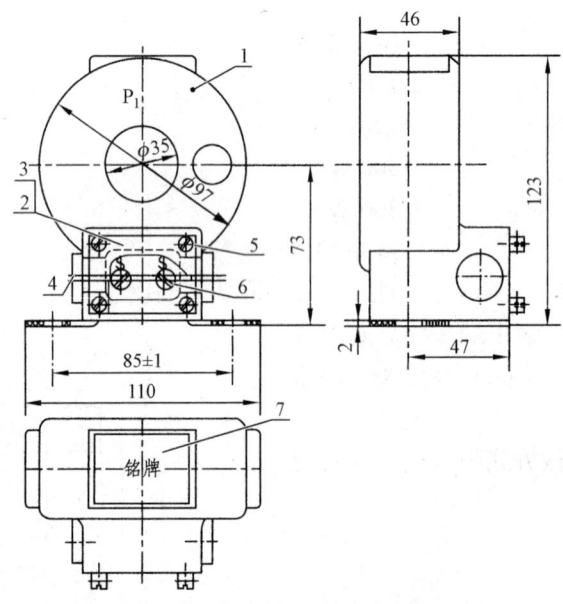

图 5-15 低压电流互感器外形图

主要参数如下：

| | |
|---|---|
| 变比 | 400 A/5 A |
| 精确等级 | 1.0 |
| 最高电压 | 1 150 V |
| 额定功率 | 15 V·A |
| 一次过电流倍数 | 40 |
| 仪表保安系数 | 不大于 5 |
| 重量 | ≤1.5 kg |
| 绝缘等级 | F 级以上 |
| 绝缘耐压 | 一次对二次、对地工频、二次对地工频耐压 4 kV，1 min |

## 七、电度表（多功能电子式电能表）

HXD$_3$ 型电力机车采用的 alpha A1500 型电度表具有正反向有功功率计量功能，用于测量并显示机车电气系统所消耗功率和再生功率的瞬时值，如图 5-16 所示。

项目五　HXD 型电力机车辅助电气系统

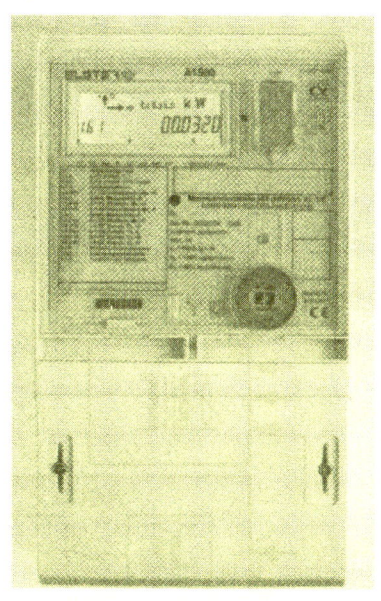

图 5-16　电度表

## 1. 电度表的工作原理

如图 5-17 所示，电度表由电源、测量模块、费率模块及输入/输出模块等组成。其中测量模块包含电流互感器、电压互感器和一个高度集成的特定用途电路——ASIC。测量模块测得的各模拟变量由 ASIC 内部的 21 位 A/D 转换器进行数字化转换，然后得到的数字量送至下面的数字信号处理器进行计算，得出的有功功率累加后得到相应的电能值，并形成按比例的能量脉冲，提供给费率模块。选择不同的扫描频率能获得指定精确度级别的电能。可以通过输入/输出模块提供的各种接口从内存中读取正反向功率、电流值、电压值、日志文件、负载曲线等。

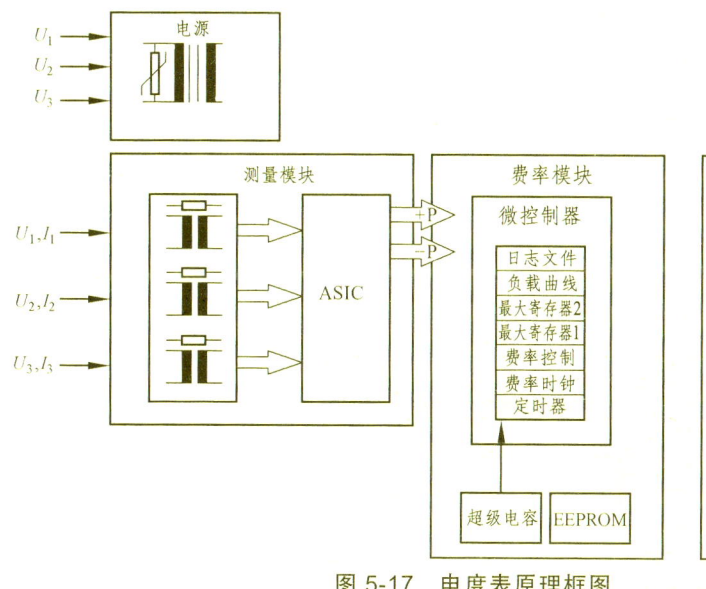
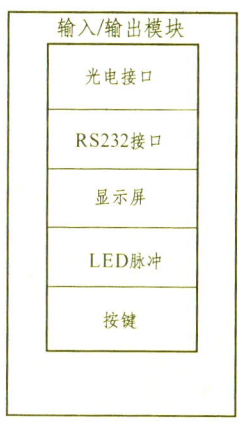

图 5-17　电度表原理框图

注：EEPROM 为电可擦除可编程只读存储器。

## 2. 电度表的技术数据

电度表的技术数据见表 5-2。

表 5-2  电度表的技术数据

| 额定电压 | 2 线度表 1×100 V…1×240 V，（±20%$U_n$） |
|---|---|
| 额定功率 | 50 Hz |
| 额定（最大）电流 | 5（6）A |
| 精确度 | 0.5 s |
| 电源 | 额定电压 3×58/100 V…3×240/415 V，（±20%$U_n$）<br>两相或一相及中性点故障时仍然可工作 |
| 接口 | 光接口　符合 IEC 1107，最高 9 600 baut<br>RS232 接口　协议符合 IEC1107，最高 19 200 baut |
| 实时时钟的时间备份 | 超级电容　　　　　＞10 天<br>电池　　　　　　＞10 年 |
| 辅助电源 | 48～230 V AC/DC，（±15%$U_n$） |
| 温度条件 | 操作/贮存温度 −30～+60 ℃/−40～+70 ℃<br>湿度　相对湿度 0～100%，无冷凝 |
| EMC 兼容性 | 耐浪涌（1.2/5 μs）6 kV，$R=40\ \Omega$<br>电介质测试　　　4 kV，1 min，50 Hz |
| 功耗消耗 | 电压电路　　每相＜0.8 W，＜1.2 V·A<br>电流电路　　每相＜0.01 W，＜0.01 V·A<br>辅助电源　　＜2.3 W，＜5.2 V·A |
| 重量 | ＜1.5 kg |

## 八、电动刮雨器

电动刮雨器固定在电力机车前挡风玻璃上，用来清除玻璃上的灰尘、污垢、雨雪。小雨时可用低速，大雨时可用高速，保证机车行驶时司机的视线清晰。

### 1. 电动刮雨器的结构组成

电动刮雨器由电机总成、传动总成、刮臂总成、刷片总成四部分组成，如图 5-18 所示。

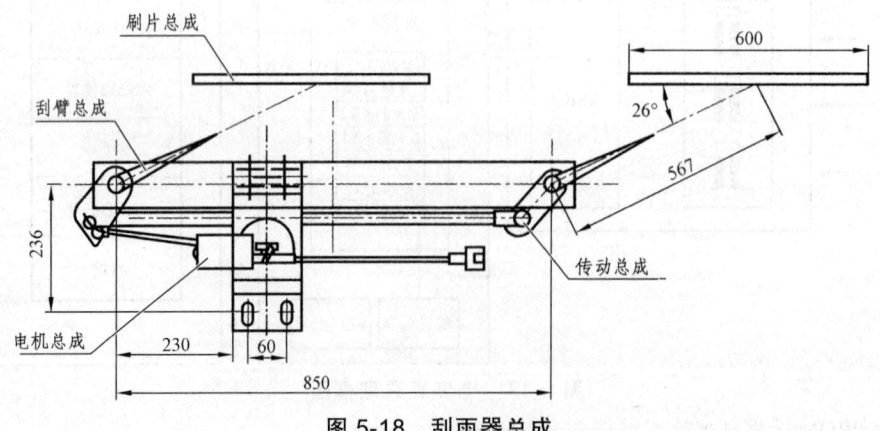

图 5-18　刮雨器总成

（1）电机总成：电机有双速、自动回位功能。工作电压为 110 V，输出功率 120 W，高速 45~65 次/分，低速 30~45 次/分，高低速相差 15 次/分以上。

（2）传动总成由从动杆、从动臂、固定架、传动连杆、轴承、固定套、刮雨器轴等部件组成。轴承采用铜基含油轴承。

（3）刮臂总成由刮杆、刮杆臂接头、拉簧等组成。表面采用塑料喷涂防腐。

（4）刷片总成由胶条、刮架、连接头等组成。胶条采用丁腈橡胶，表面氯化处理。

2．电动刮雨器的操作

接通电源，开关"0"位为刮刷回位位置，即平行挡风玻璃右下沿 20 mm 处，开关"1"位为慢速，开关"2"位为快速。

当挡风玻璃上有杂物、脏物时，可按动喷淋开关启动电动刮水器，喷嘴向玻璃上喷水，刮刷摆动清除掉脏物。下雨雪时可根据天气情况按动开关调整高低速，不用时可按回位，使刮刷回到初始位置。

# 任务三　电磁接触器的维护与保养

## 【教学目标】

1．知识目标
（1）掌握接触器的用途、基本组成和分类；
（2）掌握接触器的基本参数；
（3）掌握电磁接触器的工作原理；
（4）掌握电力机车上典型电磁接触器的结构。

2．能力目标
（1）会对电磁接触器进行检查、维护和保养；
（2）会处理电磁接触器常见故障。

## 【相关知识】

### 一、接触器概述

接触器是在工业控制中应用非常广泛的一种电器，在电力机车上用来频繁地接通或切断带有负载的主电路、辅助电路或大容量的控制电路。与其他开关电器相比，它具有可动作频繁、能通断较大电流、可以实现一定距离控制等特点。

1．接触器的组成

接触器一般由以下几部分组成：

1）触头装置

分主触头和联锁触头。主触头一般由动、静主触头等组成，用以直接控制相应电路的通断。联锁触头用以控制其他电器、信号或电气联锁等。

2）传动装置

传动装置包括驱使触头闭合的装置和开断触头的弹簧机构以及缓冲装置，用来可靠地驱使触头按规定要求动作。在电力机车电器上主要采用的是电磁传动装置和电空传动装置，其次还采用了手动、机械式传动装置，个别的还采用了电动机传动(如调压开关)。

3）灭弧装置

灭弧装置一般与主触头配合使用，在主触头断开电路产生电弧时，用来及时地熄灭电弧，切断电路并保护触头。根据电流的性质、灭弧方法和原理，可以制成各种灭弧装置。

4）安装固定装置

安装固定装置属于非工作部分，用以合理的安装和布置电器各部件。

## 2．接触器的分类

接触器的用途很广，种类繁多，一般有以下几种分类方法：

1）按传动方式分

主要有电磁接触器和电空接触器之分。电磁接触器采用电磁传动装置，电空接触器采用电空传动装置。电磁接触器一般应用于机车的辅助电路中，电空接触器应用于直流电力机车主电路中。

2）按通断电流的种类分

有交流接触器和直流接触器之分。这里指的是主触头通、断电流的种类，它与传动方式无关，如主触头通、断的是交流电，则不管它采用的是直流电磁机构传动、交流电磁机构传动还是电空传动，都称交流接触器。

3）按主触头所处的介质分

可分为空气式接触器、真空式接触器和油浸式接触器。空气式接触器的主触头敞在大气中，采用的是一般的、常用的灭弧装置。而真空式接触器的主触头却密封在真空装置中，它利用的是真空灭弧原理，具有很高的切换能力。

4）按接触器同一传动机构所传动的主触头数目分

可分为单极接触器和多极接触器。单极接触器只有一对主触头，多极接触器有两对以上的主触头，它们分别用于控制单相和多相电路。

## 3．接触器的基本参数

基本参数除额定电压和电流外还有以下几种：

1）切换能力

切换能力又称开闭能力、通断能力，是指触头在规定条件下接通和切断负载的能力。在此电流值下通断负载时，不应发生熔焊、电弧和过分的磨损等现象。保证接触器能在较恶劣的条件下可靠地工作。

2）动作值和释放值

对电磁接触器主要是指电压和电流的动作值和释放值。对电空接触器包括电空阀的动作电压（及气缸相应的气压值）。

3）操作频率

操作频率指接触器在每小时内允许操作的次数。接触器的操作频率越高，每小时开闭的次数就越多，触头及灭弧室的工作任务也就越重，对交流接触器来说，线圈受到的冲击电流及衔铁铁心受到的冲击次数也就越多。操作频率对常用的交、直流接触器来说，常采用每小时 150、300、600、1 200 次的规定。

4）机械寿命和电气寿命

机械寿命指的是接触器在无负载操作下无零部件损坏的极限动作次数。电气寿命指的是接触器在规定的操作条件下，且无零部件损坏的极限动作次数。目前，接触器的机械寿命一般可达数百万到千万次，而电气寿命则按不同的使用类别和不同的机械寿命级别有一定的百分比，一般为机械寿命的 1/5 左右。

5）动作时间、释放时间

动作时间（又称闭合时间）是指从电磁铁吸引线圈通电瞬间时起到衔铁完全闭合所需要的时间；释放时间（又称开断时间）是指从电磁铁吸引线圈断电瞬间起到衔铁完全打开所需要的时间。为了能准确可靠地对有关电路进行控制，对接触器的动作时间也有一定的要求。如：直流接触器的闭合时间一般为 0.04~0.11 s，开断时间为 0.07~0.12 s；交流接触器的闭合时间一般为 0.05~0.1 s，而开断时间为 0.1~0.4 s。

接触器除应满足以上基本参数要求外，还应满足在 85%额定控制电压下保证接触器正常工作。

另外在选择电磁接触器时还应考虑工作制的要求。

## 二、电磁接触器

接触器若采用电磁传动装置进行驱动，则称之为电磁接触器。

### 1. 电磁传动装置的基本组成和工作原理

电磁传动装置是一种通过电磁铁把电磁能转变成机械能来驱使电器触头动作的机构。

电磁传动装置实际上就是一个电磁铁。它的形式有很多，比如：螺管式、直动式、E 形、U 形等，但它们的基本组成和工作原理却是相同的。

电磁铁主要由吸引线圈和磁系统两部分组成。磁系统一般由铁心、磁轭和衔铁三部分组成。衔铁又称为动铁心，铁心和磁轭又称为静铁心。

下面以直流接触器和继电器常用的拍合式电磁铁为例，说明其工作原理和各组成部分的用途。

如图 5-19 所示为一个直流拍合式电磁铁的结构，它由线圈、极靴、铁心、磁轭和衔铁等组成。线圈套装在铁心上，极靴与衔铁之间的空气隙称为工作气隙，磁轭与衔铁之间的气隙称为棱角气隙。极靴用来增大气隙磁导，并可以压住线圈。非磁性垫片用来减少剩磁通，以防线圈断电后衔铁被剩磁吸力吸住而不能释放。由于非磁性材料的磁导率和空气的磁导率很接近，故可认为是一个空气隙，称非工作气隙。

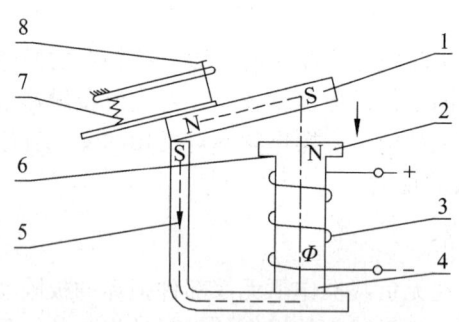

**图 5-19　电磁铁的工作原理**

1—衔铁；2—极靴；3—线圈；4—铁心；5—磁轭；6—非磁性垫片；
7—反力弹簧；8—调节螺钉

其工作原理是：在线圈未通电时，衔铁在反力弹簧的作用下，处于打开位置，衔铁与极靴之间保持一个较大的气隙。当线圈接通电源后，线圈中产生磁势 IW，在磁系统和工作气隙所构成的回路中产生磁通Φ，其流向用右手螺线管法则确定（如图中虚线所示）。根据磁力线流入端为 S 极、流出端为 N 极的规定，在工作气隙两端的极靴和衔铁相对的端面上产生异性磁极。由于异性磁极相吸，于是在铁心和衔铁间产生电磁吸力。当电磁吸力产生的转矩大于反力弹簧反作用力产生的转矩时，衔铁被吸向铁心，直到与极靴接触为止，并带动触头动作。这个过程称为衔铁的吸合过程，衔铁与极靴接触的位置称为衔铁闭合位置。此时，衔铁与极靴之间仍有一个很小的气隙。

当线圈中的电流减小或中断时，铁心中的磁通变小，吸力也随之减小，如果吸力小于反力弹簧的反力（归算后），衔铁在反力弹簧的作用下返回至打开位置，并带动触头处于另一工作位置。这个过程称为衔铁释放过程。由此可见，只要控制电磁铁吸引线圈电流（或电压）就能通过触头来控制其他电器。

我们规定：当线圈失电时，触头若是打开的，称为常开触头（也称动合触头）；触头若是闭合的，则称为常闭触头（也称动断触头）。

### 2. AF 系列三相电磁接触器

$HXD_3$ 型机车在辅助电路中采用 ABB 公司的 AF 系列三相电磁接触器。AF 系列三相电磁接触器控制电压可以是交流电，也可以是直流电，SS 系列电力机车和 $HXD_3$ 型电力机车上采用的控制电源为直流。AF 系列（AF95-30-11、AF185-30-11、AF260-30-11、AF400-30-11、AF110-30-11）接触器型号的意义如下：

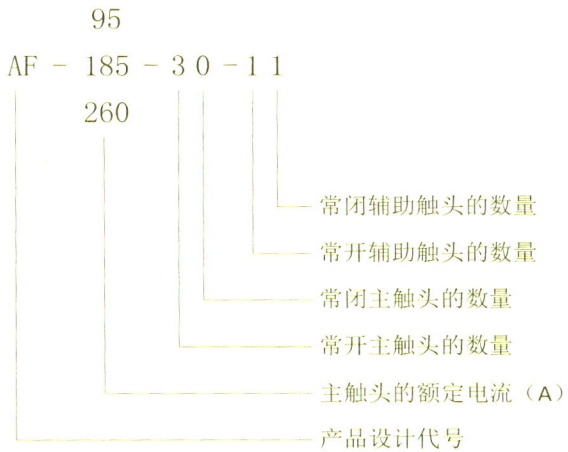

1）AF 系列三相接触器的结构

AF 系列三相接触器采用立体布置方式，电磁传动装置在主触头之上，其外形如图 5-20 所示。

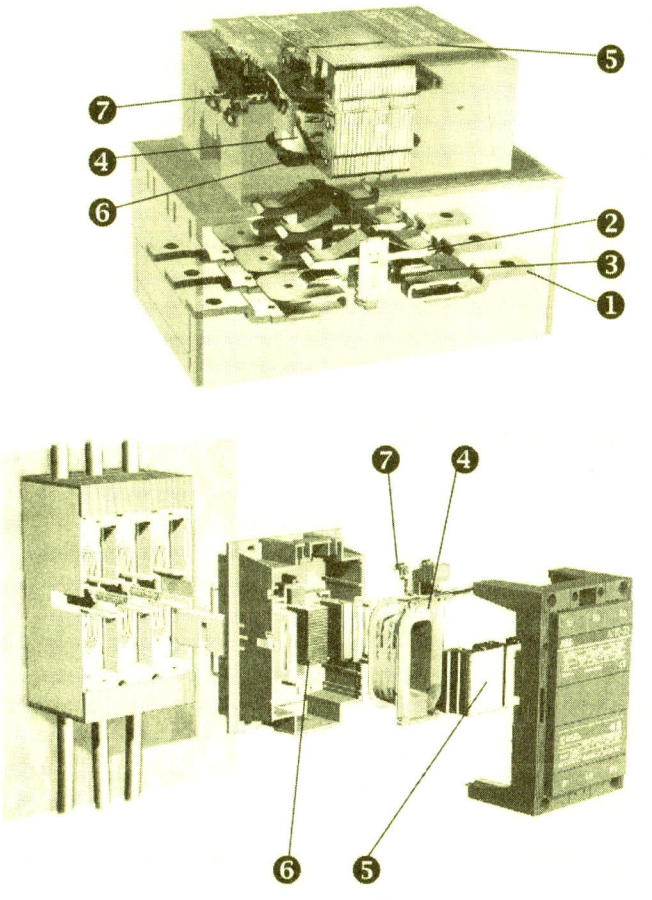

图 5-20　AF 系列接触器外形结构

1—端子排；2—动触头；3—静触头；4—线圈；5—罩盖；6—铁心；7—线圈端子

（1）触头装置。

主触头采用桥式双断点结构，面接触，主动触头为船形结构。

辅助触头采用模块化，一个模块具有一对常闭辅助触头（在前）、一对常开辅助触头（在后）。辅助触头也是采用桥式双断点结构，根据需要可装配在接触器的左侧或右侧。

（2）传动装置。

AF 系列交流接触器采用直动式 E 形电磁铁，有分磁环，铁心为硅钢叠片而成。为了减少有害振动，在静铁心和罩盖间、静铁心和线圈骨架底部间有橡胶垫进行缓冲。

接触器内置一电子线路板。使用此线路板后，线圈的控制电压范围可以很宽，交、直流均可控制。在线圈端子上施加一个稳定的电压，此电压是在线圈额定电压范围内，从而使接触器动作。线圈端子接着电子线路板，因此不能直接测出线圈电阻。

（3）灭弧装置。

采用带金属栅片的灭弧罩进行灭弧。

2）AF 系列三相电磁接触器的动作原理

当直动 E 形电磁铁线圈得电（不得低于额定控制电压的 70%，也不得高于额定控制电压的 105%）时，衔铁克服反力的作用，带动绝缘支架向铁心运动，由绝缘支架带动主触头及联锁触头动作。三对常开主触头接通相关的三相供电电路。同时，常开辅助触头接通相关的控制电路，常闭辅助触头断开相关的控制电路。

当电磁铁线圈失电或控制电压低于其最小释放电压值时，电磁铁的反力大于吸力，衔铁释放，带动绝缘支架返回初始位置，由绝缘支架带动主触头及辅助触头动作。三对常开主触头切断相关的三相供电电路。同时，常开辅助触头切断相关的控制电路，常闭辅助触头接通相关的控制电路。在主触头分断过程中，利用交流电弧过零自然熄灭这一特性，采用金属栅片进行灭弧。

## 三、接触器日常检查与维护

接触器在使用时应经常或定期地检查其运行情况，并进行必要的合理维护，以延长其使用寿命，保证其安全可靠的运行。维护、检修时应首先断开电源，再按如下步骤进行：

1）外观检查

用压缩空气清除接触器各部件的灰尘，铁心极面上的灰尘也可以用毛刷清除。若有油污，可先用棉布蘸少量酒精擦拭，然后再用干布擦净，并仔细观察接触器外观是否完整无损，注意拧紧所有紧固件。

2）灭弧室维护

取下灭弧罩，用毛刷清除罩内落物及金属颗粒，如发现有破裂或严重烧损及零部件（如灭弧栅片）变形、松脱或位置变化等现象而不易修复时，应及时更换灭弧罩。重新安装时，应装回原位，不能随意更换到另一极上，以免影响其灭弧效力。

3）触头的维护

定期检查触头的温升是否超过标准，银或银基粉末冶金制成的触头表面有烧毛发黑的现象是正常的，不会影响其实际工作能力，一般可不必清理。对于具有铜触头的转动式接触器，若长时间没使用或连续工作 8 h 以上，在使用前应先开闭 1~2 次，以便除去触头的氧化膜。触头如有开焊、裂缝或磨损到原厚度 1/3 的情况，则应更换触头。

定期检修辅助触头开闭是否灵活，其接触电阻是否超标，若故障无法消除，应更换配件。

4）吸引线圈的维护

观察线圈外表层有无过热变色，定期检查线圈温升是否超过规定值（一般规定，当环境温度为 40 ℃，A 级绝缘的线圈用温度计测得的表面温升不得超过 60 ℃），引线与导线是否有松动、开焊或裂断的情况，线圈骨架有无碎裂、磨损或固定不正常现象。此外，还应注意缓冲件是否完整。

5）铁心的维护

观察铁心极端面有无变形、松动现象。可用棉纱蘸少量汽油擦拭极面上的污垢。

6）接触器转轴的维护

检查转轴转动是否灵活，在转轴与轴承处可注入少量润滑油，以保持转动灵活。

# 技能训练一　辅助电路的分析与检查

## 【学习目标】

（1）会分析 $HXD_3$ 型电力机车辅助电路组成，认知各组成部分；
（2）能分析 $HXD_3$ 型电力机车辅助电路各组成部分的作用和工作原理；
（3）能分析、判断、处理 $HXD_3$ 型电力机车辅助电路常见故障。

## 【学习任务】

在仿真模拟驾驶装置上实际操纵机车运行，注意各辅助电动机的起动，并能分析各辅助电动机的控制过程，分析 $HXD_3$ 型电力机车辅助电路组成、作用和工作原理，并写出分析报告。

## 【环境设备】

多媒体教学设备，$HXD_3$ 型电力机车电气线路图，$HXD_3$ 型电力机车驾驶仿真实训室。

## 【操作指导】

### 1. 现场讲解，阅读教材

任课教师在实训室通过实物、多媒体系统、仿真训练装置为学生现场讲解 $HXD_3$ 型电力机车辅助电路的组成及工作原理，引导学生认真阅读本项目相关知识。

### 2. 演示操纵电力机车

任课教师在仿真模拟驾驶装置上演示操作电力机车的起动、调速过程，理论联系实际分析各辅助电动机的起动和调速方法。

### 3. 学生模仿训练

在仿真模拟驾驶装置上操作电力机车的起动和调速，会理论联系实际分析机车运行时各辅助电动机的控制方法。

### 4. 撰写操作报告

根据训练的实际情况，撰写操作报告。报告要体现学习目标、落实学习任务，突出 $HXD_3$ 型电力机车各辅助电动机启动和调速的实现方法，联系辅助电路的组成及工作原理进行理论分析，写出 $HXD_3$ 型电力机车辅助电路分析报告。

### 5. 交流报告

每班选出 5 名同学，在课堂上公开交流本项目的操作报告，与学生、老师共同分享学习成果。其他学生两两自愿结合互换学习报告，相互评价。

### 6. 任务说明

本项目为课内、课外相结合的学习项目，上课时间主要听老师的讲解和演示。在课下进行实际操作训练，撰写总结报告并互相交流。

## 技能训练二　电磁接触器的检修

【学习目标】

（1）认知 AF 系列电磁接触器的组成结构；
（2）能说出 AF 系列电磁接触器的基本工作原理；
（3）能进行 AF 系列电磁接触器的日常检修；
（4）能分析并处理 AF 系列电磁接触器的常见故障。

【学习任务】

在机车电器实训室进行 AF 系列电磁接触器的检修，通过对 AF 系列电磁接触器的组成结构、工作原理的认知，进行 AF 系列电磁接触器的拆装和日常检修，写出总结报告。

【环境设备】

（1）主要设备和工具：压缩空气装置、可调直流电源、测力计、电器钳工常用工具、力矩扳手、兆欧表、毛刷。
（2）主要材料：汽油（或电器清洗剂）、白布。

## 【操作指导】

### 1. 外观检查

在确认断电的情况下进行以下项目的检查维护：

（1）对接触器外部进行清理，将尘垢拭去，应无油污；
（2）检查接触器外表，应完整、无破损或异常；
（3）检查三相输入/输出端、线圈接线端、辅助触点接线端，应接触牢固；
（4）检查接触器安装应牢固，无松动现象。

### 2. 解　体

按图 5-21 所示步骤进行解体。

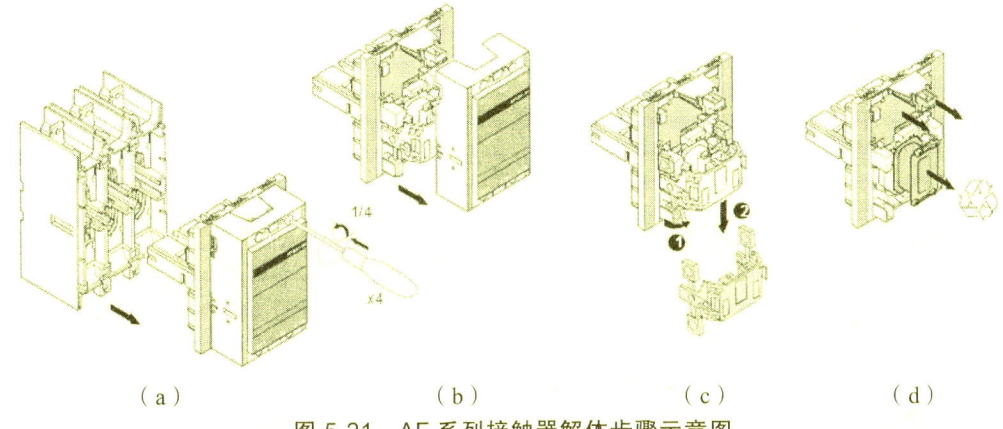

图 5-21　AF 系列接触器解体步骤示意图

（1）用一字螺丝刀插入主端子孔内螺栓，然后用力按逆时针旋转 90°，有弹开感觉后，依次把其他三孔螺栓也松开。向外取出主动触头及传动装置，如图 5-21（a）所示。

（2）再一次用一字螺丝刀插入主端子孔内螺栓，然后用力按逆时针旋转 180°；其他三孔螺栓也同样如此操作。取出罩盖，如图 5-21（b）所示。

（3）用两把一字螺丝刀插入动铁心的外罩孔（图 5-22 所示），然后往中间方向用力，松开静铁心外罩和动铁心外罩锁扣，向外用力取出动铁心，如图 5-21（c）所示。

（4）取出线圈，如图 5-21（d）所示。

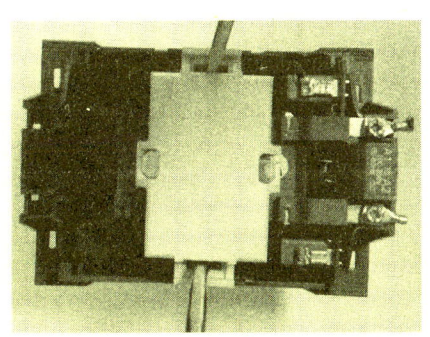

图 5-22　拆下动铁心

## 3. 检 修

1）灭弧装置检修

① 用清洁软布清理动触头支架和灭弧罩上的黑色碳粉。

② 检查灭弧罩及灭弧栅片，若有破损、裂痕、脱落等现象，应立即更换。

2）触头装置检修

① 外观检查主触头，主触头磨损严重或灼伤严重时应全套更换，不能单独更换其中一组或两组。

② 用低电阻测量仪测量辅助触头的接触电阻应不大于 1 Ω。若超过 1 Ω 则可采用分断 1 A 左右的感性电流的方法消除触点的氧化膜，或更换新的辅助触头配件。

注意：不得用砂布、锉刀等对接触器动、静触头接触面进行修磨。

3）传动装置检修

① 取出线圈，检查并用清洁软布清理铁心极面的尘垢。

② 检查电子线路板，不得有开焊、松脱等现象。

## 4. 组 装

按图 5-23 所示步骤进行组装。

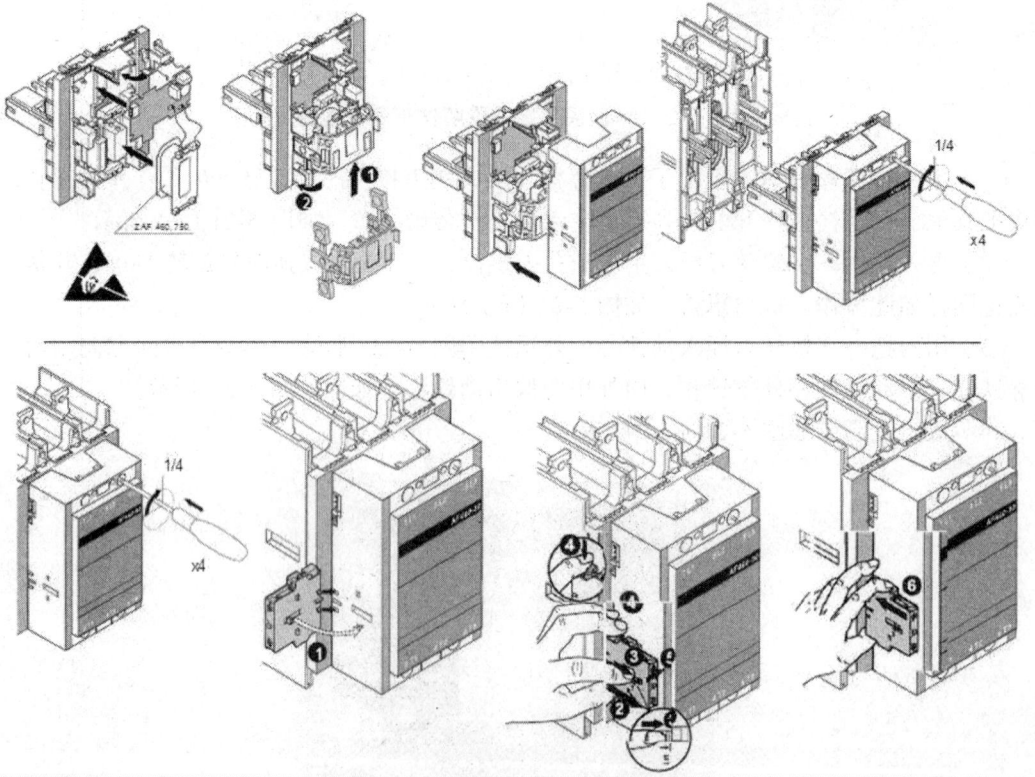

图 5-23 AF 系列接触器组装步骤示意图

## 5. 调整与试验

（1）用量块和塞尺测量主触头开距，用测力计测量主触头压力。

主触头开距：14.4（1±4%）mm

超程：3.7（1±4%）mm

触头压力：3 786（1±8%）g。

（2）用低电阻测量仪测量辅助触头模块相关的接触电阻应不大于 1 Ω。

（3）用兆欧表测量主触头对地绝缘电阻应不小于 15 MΩ，主触头之间绝缘电阻应不小于 10 MΩ。

（4）试验：通入 85～90 V 交流电压，应可靠吸合，无过热、异味、振动和铃振现象。当电压降至 54～30 V 时，应可靠释放。

试验完毕，所有破封处用红漆固封。

## 【练习与思考】

1. $HXD_3$ 型电力机车辅助电气系统有哪些部分组成？
2. $HXD_3$ 型电力机车辅助电气系统有哪些特点？
3. 简述 $HXD_3$ 型电力机车辅助变流器的结构。
4. $HXD_3$ 型电力机车辅助变流器预充电电路的作用是什么？
5. 试述辅助变流器四象限整流电路的组成及作用。
6. 试述辅助变流器中间直流电路的组成及作用。
7. 试述辅助变流器逆变电路的组成及作用。
8. 试述辅助变流器供电电路的组成及作用。
9. $HXD_3$ 型电力机车辅助电动机如何起动？
10. $HXD_3$ 型电力机车有哪些辅助加热装置？
11. $HXD_3$ 型电力机车辅助电路有哪些保护电路？如何进行保护？
12. 试述 $HXD_3$ 型电力机车控制电器柜设备布置。
13. 试述 $HXD_3$ 型电力机车 TCMS 和 ATP 柜设备布置。
14. 电磁接触器在电力机车上有何作用？
15. 叙述 LC 滤波装置的组成与原理。
16. 试述电度表的工作原理。
17. 接触器一般由哪几部分组成？各有什么作用？
18. 接触器是如何分类的？
19. 简述 AF 系列三相交流电磁接触器的工作原理。
20. 接触器的触头如何维护？
21. 试述电磁传动装置的基本组成和工作原理。
22. 什么是接触器的动作值和释放值？
23. 什么是接触器的动作时间和释放时间？
24. 接触器按通断电流的种类分为哪几种？
25. 接触器按主触头所处的介质分为哪几种？

# 项目六　HXD型电力机车控制电气系统

## 【项目描述】

HXD型电力机车控制电气系统是以机车控制监视系统（简称TCMS）为核心，结合目前国内现有的机车行车安全综合信息监控系统和克诺尔CCB-Ⅱ电空制动系统，配以机车外围电路来进行设计的。本项目主要学习HXD$_3$型电力机车控制监视系统的组成和功能，机车控制电路的基本组成和工作原理以及低压控制电器的用途、结构、工作原理，进行低压控制电器的维护检修技能训练。

## 【教学目标】

1. 知识目标

（1）掌握机车控制监视系统的组成和功能；

（2）掌握机车控制监视系统的操作流程及方法；

（3）掌握HXD$_3$型电力机车控制电路的基本组成和工作原理；

（4）掌握HXD$_3$型电力机车低压控制电器的用途、结构、工作原理及维护检修流程。

2. 能力目标

（1）会操作机车控制监视系统；

（2）能进行机车控制电路的各种操作；

（3）会根据各电路分析处理机车常见电气故障；

（4）会维护检修HXD$_3$型电力机车低压控制电器。

# 任务一　机车控制监视系统

## 【教学目标】

1. 知识目标

（1）掌握微机控制系统的组成和功能；

（2）掌握微机显示屏的显示内容。

2. 能力目标

（1）能看懂微机控制系统的显示画面；

（2）会转换显示画面。

## 【相关知识】

机车控制监视系统（TCMS）的核心任务是：根据司机指令完成对主变流器及异步电机的实时控制、辅助变流器的实时控制、牵引/制动特性控制、传动系统的时序逻辑控制，显示机车运行状态，具备完整的故障保护、故障记忆及显示功能，并具有一定程度上的故障自排除、自动切换和故障处理指导功能。

TCMS包括1个主控制装置和两个显示单元，其中主控单元采用冗余设计，设有两套控制环节，一套为主控制环节（Master），一套为热备控制环节（Slave）。当主控制环节发生故障时，备用控制环节立即自动投入工作。

机车的控制电路主要完成下列功能：

（1）顺序逻辑控制：如升、降受电弓，分、合主断路器，司机控制器的换向、牵引、制动，辅助电动机的逻辑控制，机车库内动车逻辑控制，主辅变流器库内试验逻辑控制等。

（2）机车特性控制：采用恒牵引力/制动力+准恒速特性控制，实现对机车的控制要求。

（3）定速控制：根据机车运行速度，可以实现牵引工况下机车恒定速度控制。

（4）辅助电动机的控制：除空气压缩机外，机车各辅助电动机根据机车准备情况，在外部条件具备的前提下，由TCMS发出指令，与辅助变流器同时启动、运行。空气压缩机则根据总风缸压力情况，通过控制接触器的分合来实现控制。

（5）CCB-Ⅱ制动机的电空网络控制。

（6）机车黏着控制：包括防空转、防滑行控制，轴重转移补偿控制。

（7）故障诊断、显示与保护：通过设在司机室的微机屏显示机车正常运行的状态信息，如：网压、原边电流、机车工况、级位、机车牵引力、机车速度等；正常的设备工作状态，如：主变流器、辅助变流器等；正常的设备开关状态，如：主断路器、辅助接触器、各种故障转换开关；显示机车即时发生的故障信息、发生故障的设备、故障处理的方法等，并将故障发生时的有关数据记忆。

（8）机车重联控制：可以实施同型号的2~4台机车重联。

## 一、系统的组成

机车控制监视系统在硬件上主要由电源模块、逻辑运算控制部分、数字量输入/输出部分、模拟量信号采集部分、通信部分等组成。主控制单元采用32位CPU，并在配置上采取冗余、双机热备措施，以提高系统的可靠性。系统构成示意图如图6-1所示。

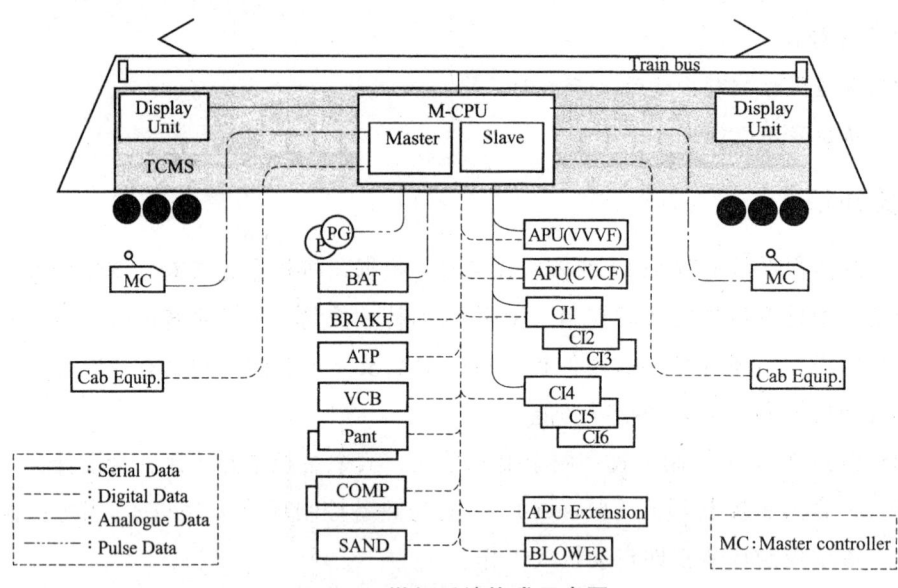

图 6-1 微机系统构成示意图

机车控制监视系统机箱外形结构如图 6-2 所示。

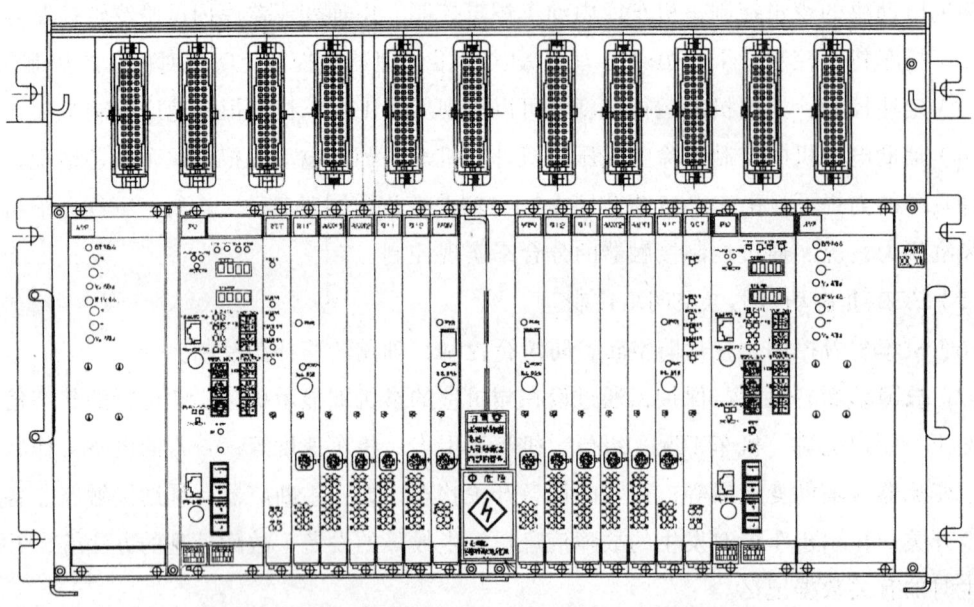

图 6-2 机车控制监视系统机箱外形结构

机箱内包括 AVR 电源模块，为 TCMS 提供工作所需的各种直流电，如 24 V、±15 V、5 V 等；PUZ 处理器单元，包括 CPU、软件以及与显示屏通讯的接口；DET 检测模块，检测主控制系统是否存在故障，以便在主系统发生故障时立即进行主辅系统的切换；SIF 串行通信接口，完成 TCMS 与两个主变流器和辅助变流器之间的通讯，以及 TCMS 与列车供电柜（客运机车有）、DC110 V 电源装置、轴温监测装置和制动系统之间的通讯；DI 数字量输入模块，将接收到的各种开关信号处理后传送给处理器单元；AUX 辅助模块，具有数字量输出、模拟量输入及脉冲量输入的功能，实现对各辅助继电器的控制及特殊信号的输入功能；MDM 重联控制模块，将本车的信息通过 Ethernet 传往他车，并将收到的他车信息传送给处理器单元，实现机车的重联功能。

## 二、系统的功能

TCMS 在整个机车控制中起主导作用，它的工作正常与否直接决定了机车能否安全、正常地运行。TCMS 主要完成如下工作：通过人机接口接收所有输入指令，采集各种反馈信号，进行相关运算，生成相应控制命令，将命令以通信方式发送给主变流器、辅助变流器，将计算结果、故障信息、有关参数送显示屏显示，并在重联时将重联命令通过网络传送给重联机车。在主控制系统出现故障时，双机热备的机制将自动切换到辅助控制系统。其结构形式示意图如图 6-3 所示。

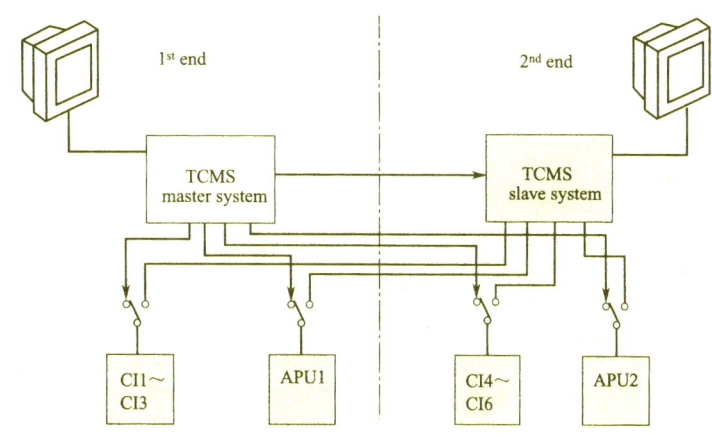

(a) 微机系统双机热备形式示意图（正常时）

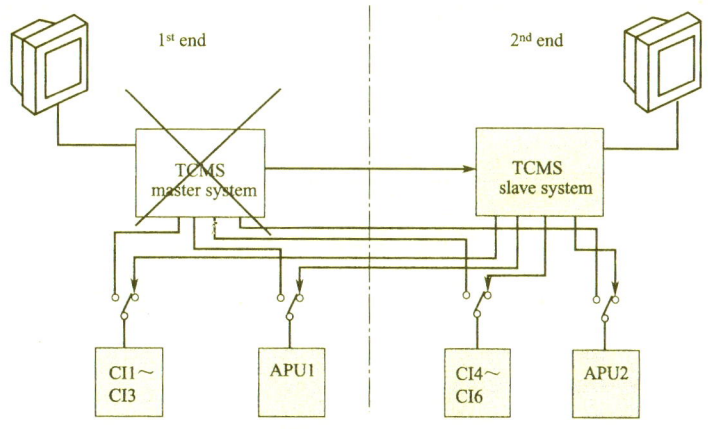

(b) 微机系统双机热备形式示意图（Ⅰ端故障时）

图 6-3 机车控制监视系统结构形式

### 1. 控制与保护功能

TCMS 将完成机车下列方面的控制和保护功能：

主断路器（VCB）控制、机车控制系统的输入/输出、机车的逻辑控制、机车的牵引特性控制、机车的制动特性控制、定速控制、冗余控制、自动过分相控制、主变流器控制、重联控制。智能故障诊断及显示、机车保护控制。

## 2. 故障处理与记录

TCMS 在机车出现故障时，以显示屏显示和报警灯指示两种方式通知操作人员，并自动完成相应的保护动作，记录发生故障时的相关信息，为后期诊断提供有用且必要的信息，而且还可以通过便携式计算机将故障履历下载进行分析和保存。TCMS 对故障信息进行分级管理，并按级别进行显示。

## 3. 信息显示

显示部分设计的原则是显示简洁、明了醒目，但又兼顾现有的习惯。

画面的上部为常显的信息，显示时间、速度、工况、重联状态等；中间区域为主信息显示区，根据不同的工况、按键的选择，将显示牵引/制动的有关参数、机器的状态、开关信息；底部为功能键区，由于采用触摸显示屏，因此它将根据不同的工况和选择，显示不同的功能键。通过显示屏亦可显示出机车重联与否以及重联机车的故障信息。

显示模式在开机后根据不同工况来转换。

模式转换部分框图如图 6-4 所示。

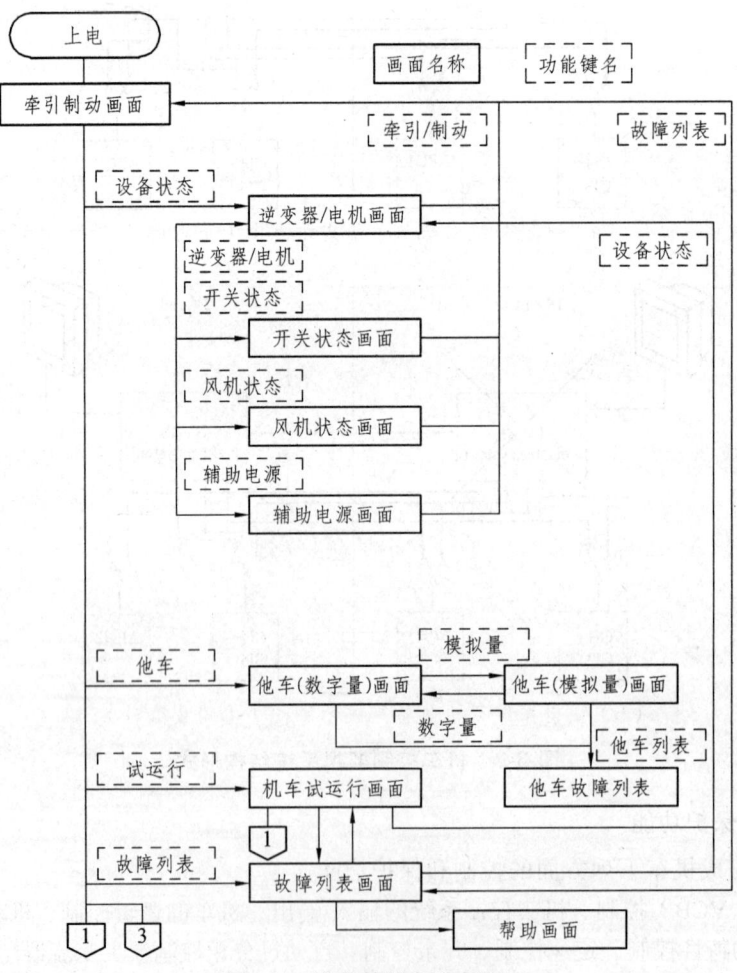

图 6-4 模式转换部分框图

## 三、TCMS 对外接口

TCMS 对外接口情况如表 6-1 所示。

表 6-1  TCMS 对外接口情况

| 名称 | 数量 | 所接设备 | 说明 |
|---|---|---|---|
| RS485 | 2 | 主变流器 | |
| RS485 | 2 | 辅助变流器 | |
| RS485 | 2 | 显示屏 | |
| RS485 | 1 | MVB/RS485 网关 | |
| 数据总线（Ethernet） | 2 | 与他车 TCMS 重联 | |
| 110 V 数字量输入 | 135 | 各开关量 | |
| 脉冲输入 | 2 | 速度传感器（PG） | |
| 110 V 数字量输出 | 30 | LED 指示灯 | 功率较小 |
| 110 V 数字量输出 | 22 | BRAKE、VCB、升弓、撒砂等 | 功率较大 |
| 模拟量输入 0～160 V | 2 | 蓄电池电压 | |
| 模拟量输入 0～24 V | 2 | 司机控制器 | 司机控制器级位 |
| 模拟量输入 0～5A | 1 | 电流互感器 | 原边电流 |

## 四、微机显示屏显示和使用说明

交流传动客货通用电力机车采用集中式微机控制系统 TCMS，微机控制柜将机车主变流器、辅助变流器、控制电器柜、列车供电柜、司机室控制开关等电器的信息汇总，通过分设在 I、II 端司机室的微机显示屏进行各种信息显示。

显示模式分为驱动模式和维护模式两大类。

### （一）驱动模式（主显示画面）

主要显示机车运行工况：机车速度、牵引/制动工况、司机控制器级位、是否定速、无人警惕状态、机车运行方向、受电弓状态、主断路器状态、撒砂状态、过分相状态、电机隔离状态、停放制动状态、空转状态、是否重联、接触网电压、主变压器原边电流、蓄电池电压、6 台牵引电机牵引/制动力。

机车故障信息：主变压器 MT，6 组主变流器单元 CI1、CI2、CI3、CI4、CI5、CI6，2 组辅助变流器单元 UA11、UA12，6 台牵引通风机 MA11～MA16，2 台复合冷却器通风机

MA17、MA18，2台空气压缩机 MA19、MA20，2台变压器油泵 MA21、MA22。机车自身出现故障时，在故障信息区显示，机车自身无故障时，故障信息区无任何显示。故障信息灯由黑变红，并蜂鸣器发出警报。

1. 牵引/制动主画面（见图6-5）

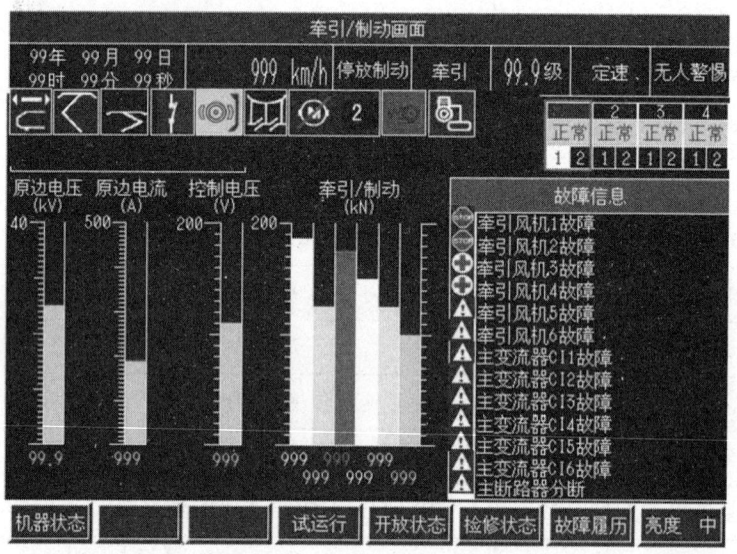

图6-5 牵引/制动主画面

※ 其中故障信息在有故障时才出现。

2. 主变流器状态画面（见图6-6）

主要显示6组主变流器单元（CI1、CI2、CI3、CI4、CI5、CI6）的充电接触器 AK 和工作接触器 K 的闭合状态、中间电压、对应的牵引电机电流、转子频率、电机牵引/制动力等。

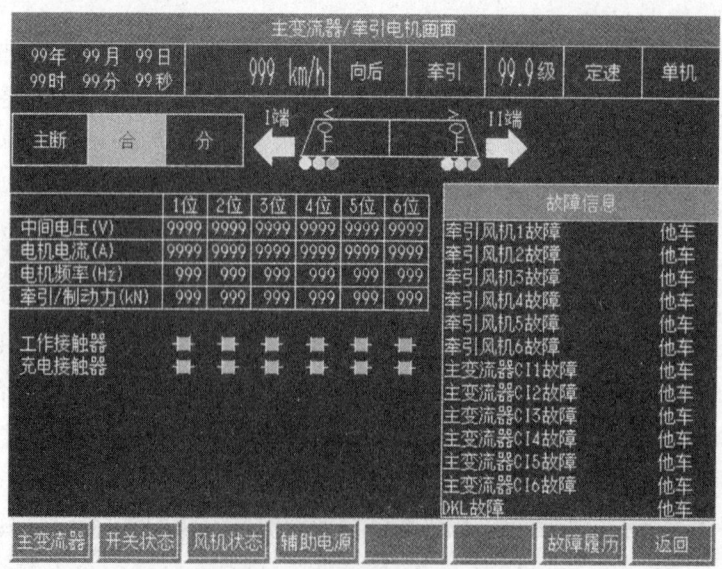

图6-6 主变流器状态画面

## 3. 开关状态画面（见图6-7）

第1页可以显示的开关有：主变流器各单元的充电接触器 CI1AK、CI2AK、CI3AK、CI4AK、CI5AK、CI6AK，工作接触器 CI1K、CI2K、CI3K、CI4K、CI5K、CI6K，受电弓高压隔离开关 QS1、QS2，主电路入库转换开关 QS3、QS4。

第2页可以显示的开关有：辅助电路各辅助电动机自动开关 QA11～QA24，各输出接触器 KM11～KM14、KM20，辅助电路转换开关 QS11。

第3页可以显示的开关有：试验转换开关 SA75，各保护开关 KP52，原边过流继电器 KC1。

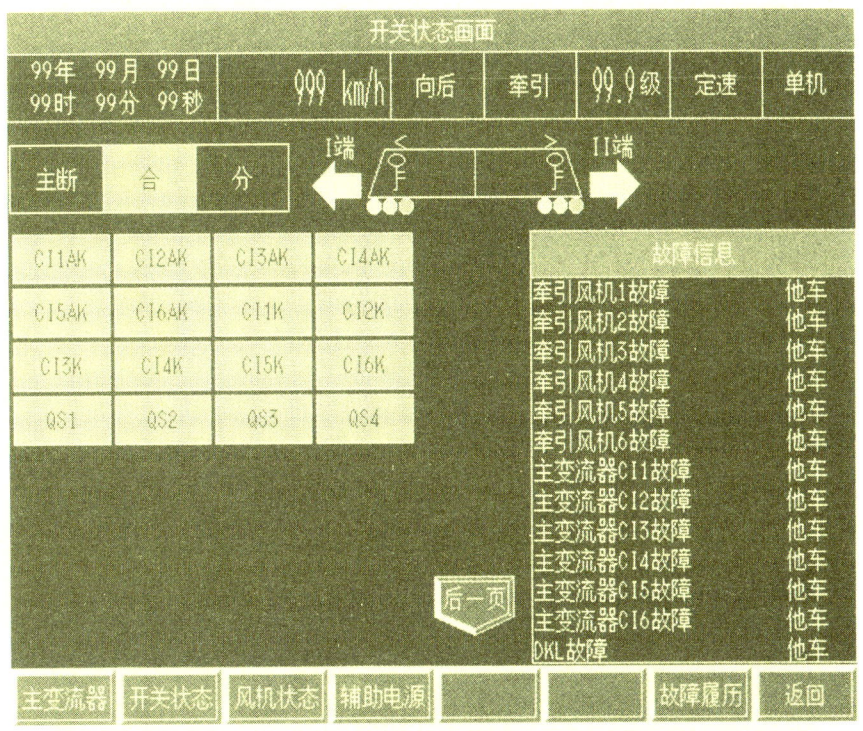

图6-7 开关状态画面

## 4. 风机状态画面

可以显示的风机有：牵引电动机通风机 MA11～MA16、压缩机电机 MA19、MA20，复合冷却器通风机 MA17、MA18，油泵 MA21、MA22。

## 5. 辅助电源画面（见图6-8）

可以显示辅助变流器的工作情况，2套辅助变流器的输出电压、输出电流、输出频率。

## 6. 控制状态画面

可以显示空气压缩机的工作情况，以及弹停隔离阀、撒砂隔离阀、升弓钥匙阀、辅助风缸隔离阀、紧急制动隔离阀、转向架Ⅰ隔离阀和转向架Ⅱ隔离阀的工作状态。

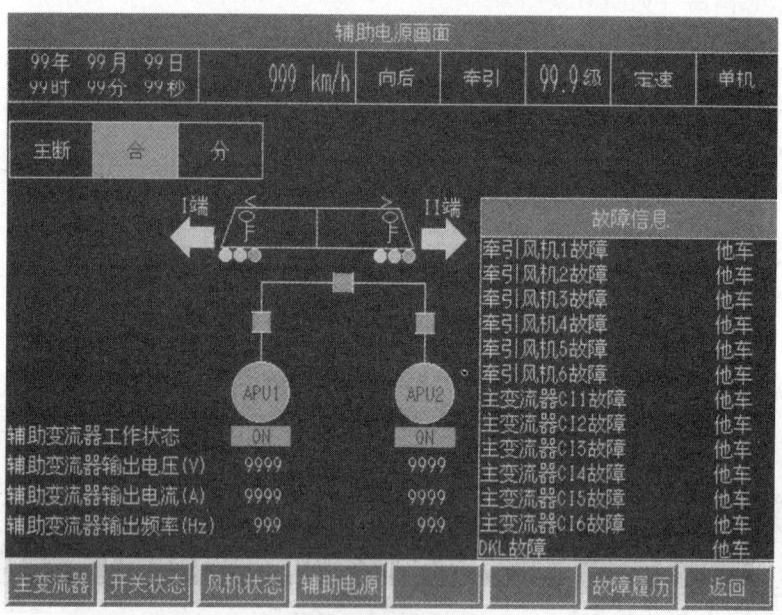

图 6-8 辅助电源画面

## 7. 故障履历画面（见图 6-9）

进入故障履历画面，可以查看机车近期发生的 300 个故障的情况。有故障编号、故障名称、故障发生时间、故障恢复时间、发生故障时的机车状态（有接触网电压、主变压器原边电流、机车牵引/制动、级位、机车速度）以及故障处理说明。

在故障履历画面上有一个"说明处置"触摸键，可以通过触摸进入故障处理画面，机车微机控制系统给出了针对该故障的几种故障处理建议。

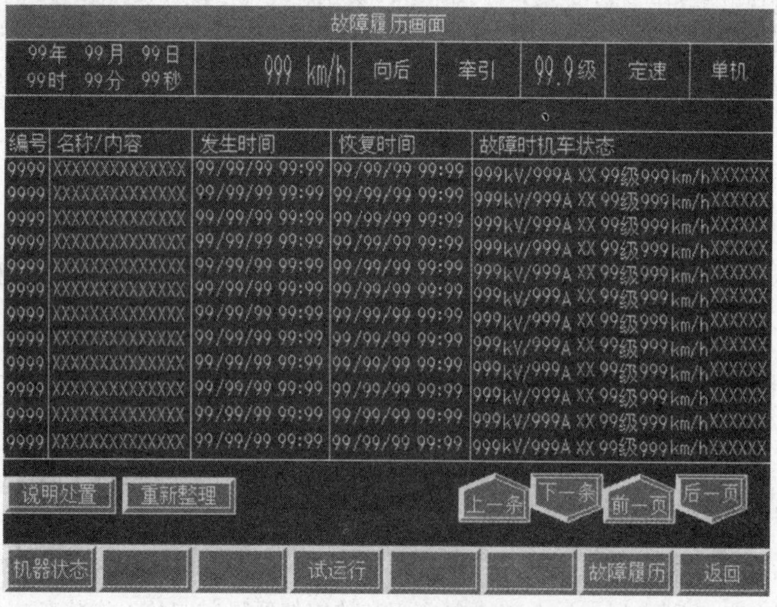

图 6-9 故障履历画面

## （二）维护模式（辅助显示画面）

进入维护模式（辅助显示画面）必须由专门人员操作，因此设有密码。

### 1. 密码输入画面

通过触摸屏，输入三位数的密码，按确定后，可以进入维护模式。

### 2. 设定菜单画面

可以进行时钟设定、距离设定、车轮直径设定和动作次数设定、功能选择、轮缘润滑设定。

① 时钟设定画面：可以设定年、月、日、时、分。

② 设定距离画面。

③ 车轮直径设定画面：可以设定车轮直径，设定值必须在 1 150～1 250 mm 之间，否则，车轮直径按默认值 1 250 mm。

④ 动作次数设定画面：可以设定主断路器，受电弓，辅助变流器输出接触器 KM11、KM12、KM20，空气压缩机接触器 KM13、KM14，主变流器各单元的充电接触器 CI1AK、CI2AK、CI3AK、CI4AK、CI5AK、CI6AK，工作接触器 CI1K、CI2K、CI3K、CI4K、CI5K、CI6K 的动作次数。

⑤ 功能选择画面：可以设定空气压缩机的控制方式。

⑥ 轮缘润滑设定画面：可以设定轮缘润滑间隔距离及喷脂时间。

### 3. 状态菜单画面

可以用来查看机车累计行车距离、电器动作次数、传送信息和信号信息。

1）累计行车距离画面

可以用来查看机车累计行车距离。

2）电器动作次数画面

可以用来查看机车主断路器，受电弓，辅助变流器输出接触器 KM11、KM12、KM20，空气压缩机接触器 KM13、KM14，主变流器各单元的充电接触器 CI1AK、CI2AK、CI3AK、CI4AK、CI5AK、CI6AK，工作接触器 CI1K、CI2K、CI3K、CI4K、CI5K、CI6K 的动作次数。

3）传送信息画面

可以用来查看机车主变流器各单元 CI1、CI2、CI3、CI4、CI5、CI6、辅助变流器 APU1、APU2、DC 110 V 电源装置 PSU1、PSU2、制动系统控制单元 BCU、轮缘润滑装置 ATM、列车供电装置 LG1、LG2 与微机控制系统 TCMS 之间通过网络发送和接收的信息。

查看信息，可以通过触摸显示屏上的 CI1、CI2、CI3、CI4、CI5、CI6、PSU1、PSU2、APU1-1、APU1-2、APU2-1、APU2-2、BCU、ATM、LG1、LG2 十六个触摸键进行显示切换。

4）信号信息画面

可以用来查看机车各主要设备与微机控制系统 TCMS 之间通过硬导线发出和接收的信息。

在显示屏上有 AUX1、AUX2、DI1、DI2 四个触摸键，查看时，可以进行显示切换。

触摸 AUX1，第 1 页中显示的是输出信息：操纵台辅助显示模块信号灯的输出线 471、472、473、474、475、477、478，弹停控制信号 837、838，轮缘润滑信号 436、437，允许供电柜输出信号 1049，高压隔离开关信号 466、467，风笛信号 887、888、889、890，撒砂阀控制信号 810、820，受电弓控制信号 451、452，常用制动信号 2804，辅助压缩机控制信号 829 的信息。

第 2 页中显示的是输出信息：主变压器原边电流和控制电压。

触摸 AUX2，第 1 页中显示的是输出信息：制动控制单元 CCBII 的导线 831、832、空压机卸荷阀信号 445、446，行车安全综合信息系统的导线 1054、1055、963、964、965、966、967，重联监测输出信号 1021、1025，主断路器控制信息 453，空气压缩机控制信号 461、462，自动过分相装置的导线 491、492，辅助接触器控制信号 463、464、465，DC 12 V 电源装置的导线 830，标志灯的导线 781、782 及辅照灯的导线 783、784，撒砂干燥阀的导线 839。

第 2 页中显示的是输入信息：主司机控制器的级位信息和机车速度传感器 BV47、BV48 的信息。

触摸 DI1，第 1 页中显示的是输入信息：主变流器 UM1 的信号线 577、578、579、580、581、582、583、584、585，主变流器 UM2 的信号线 677、678、679、680、681、682、683、684、685，辅助变流器 APU1 的信号线 590、591，辅助变流器 APU2 的信号线 690、691，机车行车安全综合信息系统的信号线 962，弹停隔离信号线 821、撒砂隔离信号线 822，升弓钥匙阀的信号线 824，转向架 I 隔离信号线 825，各牵引通风机自动开关的信号线 401、402、403、404，受电弓隔离信号线 421、422 的信息，制动控制单元 CCBII 的信号线 801、802、805，撒砂脚踏开关的信号线 803。

第 2 页中显示的是输入信息：复合冷却器通风机自动开关的信号线 407、408，主变压器油泵自动开关的信号线 411、412，高压隔离开关的信号线 427、428，空气压缩机 1 的信号线 417、419，空气压缩机 2 的信号线 418、420，弹停压力开关 1 的信号线 835，主断路器的信号线 431，主变压器压力信号线 441，空气压缩机接触器的信号线 429、430，空气压缩机自动开关的信号线 409、410，空调机组自动开关的信号线 413、414，辅助电路库内试验转换开关的信号线 432，重联监测输入信号线 1009、1010、1019、1020、1022、1026，原边过流继电器的信号线 435，库内试验转换开关信号线 434 的信息。

触摸 DI2，第 1 页中显示的是输入信息：Ⅰ端司机室给定 501、502、503、504、506、507、508、514、515、516、517、518、519、520、523、524、710、712、804、806、851，总风缸压力开关信号线 842、843、844，辅助压缩机压力开关信号线 812，警惕装置开关信号线 521、主变压器温度继电器信号线 438、高压接地开关信号线 425、蓄电池充电器的信号线 423、424、紧急制动信号线 1804，自动过分相装置的信号线 497 的信息。Ⅱ端司机室给定 601、602、603、604、606、607、608 的信息，

第 2 页中显示的是输入信息：自动过分相装置的信号线 498、499，Ⅱ端司机室给定 479、480、495、496、614、615、616、617、618、619、522、622、623、624、708、709、852 的信息，警惕装置开关信号线 531、621、631，受电弓压力信号线 448、449，辅助压缩机压力开关信号线 811，辅助风缸隔离信号线 823，紧急制动隔离信号线 827，转向架Ⅱ隔离信号线 826 的信息。

**4. 实验状态画面**

可以用来进行机车主司机控制器的试验、起动试验、零级位试验、辅助电源试验、显示灯试验、无人警惕试验、轮缘润滑试验。首先进行试验选择，然后根据显示屏的提示，操作有关的开关，进行试验，通过显示屏的提示，确认机车有关控制、逻辑环节是否工作正常。

该功能主要用于机车出段前或故障修复后的控制、逻辑试验检查。

① 主司机控制器的实验：可以进行调速手柄零位确认、制动 12 级手柄确认试验。
② 起动实验：可以进行主变流器各单元 CI1、CI2、CI3、CI4、CI5、CI6 的控制单元试验，检查其输出电流。
③ 零级位实验：可以进行主变流器 CI1、CI2、CI3、CI4、CI5、CI6 的工作情况的试验检查。
④ 辅助电源实验：试验检查辅助变流器 1、2 的输出电流、输出电压、输出频率。
⑤ 显示灯试验：可以完成对操纵台上的各类指示灯的通断状态测试。
⑥ 无人警惕实验：可以实现机车静态下的无人警惕功能测试。
⑦ 轮缘润滑实验：根据提示将换向手柄置于向前或向后位，确认对应轮喷阀是否动作，实现机车静态下对轮缘润滑装置的电空功能测试。
⑧ 记录状态画面：可以用来检查故障记录、连续记录、检修记录。

# 任务二　机车控制电路分析

【教学目标】

1. 知识目标

（1）掌握 $HXD_3$ 型电力机车控制电路的基本组成；

（2）掌握 HXD$_3$ 型电力机车控制电源电路的组成和工作原理；

（3）掌握 HXD$_3$ 型电力机车各司机指令控制开关位置及对应的指令信号线；

（4）掌握 HXD$_3$ 型电力机车逻辑控制和保护电路的组成和工作原理；

（5）掌握 HXD$_3$ 型电力机车主变流器和辅助变流器控制电路的组成和工作原理；

（6）掌握 HXD$_3$ 型电力机车自动过分相、定速和警惕装置控制电路的组成和工作原理；

（7）掌握 HXD$_3$ 型电力机车各辅助设备控制电路的组成和工作原理。

2．能力目标

（1）会分析控制电源电路的原理；

（2）能进行机车控制电路的各种操作；

（3）会根据各电路分析处理机车常见电气故障。

## 【相关知识】

## 一、控制电源电路

DC 110 V 电源装置也称蓄电池充电器（简称充电器），HXD$_3$ 型电力机车采用高频电源模块 PSU（Power Supply Unit）与蓄电池并联，共同输出的工作方式，再通过自动开关分别送到各条支路，如微机控制、机车控制、主变流器、辅助变流器、车内照明、车外照明等。

DC 110 V 电源装置有两组完全相同的电源模块，应用 IGBT 元件。通常情况只有一组处于工作状态，当其故障时，另外一组会启动，继续供电。在自动模式下，其启停控制受控于机车控制系统 TCMS。

每组电源模块的输入电压为 DC 750 V，输出电压为 DC 110×（1±2%）V，额定输出电流为 55 A，输出功率为 6 050 W（25 ℃），采用自然冷却方式，输出特性曲线如图 6-10 所示。

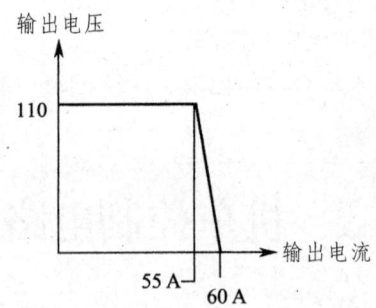

图 6-10　输出电压与输出电流的曲线

DC 110 V 充电电源电路如图 6-11 所示，由电源输入电路、预充电路、DC 110 V 输出电路和控制电路组成。

项目六 HXD型电力机车控制电气系统 219

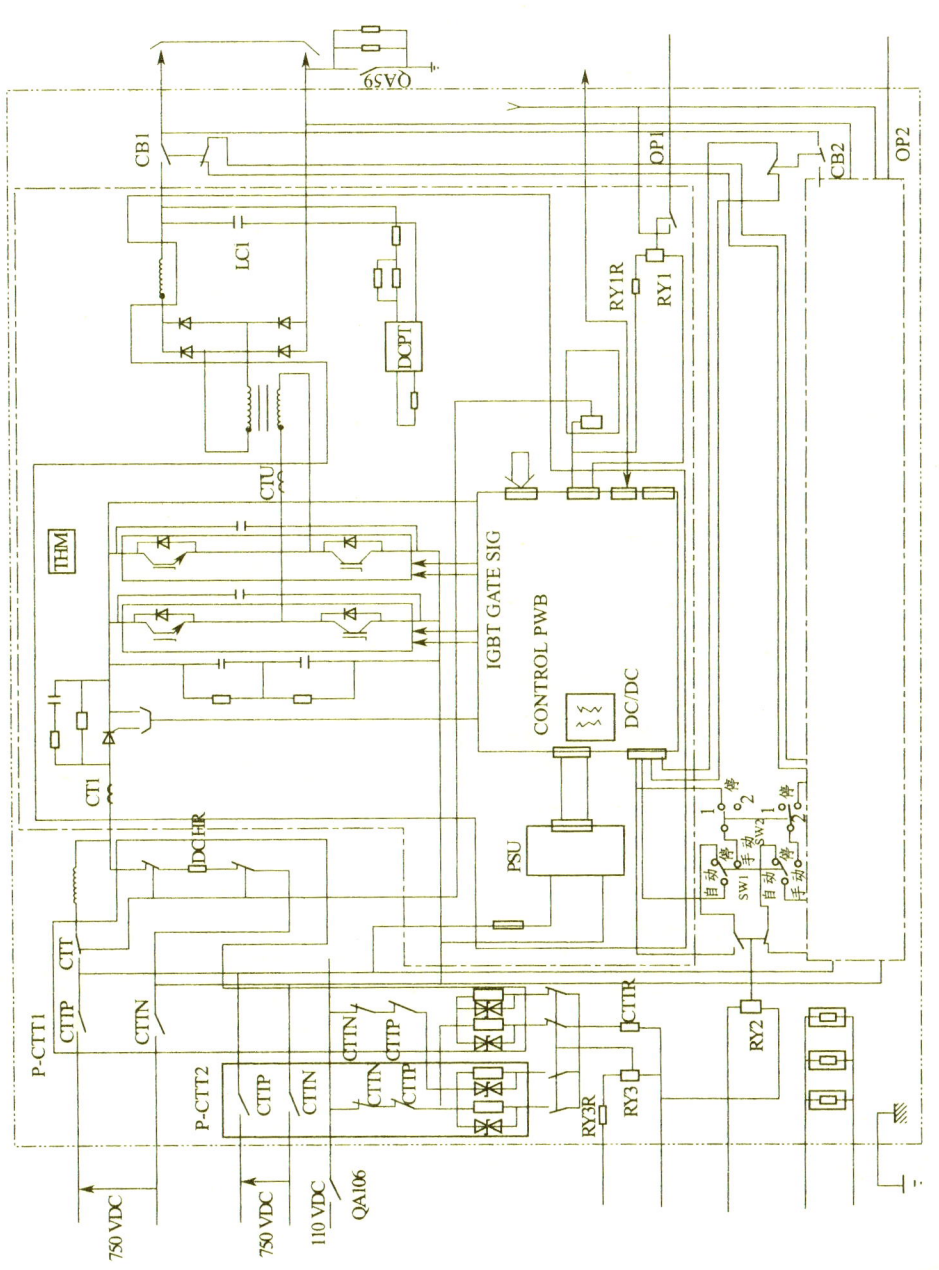

图6-11 DC 110 V充电电源电路

## 1. DC 110 V 电源装置电气系统构成

### 1）电源输入电路

装置的输入电源来自机车辅助变流器 APU（Auxilia-ry Power Unit）的中间直流回路，采用双电源、双路供电方式。当辅助变流器 UA11 和 UA12 均正常时，由 UA12 向 PSU 输入 DC 750 V 电源；当 UA12 故障时，转由 UA11 向 PSU 输入 DC 750 V 电源。

图 6-12 所示为 DC 110 V 电源装置电气系统框图，图 6-13 所示为 APU 与 PSU 的连线图。

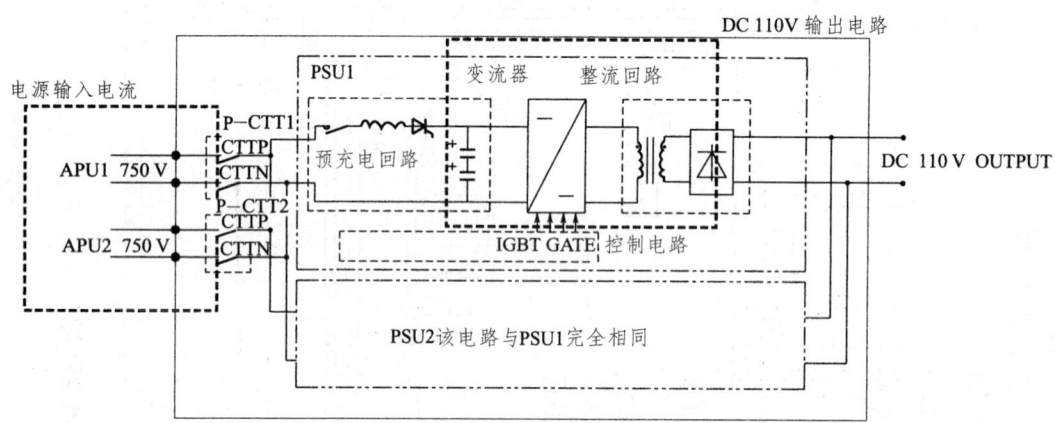

图 6-12　DC 110 V 电源装置电气系统框图

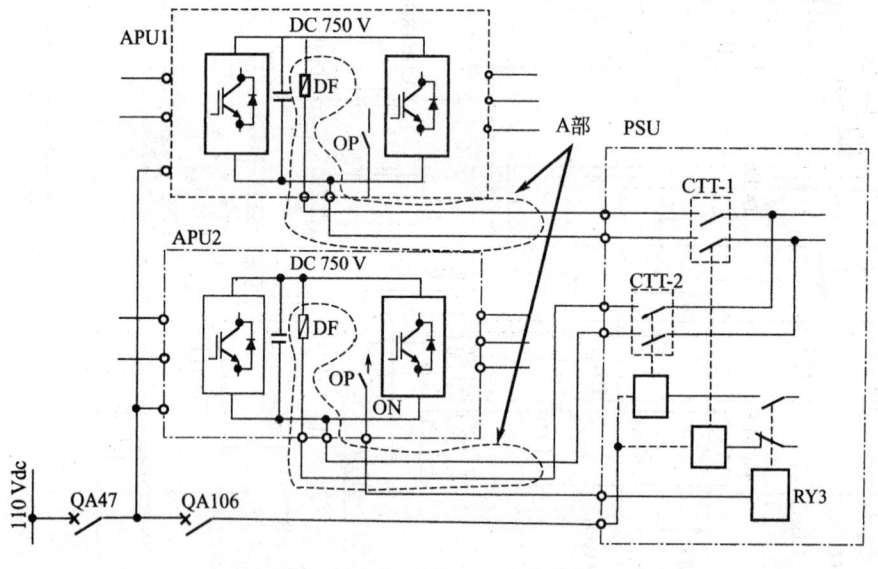

图 6-13　APU 与 PSU 的连线

图 6-13 中 A 部为电源输入线，输入电源的选择由 OP 信号（位于 APU2 中）进行控制。QA47 闭合 2.5 s 后，APU2 就送出 OP 信号（无故障时此信号为 110 V），通过继电器联锁控制 CTT 接触器，实现输入电源的选择。表 6-2 显示了 OP 信号与 RY3 继电器和 CTT 接触器的关系。

表 6-2　OP 信号与电源选择的关系

| OP 信号 | RY3 | CTT-1 | CTT-2 | 电源来源 |
|---|---|---|---|---|
| ON | ON | OFF | ON | APU2 |
| OFF | OFF | ON | OFF | APU1 |

外部输入电源的双路冗余设计，确保在 APU2 故障时，电源装置仍能从 APU1 处获得电源。同时一路电源也可以给两个 PSU 供电，这样 4 种组合方式确保了机车控制电源的可靠性。

2）预充电回路

如图 6-14 所示，CTT 接触器主触头、限流电阻 CHR 和晶闸管 CHS 构成预充电回路。CTT 触头闭合后，通过限流电阻对中间电容 FC1、FC2 进行充电。在其电压达到一定值后，导通 CHS，将 CHR 短路，完成预充电过程。

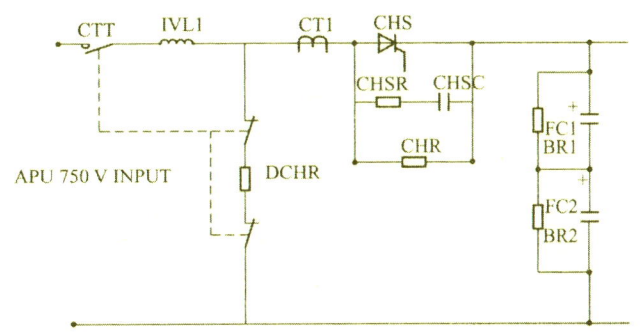

图 6-14　预充电回路、输入滤波回路和放电回路

中间电容和滤波电感 IVL1 一起构成滤波回路，其作用是防止电源单元在工作时所产生的 6 kHz 脉动电流倒流回 APU 中。

当电源装置工作结束后，接触器主触头 CTT 断开，其常闭辅助触点闭合，残留在中间电容上的电压通过放电电阻 DCHR 进行放电。

3）DC 110 V 输出回路

IGBT、整流回路的绝缘变压器 IST1、整流器 FR、平波回路的电抗器 DCL1 和平波电容 LC1 构成了 DC/DC 转换回路，如图 6-15 所示。

微机系统以脉宽调制为原理控制 IGBT 动作，将输出电压变为交流脉冲电压，输入到变压器的原边（波形如图 6-16 所示）。需要注意的是 IGBT 工作在高频段上，关断的瞬间会产生一个巨大的尖峰。这一尖峰对 IGBT 非常有害，所以在 IGBT 的回路中并联一个无感电容，用以消除尖峰。而且这个电容与 IGBT 的两端直接相连，以防止线路中的杂散感抗进入回路中，从而影响电容对尖峰的吸收效果，失去对 IGBT 的保护作用。

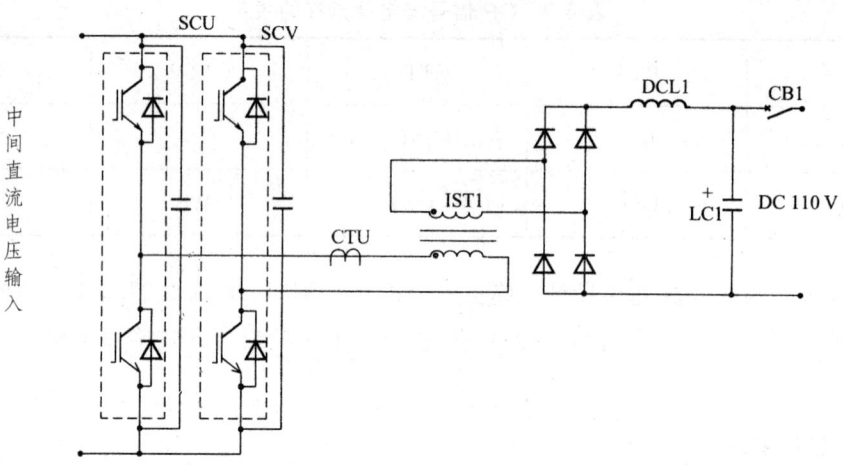

图 6-15　DC/DC 转换回路

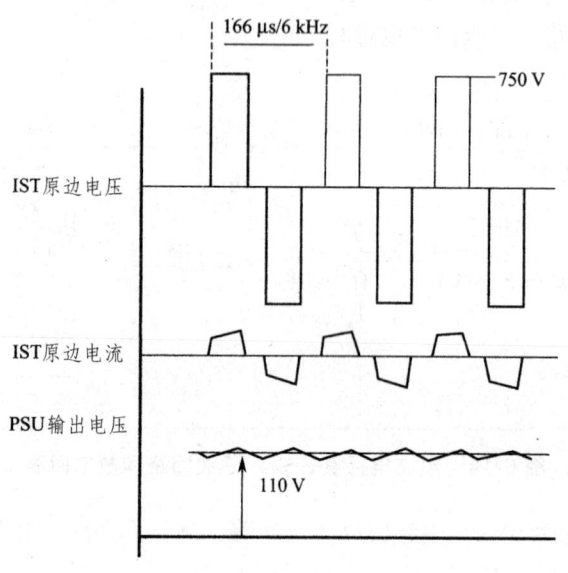

图 6-16　变流器输出波形

DC/DC 回路中的输出变压器 IST1 为中频变压器，变比为 750 V/150 V，二次侧输出电压经过整流器、平波电抗 DCL1 和平波电容 LC1 构成的滤波回路后，输出 110 V 直流电源（如图 6-16 所示）。

4）控制电路

控制电路如图 6-17 所示，它是 PSU 的控制核心。中间部分是控制基板 PWB，它收集 PSU 内部各个器件的状态以及电压、电流信号并进行逻辑处理，然后控制继电器（CTT、RY1 等）动作并向 IGBT 发出指令。左侧部分是基板的电源供电电路，经过一个小型的电源转换器（记作 PSU）后，向基板提供正常工作所需的电源。右侧为输入/输出信号，并预留了 RS-232C 串行接口，方便与计算机连接。

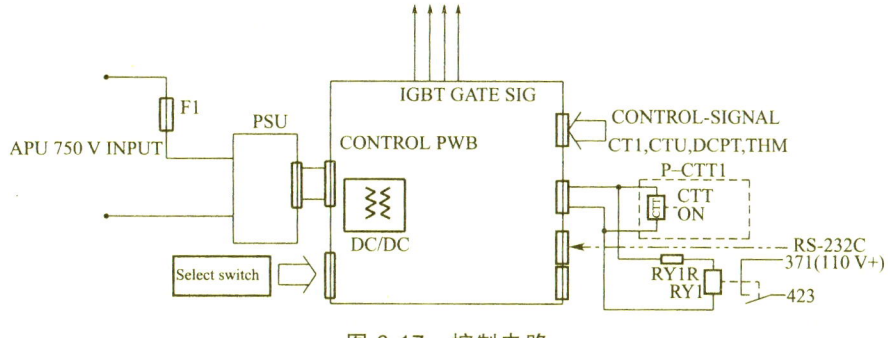

图 6-17 控制电路

IGBT GATE SIG（IGBT 门极信号）、APU 750 V INPUT（APU 750 V 输入）、select 与 switch（选择开关）、CONTROL-SIGNAI（控制信号）、CONTROL PWB（控制电路板单元）是否工作，取决于左下角的选择开关电路。这部分由两个开关 SW1 和 SW2 构成，如图 6-18 所示，其中 SW1 有两挡，"TCMS"和"MANUAL"为自动/手动选择开关，SW2 也有两挡，"模块1"和"模块2"。"TCMS"位表示由机车的微机系统来控制单元的启动，奇数日，模块 1 工作，偶数日，模块 2 工作。如果其中一组模块出现故障，可自动切换。"MANUAL"位表示通过手动选择开关 SW2 来选择工作的单元，如果 SW2 置"模块1"，表示模块 1 工作；如果 SW2 置"模块2"，表示模块 2 工作。如果在手动状态下，电源出现故障，不能自动切换。

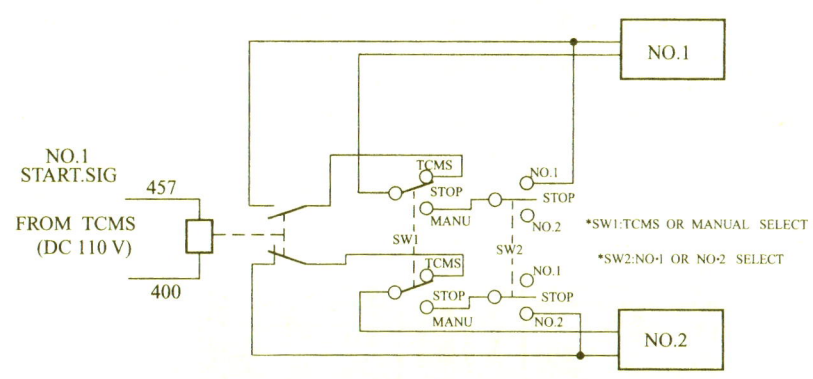

图 6-18 选择开关电路

采用这种控制电路，对机车控制系统而言，信号处理简单，微机只输出一个信号就可以选择所需要启动的 PSU。

5）装置的保护控制

DC110V 电源装置输入电流由电流互感器 CT1 检测，输出电流由电流互感器 CTU 检测，输出电压由电压传感器 DCPT 检测，检测信号送入 TCMS，对 DC 110 V 电源装置进行过压、欠压和过流保护。

接地保护电路由自动开关 QA59、电阻 R71、R72 组成。DC110V 电源电路正常工作时，QA59 闭合，400 号线接地，R71、R72 两端无电压，无电流流过。一旦出现蓄电池接地或 DC 110 V 电源电路正端接地，QA59 则流过接地电流，当接地电流超过额定值时，QA59 跳开,由 R71、R72 限制接地电流,保护蓄电池,并维持 DC110V 电源故障运行。

控制电源各支路均由单极自动开关进行短路和过流保护,其对应关系为:微机 1 控制自动开关 QA41、微机 2 控制自动开关 QA42、司机控制 1 自动开关 QA43、司机控制 2 自动开关 QA44、机车控制自动开关 QA45、主变流器自动开关 QA46、辅助变流器自动开关 QA47、车内照明自动开关 QA48、车外照明自动开关 QA49、前照灯自动开关 QA50、辅助设备自动开关 QA51、无线电台自动开关 QA52、自动信号自动开关 QA53、监控装置自动开关 QA54、电控制动自动开关 QA55、低温预热自动开关 QA56,110 V 电源控制自动开关 QA106、门控开关 QA102、自动过分相控制开关 QA71、空调机组控制开关 QA104、QA105、撒砂加热控制开关 QA73 等。

### 2. DC 110 V 电源装置设备布置

电源装置为一宽 1 200 mm(加上安装底座后为 1 300 mm)×高 1 010 mm×厚 500 mm 的长方体设备。

取下装置正面上方的面板后,可以看到两台逆变器装置、两台电磁接触器盘、空气断路器和继电器盘,右下部有主电路端子台和控制电路端子台,如图 6-19(a)所示。在背面,装有两种不同的直流电感线圈各两台和两台变压器,如图 6-19(b)所示。

为了防止信号干扰,逆变装置的控制电路要与电磁接触器尽量远,所以在正面布置上采用了交叉对称原则,即在逆变装置 1 下面是逆变装置 2 的电磁接触器设备;反之,逆变装置 2 下面是逆变装置 1 的电磁接触器设备。同样背面也采用了这一原则。

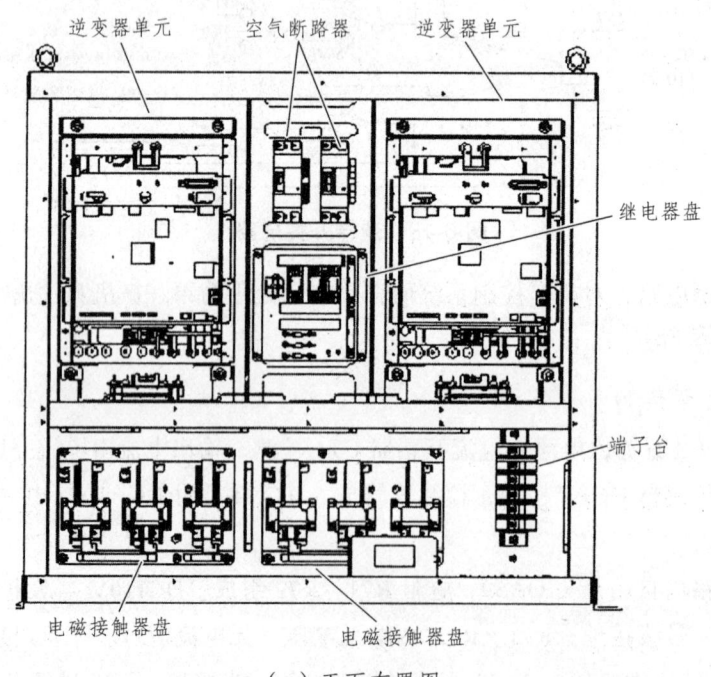

(a)正面布置图

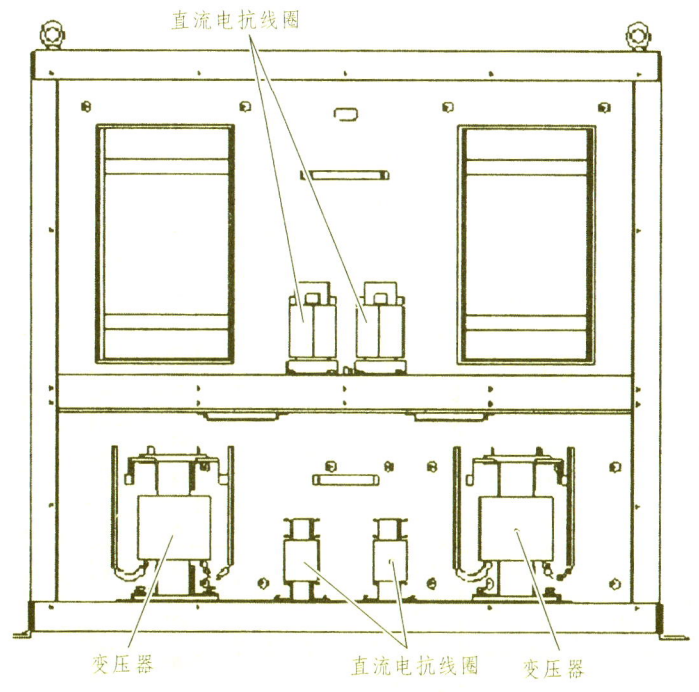

(b) 背面布置图

图 6-19 DC 110 V 电源装置布置图

另外，为了使设备能在低温启动，在两台逆变器单元的下部各有 1 台加热盘，正面右侧的电磁接触器盘下部也配置 1 台加热盘。

装配线的配线从右侧面左下配线孔引入。

在控制电器柜上设置了控制电源电压表 PV71，在两端操纵台上也设置了控制电源电压表 PV41、PV42，用于随时监视控制电源的电压情况，通过微机显示屏也可以监视控制电源的电压情况。

在蓄电池充电器上安装有蓄电池检测仪，用于监测蓄电池的充放电流和电压，并能根据事先设定的参数进行数据存储或即时报警。

## 二、整备控制电路

整备（预备）控制是指机车动车前的各项准备性操作，如升降受电弓、分合主断路器、启动辅助变流器及各辅助电动机、完成机车向前或向后、牵引或制动的操作。$HXD_3$ 型电力机车整备控制和信号控制电路如图 6-20 所示。

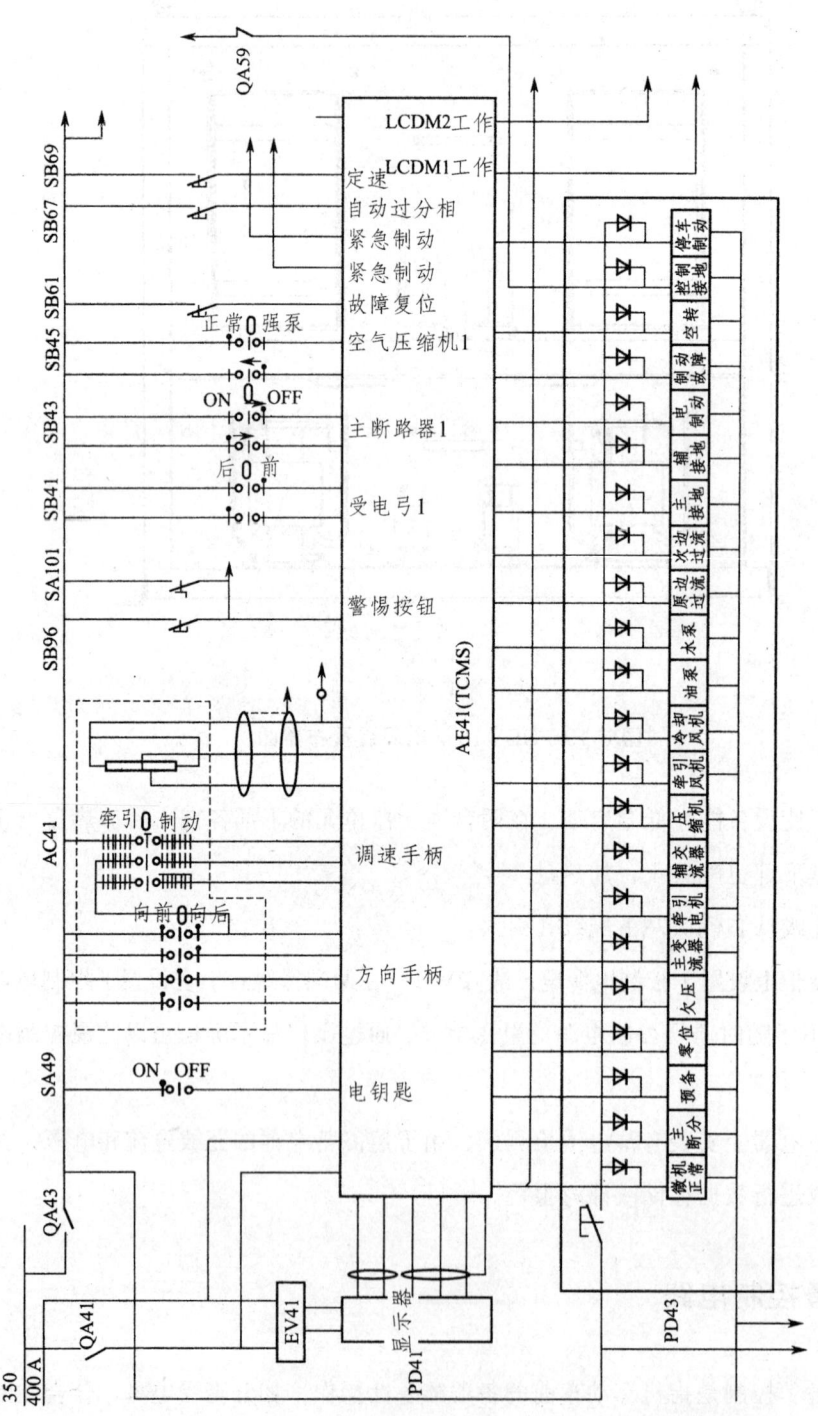

图 6-20 预备控制和信号控制电路

## 1. 电钥匙控制

司机电钥匙开关 SA49（SA50）有两个位置："合""分"，当 SA49 置"合"位置时，机车 I 端即被设定为操纵端。

## 2. 受电弓控制

受电弓扳键开关 SB41（SB42）有三个位置，分别为"前受电弓""后受电弓""0"位。当 SB41 置"前受电弓"或"后受电弓"位时，受电弓电空阀 YV41 或 YV42 线圈得电，在空气管路压力正常的前提下，受电弓 AP1 或受电弓 AP2 升起；当 SB41 置"0"位时，受电弓 AP1 或受电弓 AP2 均降下。

一组受电弓损坏且存在接地故障的情况下，将受电弓隔离开关 SA96 打至相应位置，将该受电弓从主电路隔离。

需要注意的问题：电力机车必须先升起受电弓，然后再闭合主断路器；或先断开主断路器，再降下受电弓。$HXD_3$ 型机车采用的 DSA-200 型受电弓为气囊弓，虽然受电弓升、降的绝对时间较短，但从操作开关到受电弓完全升、降的时间相对较长，因此，在机车运行过程中需要降下受电弓时，要提前做好准备工作，先断开主断路器，后降弓，避免发生弓网事故。

## 3. 主断路器控制

主断路器扳键开关 SB43（SB44）有三个位置，分别为"主断分""主断合""0"位。该扳键开关为自复式，正常位置是"0"位。

1）手动闭合主断路器

当开关置"主断合"位 1 次时，如果主断路器闭合的相关逻辑正常，则主断路器 QF1 线圈得电，在空气管路压力正常的前提下，主断路器 QF1 闭合。

正常情况主断路器闭合条件：
① 受电弓升起确认网线有电；
② 主电路库用闸刀 QS3/QS4 置正常位，辅助电路库用闸刀 QS11 置正常位，高压接地开关 QS10 置正常位；
③ 主断路器工作风压达 450 kPa 以上；
④ 司机控制器主手柄处于"0"位；
⑤ 主变流装置控制单元 1 台以上运转正常。

2）手动断开主断路器

当扳键开关置"主断分"位 1 次时，主断路器 QF1 线圈失电，主断路器 QF1 分断。

3）故障分断主断路器

机车出现以下故障时，自动分断主断器：原边过流、主变压器牵引绕组过流、牵引电机过流、辅助变流器过流、辅助变流器过载、主回路接地、辅助回路接地、牵引电机小齿轮弛缓、主变压器油温过高、主变流器/辅助变流器/110 V PSU 高频电源装置中整流和逆变器短路、紧急制动时、自动降弓装置动作时和高压隔离开关动作时。

### 4. 空气压缩机的控制

空气压缩机扳键开关 SB45（SB46）有三个位置，分别为"主压缩机""强泵""0"位。

在辅助变流器工作的前提条件下，当开关置"主压缩机"位，并且总风缸空气压力继电器 KP51-1、KP51-2（KP51-1：风压低于 750 kPa 时闭合，风压高于 900 kPa 时断开；KP51-2：风压低于 825 kPa 时闭合，风压高于 900 kPa 时断开）闭合时，空气压缩机接触器 KM13、KM14 依次得电闭合，空气压缩机 1、2 依次投入工作。当风压高于 750 kPa 低于 825 kPa 时，KP51-2 闭合，但 KP51-1 打开，此时只有操纵端压缩机工作。当总风缸压力升至 900 ± 20 kPa 时，空气压缩机自动停止工作。

当总风缸空气压力继电器 KP51 发生故障，空气压力开关不能正常闭合时，可以将扳键开关置"强泵"位，强制空气压缩机接触器 KM13、KM14 得电闭合，空气压缩机 1、2 投入工作。此时，不受总风缸压力继电器控制，当总风缸压力达到 1 000 kPa 时，高压安全阀动作，不断排风。

当开关置"0"位时，空气压缩机接触器 KM13、KM14 失电分断，空气压缩机停止工作。

空气压缩机自动开关 QA19、QA20，用于空气压缩机的自动保护。当空气压缩机电机过流造成自动开关断开后，断开对应压缩机的供电电路，并将故障信号送到 TCMS，在司机操纵台进行显示，同时断开对应压缩机的控制线圈支路，使该接触器不能得电闭合。

由以上可得压缩机接触器 KM13 或 KM14 得电条件：

① 辅助变流器启动完成；
② 压缩机扳键开关 SB45（SB46）闭合；
③ 压缩机自动开关 QA19（QA20）闭合；
④ 总风缸空气压力继电器 KP51-1、KP51-2 闭合。

### 5. 主司机控制器控制

主司机控制器 AC41（AC42）有两个手柄：方向手柄和调速手柄。方向手柄有"向前"、"向后"和"0"三个位置。调速手柄可以提供牵引级位 0 ~ 13 级，制动级位 * ~ l2 级。两个手柄之间设有机械联锁：当调速手柄在"0"位时，方向手柄方可进行转换；方向手柄在"0"位时，调速手柄不能移动，只能在"0"位。

## 三、机车逻辑控制和保护电路

机车逻辑控制和保护电路如图 6-21 所示，主要是将各辅助电动机自动开关、各风速继电器故障隔离开关、高压故障隔离开关、压缩机接触器、主断路器、辅助变流器库内试验开关、主变流器试验开关、各种接地保护、空气管路系统压力继电器等的状态指令送入 TCMS，用于机车的各种工作逻辑及保护逻辑控制，并通过 TCMS 与主变流器和辅助变流器之间的通信，将有关控制指令信息送到主变流器和辅助变流器，达到整车联控目的。

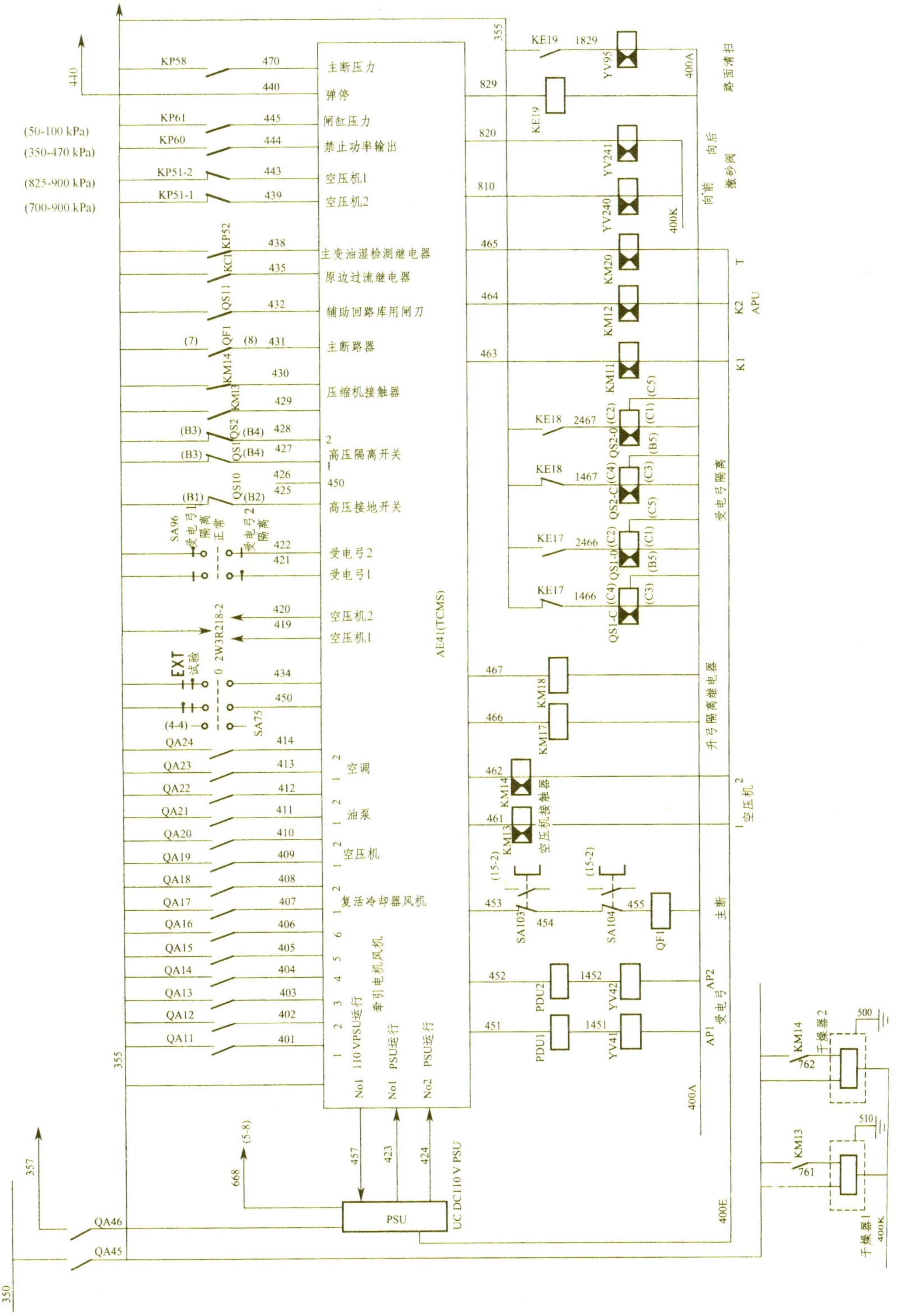

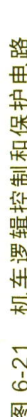

图 6-21 机车逻辑控制和保护电路

（1）各辅助电动机自动开关：

① 牵引通风机自动开关 QA11~QA16：用于牵引通风机的故障保护和相应的逻辑控制。当牵引通风机过流造成自动开关断开后，主触点断开对应牵引通风机的供电电路，辅助触点将故障信号送给 TCMS，然后通过 TCMS 一方面送到司机室故障显示灯，一方面自动隔离对应牵引电机的牵引变流器环节。

② 复合冷却器通风机自动开关 QA17~QA18：用于复合冷却器通风机的故障保护和相应的逻辑控制。当复合冷却器通风机过流造成自动开关断开后，主触点断开对应复合冷却器通风机的供电电路，辅助触点将故障信号送给 TCMS，然后通过 TCMS 一方面送到司机室故障显示灯，另一方面自动隔离对应转向架上的牵引变流器，使该转向架上的牵引电机停止工作。

③ 空气压缩机自动开关 QA19~QA20：用于空气压缩机的故障保护。当空气压缩机自动开关断开后，断开对应空气压缩机的供电电路，并将故障信号通过 TCMS 送到司机室故障显示灯，同时断开对应空气压缩机的控制接触器的线圈支路，使该接触器不能得电闭合。

④ 油泵自动开关 QA21~QA22：用于主变压器油泵的故障保护和相应逻辑控制。当油泵自动开关断开后，断开对应油泵供电电路，故障信号一方面送到司机室故障显示灯，一方面自动隔离对应的主变流器和对应转向架上的牵引电机。同时，使另一套主变流器和另一转向架上的牵引电机降功率工作。

（2）机车主变流器试验开关 SA75：当机车主断路器不具备闭合条件时，可以使用机车主变流器试验开关 SA75，通过 TCMS 对机车主变流器的控制单元进行检测，并在微机信息显示单元中进行显示。

（3）受电弓故障隔离开关 SA96：一组受电弓损坏且存在接地故障的情况下，通过电器控制柜上的故障隔离开关 SA96，打至相应的位置，将该故障受电弓从主电路隔离，机车继续运行。

（4）高压接地开关 QS10 的联锁：用来实现机车的高压安全互锁。机车需要打开顶盖天窗或电器柜进行检修时，保证车顶设备可靠接地，从而实现安全保护。

（5）高压隔离开关 QS1 和 QS2 的联锁：用于受电弓的隔离保护和相应的逻辑控制。

（6）压缩机接触器 KM13、KM14 的联锁：用于相应压缩机的逻辑控制。

（7）主断路器状态 QF1 的联锁：用于主断路器工作状态的确认，确保机车在主断路器投入后，主变流器、辅助变流器才可以投入工作。

（8）辅助变流器库内试验转换开关 QS11 的联锁：用于辅助变流器在库内试验时的转换。当该开关闭合后，其辅助触点送入微机柜 TCMS，使机车进入辅助回路库内试验环节。此时，机车主断路器不必闭合，辅助变流器 APU2 和辅助电动机便可以投入工作。

（9）原边过流继电器 KC1 的联锁：当机车发生原边过流故障时，原边过流继电器 KC1 动作，其联锁触点信号送入 TCMS，跳开主断路器，实施故障保护，原边电流的保护值为 800 A，即次边电流为 10 A 时，原边过流继电器 KC1 动作。

（10）主变压器温度继电器 KP52：当机车主变压器温度过高时，主变压器温度继电器 KP52 动作，其联锁触点信号送入 TCMS，跳开主断路器，实施故障保护。

（11）总风缸压力继电器 KP51-1、KP51-2、KP60：以上三个继电器都是进行机车总风缸压力监测的。

继电器 KP60 的动作值是当总风压力高于 470 kPa 时闭合，当总风压力低于 350 kPa 时断开。该继电器的联锁触点送入 TCMS，参与整车的牵引控制。当总风压力太低，低于 KP60 的保护值，牵引变流器将禁止功率输出，确保行车安全。

（12）机车制动缸压力继电器 KP61：继电器 KP61 用于监控机车制动缸的压力。当机车制动缸压力高于 100 kPa 时，继电器 KP61 闭合。当机车制动压力低于 50 kPa 时，继电器 KP61 打开。该指令信号送入 TCMS，参与机车踏面清扫的控制。即机车制动缸压力高于 100 kPa 时，踏面清扫投入；当机车制动缸压力低于 50 kPa 时，踏面清扫解除。

（13）主断路器储风缸压力继电器 KP58：当主断路器储风缸压力超过 450 kPa 时，该压力继电器动作，触头闭合，接通主断路器合闸电路，主断路器方能合闸。

（14）主断路器控制器控制系统：主断路器控制器 PDU1 和 PDU2，其中受电弓 AP1 受 PDU1 保护，受电弓 AP2 受 PDU2 保护。当机车运行中突然出现弓网故障时，主断路器控制器 PDU1 或者 PDU2 动作，首先发出跳主断路器信号 448 或者 449 给 TCMS，使真空断路器断开。同时，切断机车受电弓主气路和升弓阀电源，使受电弓快速降弓，从而避免带负载降弓时弓网之间发生严重拉弧而损坏受电弓和接触网。

（15）紧急制动按钮 SA103(SA104)：当机车需要实施紧急制动时，可以按下紧急制动按钮 SA103(SA104)，首先分断主断路器，停止主变流器和辅助变流器的工作，同时机车进入紧急制动状态，实施列车紧急空气制动。

（16）复位按钮 SB61（SB62）：当机车在正常运行中发生牵引变流器故障且不能自行恢复时，司机可以根据提示，通过按动故障复位按钮 SB61（SB62）一次，将信号送到 TCMS，TCMS 再通过信息传递给牵引变流器，实现牵引变流器故障恢复。

（17）机车半自动过分相控制：在机车正常运行过程中，如快到分相区时，司机可以按动"过分相"按钮 SB67（SB68）一次，将信号送到 TCMS，此时，机车进入半自动过分相状态。

首先，机车自动断开主断路器，辅助变流器、主变流器停止工作，机车通过高压电压互感器检测机车网压变化情况，当确认机车通过了分相区，接触网电压恢复至正常值并延迟一定时间后，自动闭合主断路器，启动辅助变流器、主变流器等，并使机车状态恢复到过分相区前的状态。

（18）警惕装置控制：当机车速度大于等于 30 km/h 且机车未实施紧急制动时，机车警惕装置进入监视状态，控制电路如图 6-22。此时每 1 min 内，司机应按警惕装置控制按钮 SB96（SB97）或踩警惕装置脚踏开关 SA101（SA102）1 次，使警惕装置重新进入监视状态；否则超过 1 min 未按，警惕装置将进入报警状态，蜂鸣器响，再延迟 10 s，如果司机仍未按警惕装置控制按钮 SB96(SB97)或踩警惕装置脚踏开关 SA101(SA102)1 次，则警惕装置动作，发出紧急制动指令，使机车进入紧急制动状态。

此装置的设立，是为了提醒司机集中精力开车，防止意外情况发生，确保行车安全。

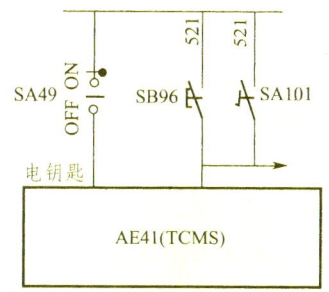

图 6-22　警惕装置控制电路

（19）机车定速控制：当机车速度大于等于 15 km/h 且机车未实施空气制动时，若按下"定速控制"按钮 SB69(SB70)，当时的机车运行速度被确定为"目标速度"，机车进入"定速控制"状态。

当机车实际速度大于"目标速度+2 km/h"时，TCMS 控制机车进入电气制动工况；

当机车的实际速度降低到"目标速度+1 km/h"时，电气制动力降至 0；

当机车实际速度小于"目标速度 − 2 km/h"时，TCMS 自动控制机车进入牵引工况；

当机车的实际速度升高到"目标速度 − 1 km/h"时，牵引力降至 0；

机车进入"定速控制"状态后，司机控制器调速手柄的级位变化超过 1 级以上时，机车"定速控制"状态自动解除。

（20）停车制动压力继电器 KP59：用于机车的弹簧储能停车制动。当机车实施弹簧储能停车制动时，该压力继电器断开，指令信息输入 TCMS，控制机车禁止功率输出。反之闭合，说明机车未投入弹簧储能停车制动。

（21）机车撒砂控制：$HXD_3$ 型电力机车设有 2 个撒砂电空阀，分别为前侧 YV240、后侧 YV241。撒砂电空阀的控制可以通过三条途径来实现：一是司机室脚踏撒砂阀 SA83、SA84，当司机认为机车需要撒砂时，可以通过脚踏撒砂开关进行人为撒砂；二是当机车运行时，如果发生空转、滑行等情况，机车的 6 台牵引电机转速会不同，机车主变流器的控制单元会将撒砂信息送到机车微机控制系统（TCMS），由 TCMS 给出信号实现撒砂；三是当机车实施紧急制动时，由 CCB-Ⅱ制动机发出撒砂指令，实现机车撒砂。

## 四、主变流器控制电路

机车两套主变流器装置 UM1、UM2 的控制电路基本一致，如图 6-23 和图 6-24 所示。不同的是，Ⅰ端主变流器装置 UM1 的装置识别设定 110 V，Ⅱ端主变流器装置 UM2 的装置识别设定为 0 V，下面以Ⅰ端主变流器装置 UM1 的控制进行说明。

（1）机车主变流器装置的控制主要是按照司机控制器给定指令，由 TCMS 通过通信线传递给主变流器控制单元，按照机车牵引制动特性曲线，完成对牵引电动机的控制。

（2）主变流器发生接地、次边过流、牵引电动机过流等故障时，故障信号送至 TCMS，进行故障显示和记录，并在司机显示屏中给出提示，指导司机进行有关故障隔离等操作。主变流器的故障可以通过按动"故障复位"按钮进行恢复。

（3）主变流器允许投入前必须具备的信号有：牵引风机风速继电器 KP41、KP42、KP43 和主变压器油流继电器 KP49 信号。当这些风速或油流继电器均正常闭合时，说明主变流器工作的外围条件具备，可以投入运行。

（4）对主变流器的控制还设置了牵引变流器隔离开关。该开关置于微机显示屏内，是触摸开关。在正常情况下，这些开关均闭合。当由于某种原因，如牵引电机发生故障、主变流器支路发生接地等，需要对某个牵引变流器支路或牵引电机进行隔离时，可以通过微机显示屏进行隔离相应变流器，使之停止工作。这些开关还可以用于牵引电机转向试验和机车镟轮等。

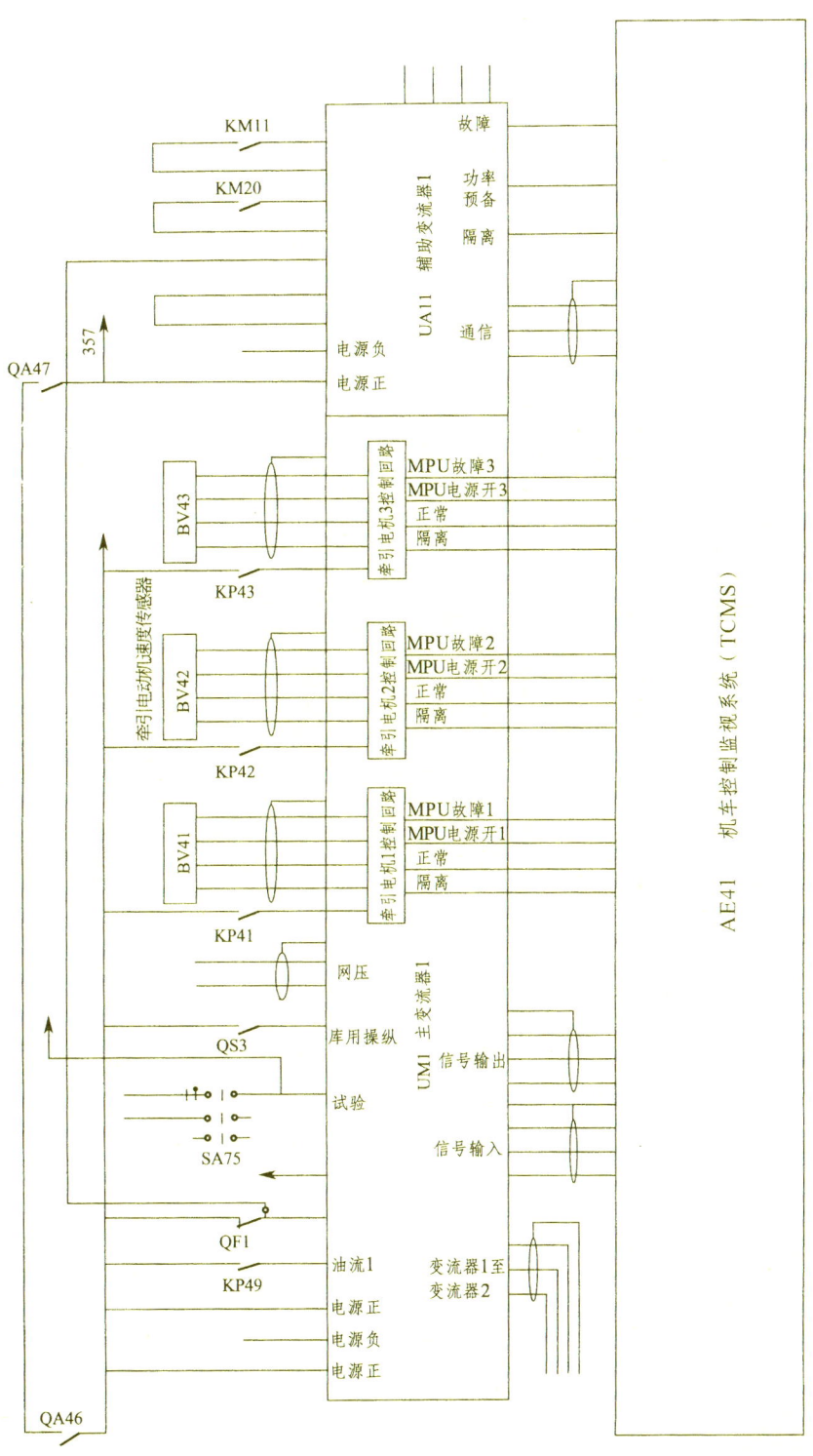

图 6-23 变流器控制电路-1

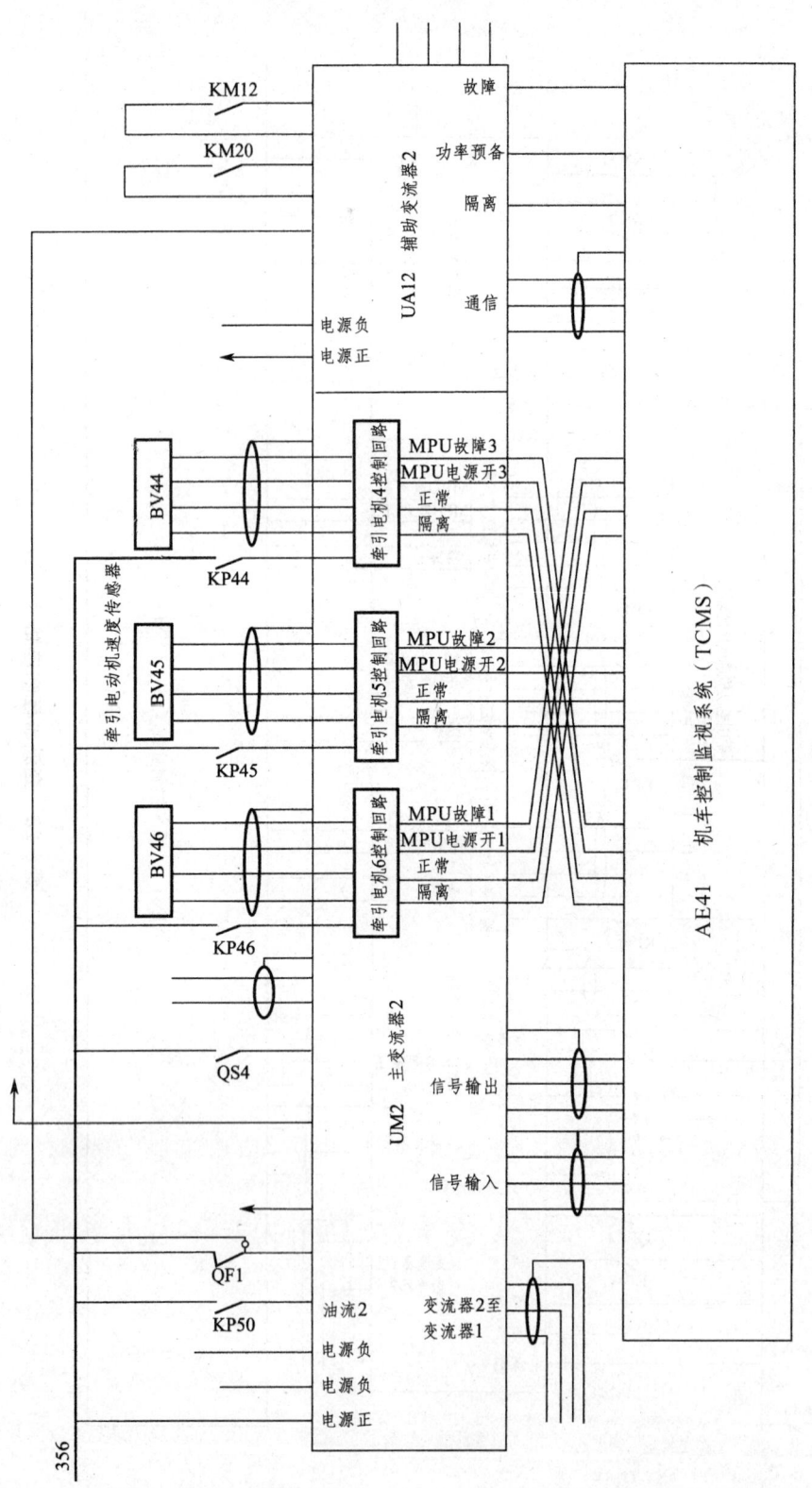

图 6-24 变流器控制电路-2

（5）主变流器的控制用信号还有牵引电机速度传感器 BV41、BV42、BV43 的信号。每个速度传感器同时送出两个速度信号至主变流器控制装置，用以实现主变流器对牵引电机的矢量控制，有效地实施机车的防空转、防滑行保护，并对机车的轴重转移进行补偿。

（6）库内动车信号通过库用开关 QS3 或 QS4 送到主变流器控制单元，用于在库内动车时主变流器按照特定的控制程序工作。

（7）主变流器装置试验开关 SA75，用于低压试验或机车出厂前时对主变流器的控制单元进行试验检查，确认其是否工作正常。

（8）为满足主变流器工作需要，在主变流器的控制单元内引入高压电压互感器 TV1 同步信号。

（9）主变流器控制单元与 TCMS 的接口信号除两套通信线外，还设有主变流器隔离、工作、功率预备和故障等信号。

## 五、辅助变流器控制电路

### 1. 辅助变流器的工作方式

机车正常运行时，辅助变流器 UA11 工作在 VVVF 方式，辅助变流器 UA12 工作在 CVCF 方式，分别为机车辅助电动机供电。

在辅助变流器 UA11 或辅助变流器 UA12 发生故障的情况下，不需要切除任何辅助电动机，TCMS 将自动断开其相应的输出接触器 KM11 或输出接触器 KM12，再闭合故障转换接触器 KM20，把发生故障的辅助变流器的负载切换到另一套辅助变流器上，由该辅助变流器对全车的三相辅助电动机供电。此时，该辅助变流器按照 CVCF 方式工作，辅助电动机系统按全功率运行。

### 2. 辅助变流器的控制

机车两套辅助变流器装置 UA11、UA12 的控制电路基本一致，如图 6-23、图 6-24 所示。不同的是，一般模式下，Ⅰ端辅助变流器 UA11 当主断路器闭合、司机控制器换向手柄离开零位后开始工作；Ⅱ端辅助变流器 UA12 只要主断路器闭合就开始投入工作。夏季模式下，只要主断路器闭合，两套辅助变流器 UA11、UA12 都投入工作。

（1）Ⅰ端辅助变流器 UA11 的启动控制：机车为一般模式时，将司机控制器换向手柄由"0"位转换为"向前"或"向后"位，此时辅助变流器 UA11 采用软启动方式投入工作，向牵引电机通风机和复合冷却器通风机供电。机车为夏季模式时，司机控制器换向手柄在"0"位时，只要主断路器闭合，辅助变流器 UA11 就采用软启动方式投入工作。

（2）Ⅱ端辅助变流器 UA12 的启动控制：机车主断路器闭合后（主断路器状态 QF1 的联锁 561，用于主断路器的工作状态确认，确保在主断路器闭合后，主变流器、辅助变流器才能投入工作），由 TCMS 发出命令，闭合辅助变流器 UA12 输出电磁接触器 KM12，并将信息传递给辅助变流器控制单元，由辅助变流器控制单元发出指令，控制辅助变流器 UA12 启动，向油泵、水泵、辅助变流器通风机等供电。

（3）辅助变流器的故障控制：当机车某一辅助变流器发生故障时，故障的辅助变流器能及时发信息给 TCMS，通过 TCMS 的控制，自动完成输出电磁接触器的动作转换。若辅助变流器 UA11 发生故障，则电磁接触器 KM11 断开，电磁接触器 KM20 闭合；若辅助变流器 UA12 发生故障，则电磁接触器 KM12 断开，电磁接触器 KM20 闭合。故障的辅助变流器将信息传递给另一组辅助变流器，使其工作在 CVCF 方式，同时故障的辅助变流器被隔离，此时所有辅助电动机全部由另一套辅助变流器供电，不受其他指令的控制，牵引电机通风机和复合冷却器通风机将正常满功率工作。

（4）辅助变流器的隔离：在微机显示屏内设置了辅助变流器开放隔离开关，通过触摸开关进行隔离。正常情况下，这些开关均闭合。当由于某种原因需要进行隔离操作时，可以通过微机显示屏进行相应辅助变流器的隔离。

（5）为确保辅助变流器正常工作，将电磁接触器 KM11、KM12、KM20 的信号引入辅助变流器控制单元。

（6）辅助变流器控制单元与 TCMS 的接口信号除 1 套通信线外，还设有辅助变流器隔离、功率预备和故障等信号。

（7）辅助变流器库内试验：辅助变流器库内试验转换开关 QS11 的联锁用于辅助变流器在库内试验时的转换。当该开关闭合后，辅助触点（432 线）送入 TCMS，使机车进入辅助回路库内试验环节。此时，主断不必闭合，UA12 和辅机就可以投入工作。

## 六、机车全自动过分相控制

在机车正常运行过程中，当快到分相区时，机车自动断开主断路器，辅助变流器、主变流器停止工作，机车通过高压电压互感器检测机车网压变化情况；当确认机车通过了分相区，接触网电压恢复至正常值并延迟一定时间后，自动闭合主断路器，启动辅助变流器、主变流器等，并使机车状态恢复到过分相区前的状态。

机车装有全自动过分相检测装置 EV33，如图 6-25 所示。该装置设有 4 个信号感应接收

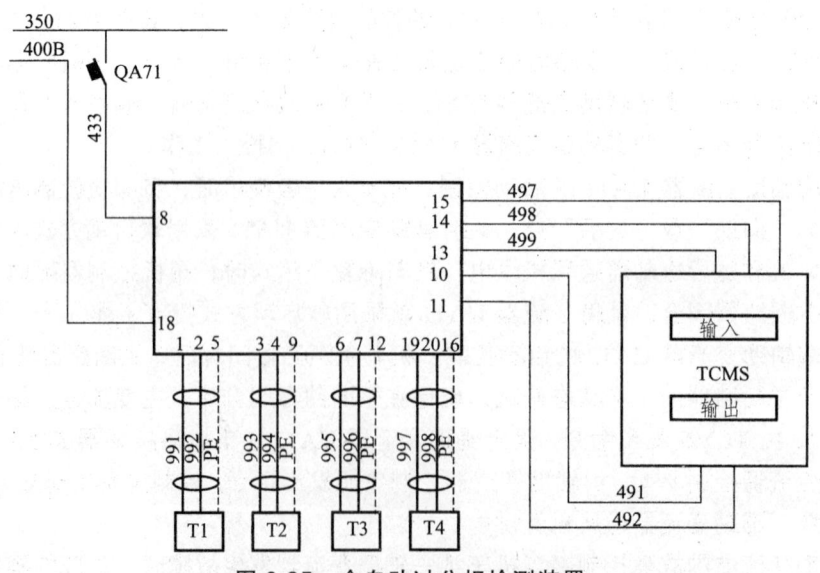

图 6-25　全自动过分相检测装置

装置 T1、T2、T3 和 T4，用于进行分相区前后的信号检测。EV33 与微机 TCMS 之间有以下开关量的传递：信号 497 表示 EV33 状态正常；信号 498 表示机车通过分相区前的预告信号或者是通过分相区后的恢复信号；信号 499 表示机车通过分相区前的强迫信号；信号 491 是 TCMS 送给 EV33 的机车 I 端向前运行指令；信号 492 是 TCMS 送给 EV33 的机车 II 端向前运行指令。

当机车运行的线路区段在分相区前后装有地面感应器时，机车全自动过分相检测装置将起作用。该装置通过向微机控制系统提供过分相区的信息：预告信号、恢复信号 499、强迫信号 498。机车每次通过分相区时，司机不需要做任何操纵，机车微机控制系统即可自动断开主断路器，待通过分相区后，又能自动闭合主断路器，并保证机车恢复至通过分相区前的运行状态。

## 七、机车重联控制

机车的重联控制电路如图 6-26 所示。在机车的每一端，分别设置了两个机车重联控制插座和一个虚拟插座。机车采用以太网，以网络重联的形式，实现本务机车 TCMS 与重联机车 TCMS 之间的信息传递，可实现 2~4 台机车的重联控制。另外，在重联控制插座中，还设有机车重联电话信号，实现机车电话重联。

原边电流互感器 TA2 的信号送至 TCMS，通过 TCMS 与微机显示屏之间的信息传递，实现机车原边电流显示。

机车速度传感器 BV47、BV48 的信号送至 TCMS，通过 TCMS 与微机显示屏之间的信息传递，实现机车速度的显示。

## 八、机车制动系统的控制电路

制动系统控制电路如图 6-27 所示。机车制动系统采用的是 CCB-II 型制动机，该制动系统是基于网络控制的电空制动系统。CCB-II 型制动机与微机显示屏一起来完成制动系统的诊断、自检、校准、故障记录等。CCB-II 型制动机主要由 LCDM 制动显示屏、EBV 电子制动阀、集成处理模块 IPM、继电器接口模块 RIM 和电空控制单元 EPCU 等组成，其中集成处理模块 IPM、EBV 电子制动阀及电空控制单元 EPCU 之间采用 Lon-Works 网络技术实现信息传递，集成处理模块 IPM 与 LCDM 制动显示屏之间采用 422 总线方式进行信息传递。机车微机控制系统 TCMS 与 CCB-II 型制动机之间采用开关量式，实现信息传递。自动开关 QA55 是制动系统 110 V 电源的总保护开关。

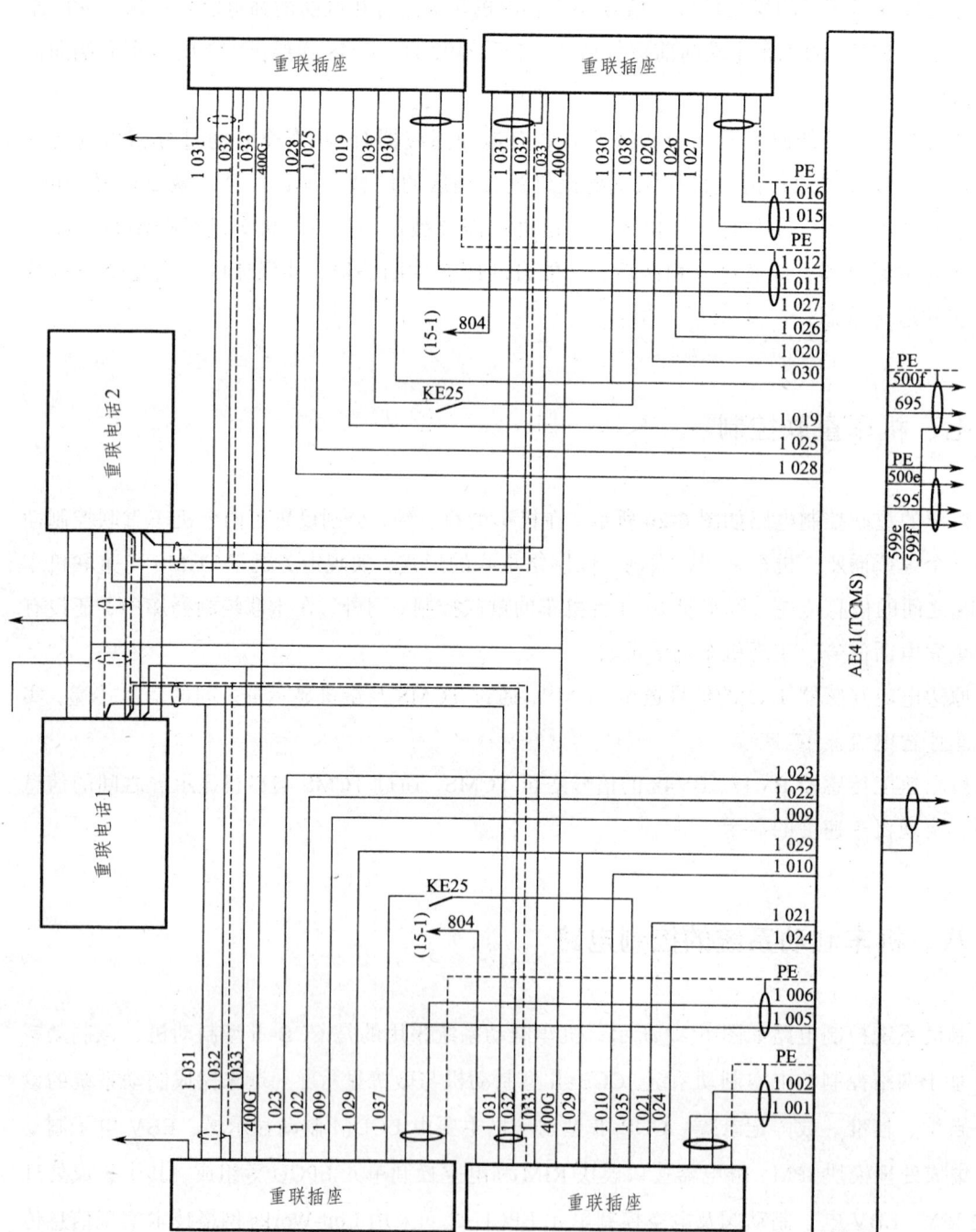

图 6-26 机车的重联控制电路

# 项目六 HXD 型电力机车控制电气系统

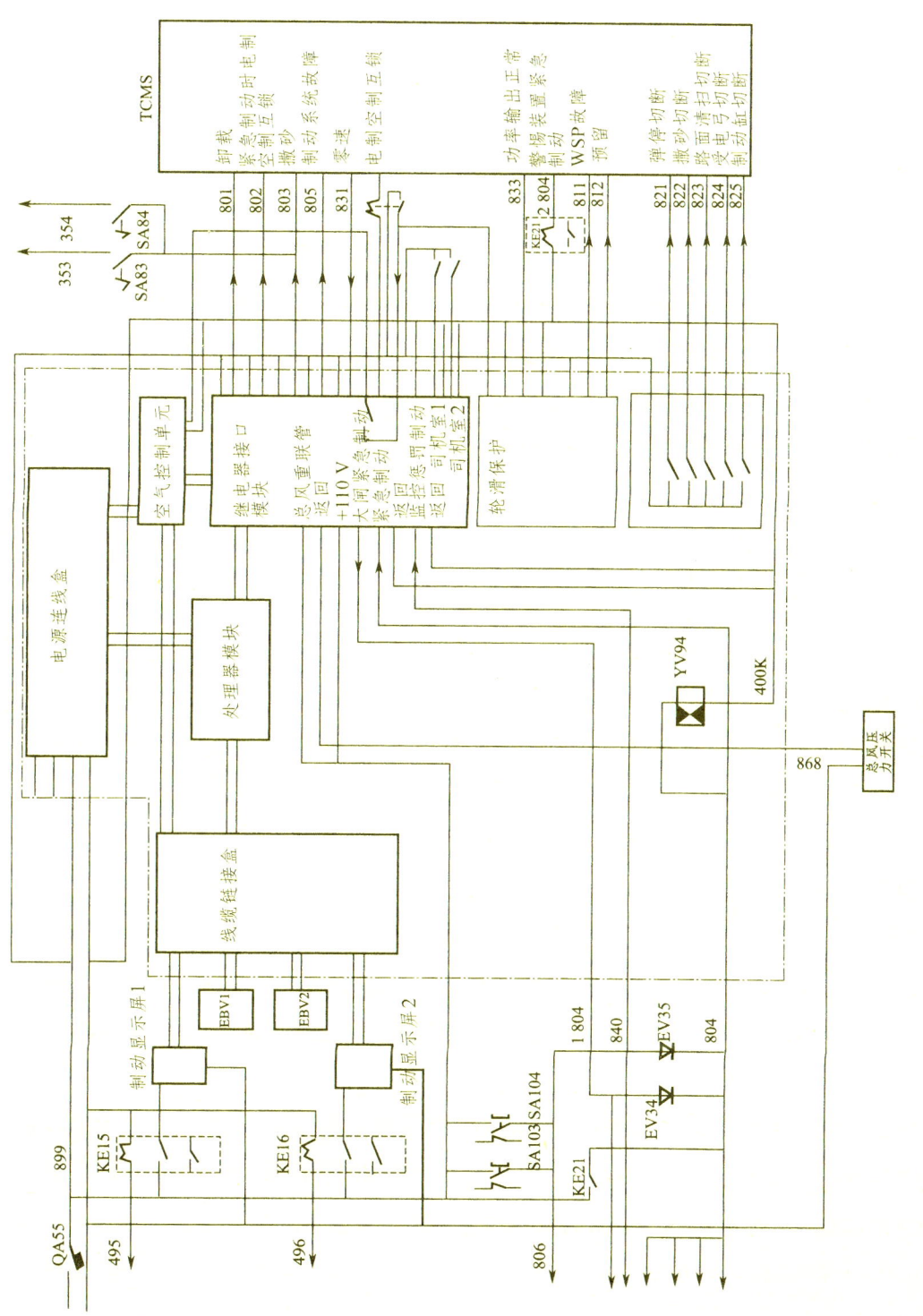

图 6-27 制动系统控制电路

## 1. CCB-II 制动机送入 TCMS 的信号

801 动力切除信号，即 CCB-II 制动机要求 TCMS 控制牵引变流器禁止功率输出；803 撒砂指令信号，即 CCB-II 制动机实施紧急制动时，要求 TCMS 根据机车运行方向，进行撒砂控制；805 CCB-II 制动机在补机运行时出现故障的信号，要求 TCMS 进行制动故障显示并传递给头车；811WSP 故障信号，即空气防滑行保护系统出现故障，送入 TCMS 进行故障显示和记录；812 WSP Active 信号，表示空气防滑行保护系统动作，并通知 TCMS 进行状态记录；1804 紧急制动信号，即 CCB-II 制动机实施紧急制动时送出的指令信号，通知 TCMS 控制牵引变流器禁止功率输出；821 弹停切除指令信号，送入 TCMS 进行状态记录和显示；822 撒砂功能切除指令信号，送入 TCMS 进行状态记录和显示；823 踏面清扫功能切除指令信号，送入 TCMS 进行状态记录和显示；824 升弓气路被切断的指令信号，送入 TCMS 进行状态记录和显示；825 制动缸压力被切除的指令信号，送入 TCMS 进状态记录和显示。

## 2. TCMS 送入 CCB-II 的信号

831 机车零速信号，通知 CCB-II 制动机目前机车是在静态还是动态，只有在动态下 CCB-II 制动机才会发出撒砂指令；833 机车牵引指令，送入 WSP 防滑行保护系统；2804 紧急制动信号，是由警惕装置动作而发的紧急制动信号；495 和 496 是微机 TCMS 根据司机钥匙开关指令，送给 LCDM 显示屏的电源指令信息，该指令通过中间继电器 KE15、KE16 转换，提供给对应 LCDM 显示屏电源，并向 RIM 继电器接口模块提供哪端司机室显示屏被激活的信息；832 动力制动互锁信号，该指令信息用来实现机车空气制动与动力制动之间的电空互锁。

以上信号都是 CCB-II 制动机与 TCMS 之间的信息传递指令，用来实现整车微机控制系统与空气制动系统之间的逻辑控制，并通过微机显示屏进行制动系统的状态显示和信息记录。

制动系统还设置了 WSP 防滑行保护系统，防止机车进行空气制动时，出现滑行或车轮抱死的情况。为此机车专门设置了 6 个车轴速度传感器，向 WSP 防滑行保护系统提供车轴速度信息，并通过 WSP 发出的指令信息，控制与制动缸连通的双向阀 YV101H、YV101V ~ YV106H、YV106V，实现机车制动缸的减压、保压或维持正常。控制电路如图 6-28 所示。

项目六 HXD型电力机车控制电气系统

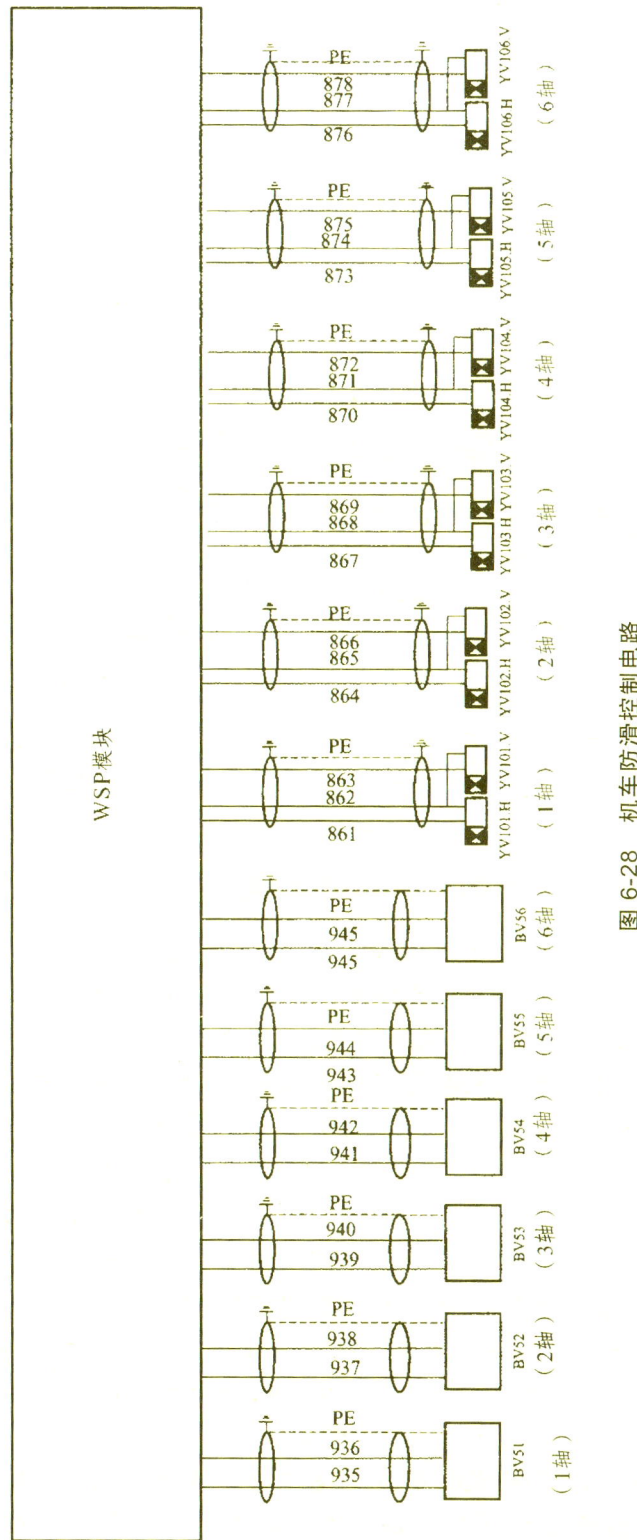

图 6-28 机车防滑控制电路

## 九、其他辅助设备的控制

机车刮雨器及风扇等电路如图 6-29 所示。照明、弹簧停车等辅助设备电路如图 6-30（a）、6-30（b）所示。

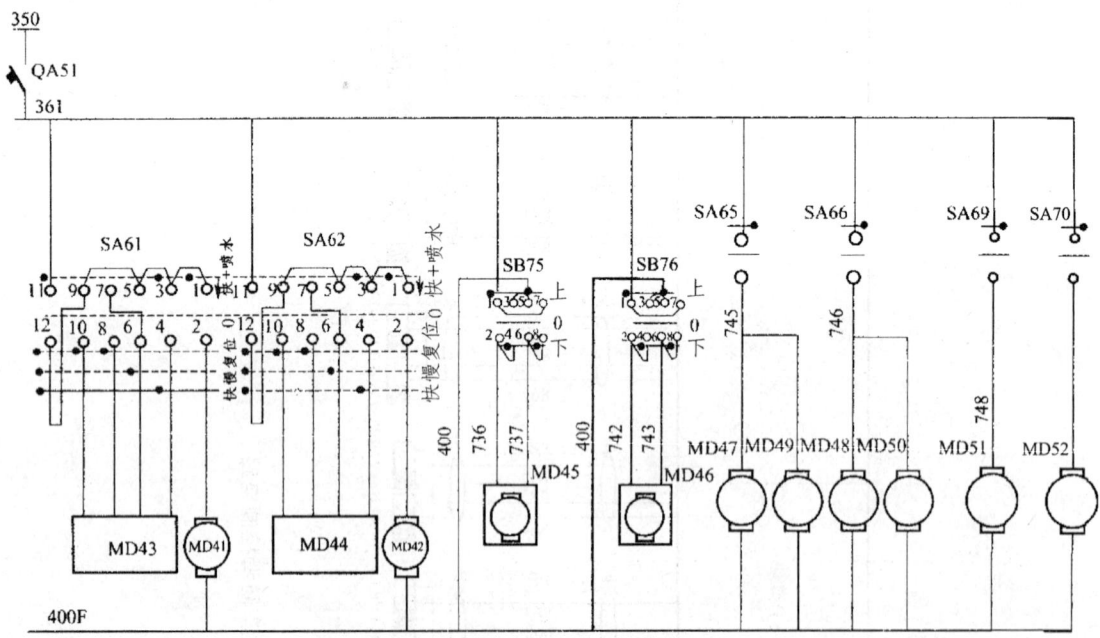

图 6-29  机车刮雨器及风扇等电路

（1）Ⅰ端司机室刮雨器开关 SA61 实现对Ⅰ端司机室刮雨器 MD43 工作状态转换控制和Ⅰ端司机室刮雨器水泵 MD41 喷水洗涤控制；Ⅱ端司机室刮雨器控制开关 SA62 实现Ⅱ端司机室刮雨器 MD44 作状态转换控制和Ⅱ端司机室刮雨器水泵 MD42 喷水洗涤控制。

（2）Ⅰ端司机室遮阳帘开关 SB75 实现对Ⅰ端司机室遮阳帘 MD45 的控制；Ⅱ端司机室遮阳帘控制开关 SB76 实现Ⅱ端司机室遮阳帘 MD46 的控制。

（3）Ⅰ端司机室电风扇开关 SA65 实现Ⅰ端司机室电风扇 MD47、MD49 的开关转换控制；Ⅱ端司机室电风扇开关 SA66 实现Ⅱ端司机室电风扇 MD48、MD50 的开关转换控制。

（4）Ⅰ端司机室电冰箱控制开关 SA69 实现Ⅰ端司机室电冰箱 MD51 的控制；Ⅱ端司机室电冰箱控制开关 SA70 实现Ⅱ端司机室电冰箱 MD52 的控制。

（5）控制电器柜内的辅助压缩机开关 SB95，可对辅助压缩机 MD53 的运行进行控制。按动自复式开关 SB95，辅助压缩机开始工作，当辅助风缸风压达到 $735 \pm 20$ kPa（风压继电器 kP57 的动作值）时，辅助压缩机自动停止工作。

（6）在机车Ⅰ端、Ⅱ端司机室外侧，设置了 DC 110 V 电源插座 XSC1、XSC2，用于司机行车临时使用；在机械间内，设置了 DC 110 V 电源车内应急灯插座 XL1 和 XL2，为司机提供应急灯电源。

# 项目六 HXD型电力机车控制电气系统

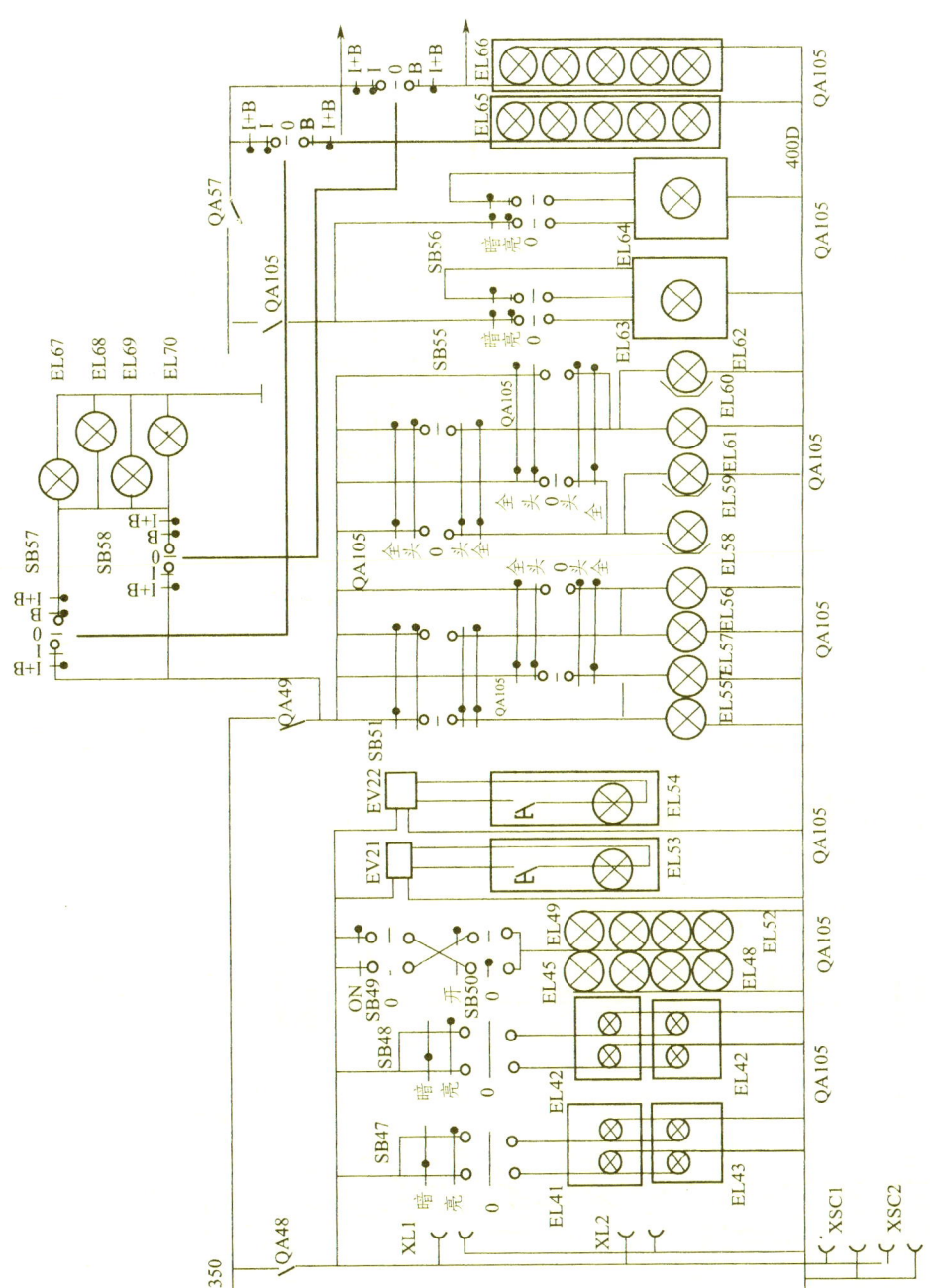

（a）辅助设备控制-1

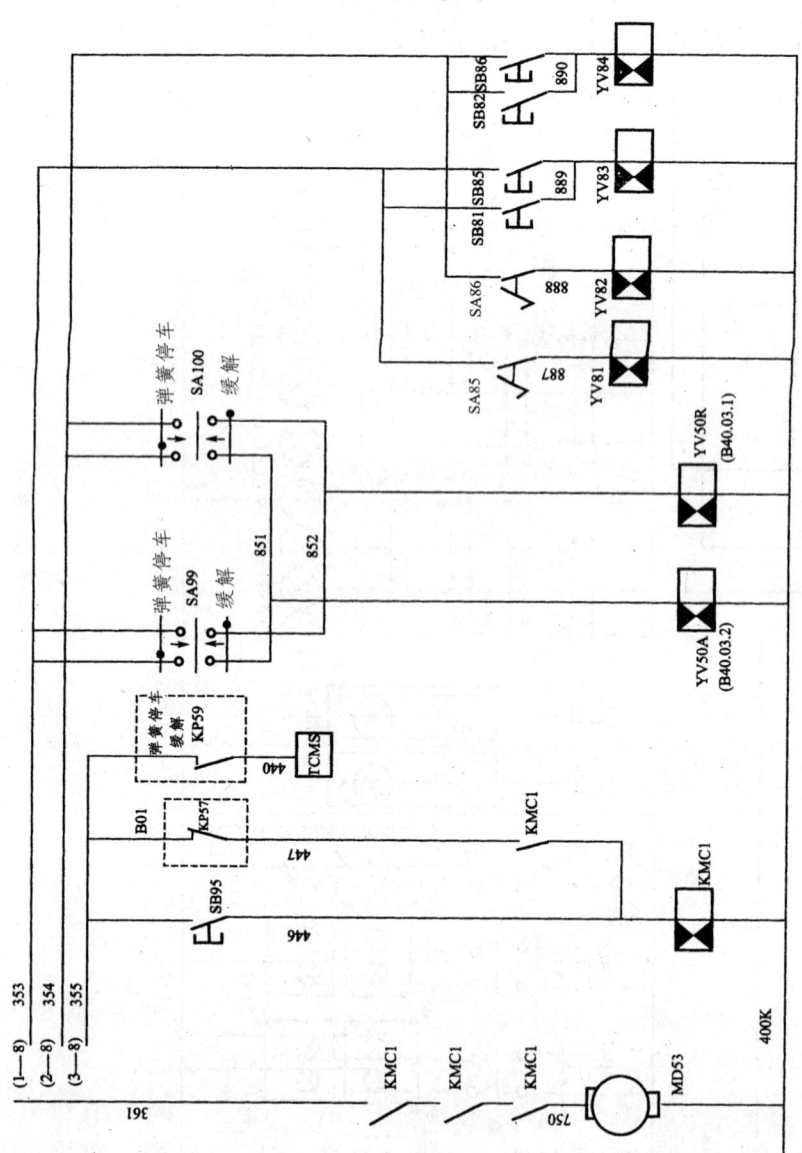

(b)辅助设备控制-2

图 6-30

（7）Ⅰ端司机室脚踏控制开关 SA85，可以实现Ⅰ端司机室顶的低音喇叭控制；Ⅱ端司机室脚踏控制开关 SA86，可以实现Ⅱ端司机室顶的低音喇叭控制。

（8）Ⅰ端司机室风笛按钮 SB81 和 SB85，可以实现Ⅰ端司机室顶的高音喇叭控制；Ⅱ端司机室风笛按钮 SB82 和 SB86，可以实现Ⅱ端司机室顶的高音喇叭控制。

（9）当机车实施弹簧储能停车制动时，KP59 压力继电器断开，指令信息输入 TCMS，控制机车禁止功率输出。反之，该压力继电器闭合，说明机车未投入弹簧储能停车制动。操纵台上的弹停转换开关 SA99（SA100）设有"弹停缓解"和"弹停制动"挡位，可以实现机车弹停动作或弹停缓解。

## 十、信号控制电路

$HXD_3$ 型电力机车司机室内有信号显示屏 PD43，显示机车的主要状态及主要故障，信号控制电路如图 6-20 所示，除"控制接地"信号灯受自动开关 QA59 联锁控制外，其他均受 TCMS 控制。显示内容分述如下：

（1）微机正常——显示微机工作状态，微机工作正常时，"微机正常"灯亮。

（2）主断分——显示主断路器的工作状态，主断路器合上时，"主断分"灯灭，表示主断路器已合上；当主断路器由于某种原因分闸时，"主断分"灯亮。

（3）预备——当机车完成运行方向、工况选择等调速前的所有准备工作后，"预备"信号灯灭，表示机车预备完毕。

（4）零位——当司机控制器主手柄处于零位时，"零位"灯亮；一旦司机控制器主手柄离开零位，"零位"信号灯就熄灭。

（5）欠压——当 TCMS 检测到网压低时，对应端子送出低电平信号使"欠压"信号灯亮，表明网压过低或受电弓离线。

（6）主变流器——当 TCMS 检测到主变流器过流时，对应端子送出低电平信号使"主变流器"信号灯亮，表明某台或全部主变流器过流。

（7）牵引电机——当 TCMS 检测到牵引电机过流时，对应端子送出低电平信号使"牵引电机"信号灯亮，表明某台或全部牵引电机过流。

（8）辅变流器——当 TCMS 检测到辅助变流器过流时，对应端子送出低电平信号使"辅变流器"信号灯亮，表明某台或全部辅助变流器过流。

（9）压缩机——当压缩机故障，其自动开关 QA19、QA20 联锁接点信号送入 TCMS，TCMS 对应端子送出低电平信号使"压缩机"信号灯亮。

（10）牵引风机——当牵引风机故障时，其自动开关 QA11～QA16 联锁接点信号送入 TCMS，TCMS 对应端子送出低电平信号，使"牵引风机"信号灯亮。

（11）冷却风机——当复合冷却器风机故障时，其自动开关 QA17、QA18 联锁接点信号送入 TCMS，TCMS 对应端子送出低电平信号，使"冷却风机"信号灯亮。

（12）油泵——当变压器油泵故障时，其自动开关 QA21、QA22 联锁接点信号送入 TCMS，TCMS 对应端子送出低电平信号，使"油泵"信号灯亮。

（13）水泵——当主变流器水泵故障时，TCMS 对应端子送出低电平信号，使"水泵"信号灯亮。

（14）原边过流——当原边过流继电器 KC1 动作时，其联锁接点信号送入 TCMS，TCMS 对应端子送出低电平信号，使"原边过流"信号灯亮，表明原边有过流现象。

（15）次边过流——当 TCMS 检测到主变压器次边绕组过流时，对应端子送出低电平信号，使"次边过流"信号灯亮。

（16）主接地——当机车主电路有接地现象时，"主接地"信号灯亮。

（17）辅接地——当机车辅助电路有接地现象时，"辅接地"信号灯亮。

（18）电制动——当机车进入电制动状态时，"电制动"信号灯亮，表示机车正处于电制动状态。

（19）制动故障——当逻辑制动单元故障时，"制动故障"信号灯亮。

（20）空转——当 TCMS 检测到机车有空转现象时，对应端子送出低电平信号，使"空转"信号灯亮，表明机车有空转现象。

（21）控制接地——当控制电路的高电位线发生接地时，自动开关 QA59 反联锁闭合，"控制接地"信号灯亮。

（22）停车制动——当机车实施弹簧储能停车制动时，KP59 压力继电器断开，指令信息输入 TCMS，TCMS 对应端子送出低电平信号，使"停车制动"信号灯亮。

# 任务三　机车控制电器维护

## 【教学目标】

1. 知识目标

（1）掌握机车司机控制器的基本组成和联锁关系；

（2）掌握扳键开关组的用途和联锁关系；

（3）掌握蓄电池的原理；

（4）掌握自动过分相装置的组成及工作原理；

（5）掌握主断路器控制器的作用及工作原理；

（6）掌握自动开关的基本结构及工作原理。

2. 能力目标

（1）会维护保养机车司机控制器；

（2）理解司机控制器的联锁关系，并会操作司机控制器；

（3）会正确操作扳键开关组。

【相关知识】

## 一、司机控制器

司机控制器是机车乘务员用来操纵机车运行的主令电器,利用控制电路的低压电器间接控制主电路的电气设备,用来控制机车的运用工况和行车速度。$HXD_3$型电力机车采用的S640U-B型司机控制器如图6-31所示,在机车的两端司机室操纵台上各装有一台。

图6-31　S640U-B型司机控制器实物图

**1. 司机控制器的主要技术参数**

触头S847W2A2b的参数:
  额定电压　　　　　　　　DC 110 V
  约定发热电流($I_{th}$)　　　DC 10 A
  额定电流($I_e$)　　　　　　DC 1.0 A

电位器参数:
  电阻值　　　　　　　　　$R = 2 \times 1\,043\ \Omega$
  线性度　　　　　　　　　1%
  功率　　　　　　　　　　4 W(20 ℃)
  使用环境温度　　　　　　-50 ~ +80 ℃
  绝缘电压　　　　　　　　AC 550 V　50 Hz
  机械寿命　　　　　　　　$1 \times 10^9$次

手柄参数:
  主手柄操作力　　　　　　不大于20 N
  换向手柄操作力　　　　　不大于20 N

| | |
|---|---|
| 逆变器输入电压 | DC 110 V |
| 机械寿命 | $1 \times 10^9$ 次 |
| 电寿命 | $>1 \times 10^5$ 次 |
| 重量 | 10 kg |

**2. 司机控制器的基本结构**

S640U-B 型司机控制器如图 6-32 所示。设有主（牵引制动或控制或调速）手柄和换向手柄两种可操作机构。主手柄设有"0"位、牵引指示档位"*-2-4-6-8-10-12-13"和制动指示档位"*-1-3-5-7-9-11-12"；换向手柄设有"后""0""前"三个档位。

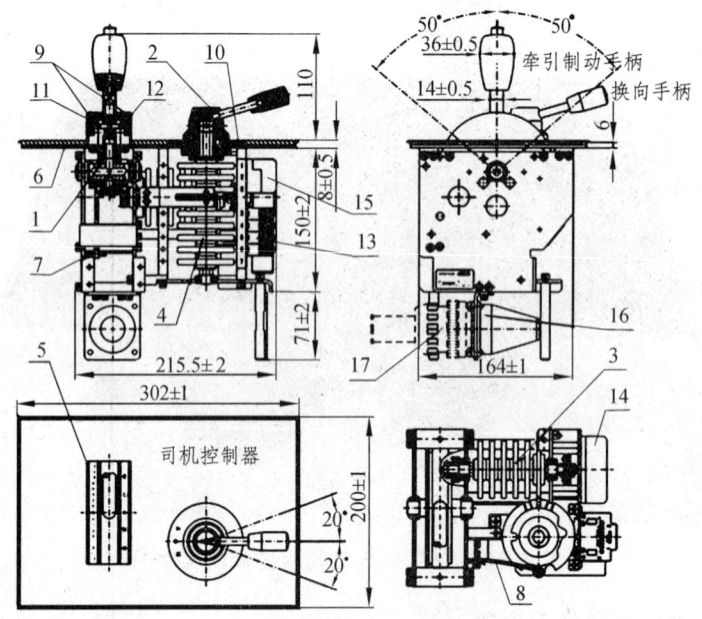

图 6-32　S640U-B 司机控制器结构示意图

1—控制手柄座组件；2—换向手柄组件；3—控制凸轮组件；4—换向凸轮组件；5—面板；6—安装板；7—（控制侧）滚轮弹片组件；8—（换向侧）滚轮弹片组件；9—（控制侧）发光片；10—（换向侧）发光片组；11—左档位支座；12—右档位支座；13—速动开关 S847W2A2b；14—电位器；15—逆变器；16—20 芯插座 JL16-20ZY；17—20 芯插头 JL16-20TY

主手柄是固定式，在牵引指示的"0"、"*"位有定位，在其他级位之间为无级调节。在牵引工况下主手柄向前推，在制动工况下主手柄向后拉，通过齿轮传动带动驱动电位器调节输入到 TCMS 的电压指令，从而达到调节机车牵引力和电阻制动的目的。

换向手柄是可取式（钥匙式），且只能在"0"位插入或取出，每个档位均有定位，换向手柄稳定在相应的档位中。

为了防止可能产生的误操作，S640U-B 型司机控制器的主手柄和换向手柄之间设有机械联锁装置，具体联锁方式如下：

整台机车的司机控制器合用一只活动手柄（钥匙手柄），从而保证了机车在运行中只能操作一台司机控制器，不致引起电路指令发生混乱。换向手柄在"0"位时，主手柄被锁在"0"

位；换向手柄在"前""后"位时，主手柄可离开"0"位转动至牵引区或制动区。主手柄一旦离开"0"位，换向手柄即被锁住；主手柄在"0"位时，换向手柄能在"后""0""前"各位间转动。

S640U-B型司机控制器采用S8472W2b触头，其外形结构如图6-33所示。

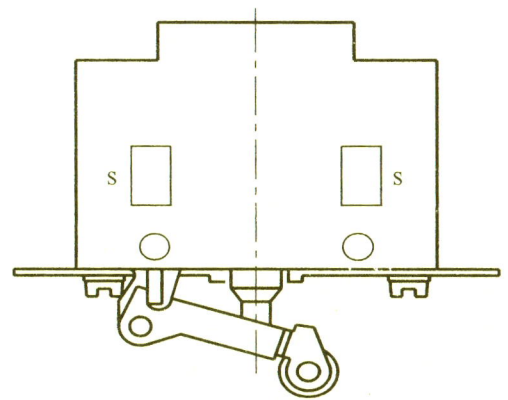

图6-33 触头S8472W2b外形结构图

触头接点为速动型，采取密封式结构；接点具有自净功能，可提高用作机车微机控制信号时的可靠性。

S640U-B司机控制器闭合表及对外接线图如图6-34所示。

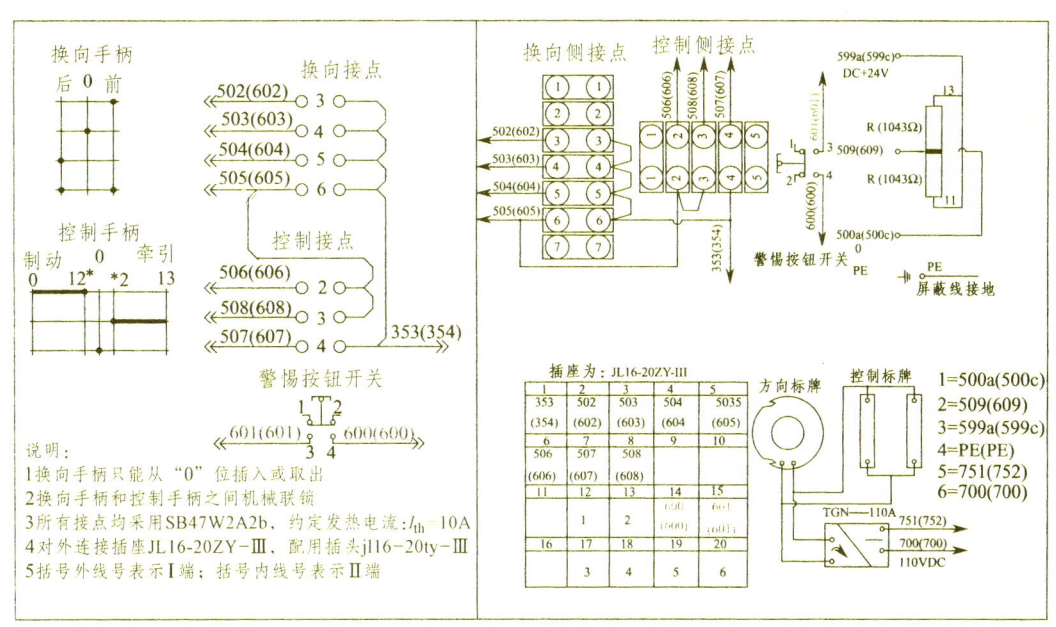

图6-34 S640U-B司机控制器闭合表及对外接线图

S640U-B型司机控制器主手柄上设有警惕按钮。主手柄在任意位置时，警惕按钮均可按下。司机控制器级位的夜间显示用"仪表照明"扳钮开关控制。夜间行车时，打开"仪表照明"扳钮开关，司机控制器的级位和机车仪表同时发光。

### 3. 司机控制器的维护保养

（1）司机控制器的铭牌及标识符号应齐全、完整、清晰、正确。

（2）司机控制器各部件应清扫干净，绝缘性能良好，对外连接插座连接正确，零部件齐全完整。

（3）各紧固件齐全，紧固状态良好。

（4）控制手柄在各个级位之间应转动灵活，无机械卡阻，相邻两级位之间不应出现停滞现象。

（5）换向手柄在各级位应转动灵活，无机械卡阻，相邻两级位之间不应出现停滞现象。且手柄位在"0"位时，应能顺利拔下。

（6）司机控制器控制、换向手柄之间的联锁关系应正确无误。

（7）司机控制器的闭合表和对外连接线应与其规定的相一致。

（8）司机控制器电位器输出应符合以下规定：

电位器管脚1、3端加电压 DC 24 ± 0.1 V（1正、3负），测量1、2输出电压：

① 控制手柄在"0"位时，输出电压值 ≤ DC 0.1 V；

② 控制手柄在"牵引"区"*"位和"制动"区"*"位时，输出电压值 ≤ DC 0.1 V；

③ 控制手柄在"牵引"区"13"位和"制动"区"0"位时，输出电压值 ≥ DC 23.6 V，对称误差 ≤ 0.3 V。

④ 司机控制器电位器输出值整定完成后，在6个紧固螺钉处加螺纹胶乐泰243紧固。

（9）司机控制器安装螺钉不在司机控制器面板上，从操纵台上拆装司机控制器时，注意先将插头、换向手柄拔下，利用面板背后的螺柱将面板顶起，拿下面板，松开司机控制器安装板上的4-M5的安装螺钉，将司机控制器拆下。放置司机控制器时，注意保护司机控制器插座，防止司机控制器插座损坏。

（10）司机控制器发光装置应发光均匀，无闪烁或不发光现象。如确有发光不均匀或不发光者，应更换发光片组件（换向侧）或档位支座组件（控制侧）。更换时按以下方法进行：

① 检测发光装置回路，判定故障原因。注意控制侧、换向侧发光片（3片）并连在逆变器输出端，其中一片的短路会造成所有发光片均不发光。

② 去掉司机控制器换向手柄、面板。

③ 从并联的端子处或发光片底部拆除故障的发光片的连线。

④ 拆下发光装置组件。对档位支座组件（控制侧），使用十字螺丝刀松开2-M4螺钉（其中一个螺钉需使用长螺丝刀），将发光片组件（换向侧）用螺丝刀从安装板背后顶起。

⑤ 换上新的发光片组件或档位支座组件，注意严格按接线图中的接线方法接线。

（11）在司机控制器的各个转动部位加注6号汽油机油（GB 485—1972），在机械联锁处加润滑脂。

（12）司机控制器的绝缘应符合以下要求：

① 相互绝缘的带电部分之间及对地的绝缘电阻不小于10 MΩ（用500 V兆欧表检测）。

② 检修后应进行绝缘介电强度试验。司机控制器的发光装置及电位器回路带电部分对地施以50 Hz、500 V正弦波交流电1 min，应无击穿、闪络现象。司机控制器的其余带电部分对地及相互间施以50 Hz、1 100 V正弦波交流电1 min，应无击穿、闪络现象。

注意：司机控制器耐压试验应单独进行，整车耐压试验时应将司机控制器插头拔下，避免电位器及发光装置损坏。

（13）司机控制器触头的检修应符合以下要求：

① 司机控制器日常检修时，检查触头内部及滚轮架（包括滚轮滚动）的动作应灵活可靠。否则，应在触头滚轮轴芯及滚轮架轴芯部分加少许稀6号汽油机油（GB485—1972），以增加触头动作的灵活性。

② S847W2A2b触头为自净式速动开关元件，均为免维修型。如确有严重烧损和动作不灵活者，应更换触头。更换时，注意触头型号和触头滚轮的安装方向。

③ 定期检测触头的接触电阻，采用低电阻测试仪测量，测量电流不小于1 A。触头的接触电阻应小于500 mΩ，如果接触电阻较大，可通过分断1 A左右时间常数$t$为20～50 ms的感性电流负载，用分断弧光清除表面氧化膜，减小接触电阻。

（14）若是由于机械原因造成的故障，需要对司机控制器进行拆卸时，请注意以下几点：

① 司机控制器的控制凸轮组件和换向凸轮组件有机械联锁关系，在拆装时，应注意做好标记，必须按照闭合表进行。

② 司机控制器控制手柄、换向手柄如出现卡阻现象，首先检测司机控制器圆齿轮与控制凸轮组件配合处的弹性圆柱销是否松动，如松动，予以更换。如不松动，调整联锁处间隙。

③ 调整控制侧和换向侧的弹片组件安装的前后位置，可调整控制联锁板和换向联锁板之间的间隙。调整司机控制器换向侧弹片组件前后位置，可调整联锁处间隙。当换向手柄已扳到位（如"前"位），控制手柄被锁住时，可通过此方法解决。调整司机控制器控制侧弹片组件前后位置，可调整联锁处间隙。当控制手柄在"0"位，换向手柄被锁住时，可通过此方法解决。控制侧弹片位置调整完成后，需重新整定电位器输出值。

④ 调整控制侧和换向侧的弹片组件安装的倾斜程度，可调整控制手柄和换向手柄的操作力大小，在保证司机控制器动作可靠的情况下，使两手柄操纵轻便、灵活。

⑤ 控制侧和换向侧的凸轮是出厂前整定好的组件，不得随意拆开。

⑥ 为保证发光片组件正常工作，在拆装时，应注意逆变器TGN-110A的输入及输出不能接反。

⑦ 为了保证司机控制器对外连接无误，在检修、拆装时，应注意司机控制器内部20芯插座JL16 - 20ZY-III，操纵台20芯插头JL16 - 20TY-III。

## 二、扳键开关组

HXD$_3$型电力机车操纵台上安装有S460W-B型扳键开关组。是利用控制电路的低压电器间接控制主电路的电气设备。

### 1. S460W-B型扳键开关组主要技术参数

触头 S847W2A2b 参数：
  额定电压        DC 110 V
  约定发热电流（Ith）    DC 10 A
  额定电流（Ie）      DC 1.0 A

触头 S800 A/SB 参数：
  额定电压（$U_e$）      DC 110 V

| | |
|---|---|
| 约定发热电流（$I_{th}$） | DC 20 A |
| 额定电流（$I_e$） | DC 10 A |
| 机械寿命 | $>1 \times 10^6$ 次 |
| 电寿命 | $>1 \times 10^5$ 次 |
| 重量 | 8 kg |

### 2. S460W-B 型扳键开关组结构特点

S460W-B 型扳键开关组外形和结构如图 6-35 所示。

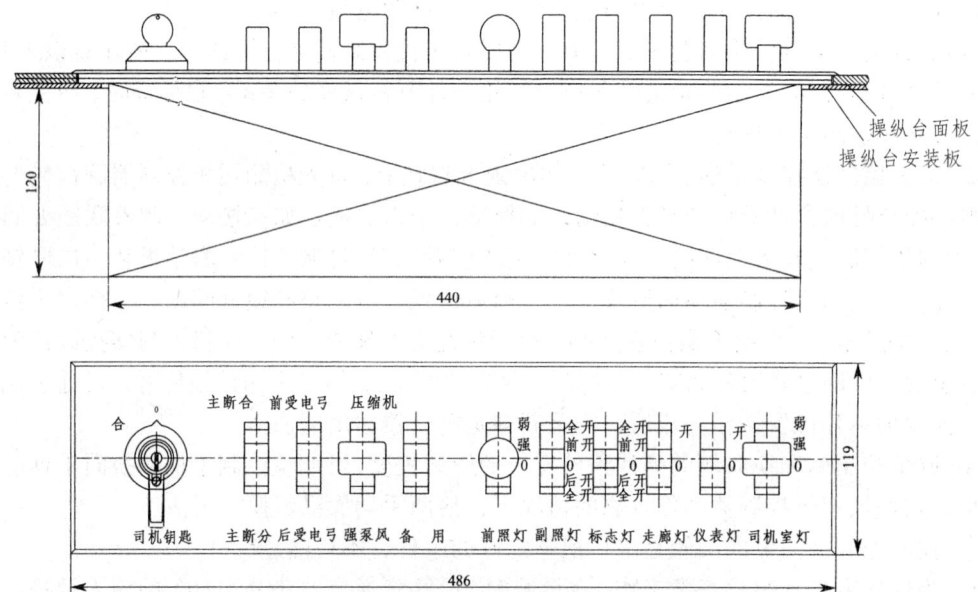

图 6-35　S460W-B 扳键开关组外形和结构图

为了防止可能产生的误操作，S460W-B 扳键开关组中扳键开关 SB43（SB44）～备用设有机械联锁装置，具体联锁如下：

当钥匙转换开关处于"0"位时，SB43（SB44）～备用的扳键开关均被锁定，不能进行操作。

当钥匙转换开关处于"合"位时，SB43（SB44）～备用的扳键开关能够正常操作。

触头 S847W2A2b、S800A/SB 外形图如图 6-36 所示。

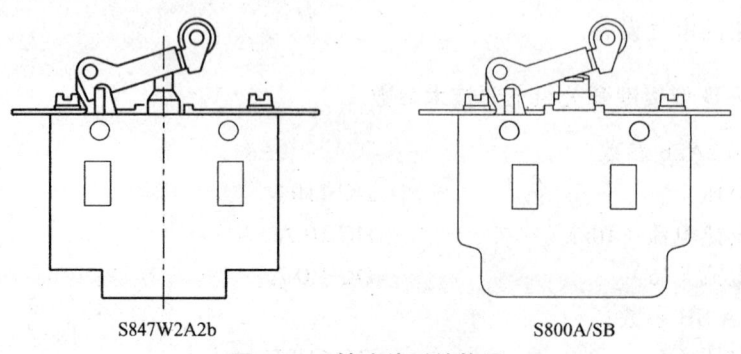

图 6-36　触头外形结构图

在使用时,先将万能转换开关"司机钥匙"打至"合"位,然后即可进行正常操作。操作完毕后必须将扳键开关打至中立位,方能将万能转换开关"司机钥匙"锁闭。

### 3. 扳键开关组维护保养

扳键开关组检修与维护时应注意以下内容:

(1)扳键开关组的铭牌及标识符号应齐全、完整、清晰、正确。
(2)扳键开关组各部件应清扫干净,绝缘性能良好,零部件齐全完整。
(3)各紧固件齐全,紧固状态良好。
(4)各扳键开关应动作灵活。

## 三、蓄电池

蓄电池是化学能与电能互相转换的装置,它能把电能转变为化学能储存起来,使用时再把化学能转变为电能,而且变换的过程是可逆的。以上两个过程前者称为充电,后者称为放电。根据极板所用材料和电解液性质的不同,蓄电池一般可分为酸性(铅)蓄电池和碱性蓄电池。

$HXD_3$型电力机车电源柜装有49块DM-170型阀控式密封铅酸蓄电池,单体额定电压为2 V,容量为170 A·h。其型号含义如下:

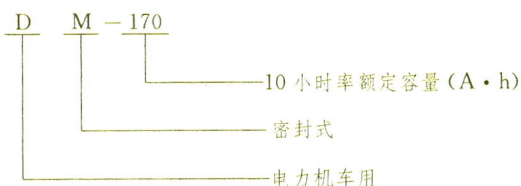

电力机车的蓄电池组是机车上直流电源的辅助电源,并兼作DC 110 V电源装置的滤波元件。在升弓前及DC 110 V电源装置发生故障时,由蓄电池组向机车控制电路供电,DC 110 V电源装置正常工作时,蓄电池组处于浮充电的工作状态。

蓄电池组主要由两种不同金属组成的正、负极板和电解液及极容纳极板和电解液的电槽组成。

### 1. 蓄电池组的工作原理

阀控电池采用超细玻璃棉(AGM)隔板,在正负极之间预留气体通道,使正极产生的氧气顺着通道传递到负极复合成水,达到无酸雾逸出,不需加水维护的效果。

阀控式密封铅酸蓄电池在充放电过程中发生以下化学反应,其反应式为:

$$PbO_2 + 2H_2SO_4 + Pb \underset{放电}{\overset{充电}{\rightleftharpoons}} PbSO_4 + 2H_2O + PbSO_4$$

正极活性物质　　电解质　　负极活性物质　　正极放电产生物　　水　　负极放电产物

## 2. 蓄电池的容量及其影响因素

蓄电池的容量可分为额定容量、实际容量及其不同放电条件下的容量。实际容量是指蓄电池在一定放电条件下放电电流（A）与放电时间（h）的乘积，以符号 $C$ 表示，常用单位为安培小时，简称安时（A·h）。

1）放电率对容量的影响

蓄电池的放电率常用时率和倍率表示，蓄电池放电倍率越高，即放电电流越大，放电时间就越短，放出的相应容量越少。

$C_{10}$——10 小时率额定容量（A·h）；
$C_5$——5 小时率额定容量（A·h）；
$C_1$——1 小时率额定容量（A·h）。

2）温度对容量的影响

图 6-37 为蓄电池放电容量与温度的关系曲线。蓄电池放电时，如果环境温度不是 25 ℃，则需将实测容量按以下公式换算成 25 ℃ 基准温度时的实际容量 $C_e$。

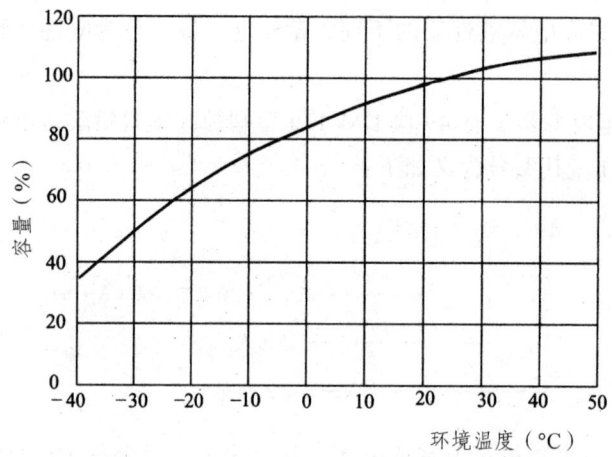

图 6-37  机车车辆 DM-170 型蓄电池放电容量与温度的关系曲线

$$C_e = \frac{C_t}{1 + K(t - 25)}$$

式中  $C_t$——环境温度 $t$ 时的实测容量（A·h）；
$t$——放电时的环境温度（℃）；
$K$——温度系数，见表 6-3。

表 6-3  铁路机车车辆用 DM-170 型蓄电池在不同时率容量试验时的温度系数 $K$

| 型号 | 温度系数 $K$（/℃） | | |
| --- | --- | --- | --- |
| | 1 小时率放电时 | 5 小时率放电时 | 10 小时率放电时 |
| DM-170 | 0.01 | 0.008 | 0.006 |

## 3．均衡充电程序

在下列情况下需对阀控式密封铅酸蓄电池组进行均衡充电：

（1）电池系统安装完毕，对电池组进行补充充电。

（2）电池组浮充运行3个月后，有两只以上电池电压低于2.18 V。

（3）电池搁置停用时间超过3个月。

（4）电池全浮充运行达3个月。

（5）均衡充电的方法推荐采用：以 DC 2.3 V～2.4 V/单体充电 24 h。电池在不同温度下的均衡充电电压如表6-4所示。

表6-4　DM-170型蓄电池在不同温度下的均衡充电电压

| 环境温度（°C） | 均衡充电电压（±0.02 V/只） | 整组电压（V） |
| --- | --- | --- |
| <20 | 2.40 | 115.2 |
| 25 | 2.35 | 112.8 |
| 30 | 2.30 | 110.4 |
| 35 | 2.25 | 108.0 |
| >40 | 2.20 | 106.6 |

## 4．蓄电池的维护

为确保蓄电池装置的正常使用和电力机车的安全可靠运行，必须对蓄电池进行必要的维修与保养。蓄电池和设备应保持清洁，可以经常用湿布擦拭，而不能使用有机溶剂（如汽油等）清洗外部。

注意事项：

（1）蓄电池在检修期间充电后放置 3 h 开路电压不得小于 2.1 V/只，如开路电压小于 2.1 V/只时蓄电池没有充足电，长期使用将严重影响电池的性能。

（2）安装蓄电池应用带绝缘材料护套的手柄，防止在安装中电池短路。

（3）蓄电池安装完毕后测量每只电池的总电压。测量时应正确连接电池的正负极。

（4）备用蓄电池应3个月进行一次容量检测（先采用均衡充电的方法充电，然后测试容量）。

（5）请勿在蓄电池组附近吸烟或使用明火。

（6）不同型号的蓄电池不得混用。

## 四、自动过分相装置

高速重载是中国铁路的发展方向。随着列车运行速度的提高和电气化铁路运营里程的不断延长，对机车车辆安全运行标准的要求也越来越高。因此电力机车安全、准确、可靠地通过分相区间也越来越引起大家的关注。

在铁道电气化牵引区段，牵引供电采用单相工频交流供电方式。为使电力系统的三相供电负荷平衡和提高电网的利用率,电气化铁路的供电接触网采用分相段供电,各分相段采用长度不等的绝缘间隔(即分相区间),电力机车通过分相区间必须断电惰行。为了保证电力机车安全通过分相区间,在分相区前、后 30 m 线路左侧设置断、合标志牌,以提示乘务员操纵机车安全通过分相区。长期以来断电运行均由乘务员操作完成,提前断电和滞后合闸的操纵现象屡见不鲜。由于列车无电运行时间较长,列车速度损失较大。同时,随着列车运行速度的提高,特别是在准高速、高速线路上,每小时通过多个分相区,手动操纵过于频繁,对运行安全极为不利,乘务员稍有疏忽就会产生拉电弧、烧分相绝缘器等现象,由此引起变电所跳闸,中断供电,造成行车事故。

$HXD_3$ 型电力机车装有 GFX-3 型电力机车自动过分相系统。其主要功能是当电力机车通过分相区时,系统根据当时机车速度与位置自动平滑降牵引电流、断辅助机组和分断主断路器;通过分相区后,自动闭合主断路器、闭合辅助机组和控制牵引电流平滑上升,从而实现电力机车通过分相区时操作的自动化,大大减轻了乘务员的工作强度。系统采用了高可靠 PLC 作为控制单元、免维护的地面定位方式,实现精确控制电力机车通过分相区。

1. 自动过分相装置的主要技术参数

型号　　　　　　　　GFX-3 型自动过分相装置
工作电压　　　　　　DC 77 ~ 137.5 V
绝缘电阻　　　　　　≥500 MΩ
工作温度　　　　　　−25 ~ 70 ℃
适用速度范围　　　　10 ~ 250 km/h
感应接收器直流电阻　620 × (1 ± 5%) Ω

2. 自动过分相装置的基本组成

自动过分相装置由地面感应接收器(简称车感器)、自动过分相信号处理器和信号指示三部分组成,系统结构如图 6-38 所示。

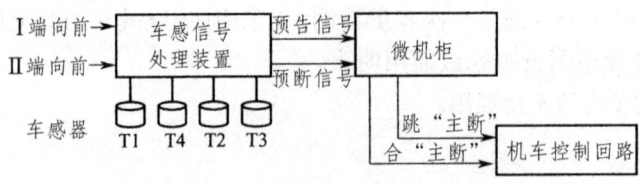

图 6-38　车载自动过分相系统结构图

1)地面感应信号接收器

地面感应信号接收器由感应接收器和地面感应器组成。感应接收器就是安装在机车转向架两侧的接收线圈,如图 6-39 所示,共 4 个,前后相互备份。地面感应器是嵌入在轨枕里的永久磁铁。

## 项目六 HXD型电力机车控制电气系统

地面感应信号接收器基于电磁感应原理，接收线圈与地面磁铁的磁场相结合，当机车通过分相区时，在地面感应信号接收器上感应一个幅值和宽度与机车运行速度相对应的信号，完成系统的定位识别。

2）控制系统

控制系统由自动过分相信号处理器以及控制单元组成。

信号处理器具有采集感应接收器接收的定位信号、机车运行方向，处理相应的信息，发出相关的信息指令和自诊断故障信息，输出显示信息等功能。

图 6-39　感应接收器安装图

控制单元则由机车的微机柜来实现，主要功能是采集由信号处理器输出的定位信息、机车速度、司机指令、牵引电流、供电网压等相关机车信息，并根据接收到信号处理器输出的定位信息和机车运行速度，确定控制牵引电流下降的速率和确定断开主断路器的位置。通过分相区后，根据接收到的信号处理器输出的定位信息，控制闭合主断路器和控制牵引电流平稳上升。

信号处理器在通电、屏蔽接收信号结束或通过分相点后进行一次自检。信号处理器在前进方向右侧两个感应接收器分别接收到预告感应器信号和反向强迫感应器信号，以及前进方向左侧两个感应接收器分别接收到强迫感应器信号和反向预告感应器信号，屏蔽接收信号 16 s 开始接收感应信号，否则屏蔽接收信号 2 min 开始接收信号。

信号处理器面板和背面示意图如图 6-40、图 6-41 所示。

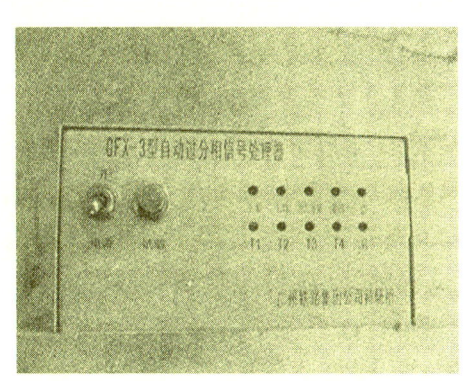

图 6-40　信号处理器的面板示意图

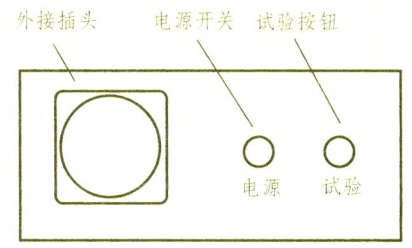

图 6-41　信号处理器背面示意图

故障指示灯：信号处理器进行自检，当检测到有一路到三路的感应接收回路有故障时，故障指示灯闪亮。当检测到所有感应接收回路有故障时，故障灯长亮。

工作指示灯：信号处理器工作时，工作指示灯亮。若信号处理器不能正常工作，则工作指示灯灭。

外接插头：信号处理器、感应接收器、微机柜和 110 V 电源的连接插头。

电源开关：信号处理器的电源开关。信号处理器故障时可以关闭电源。

试验按钮：用于试验自动过分相装置工作是否正常。Ⅰ端司机室换向手柄放"前"位时，按动试验按钮，模拟自动过分相强迫断。等 2 min 后，断合一次信号处理器的电源开关。Ⅰ端司机室换向手柄放"后"位时，按动实验按钮，可模拟自动过分相预告断。自动过分相预告断在机车静止状态时，要等 30 s 后断主断路器。

### 3. 工作原理

自动过分相装置是基于免维护地面定位技术的车载自动过分相控制系统。机车通过感应地面定位信号确定机车与分相点的相对位置，地面定位的机车感应信号分别采用斜对称埋设和备份接收，以保证自动过分相的安全和可靠。

如图 6-42 所示，预先根据要求在每个分相区前后分别埋设两个地面感应器。

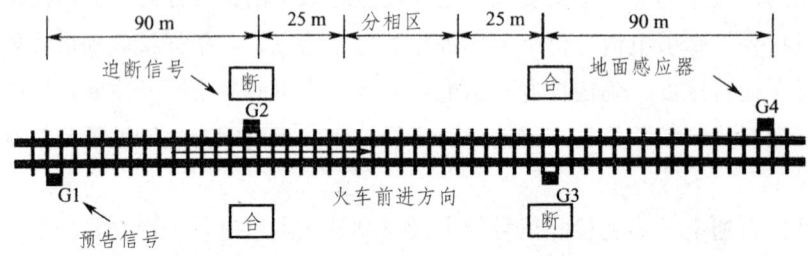

图 6-42 地面感应器的埋设方式

机车过分相信号的感应、处理，由地面磁感应器、车感器和车感信号处理装置共同完成；机车过分相的控制由微机柜及机车控制回路完成。

微机柜对机车过分相的自动控制与司机操作控制并联，当司机操作控制过分相，自动控制起监视作用。

机车运行至 G1（G4）点，自动过分相信号处理器接收到感应接收器感应的预告地面定位信号，信号处理器向微机柜发出过分相预告信号，微机柜根据此时机车运行速度，控制电机电流平稳下降到 0，发出断"主断"信号给控制电路，断"主断"（预告模式）。当 G1（G4）信号失效时，机车运行至 G2（G3）点，自动过分相信号处理器接收到感应接收器感应的强迫地面定位信号，信号处理器向微机柜发出过分相强迫断信号，微机柜立即封电机电流，发出断"主断"信号给控制电路，断"主断"。在正常接收到 G1（G4）信号时，G2（G3）信号不起作用（强迫断模式）。机车通过无电区后，根据接收 G3（G1）点，自动过分相信号处理器接收到相应接收器感应的合闸地面定位信号，则向微机柜送出合"主断"信号给控制电路，合"主断"。预备好后，微机柜控制电机电流缓慢恢复到过分相前工况。在正常接收 G3（G1）信号时 G4（G2）信号不起作用。

## 五、主断路器控制器

主断路器控制器又称弓网自动保护装置，用于安装 DSA 系列受电弓的电力机车，当发生弓网故障产生自动降弓动作的同时，自动切断主断路器，避免带负载降弓时弓网之间产生严重拉弧而损坏受电弓和接触网；分断主断路器的同时，输出 DC+12V 报警信号（可接语音信箱或其他外置报警器）和切断机车受电弓主气路，避免大量排风。主断路器控制器可快速方便地实现运用、停用功能的转换，模拟自动降弓试验，无须登车顶。

### 1. 主要技术参数

| | |
|---|---|
| 电压范围 | DC 77 ~ 137.5 V |
| 升弓延时 | 15 ~ 30 s（可调） |
| 气压传感器可调范围 | 0.05 ~ 0.8 MPa |
| 主断路器动作响应时间 | <0.2 s |
| 最大输出电流 | >5 A |

### 2. 工作原理

主断路器控制器主要由图 6-43 中所示的各部件组成。

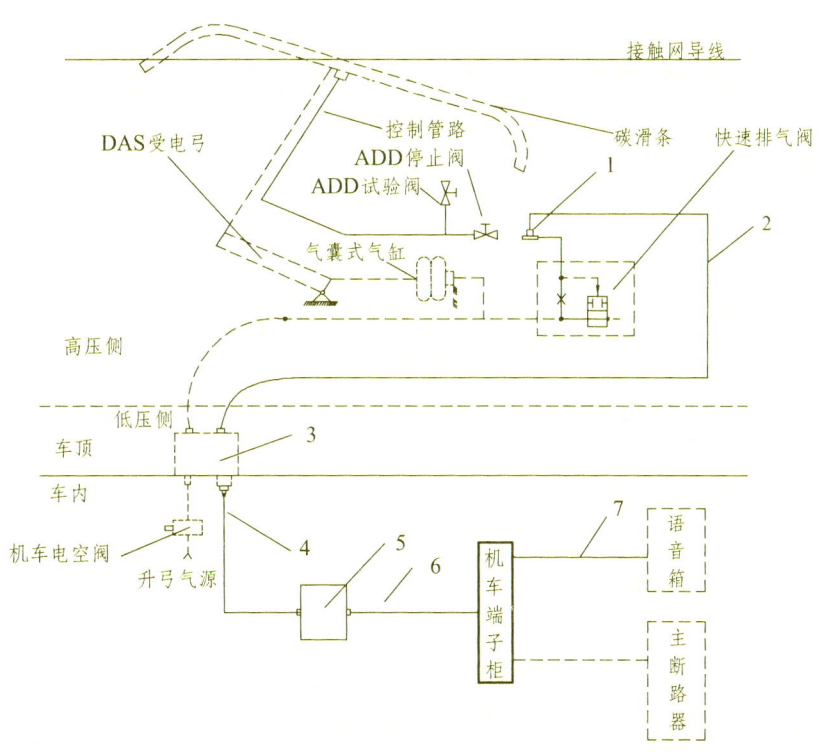

图 6-43 主断路器控制器原理图

1—快换三通接头；2—PA 管；3—空气绝缘子；4—PA 管；5—ZD 100 型主断路器控制器（主机）；
6—五芯屏蔽电缆（带接头）；7—七芯屏蔽电缆（带接头）

从 DSA 型受电弓自动降弓原理及功能可以发现两点不足之处：第一，是自动降弓时未先分主断路器，从而带负载降弓产生严重拉弧现象；第二，自动降弓时，升弓主气路未被切断，升弓气源也随之排入大气，造成压缩空气的浪费。在自动降弓装置中加装主断路器控制器（图 6-43 中的实线部分）可以很好地解决上述两点不足。主断路器控制器工作原理如下：

控制管路内的气压快速下降时，该快速变化气压信号经连接于控制管路上的快换三通接头 1，再由 PA 管 2、空气绝缘子 3、PA 管 4 传送到主断路器控制器（主机）5，主断路器控制器快速响应，同时切断升弓电源并输出两个电信号：一个为 DC 110 V 送至机车端子柜分主断路器端子，使主断路器迅速分闸；另一个为 DC 12 V 经端子柜进至语音箱作为自动降弓报警信号。从而实现了 DSA 型受电弓在自动降弓时超前切断升弓气源，超前分主断路器（避免带负载降弓拉弧）和语音（或声响）报警（提示乘务员）功能。

### 3. 使用方法说明

（1）主断路器控制器正常工作，必须满足以下条件：

① 控制管路无漏气现象；
② 升弓控制回路无断路，即各联锁开关必须闭合；
③ 压缩空气的气压不低于升弓最低工作气压，升弓气路畅通；
④ 主断路器控制器的选择开关置于"运用"位。

在上述条件都满足时，合上相应端升弓键，"运用"指示灯（绿）亮，受电弓升起。此时，主断路器控制器正常投入运行。

（2）主断路器控制器的试验：

① 将主断路器控制器的选择开关置于"运用"位；
② 合上升弓键升起受电弓；
③ 在合上升弓键 15～30 s 后，按下主断路器控制器面板上的"测试"按钮，当出现主断路器分闸、受电弓自动降弓、语音报警器发出语音提示、主断路器控制器红色指示灯亮时，说明主断路器控制器功能正常。

（3）将面板上的选择开关置于"停用"位时，主断路器控制器处于非工作状态。正常情况下，面板上的选择开关应置于"运用"位。

## 六、自动开关

自动开关又称自动空气断路器，是一种结构较为复杂、动作性能较为完善的配电保护电器。它能自动切断短路、严重过载、电压过低等故障电路，有效地保护接在它后面的电气设备；同时亦可用它来手动非频繁地接通和分断正常电路。

和其他开关电器相比较，自动开关具有以下特点：

（1）能开断较大的短路电流，分断能力较强；
（2）具有对电路过载、短路的双重保护功能；
（3）允许操作频率低；
（4）动作值可调，动作后一般不需要更换零部件。

## 1. 自动开关的分类

自动开关种类繁多，一般可以按以下方式分类。

（1）按用途分：有保护配电线路用自动开关、保护电动机用自动开关、保护照明电路用自动开关和漏电保护用自动开关等。

（2）按结构形式分：有框架式(亦称万能式)自动开关和塑料外壳式(亦称装置式)自动开关。框架式自动开关为敞开式结构，有一般选择型自动开关和自动快速开关，特别是大容量自动开关多为此种结构，它主要用作配电网络的保护开关。塑料外壳式自动开关的结构紧凑、体积小、重量轻，且具有安全保护用的塑料外壳，使用安全可靠，适于单独安装，它除了可用作配电网络的保护开关外，还可用作电动机、照明电路以及电热器电路等的控制开关。

（3）按极数分：有单极自动开关、两极自动开关、三极自动开关和四极自动开关。

（4）按限流性能分：有一般不限流型自动开关和快速限流型自动开关。

（5）按操作方式分：有直接手柄操作式自动开关、杠杆操作式自动开关、电磁铁操作式自动开关和电动机操作式自动开关。

## 2. 自动开关的基本结构

1）触头系统

触头系统是自动开关的重要部件，主要承担电路的接通、分断任务。

对触头系统的一般要求是：能可靠接通和分断一定次数的极限短路电流及额定电流以下的任何电流；具有一定的电气寿命，不需要经常更换触头；有足够的热稳定性和电动稳定性，不会因长期使用后触头接触不良导致温升过高或不能经受极限短路电流的冲击而自动弹开。因此，自动开关对触头结构和触头材料的要求比接触器要高得多。

2）灭弧系统

灭弧系统主要有纵窄缝灭弧装置和去离子栅灭弧装置两种。

各类灭弧装置的灭弧方法可概括为长弧熄弧法（将电弧冷却、拉长）和短弧熄弧法（将电弧分割成串联短弧，利用直流电弧的极旁压降或交流电弧的近阴极效应来熄弧）两种。

对灭弧系统而言，一般应具备下列功能：短时间内应可靠熄弧，并保持良好的绝缘性能；喷出的电弧火花距离小，以免造成相间飞弧；有足够的热容量，使之在电弧高温作用下不致产生变形、碎裂或灭弧室及栅片严重烧伤；有足够的机械强度，保证受高温、合闸或冲击振动及运输过程中不会碎裂、缺损。

3）传动机构

传动机构用于操纵触头的闭合或断开。传动机构有手操纵直接传动式、手操纵通过弹簧传动式、电磁铁传动式、电动机传动式、压缩空气传动式等几种。

4）自动脱扣机构

自动脱扣机构与触头系统和保护装置相联系，通过自动脱扣机构的作用可使触头自动断开。"自动脱扣"是指人为操纵手柄处于闭合位置，当手还未离开手柄就发生短路、过载和欠电压等故障时，保护装置作用于自动脱扣机构，自动开关也能自动断开，起保护作用。

5) 脱扣器

脱扣器用于检测故障并作用于操作机构，使其脱扣，带动自动开关的触头断开。

自动开关通常采用电磁脱扣器和热脱扣器两种。

电磁脱扣器分为过电流脱扣器和欠电压脱扣器，它们实际上是一个小型电磁机构，若装以电压线圈即为欠电压脱扣器，装以电流线圈即为过电流脱扣器。

热脱扣器是由热元件和双金属片等组成。电流通过热元件产生电阻损耗而发热，其温度升高以加热双金属片。双金属片是一个将热能转换为机械能的元件，如图6-44所示。它由两种不同膨胀系数的金属片焊接而成，其中，膨胀系数较大的金属片贴近热元件。双金属片一端固定，另一端处于自由状态。当热元件由于间接加热或直接通电流加热时，即将热能传递给双金属片，双金属片受热后温度升高。由于两种金属片膨胀系数不同，而结合面的伸长要相同，因此迫使双金属片向着膨胀系数较小的一侧弯曲。双金属片弯曲时产生的作用力作用于脱扣杆的钩子上，使之脱扣，自动开关断开，即可保护电气设备不因过载而损坏。由于双金属片是因受热而弯曲，所以双金属片弯曲时作用于脱扣机构的动作时间与过载电流大小有关。电流大动作时间短、电流小动作时间长，即动作时间与电流大小近似成反比。

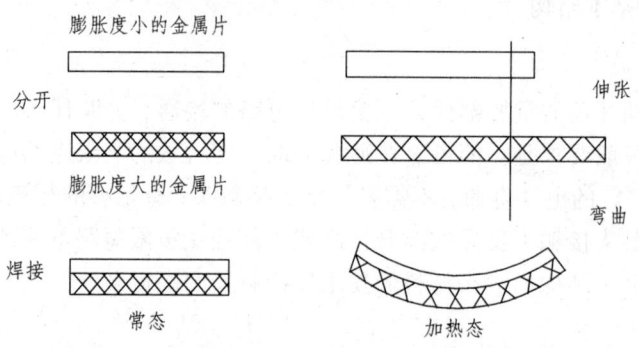

图6-44 双金属片工作原理

## 3. 自动开关的工作原理

自动开关的主触头靠操作机构（手动或电动）合闸，自动脱扣机构是一套连杆机构。当主触头闭合以后将主触头锁在合闸位置，其工作原理如图6-45所示。

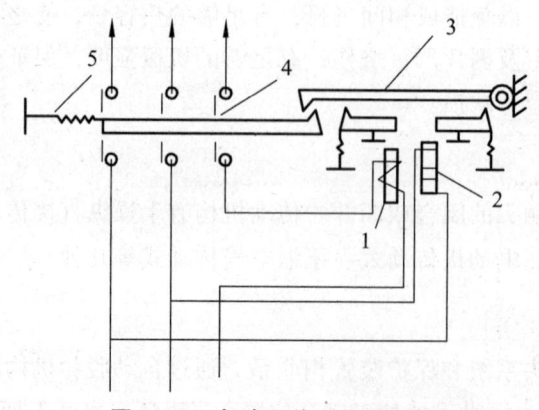

图6-45 自动开关工作原理图

1—过电流脱扣器；2—欠压脱扣器；3—自动脱扣机构的锁钩；4—主触头；5—开断弹簧

在正常工作情况下，自动脱扣机构的锁钩扣住触头杆，使主触头保持在合闸位置。

图中 1 为过电流脱扣器，它的电磁线圈与被保护电路串联，在正常电流下，脱扣器的弹簧力使衔铁释放；当被保护电路发生过载或短路故障，电流增加并达到整定值时，强大的电磁吸力使衔铁吸合，带动衔铁另一端的顶杆向上运动，顶开自动脱扣机构的锁钩，使锁钩与触头杆脱扣，在开断弹簧的作用下，主触头迅速开断，切除过载或短路故障，保护电气设备不受损坏。

图中 2 为欠压脱扣器，它的电磁线圈与被保护电路并联。在正常电压下，衔铁吸合，锁钩不脱扣；当欠压时，电磁吸力很小，在欠压脱扣器弹簧力的作用下，衔铁释放，其顶杆顶开锁钩，主触头在开断弹簧的作用下迅速开断，切断电路。

电磁脱扣器的动作电流值可根据需要调整反力弹簧来整定，它具有动作电流大、调节范围宽、动作时间短（一般为 10～40 ms）等优点，可用作短路保护。

## 七、速度传感器

$HXD_3$ 型电力机车采用 DF16 型速度传感器，DF16 传感器是上海德意达公司引进德国 DEUTA 公司全套技术和主要部件组装生产的光电式速度传感器。它有单、双、三及四通道可供选择。通过内外两轨道光栅盘扫描，传感器输出两种不同脉冲数的方波信号，内轨道每转 80 个脉冲，外轨道每转 200 个脉冲，输出可以是不同脉冲数的各种组合，各通道间彼此隔离，且带有极性保护、输出短路保护。传感器可方便地安装于轴箱盖上，传动部分采用软性连接，能克服安装不同心及驱动间隙。DF16 传感器具有坚固、密封、抗震、抗冲击、测速范围宽、温度适应范围宽、可靠性好、使用寿命长等特点，适用于国内外各种类型电力机车的速度、方向、空转及打滑等各项检测。

DF16 传感器由光电模块、光栅、外壳、传动轴、软性连接器、14 芯防水插头、座和外附导线等组成。各模块彼此隔离，可安装于内轨道或外轨道上，通道数为 1～4。

当机车运行时，传感器输出方波信号，其频率和轮轴转速的关系为 $f = n \times P/60$，其中 $n$ 为每分钟转速，$P$ 为每转脉冲数。图 6-46 为 DF16 速度传感器外形图，图 6-47 为 DF16 速度传感器接线图。

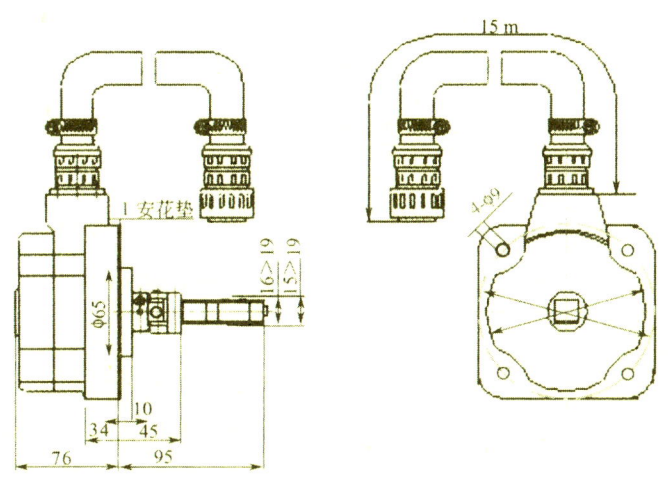

图 6-46　DF16 速度传感器外形图

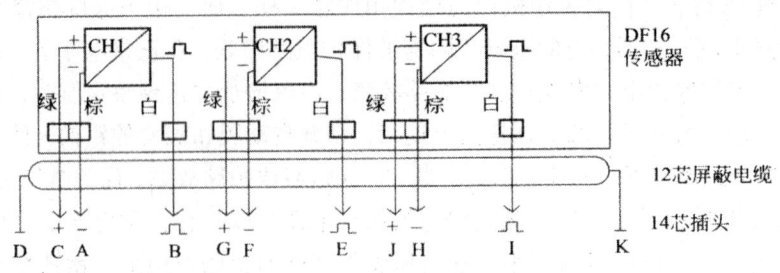

图 6-47 DF16 速度传感器接线图

测速传感器由电源稳压电路、放大电路、整流电路、光发射电路、光接收电路、短路保护电路、输出驱动电路、电源极性保护电路等组成,具体如图 6-48 所示。

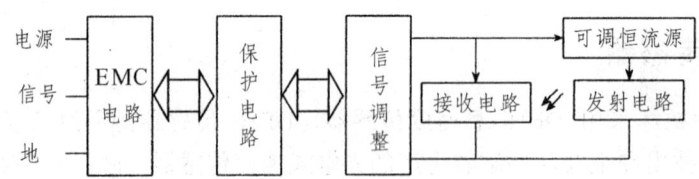

图 6-48 速度传感器组成框图

DF16 型速度传感器主要技术参数如下:

| | |
|---|---|
| 测速范围 | 0～2 000 r/min |
| 每转脉冲数 | 200 P/r |
| 输出通道数 | 三 |
| 输出波形 | 方波 |
| 输出幅度 | 高电平≥9 V,负载电阻 3 kΩ,低电平≤2 V |
| 脉冲占空比 | 50%±20% |
| 脉冲相位差 | 90°±45°(CH1,CH2,CH3)出轴顺时针旋转,CH1 超前 CH2,CH3 超前 CH2 |
| 工作电源 | DC 12～30 V |
| 功耗电流 | ≤40 mA(每通道) |
| 短路保护 | 具有输出短路保护功能 |
| 绝缘强度 | 1 500 V/50 Hz,1 min(通道对外壳)<br>500 V/50 Hz,1 min(各通道间) |
| 工作温度 | -40～70 ℃ |
| 耐振性能 | 振动 30 g,冲击 200 g(DIN40046) |
| 密封性 | 能承受雨、雪、风、沙(IP65) |
| 重量 | 3 kg |

## 八、仪表模块

### 1. 风表模块

HXD₃型电力机车采用 ZDY1 压力仪表组合模块,它由单、双针压力表(以下简称压力表)、语音箱组成,安装于机车的操纵台上专门用来向司机表达列车运行参数及相关信息。

压力表主要用于测量储气缸内的压力。压力表可同时测量两个相同或不同(两者之差一般应不大于分度范围上限值的 1/3)的压力。压力表照明采用 24 V/2 W 的灯泡。

压力表采用轴向结构,也可以转换成径向结构。压力表用软管连接,环形螺母固定,保持压力表与安装板之间配合密贴,体现机车操纵台的总体美观。

压力表、语音箱模块的面板上装有一个 DC 110 V/DC 24 V 的电源转换盒(其输出功率为 5 W),其一端接 DC 110 V 电源,另一端为两路 DC 24 V 输出,均为插片式结构。DC 24 V 输出可以用插片直接与两块压力表相连接(注意电源极性)。

接通 DC 110 V 电源,首先看 DC 110 V/DC 24 V 的电源转换盒上的发光二极管是否亮,若亮,证明电源转换盒输出正常;若不亮,则更换电源转换盒。其次,将 DC 24 V 的电源插片分别与两块压力表的照明指示灯连接,检查照明指示灯是否亮,若不亮,则更换照明指示灯。

总风缸与制动缸为双针压力表,红色指针指示总风缸的刻度为 MR,白色指针指示制动缸的刻度为 BC;列车管为单针压力表,白色指针指示列车管的刻度。

### 2. 电表模块

HXD₃型电力机车采用的 ZDZI 多功能状态仪表组合模块(以下简称电表模块)如图 6-49 所示,由机车双针速度表、电测量双针仪表、状态指示灯等组成。该电表模块安装于机车的操纵台上,专用于向司机显示列车运行参数、设备运转状态以及相关信息。它采用模块式结构,具有安装方便、显示直观、安全可靠等优点。

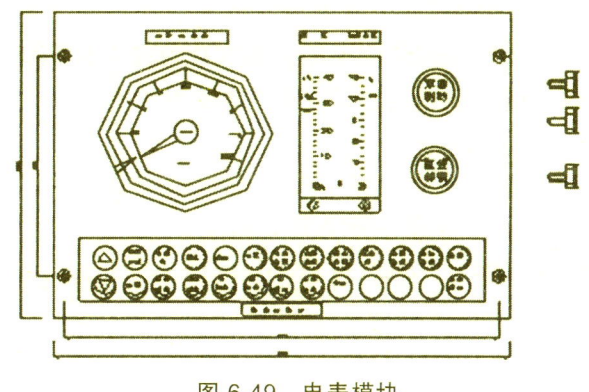

图 6-49 电表模块

1)功　能

① 可测量并显示机车运行的即时速度和运行区间的限时速度。

② 可测量机车各种相关设备的运行参数,如显示机车网压及控制电压。

③ 可显示机车相关设备的运行状态,如工作状态、故障状态等。

2) 工作原理

该系列仪表为内磁式磁电系指针仪表,原理图如图 6-50 所示。其原理为:通电的可动线圈在固定的永久磁场中产生旋转力,使线圈产生偏转而工作。

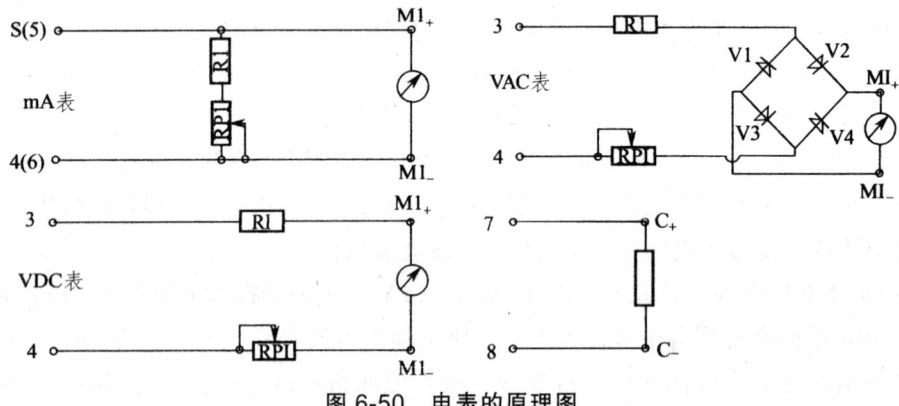

图 6-50 电表的原理图

表的主要测量部件是机芯,机芯由磁钢和磁轭组成的磁路系统,线圈、转轴(轴尖)、轴承在磁路中受力转动组成的指示系统,左旋、右旋游丝、平衡支架组成的平衡系统三部分组成。

磁路系统保证线圈在有效的活动范围内有足够的磁场强度、均匀磁隙,来保证足够稳定均匀的磁场强度。

线圈、转轴(轴尖)、轴承的配合决定了灵敏度、稳定性和使用寿命,轴和轴承长时间受振动、转动影响,轴尖和轴承的磨损使测量产生转动偏差,当读数变得不稳定超出精度要求时,就判为不合格。

上、下两游丝(盘状)一个左旋、一个右旋。除自由状态外,上、下游丝一个提供推力,一个提供拉力(法向扭力),两力的方向一致,位置在转轴的两端,共同出力去平衡通电线圈在磁场中的受力。线圈中的电流大小与线圈在磁场中受力成正比,游丝的软硬与线圈转角的大小成正比,游丝越软,偏转角越大。

# 任务四 继电器的维护与检修

## 【教学目标】

1. 知识目标

(1) 掌握继电器的基本组成和工作原理;

(2) 掌握继电器的分类和继电特性;

(3)掌握继电器的基本参数;
(4)掌握电磁继电器的基本组成和工作原理;
(5)掌握风道继电器的基本组成和工作原理;
(6)掌握风压继电器的基本组成和工作原理;
(7)掌握油流继电器的基本组成和工作原理。
2. 能力目标
(1)会维护检修各种继电器;
(2)会正确调整继电器动作值。

【相关知识】

## 一、继电器基础知识

继电器是一种根据某种输入量来接通或断开小电流控制电路,实现远距离自动控制和保护的自动控制电器。在电力机车控制电路中,继电器具有控制、保护或转换信号的作用。

1. 继电器的组成

对于有触点的继电器,从其结构组成方面认为,由触头装置和传动装置(一般没有灭弧装置)组成。

任何一种继电器,不论它的动作原理、结构形式、使用场合如何千差万别,都是根据外界输入的一定信号来控制电路中电流的"通"与"断"的,这就是继电器的共性。这种结构共性说明,任何一种继电器为了完成它的特定使命,一般都应由测量机构、比较机构和执行机构等部分组成,其原理组成方框图如图6-51所示。

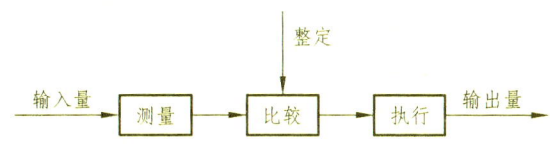

图6-51 继电器原理组成方框图

对于大部分继电器来说,输入量可以是电量,如电压、电流、阻抗、功率等;也可以是非电量,如压力、速度、温度等。输入量可以是一个量,也可以是两个或多个量。

测量机构是反应继电器输入量的装置,用于接收输入量,并将其转换成继电器工作所必需的物理量。比如电磁型继电器,测量机构是线圈和铁心构成的磁系统,用来测量输入电量的大小,并在衔铁上将电量的大小转换成相应的电磁吸力。

比较机构的作用是将输入量(或转换量)与其预设的整定值进行比较,根据比较结果决定执行机构是否动作。如:电磁继电器的反力弹簧等。当电磁力大于反力时,衔铁吸合,接点动作;当电磁力小于反力时,衔铁不吸合,接点不动作,没有输出。一般可以在比较环节上调整(整定)继电器的动作值。

执行机构是反应继电器输出的装置,它作用于被继电器控制的相关电路中,以得到必需的输出量。执行机构根据比较的结果决定是否动作:有触点电器中触点的分、合动作,无触点电器中晶体管的饱和、截止两种状态,都能实现对电路的"通""断"控制。

输出量是根据比较结果来决定有无的。不管输入是何物理量,输出量往往是电量。

**2. 继电器的工作原理和继电器特性**

现以有触点电磁式继电器为例,说明继电器的工作原理。

电磁式继电器的组成如图 6-52 所示,其测量机构由一拍合式电磁铁担任,执行机构是一组常开触头。测量机构接收输入量(电流或电压等信号),并将其转变为继电器工作所必需的物理量(电磁吸力),通过比较机构进行比较,当达到其动作值(电磁吸力大于反力)时,促使执行机构动作(触头的闭合),从而接通被其控制的相关电路,得到一个输出电压。反之,当输入量达到其释放值时,电磁铁将输入量转变为衔铁的释放动作,并带动触头由闭合状态转变为断开状态。它具有工作可靠、结构简单、易于制造等特点。

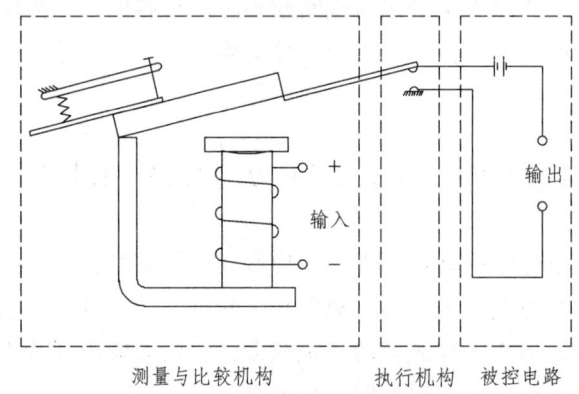

图 6-52 电磁式继电器的组成

继电器的输入量与输出量之间有一特定的关系,这就是继电器最基本的输入-输出特性,亦称继电特性。

继电特性可以通过分析继电器的工作过程来得到。下面我们分析电磁继电器的工作过程。

图 6-53 为具有常开接点的继电器的继电特性,输入量用 $X$ 来表示,输出量用 $Y$ 表示。当输入量 $X$ 从零增加时,在 $X<X_{dz}$ 的过程中,衔铁不吸合,常开接点保持打开,继电器不动作,输出量 $Y=0$;当输入量达到 $X=X_{dz}$ 时,继电器立即动作,衔铁吸合,常开接点闭合,输出量由 0 跃变,即达到了 $Y=Y_1$;继续增加 $X$ 到 $X_e$(额定输入量),继电器保持该状态不变,输出仍为 $Y_1$(常开接点继续闭合)。当输入量 $X$ 从 $X_e$ 减少时,在 $X>X_{fh}$ 过程中,继电器仍然保持该状态不变,常开接点继续闭合,输出还是 $Y_1$。只有当输入量减少到 $X=X_{fh}$ 时,输入量产生的吸力不足以吸合衔铁,衔铁释放,常开触头打开,继电器返回,输出量 $Y$ 由 $Y_1$ 跃变到 0,继续减少输入量 $X$ 到零,输出均保持在 $Y$ 为零状态。

可见,继电特性由连续输入、跃变输出的折线组成,只要某装置有该输入-输出特性就能称为继电器。图中 $X_{dz}$ 称为继电器的动作值,$X_{fh}$ 称为继电器的返回值。

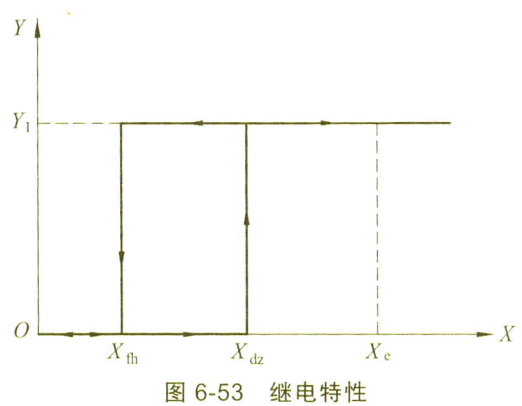

图 6-53　继电特性

### 3. 继电器的分类

继电器的用途很广，种类繁多，对不同类型的继电器要求不同，有时对同一类型的继电器，也需要从不同的方面去说明它的特性，因此，继电器有很多种分类方法，下面仅根据目前电力机车上使用的情况来分类。

（1）按用途分，有控制继电器和保护继电器。

（2）按输入物理量的性质分，有电磁式继电器（反应电量的继电器）、机械式继电器（反应非电量的继电器）。

（3）按执行机构的种类分，可分为有触点继电器和无触点继电器。

（4）按输入电流性质来分，有直流继电器和交流继电器。

（5）按作用分，有电流继电器、电压继电器、时间继电器、中间继电器、压力继电器等。

### 4. 继电器的基本参数

（1）额定参数：输入量的额定值及触点的额定电压、额定电流等。

（2）动作值：使继电器吸合动作所需要的最小物理量的数值，如电流继电器的动作电流、电压继电器的动作电压、风压继电器的动作风压等。有时也称整定值。

（3）返回值：使接点打开所需要的最大物理量的数值。

需要注意的是，衔铁的释放值不一定是继电器的返回值（如常闭接点来说）。

（4）返回系数：继电器输入量的返回值 $X_{fh}$ 与动作值 $X_{dz}$ 之比，用 $K_{fh}$ 表示，即：

$$K_{fh} = \frac{X_{fh}}{X_{dz}}$$

返回系数是继电器的重要参数之一，对继电器来说，一般 $K_{fh} < 1$。$K_{fh}$ 越接近于 1，继电器动作越灵敏，但抗干扰能力就差，所以返回系数也不完全是越高越好，对控制继电器来说，返回系数要求不高，对保护继电器要求有较高的返回系数。

继电器的动作值（或返回值）的调整，也称为继电器参数的整定。对电磁继电器的整定，可通过改变反力弹簧和工作气隙来实现；对电子继电器来说，可以通过改变比较环节的电位器的阻值等来实现。

## 二、电磁式继电器

电磁式继电器的测量机构是电磁铁,执行机构是触头。

电磁式继电器可分为电压继电器、电流继电器、中间继电器、时间继电器和信号继电器。按照电流种类的不同,电磁式继电器还可以分为直流电磁继电器和交流电磁继电器。

电压继电器是指当继电器线圈两端电压达到规定值时动作的继电器,其吸引线圈与电路并联,故线圈直径较细、匝数较多,主要作控制用。电流继电器是指当继电器线圈流过的电流达到规定值时动作的继电器,其吸引线圈与电路串联,故线圈直径较粗、匝数较少,多作过载或短路保护之用。中间继电器是指用来增加控制电路数目或将信号放大的继电器,它实际上也属于电压继电器。时间继电器是指从接收信号至触头动作(或使输出电路的电参数产生跳跃或改变)具有一定的延时,该延时又符合其准确度要求的继电器。

$HXD_3$ 型电力机车上有交流原边过流继电器 KC1、直流交流转换继电器 KE11、时间继电器 EV35 和 EV36、中间继电器 KE13、KE14 和 KE25、制动机电子制动控制器 EBV 控制继电器 KE15 和 KE6、升弓隔离控制继电器 KE17 和 KE18、踏面清扫控制继电器 KE19、控制继电器 KE20、紧急制动控制继电器 KE21 等电磁继电器。

## 三、机械式继电器

电力机车上的机械式继电器有风道(风速)继电器、风压继电器、油流继电器等。以下分别加以介绍。

**1. 风道继电器**

风道继电器安装在牵引电机和复合冷却器通风系统的风道里,用来反映通风系统的工作状态是否正常,以确保通风系统有足够的风量,保护发热设备。

风道继电器可分为触头装置和传动装置;亦可分为测量环节、比较环节、执行环节。铸铝合金壳体,电器各部件封闭其内,如图 6-54 所示。其测量机构是膜片;比较机构为反力弹簧;

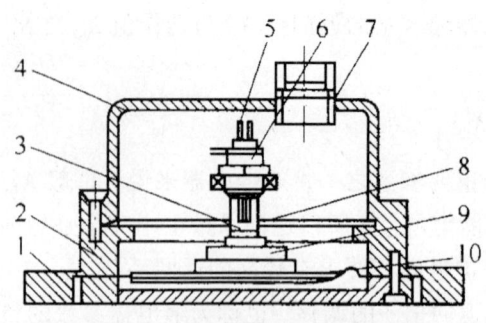

图 6-54 风道继电器结构简图

1—盖板;2—壳体;3—常开动触头;4—盖;5—常开静触头;6—塑料体;
7—出线环;8—反力弹簧;9—塑料座;10—膜式铝片

执行机构是一对常开联锁触头。整个继电器封装在铸铝合金壳体内。取下继电器盖，在壳体上部铸有一筋条，筋条中间安装有常开静触头。该静触头为螺栓状，拧入一塑料体中，塑料体安装在筋条上，可上、下调节，故静触头对地绝缘，并可调节触头开距及压力大小。在筋条的一侧装有引线端子座，用于连接内部动触头接线与外部连线。

风道继电器膜片为一很薄的尼龙编织制品，上、下铆以膜式铝片，起支承上部动触头和传递风压的作用。上铝片安装有塑料座，塑料座上装有常开动触头。下铝片面对盖板，盖板上开有孔，用于传递风压。无风压时，膜片在反力弹簧的作用下处于平直状态，其常开触头断开。

风道继电器应垂直安装，即膜片处于垂直状态，安装位置可以比较灵活。

风道继电器的风压取自牵引电机和复合冷却器通风系统的风道，为正压力。吹进牵引电机和复合冷却器通风系统风道的压缩空气，从盖板的小孔经管道进入膜片下方的空腔内，当风机正常工作时，风道某处的压力达到继电器的动作值时，膜片下方与上方的压力差足以克服反力弹簧的反力，推动膜片向上移动，带动常开动触头与静触头闭合并保持一定的接触压力，接通相应的控制电路正常工作；当通风系统发生故障时，风量很小或为零，膜片下方与上方的风压差很小或为零，膜片在反力弹簧的作用下复位，使常开联锁触头断开，从而切断相应的控制电路。

$HXD_3$型电力机车上有牵引通风机风道继电器 KP41、KP42、KP43、KP44、KP45、KP46 和复合冷却器风道继电器 KP47、KP48。

### 2. 风压继电器

风压继电器也称压力开关，其结构如图 6-55 所示。

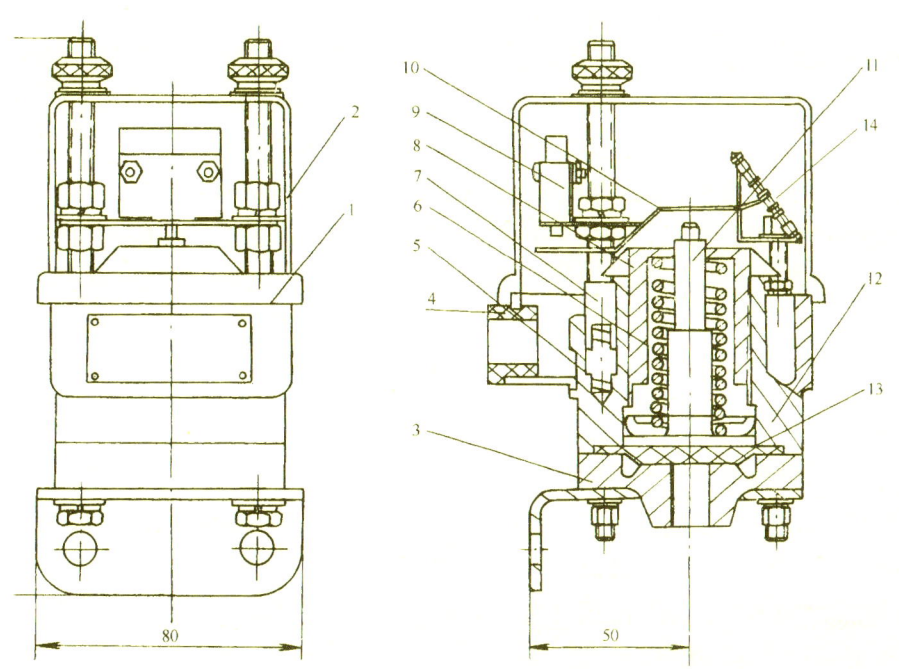

图 6-55 压力继电器结构简图

1—壳体；2—上盖；3—下盖；4—橡皮环；5—弹簧；6—反力弹簧；7—止销；8—调节螺母；9—行程开关；10—支架组装；11—活塞；12—阀体；13—橡胶薄膜；14—拉力弹簧

空气传动装置由橡胶薄膜、活塞、反力弹簧、调节螺母及拉力弹簧等组成。反力弹簧套装在铜质活塞上，其一端压装在基座上；另一端与调节螺母相接。可旋转调节螺母来调整反力弹簧对活塞的作用力，从而调整该继电器的整定值。调整完毕，止销弹出，防止调节螺母的误动作，影响该继电器的整定值。

当气压达到动作值时，空气压力大于反力弹簧的反力，推动橡胶薄膜及活塞上行，通过传动件使接点动作。

HXD$_3$型电力机车上采用 SPS-8WP（如图 6-56）和 SPS-18WP 型压力开关，分述如下。

图 6-56　SPS-8WP 型压力开关

1）总风缸压力开关

KP51-1、KP51-2、KP60 等 3 个压力开关都是监测机车总风缸压力的。

KP51-1、KP51-2 用于监测机车空气压缩机的启停状态，通过调节储气罐内的压力来让空压机停机休息，达到保护空压机的作用。KP51-1 动作值为 750～900 kPa，KP51-2 动作值为 825～900 kPa。当总风缸压力小于 750 kPa 时，KP51-1 和 KP51-2 均闭合；当总风缸压力大于 900 kPa 时，KP51-1 和 KP51-2 均断开；当风缸压力小于 825 kPa 时，KP51-2 压力开关闭合，仅操纵端的压缩机开始打风，即机车Ⅰ端操纵时，压缩机 1 工作，在Ⅱ端操纵时，压缩机 2 工作。

压力开关 KP60 用于机车的牵引互锁保护，KP60 动作值为 350～470 kPa。当总风缸压力高于 470 kPa 时，KP60 闭合，该信号送入 TCMS，参与整车的牵引控制。当总风缸低于 350 kPa 时，KP60 断开，牵引变流器禁止功率输出，确保行车安全。

2）机车制动缸压力开关 KP61

压力开关 KP61 用于监控机车制动缸的压力。当机车制动缸压力高于 100 kPa 时，KP61 闭合；当机车制动缸压力低于 50 kPa 时，KP61 打开。该指令信号送入 TCMS，参与机车踏面清扫器控制，即在机车制动缸压力高于 100 kPa 时，踏面清扫投入；当机车制动缸压力低于 50 kPa 时，踏面清扫解除。

3）停车制动压力开关 KP59

压力开关 KP59 用于机车的弹簧储能停车制动。当机车实施弹簧储能停车制动时，该压力开关断开,指令信息输入 TCMS,控制机车禁止机车功率输出。反之,该压力开关闭合,说明机车未投入弹簧储能停车制动。

4) 主断路器储风缸压力继电器 KP58

当主断路器储风缸压力超过 450 kPa 时,该压力继电器动作,触头闭合,接通主断路器合闸电路,主断路器方能合闸。如果无此保护,主断路器就有可能在过低气压下动作,造成不能可靠合闸、烧坏主断路器合闸线圈或者在过低气压下合闸后不能保证可靠分闸的危险,甚至更大的故障。主断路器分闸电路也受此风压继电器控制,以确保主断路器能可靠动作,保证电力机车出现故障时能可靠分闸,切断机车总电源,防止故障范围扩大。

5) 辅助风缸压力继电器 KP57

压力继电器 KP57 用于辅助风缸压力控制。当机车停放时间过长或压缩空气系统有泄漏,致使总风缸压力下降,升不起受电弓时,需要由辅助压缩机工作向辅助风缸打风,当辅助风缸风压达到 735±20 kPa 时,该压力继电器动作,触头断开,断开辅助压缩机电路,停止打风。

### 3. 油流继电器

油流继电器是电力机车牵引变压器的附件,用来监视变压器油循环系统的工作情况,当油流停止或不正常时,给司机发出警告信号。

油流继电器由叶片、扭簧和接线柱组成,如图 6-57 所示。其测量机构由绕球轴承转动的叶片和扭簧组成,执行机构为由叶片和接线柱 9 组成的常闭联锁触头承担。

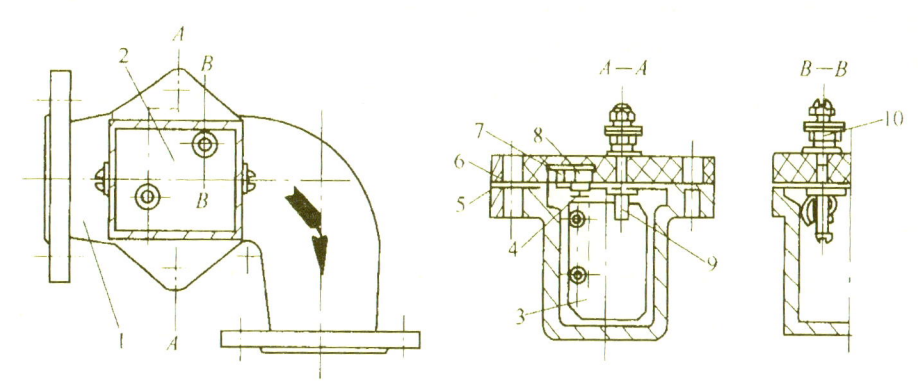

图 6-57 油流继电器

1—连管;2—外罩;3—叶片;4—扭簧;5—橡胶垫;6—底板;
7—球轴承;8—转轴;9、10—接线柱

当油流正常循环时,油流推动叶片克服扭簧的扭力而转动,使常闭联锁触头(叶片和接线柱 9)断开,司机台上无电信号显示;当油流停滞时,叶片在扭簧作用下返回,同接线柱 9 接触,电信号电路经接线柱 9、叶片、扭簧和接线柱 10 而接通,司机台上显示相应的电信号,表示油流不正常。油流继电器管体上标有油流方向箭头,分左、右两个方向,不能装错。

$HXD_3$ 型电力机车上有主变压器油流继电器 KP49、KP50。

## 四、继电器的维修

继电器是电力机车控制电路和监测保护系统的主要配件。电力机车运行时，当主电路和辅助电路中的电机、电器或连接线路出现故障时，可通过相应监测保护系统的继电器，将故障转化为电信号，一方面反馈到主断路器的分闸线圈，使主断路器跳闸，切断电力机车总电源，对电力机车进行保护；另一方面反馈到信号装置（包括机械信号和电信号），使其显示不同的故障状态，指示电力机车乘务员及时而正确地处理故障。可见，继电器虽然不直接控制主电路和辅助电路，但在电力机车上的作用却是极其重要的。

由于电力机车电器的工作条件恶劣，各继电器及部件的性能与参数也将随着工作任务与使用时间的改变而改变，而且还经常受到各种偶然因素的影响。因此，我们必须对这些情况经常地监视和及时地了解，对可能出现的各种异常现象及早地提防，对某一继电器或继电器的某一部件产生的故障及时地修理或更换，以确保各继电器的使用寿命，保证电力机车正常而可靠的工作。所以，坚持预防为主的方针，建立必要的维修制度，对继电器进行经常的和定期的维修是十分必要的。

尽管继电器型号不同，检修方法也有区别，但是在检修时都应按以下共同的要求进行。

（1）继电器活动部分的动作应灵活、可靠，外罩及壳体应无损坏或缺少零件等情况。

（2）继电器线圈引出端子及外部连接线必须牢固、可靠，电磁继电器吸引线圈的阻值必须符合有关的技术规定。

（3）有指示件的继电器应检查指示件的自锁和释放作用，保证其正确、可靠。

（4）绝缘状态良好，磨耗件及易损件(包括胶木件、外罩、分磁环、非磁性垫片等)有缺损时应更新，各连接部分的紧固状态应良好。

（5）测量继电器触头厚度、开距、超程及终压力等技术参数，必须符合有关规程和工作文件的要求。

（6）调整继电器动作参数的整定值，并加漆封固定。有特殊要求时，还应测量继电器的返回系数。

电磁式继电器可借调整反力弹簧、初始气隙及非磁性垫片等措施来调整动作值。一般地，调整初始气隙可改变其动作值，调整非磁性垫片可改变其释放值，而调整反力弹簧则动作值和释放值都可改变。

# 技能训练一　机车控制监视显示屏操作练习

【学习目标】

（1）掌握微机控制系统和微机显示屏的组成结构；

（2）能分析 $HXD_3$ 型电力机车的控制电路；

（3）掌握 HXD₃ 型电力机车控制电器的原理和结构；

（4）能在 HXD₃ 型电力机车仿真模拟驾驶装置上进行机车的相关操作。

## 【学习任务】

在仿真模拟驾驶装置上进行微机显示屏的相关操作，通过模拟驾驶训练，掌握 HXD₃ 型电力机车司机控制器和扳键开关的操作，通过在模拟驾驶中进行列车的起动、调速和制动操作，归纳 HXD₃ 型电力机车的微机显示屏显示内容，写出总结报告。

## 【环境设备】

多媒体教学设备，在电力机车驾驶仿真实训室完成学习项目。

## 【操作指导】

### 1. 现场讲解，阅读教材

任课教师在实训室通过对 HXD₃ 型电力机车模拟驾驶仿真实训室的微机显示屏的组成、司机控制器和扳键开关的操作讲解，引导学生认真阅读机车微机控制系统的相关知识。

### 2. 演示操纵电力机车

任课教师在仿真模拟驾驶装置上演示微机显示屏的切换，操作电力机车的起动、调速和制动过程，理论联系实际分析机车控制电路中的起动、调速和制动电路结构。

### 3. 学生模仿训练

在仿真模拟驾驶装置上操作微机显示屏的切换，电力机车的起动、调速和制动，会理论联系实际分析机车微机显示屏显示内容的正误。

### 4. 撰写操作报告

根据训练的实际情况，撰写操作报告。报告要体现学习目标、落实学习任务，突出电力机车微机显示屏显示内容，联系背景知识的理论分析。

### 5. 交流报告

每班选出 5 名同学，在课堂公开交流本项目的操作报告，与学生、老师共同分享学习成果。其他学生两两自愿结合互换学习报告，相互评价。

### 6. 任务说明

本项目为课内课外相结合的学习项目，在上课时间主要听老师的讲解和演示；在课下进行实际操作训练，撰写总结报告并互相交流。

# 技能训练二　机械式继电器的检修

## 【学习目标】

（1）认知风压继电器的结构组成和工作原理；
（2）认知风道继电器的结构组成和工作原理；
（3）认知油流继电器的结构组成和工作原理；
（4）能进行机械式继电器的日常检修；
（5）能分析并处理机械式继电器的常见故障。

## 【学习任务】

在机车电器实训室进行风压继电器、风道继电器和油流继电器的检修，通过对机械式继电器的检修，进一步认知机械式继电器的结构组成和工作原理，写出总结报告。

## 【环境设备】

主要设备和工具：油盘、毛刷、钳工常用工具、内径百分表。
主要材料：棉丝、白绸布、汽油、润滑脂。

## 【操作指导】

### 1．风压继电器

（1）解体：
① 拆下外罩。
② 用螺丝刀和扳手拆下微动开关。
③ 用扳手拧下顶板机构螺丝，拆下顶板机构。
④ 用扳手拆下微动开关支架。
⑤ 按下定位键，拧下调压齿轮。
⑥ 取出调压弹簧，测量弹簧自由高度符合限度要求。
⑦ 取出定位键。
⑧ 拆下底板螺丝，取下底板。
⑨ 取下底座、膜板、活塞。

（2）清洗、检查、修理：
① 用汽油清洗零部件（橡胶件除外），用 0.2～0.3 MPa 干燥压缩空气吹干，用白绸布擦净。
② 更新微动开关。
③ 更新膜板、橡胶件。

④ 检查外罩无裂损、变形。
⑤ 顶板机构各部无裂损、变形,弹簧作用良好。
⑥ 定位键无裂损,作用良好。
⑦ 检查调压齿轮、调压弹簧无裂损,齿轮螺纹完好。
⑧ 检查底座、活塞体无变形、裂损。
(3)组装:在定位弹簧、调压弹簧、膜板上均匀涂一层美孚脂,按解体相反顺序组装。
(4)试验:
① 按继电器整定值调整压力。
② 活塞动作灵活,无卡滞。
③ 用万用表测量微动开关联锁触头通断状态。

2. 风道继电器

(1)用螺丝刀打开护板及后密封盖。
(2)清扫、检修:
① 用汽油、棉丝、毛刷清洗表面污垢。
② 外观检查壳体、护板及后盖不许有裂损及变形。铭牌完好清晰。
③ 检查动、静触头接触应正常。膜片不许有裂损及变形。反力弹簧不许有歪斜、疲劳现象。各触头不许有烧痕,接线端子良好,接线正确。
(3)组装:按动膜片,用万用表测量继电器常开联锁通断情况,要求开闭正确,接触良好。将后盖及护板固定于继电器壳体上,要求紧固良好。
(4)试验:
① 绝缘电阻的测量:用 500 V 兆欧表测量导电部分对地绝缘电阻值应大于 2 MΩ。
② 性能试验:将继电器装在试验台上,调节风压,达到继电器整定值。
要求:继电器闭合、断开状态良好,动作灵活,不许有卡滞现象。

3. 油流继电器

(1)解体:
① 外观检查器体无裂损、变形及漏油。
② 卸下接线盒盖,拆下接线柱的外接线。
③ 卸下油流指示器的玻璃外盖,取下指针,拿下刻度盘。
(2)检修:
① 检查胶木座无裂损,接线柱无松动、断裂。
② 用手试动触片弹力,弹力合适,否则更换触片。
③ 检查动、静触头应紧固,无松动。
④ 检查叶片无裂损变形,压装紧固。
⑤ 拨动叶片,用万用表检查动、静触头作用良好可靠。
⑥ 将体内、刻度盘盒指示针擦拭干净,刻度盘清晰。
(3)组装:
① 将刻度盘按原位置装好。

② 压装指针，并使指针指零，指针压装牢固可靠。
③ 装上指示器玻璃外盖。
（4）试验：
① 拨动叶片，检查油流指示器指针转动灵活可靠，无卡滞现象。指针指示正确。
② 用 500 V 兆欧表检查接线柱对地及相互间绝缘电阻应不小于 5 MΩ。
③ 装车后，无漏油，作用符合要求。

4. 安全注意事项

（1）工作认真，细致；严格按要求检验每一项。
（2）工具和各部件不能乱丢乱放；不能损伤配件。
（3）按操作规程文明作业，保证人身安全和设备安全。
（4）汽油等易燃品应存放好，使用汽油清洗部件时，严禁使用明火并注意室内通风。
（5）使用电源插头及插座必须完整，不得用线头直接插入插座孔内。

【思考与练习】

1. 机车控制监视系统（TCMS）的核心任务是什么？
2. 简述机车控制监视系统（TCMS）的组成。
3. 机车的控制电路主要完成哪些功能？
4. 微机显示屏主显示画面主要显示哪些内容？
5. 微机显示屏主变流器状态画面显示哪些内容？
6. 微机显示屏故障履历画面显示故障的哪些方面？
7. 试述 $HXD_3$ 型电力机车 DC 110 V 电源装置工作原理。
8. $HXD_3$ 型电力机车升弓前应做哪些准备工作？
9. 正常情况主断路器闭合的条件有哪些？
10. 简述压缩机控制的操作。
11. 简述 $HXD_3$ 型电力机车半自动过分相时的操作。
12. HXD3 型电力机车过分相有哪几种方式？
13. 试述 $HXD_3$ 型电力机车定速控制操作方法和定速控制过程。
14. $HXD_3$ 型电力机车辅助变流器发生故障时，微机系统如何进行故障切换？
15. $HXD_3$ 型电力机车主变流器发生故障时如何进行隔离操作？
16. $HXD_3$ 型电力机车辅助变流器发生故障时如何进行隔离操作？
17. $HXD_3$ 型电力机车司机控制器控制手柄如何操作？
18. $HXD_3$ 型电力机车司机控制器换向手柄如何操作？
19. 简述 S640U-B 型司机控制器主手柄与换向手柄的联锁关系。
20. 叙述 S640U-B 型司机控制器的维护流程。
21. 简述蓄电池组的作用及工作原理。
22. $HXD_3$ 型电力机车主断路器合闸时应如何操作？
23. 简述 $HXD_3$ 型电力机车受电弓故障的运行办法。
24. $HXD_3$ 型电力机车动车前，需确认哪几项？

25. 扳键开关组的用途是什么？
26. 简述自动过分相装置的组成及工作原理。
27. 主断路器控制器的用途是什么？
28. 简述自动开关的基本结构。
29. 简述自动开关的工作原理。
30. 简述继电器的基本组成和工作原理。
31. 继电器有哪些分类？
32. 画图并说明继电器的继电特性。
33. 继电器有哪些基本参数？
34. 叙述电磁继电器的基本组成和工作原理。
35. 叙述风道继电器的基本组成和工作原理。
36. 叙述风压继电器的基本组成和工作原理。
37. 叙述油流继电器的基本组成和工作原理。
38. $HXD_3$型电力机车上有哪些电磁继电器？
39. $HXD_3$型电力机车上有哪些风压继电器？
40. 简述$HXD_3$型电力机车上压力开关的作用及动作值。

# 项目七　HXD 型电力机车电气试验及常见故障判断与处理

## 【项目描述】

本项目主要进行 $HXD_{1C}$、$HXD_3$ 型电力机车的高、低压试验。通过试验操作掌握 HXD 型电力机车电气试验步骤和试验方法,并能通过试验发现、查找、判断和处理 HXD 型电力机车电气故障。

## 【教学目标】

1. 知识目标

(1) 掌握 $HXD_{1C}$ 型电力机车的低压试验程序;

(2) 掌握 $HXD_3$ 型电力机车的低压试验程序;

(3) 掌握 $HXD_{1C}$ 型电力机车的高压试验程序;

(4) 掌握 $HXD_3$ 型电力机车的高压试验程序;

(5) 熟悉 $HXD_{1C}$、$HXD_3$ 型电力机车控制电器柜设备布置;

(6) 熟悉 $HXD_{1C}$、$HXD_3$ 型电力机车主变流柜设备布置;

(7) 熟悉 $HXD_{1C}$、$HXD_3$ 型电力机车电气线路与风路走向,各机械、电气部件的结构、作用及相互联系。

2. 能力目标

(1) 能熟练操作 $HXD_{1C}$ 型电力机车,进行高低压试验;

(2) 能熟练操作 $HXD_3$ 型电力机车,进行高低压试验;

(3) 能熟练操作各故障转换开关,熟练运用故障应急处理方法对试验中出现的常见故障安全、准确、快速地予以处理。

## 任务一　$HXD_{1C}$ 型电力机车低压试验

## 【教学目标】

1. 知识目标

(1) 掌握 $HXD_{1C}$ 型电力机车的低压试验程序;

（2）熟悉 $HXD_{1C}$ 型电力机车控制电器柜设备布置，掌握电器屏柜及相关电器的布置位置；

（3）熟悉 $HXD_{1C}$ 型电力机车电气线路、低压电器及联锁接点的设置结构和具体作用；

（4）掌握 $HXD_{1C}$ 型电力机车常见电气故障的现象和显示信息；

（5）掌握 $HXD_{1C}$ 型电力机车常见电气故障分析、判断和处理办法。

2．能力目标

（1）能熟练操作 $HXD_{1C}$ 型电力机车或模拟驾驶装置，进行低压试验，并能判断每步试验结果的正确与错误；

（2）能说出 $HXD_{1C}$ 型电力机车控制电器柜的设备布置、柜内电器的安装位置、各低压电器及其联锁接点的设置结构和具体作用；

（3）能熟练操作各故障转换开关，熟练运用故障应急处理方法对试验中出现的常见故障安全、准确、快速地予以处理。

## 【环境设备】

设备、工具：十字头、扁头螺丝刀，手电筒，试灯，万用表，500 V 兆欧表，短接线，绝缘胶布，绝缘垫片，尖嘴钳，卡丝钳。

资料：$HXD_{1C}$ 型电力机车控制电器柜布置图，司机操纵台布置图及显示屏信息内容，$HXD_{1C}$ 型电力机车电路图。

## 【操作指导】

低压试验前应对机车上安装的各种电气部件或组件以及电气线路做一次一般性整备检查，并对某些电气和机械设备做必要的操作。

进行低压试验的人员必须熟悉机车的电气线路和各部件的位置及其作用。在整个低压试验过程中，参加试验的人员应精力集中、密切配合，使整个试验的过程尽量缩短，以便使机车尽早投入运用。

## 一、准备工作

（1）确认机车车顶门、变流柜锁闭良好，高压隔离开关在"合"位且锁闭良好，高压接地开关在"运行"位（四把黄色钥匙插入）、蓝色钥匙插入制动控制柜锁孔，开通受电弓风路（蓝色钥匙呈垂直状态）。

（2）确认各风路塞门在正常工作位置。

（3）确认低压电器柜、控制电源柜上的自动开关均在闭合位置。

（4）确认总风缸风压不低于 750 kPa；机车控制电路电压不低于 90 V。

（5）实施停放制动。

（6）确认司机室各控制器均在"0"位并打开机械室门。

（7）检查复合冷却器水位、油位正常与否。

（8）闭合蓄电池开关。确认电压大于 77 V，（如低于 77 V，2 min 后机车锁定）机车开始内部自检，可听到电器的动作声，大约 60 s 完成。在此过程中，计算机系统对全车控制网络进行检测，应禁止其他操作，防止人为误动作而使检测系统进入保护程序。

## 二、试验顺序及要求

### 1. 微机显示屏试验

（1）微机显示屏主界面显示正常。
（2）进入微机显示屏"网络"界面，确认所有设备通信正常（绿色）。
（3）进入"辅助系统"界面，所有自动开关均在闭合状态（标识均为绿色）。
（4）进入"现存故障"界面，无任何故障显示。
（5）返回主界面。

### 2. 停放装置试验

（1）按下"停放缓解"按钮，确认停放制动按钮红灯灭，微机显示屏停放装置框中"停放缓解"标识出现。
（2）按下"停放制动"按钮，确认停放制动按钮红灯亮，微机显示屏停放装置框中"停放缓解"标识消失。

### 3. 机车照明试验

依次闭合仪表、司机室、走廊、前照灯、辅照灯、标志等照明灯开关，检查各照明灯照明良好、逻辑控制关系正确。

### 4. 辅助设备试验

（1）检查刮雨器工作状态良好，功能与控制开关指示位置相符合。
（2）按下风笛按钮或踩下低音风笛开关，听鸣笛声音正常；看运记显示屏鸣笛记录标识出现。

### 5. 机车电钥匙试验

（1）机车电钥匙置"合"位。
（2）进入微机显示屏"主要数据"界面，确认操纵端司机室Ⅰ（Ⅱ）占用。
（3）将大闸置"抑制"位 1 s 后回"运转"位，小闸置"全制"位。观察制动显示屏"动力切除"消除，制动显示屏均衡风缸、列车管风压显示 600（500）kPa、机车制动缸风压显示 300 kPa。

### 6. 换向手柄试验

（1）换向手柄置"向后"位，确认微机显示屏主界面方向框显示"向后标识"（箭头向右）。
（2）换向手柄置"0"位，确认微机显示屏主界面方向框显示"0 位标识"（箭头指向左、右）。
（3）换向手柄置"向前"位，确认微机显示屏主界面方向框显示"向前标识"（箭头向左）。

#### 7. 调速手柄试验

（1）缓解停放制动。
（2）调速手柄离开"0"位，进入牵引区最小位。
① 确认微机显示屏牵引电机输出框显示"允许输出"标识（绿底色，黄牵引电机图形）；
② 确认微机显示屏牵引/制动给定值指示箭头内显示的绿底色+图形。
（3）缓慢将调速手柄由"0"位阶段推向"牵引"区最大位。
① 确认微机显示屏机车"设定速度"由 0 阶段升至 120 km/h；
② 确认微机显示屏两转向架"给定牵引力输出百分比"阶段升至 90%以上；
③ 20 s 后，微机显示屏两转向架"给定牵引力输出百分比"逐渐降低到 0。
（4）调速手柄由"牵引"区最大位回到"0"位。
① 确认微机显示屏机车"设定速度"降低到 0；
② 确认微机显示屏牵引电机输出框显示"禁止输出"标识（黑底色打红斜线的黄牵引电机图形）；
③ 确认牵引/制动给定值指示箭头内显示底色变为灰色。
（5）调速手柄由"0"位移至"制动"区。
① 确认牵引电机输出框显示"允许输出"标识（绿底色黄牵引电机图形）；
② 牵引/制动给定值指示箭头内显示红底色+图形；
③ 牵引/制动力输出值（数字）变为红色。
（6）调速手柄退回"0"位。

#### 8. 撒砂试验

分别将换向手柄置"前"、"后"位，脚踩撒砂开关，确认撒砂装置作用良好。

#### 9. 警惕装置试验

（1）按下警惕按钮或踩下警惕开关 60 s 后：
① 听蜂鸣器响；
② 看微机显示屏故障信息显示区提示"警惕装置部件未操作或持续操作"；
③ 10 s 后，机车产生惩罚制动，蜂鸣器声响停止，提示消失。
（2）大闸手柄移至"抑制"位 1 s 再回"运转"位，消除惩罚制动。
低压试验完毕，确认机车制动、司机控制器、机车电钥匙置"0"位。

# 任务二　HXD$_{1C}$型电力机车高压试验

## 【教学目标】

#### 1. 知识目标

（1）掌握 HXD$_{1C}$ 型电力机车的高压试验程序；
（2）熟悉 HXD$_{1C}$ 型电力机车主变流柜设备布置，掌握相关电器的布置位置；

（3）掌握 $HXD_{1C}$ 型电力机车常见电气故障的现象和显示信息；

（4）掌握 $HXD_{1C}$ 型电力机车常见电气故障分析、判断和处理办法。

2. 能力目标

（1）能熟练操作 $HXD_{1C}$ 型电力机车或模拟驾驶装置，进行高压试验，并能判断每步试验结果的正确与错误；

（2）能说出 $HXD_{1C}$ 型电力机车主变流柜的设备布置、柜内电器的安装位置、各高压电器及其联锁接点的设置结构和具体作用；

（3）会根据故障现象和显示信息，采取简捷、正确的方法检查出电气线路或电器故障并进行处理。

## 【环境设备】

设备、工具：十字头、扁头螺丝刀、手电筒、试灯、万用表、500 V 兆欧表、短接线、绝缘胶布、绝缘垫片、尖嘴钳、卡丝钳。

资料：$HXD_{1C}$ 型电力机车主变流柜布置图，司机操纵台布置图及显示屏信息内容，$HXD_{1C}$ 型电力机车电气线路图。

## 【操作指导】

机车高压试验主要是指机车在工频 25 kV 接触网压下进行的升弓试验。高压试验是在完成了低压试验的基础上进行的，其主要目的是检查某些在低压试验中无法检查的线路及电气部件，观察仪表的显示情况，检查牵引电机和各辅助机组转向是否正确、工作是否正常，并进行牵引和制动试验。高压试验做完以后才能进行试运行或投入运用。

## 一、准备工作

（1）检查确认走行部各部件正常，防溜设置正确，安全防护符合高压试验要求。

（2）所有维修、检查工作已经完成；没有工具、更换的零部件遗留在工作区域。

（3）确认总风缸风压不低于 700 kPa、机车制动缸风压不低于 300 kPa，机车已实施停放制动。

（4）确认机车各闸刀、试验开关、故障转换开关、风路塞门、车顶门、各屏柜门均在正常位。

（5）空气管路柜内 B01.U99 上无钥匙。

（6）确认操纵端司机控制器手柄在"0"位、机车电钥匙在"0"位。

（7）确认控制电路电压不低于 90 V。

（8）检查复合冷却器水位、油位正常。

（9）机车电钥匙、方向手柄、接地开关的钥匙要求齐全到位。

（10）低压试验已经完成。

## 二、试验顺序及要求

### 1. 升降弓试验

（1）后弓试验：

高声呼唤"X 道 XXX 机车升弓了"并鸣笛一长声，将受电弓扳键开关置"升"位后松手。

① 听升弓电磁阀得电充风声；
② 观察后受电弓上升正常，无冲网现象，升弓时间不得大于 5.4 s（从弓头动作时起）；
③ 确认网压表及微机显示屏网压显示正常；
④ 微机显示屏主界面受电弓框显示后受电弓升起标识。

将受电弓扳键开关置"降"位后松手。

① 观察受电弓下降正常，无砸车顶现象，降弓时间不得大于 4 s（从弓头动作时起）；
② 确认网压表及微机显示屏显示网压低于 5 kV；
③ 微机显示屏主界面受电弓框显示后受电弓降下标识。

（2）前弓试验：

在 I 端司机室操纵时，将受电弓模式开关置"弓 1"位；在 II 端司机室操纵时，将受电弓模式开关置"弓 2"位。

试验内容同后弓试验。

（3）受电弓模式开关置"自动"位，升起后弓。

### 2. 主断路器试验

（1）将主断路器扳键开关置"合"位松手：

① 听主断路器闭合声；
② 看微机显示屏主断框显示主断路器闭合标识；
③ 听辅变流器 2 起动后，水泵、油泵投入工作声及牵引风机、冷却风机变频启动声；
④ 进入微机显示屏"辅助系统"界面，看辅变流器 2 输出频率 60 Hz、电压 430 V 左右；辅变流器 1 输出频率、电压逐渐增加至 60 Hz、430 V 左右。约 15 s 后，辅变流器 1 输出电压、频率均逐渐降低至 0。
⑤ 观察控制电路电压表，看控制电路电压显示 103 V 以上。

（2）将主断路器扳键开关置"分"位：

① 听主断路器断开声及辅变流器及辅机均停止工作；
② 看微机显示屏主断框显示主断路器断开标识。

（3）主断路器扳键开关置"合"位后松手。

### 3. 压缩机试验

（1）将压缩机扳键开关置"合"位：

总风风压低于 680 kPa 时：

① 听空气压缩机 1、2 同时启动；

② 进入微机显示屏"辅助系统"界面,看压缩机 1 接触器 34-K23、压缩机 2 接触器 34-K23 闭合;

③ 当总风缸风压升至 900 kPa 时,压缩机 1、2 同时停止工作。

总风缸风压高于 680 kPa 但又低于 750 kPa 时:

① 听非操纵端压缩机投入工作;

② 当总风缸风压达到 900 kPa 时自动停止工作。

(2)将压缩机扳键开关置"强泵风"位不松手:

① 看压缩机 1、2 均投入工作,总风缸风压升至 950 kPa 时听高压安全阀喷气声;

② 松开压缩机扳键开关,压缩机均停止工作。

注意事项:

为了保证压缩机的正常启动,在设计上要求压缩机停止工作后,必须等待 20 s 后其压缩机接触器才能闭合。故压缩机停止工作 20 s 后,才能使其重新投入工作。

### 4. 换向手柄"向前"位试验

(1)换向手柄置"向前"位:

① 听辅助变流器 1 变频启动后,牵引及冷却风机也随之变频启动;

② 进入微机显示屏"辅助系统"界面,看辅助变流器 1 输出频率逐渐升至 60 Hz、电压升至 430 V 左右。约 15 s 后,辅助变流器 1 输出频率逐渐降至 20 Hz、电压降至 160 V 左右。

(2)换向手柄回"0"位:听各牵引、冷却风机转速逐渐降低停止工作,确认辅助变流器 1 输出频率逐渐降到 0。

(3)换向手柄置"向前"位。

### 5. 牵引试验

(1)按下"停放缓解"按钮,看停放制动按钮红灯灭、微机显示屏停放装置框停放缓解标识出现。

(2)确认机车空气制动 300 kPa,调速手柄置"牵引区",设定速度增加到 10 km/h 时确认机车牵引力输出值逐渐增加至 40 kN 左右。

(3)调速手柄退回"0"位,看微机显示屏机车牵引力输出值变为 0、设定速度显示"0"。

### 6. 连挂试验

(1)换向手柄置"向前"位,微机显示屏"连挂"按钮(软键)弹出。

(2)按压"连挂"按钮(软键),微机显示屏故障信息显示区显示"连挂模式"。

(3)调速手柄置牵引区:

① 牵引电机输出框显示允许输出标识(绿底色,黄牵引电机图形);

② 设定速度显示 1~3 km/h(在列车参数界面人为进行设定);

③ 机车有牵引力输出。

(4)调速手柄回"0"位:确认机车牵引力及设定速度回 0、牵引电机输出框显示禁止输出标识(打红斜线的黄色牵引电机图形)。

(5)换向手柄回"0"位,微机显示屏"连挂模式"显示消失,连挂模式结束。

### 7. 自动换端试验

（1）司机控制器手柄回"0"位，机车制动后，按下"自动换端"按钮。
① 自动换端按钮白灯亮；
② 微机显示屏提示"停车换端有效"；
③ 看受电弓双弓升起。
（2）拔出机车电钥匙，确认机车产生惩罚制动。
（3）机车电钥匙置"合"位：
① 自动换端按钮白灯灭；
② 微机显示屏提示"停车换端结束"。
③ 确认操纵端受电弓降下，自动换端结束。
注：若受电弓模式开关在"弓1"或"弓2"位，自动换端时，受电弓状态不发生变化。

# 任务三　HXD$_{1C}$型电力机车常见故障判断与处理

## 【教学目标】

1. 知识目标
（1）掌握 HXD$_{1C}$ 型电力机车常见电气故障的现象和显示信息；
（2）掌握 HXD$_{1C}$ 型电力机车常见电气故障分析、判断和处理办法。
2. 能力目标
会根据故障现象和显示信息，采取简捷、正确的方法检查出电气线路或电器故障并进行处理。

## 【相关知识】

机车应急故障处理应遵循的原则：
（1）运行途中机车出现故障时，司机应沉着冷静，首先根据微机、制动、列车运行监控记录装置显示屏的显（提）示，列车运行状态及随乘（学习）司机的检查汇报，大致区分、判定机车故障的严重程度，立即采取断电、降弓、停车、调速手柄回"0"位，换向手柄回"0"位等不同措施后再做后续处理。如：
① 发生弓网事故、机车火灾，应首先采取断电、降弓、立即停车、调速手柄回"0"位、取出机车电钥匙的措施。
② 需要进行高压隔离开关转换时，应首先采取断电、降弓、调速手柄回"0"位的措施，再拔出制动控制柜蓝色钥匙，插入高压接地开关蓝色锁孔，将高压接地开关置"接地"位后，再拔出黄色钥匙，用其打开高压隔离开关锁闭器，才能进行转换。
（2）故障处理过程中遇到下列情况可能会使机车产生惩罚制动：
① 机车电钥匙回"0"位；
② 同时断开低压电器柜"VCM1 电源"、"VCM2 电源"自动开关 22-F101、22-F102；

③ 断开低压电器柜Ⅰ端司机室 I/O 自动开关 24-F103；

④ 断开低压电器柜Ⅱ端司机室 I/O 自动开关 24-F105；

⑤ 断开低压电器柜机械室 I/O 自动开关 24-F107；

⑥ 断开低压电器柜"CCBⅡMIPM 电源"自动开关 28-F131；

⑦ 断开低压电器柜"CCBⅡEPCU 电源"自动开关 28-F132；

⑧ 断开控制电源柜"控制电源输出"自动开关 32-F02；

⑨ 断开控制电源柜"蓄电池"自动开关 32-F03。

（3）运行途中，机车出现微机控制、机车保护、制动控制等方面故障，按常规处理办法处理后，若故障仍无法消除，可在降弓、断电情况下，断开机车控制电源柜"控制电源输出"自动开关，60 s 后再闭合（即大复位方法）。以使机车保护恢复、微机复位、重新起动而消除故障。

（4）运行途中，处理机车故障需要断开控制电源柜"控制电源输出"自动开关前，司机一定要考虑到该操作一定会导致列车停车；且恢复运行前，还需对"运记"进行重新设定，并需根据牵引重量、线路纵断面、天气综合考虑其对列车再起动时的影响。慎重选择断开控制电源柜"控制电源输出"自动开关的时机，最好将故障机车维持运行到站内，再进行此项操作。

（5）运行途中，机车发生故障，司机应根据线路纵断面、牵引重量，选择合理的处理时机及方法，尽可能维持运行，例如一台受电弓故障，可换升另一台受电弓维持运行。

（6）运行途中，机车发生的故障，若难以处理或处理后也难以维持运行时，应尽量维持到前方站，若确实无法维持运行时，应及时请求救援。

【环境设备】

设备、工具：十字头、扁头螺丝刀、手电筒、试灯、万用表、500 V 兆欧表、短接线、绝缘胶布、绝缘垫片、尖嘴钳、卡丝钳。

资料：$HXD_{1C}$ 型电力机车主变流柜布置图，司机操纵台布置图及显示屏信息内容，$HXD_{1C}$ 型电力机车电气线路图。

【操作指导】

1. 受电弓升不起来（自动降下）时的处理

进入微机显示屏"受电弓状态"界面，找出受电弓升不起来（自动降弓）的原因（底色变白条目）再对症进行处理。

（1）若"高压隔离开关同时打开"底色变白，则检查高压隔离开关位置，至少使一端高压隔离开关处于"合"位。

（2）若"主断/受电弓自动开关断开"底色变白，则到低压电器柜检查，活动"主断/受电弓"自动开关＝21-F114，使其处在闭合位。

（3）若"控制风缸风压不足"底色变白，检查控制风缸塞门在开放位、控制风缸排水塞门在关闭位，消除控制风缸风压低的原因。

（4）若"辅助压缩机自动开关断开（风压不足）"底色变白，则到低压电器柜检查、活动辅助压缩机自动开关＝21-F157，使其处在闭合位。

（5）若"辅助压缩机故障（风压不足）"底色变白，检查、消除辅助压缩机故障或设法提高控制风路风压后再升弓。

（6）若"紧急按钮按下"底色变白，检查、恢复两端司机室紧急按钮至"运行"位。

（7）若"机车模式开关不在正常位或检测到外部供电"底色变白，检查低压电器柜，恢复机车模式开关＝21-S54在"正常"位。

（8）若"受电弓升起15分钟后，未检测到网压或主断未闭合"底色变白，其说明受电弓自动降下原因。应待接触网送电后再升弓或升弓后及时闭合主断路器即可。

（9）若"TCU自动开关同时断开"底色变白，查找、消除引起TCU1电源、TCU2电源自动开关同时断开的原因，至少恢复一个TCU电源自动开关在"闭合"位。

（10）若"顺序控制降弓"底色变白，说明虽未直接发出降弓指令，但在执行某一控制指令时，必须在降弓情况下才能进行，故微机自动进行了降弓，一般情况下，机车电钥匙重新置"合"位即可消除。

（11）若"CCU与TCU通信故障"底色变白，则恢复与其相关的自动开关，待CCU与TCU通信故障消除，进行复位操作即可。

（12）若"列车未占用"底色变白，闭合操纵端机车电钥匙后即可消除。

（13）若"受电弓隔离塞门关闭"底色变白，检查、确认受电弓隔离塞门开放位（蓝色钥匙处于垂直状态）。

（14）若"降弓指令"底色变白，则需检查、消除存在的所有降弓指令。

（15）若"受电弓1升弓故障"底色变白，应将低压电器柜受电弓模式开关置"弓2"位，切除Ⅰ端受电弓即可。

（16）若"受电弓2升弓故障"底色变白，应将低压电器柜受电弓模式开关置"弓1"位，切除Ⅱ端受电弓即可。

（17）若"主断卡合"底色变白，确认控制电器柜主断路器风路塞门在开放状态后，断开控制电源柜"控制电源输出"自动开关20 s再闭合。

（18）若"蓄电池电压低于77 V"底色变白，检查、消除引起蓄电池电压低的原因，使控制电路电压高于77 V。

（19）若"TCU保护性降弓"底色变白，则同时断开低压电器柜"TCU1电源"、"TCU2电源"自动开关，20 s再闭合后，再进行复位操作。

### 2. 运行途中，机车受电弓自动降落时的处理

运行途中，遇机车受电弓自动降落后，应首先甄别降落原因，再对症进行处理：

（1）自动降弓装置动作时，司机应立即采取停车措施，并确认故障发生地点，随乘司机确认接触网有无异常。停车后，对受电弓进行详细检查，未刮弓时，换弓运行。

运行途中，机车受电弓被刮坏（刮弓）时，应立即停车，司机在采取停车措施的同时通过运记监控装置锁定故障发生的地点，停车后，及时对弓网进行检查：

① 未造成车顶接地时，应注意观察受电弓被刮坏的程度，在保证运行中不会造成接地的情况下，换弓维持运行。

② 造成接地或运行中可能会造成接地时，应尽量利用高压隔离开关，将车顶接地点（或可能接地点）甩开，维持运行。

③ 若刮弓严重，不能排除再运行时会出现顶电网或受电弓掉落的情况时，应按"运行途中，需要登上车顶处理故障的安全注意事项"的规定登上车顶进行处理，尽量维持运行到前方站或退回至后方站，确实无法运行时，应及时请求救援。

④ 检查处理时，应注意收集造成受电弓被刮坏的物证。

⑤ 及时向列车调度员或车站值班员进行汇报。若使用一切通信工具均不能完整汇报时，半自动闭塞区段可运行到前方站应压标停车向列车调度员或车站值班员进行汇报。

⑥ 为了保证刮弓不被误判，途中遇自动降弓装置动作应立即停车。

（处理弓网事故要点：立即停车、完整汇报、处理彻底、确保安全。）

（2）受电弓电空阀烧损造成受电弓自动降落后，应切除该台受电弓，换升另一台受电弓维持运行。

（3）低压电器柜自动开关断开造成受电弓自动降落时，在查明断开原因并作相应处理后，将其恢复至闭合位继续运行。

（4）进入微机显示屏"受电弓状态"界面，根据其提示对症进行处理。

### 3. 主断路器不闭合或自动断开时的处理

进入微机显示屏"主断状态"界面，查出造成主断路器不闭合或自动断开的原因（底色变白条目）后，再对症进行处理。

（1）若"主断/受电弓自动开关断开"底色变白，则到低压电器柜检查，活动主断/受电弓自动开关＝21-F114，使其处在闭合位。

（2）若"控制风缸风压不足"底色变白，则检查控制风缸塞门在开放位、控制风缸排水塞门在关闭位，消除控制风缸风压低的原因。

（3）若"紧急按钮按下"底色变白，则检查、恢复两端司机室紧急按钮至"运行"位。

（4）若"受电弓塞门关闭"底色变白，则到制动控制柜检查受电弓隔离塞门，确保其在开放位。

（5）若"过分相"底色变白，则在低压电器柜右侧面的自动过分相处理器上，将过分相故障钮子开关置"故障"位，切除自动过分相装置维持运行。

（6）若"原边电压过压"底色变白，应立即查看接触网网压，若接触网网压过高时，则等待网压恢复正常后再闭合主断路器。

（7）若"原边电压欠压"底色变白，应立即查看接触网网压，若接触网网压过低时，则等待网压恢复正常后再闭合主断路器。

（8）若"变压器油温过高"底色变白，消除变压器油温高的原因，待变压器油温降低后再闭合主断路器。

（9）若"变压器油温过低"底色变白，设法提高变压器油温，待变压器油温提高后再闭合主断路器。

（10）若"主断闭合/断开故障"底色变白，在消除主断路器故障后，进行复位操作。

（11）若"主变流器水位保护"底色变白，切除对应的主变流柜后，进行复位操作。

（12）若"机车模式开关不在正常位或检测到外部供电"底色变白，到低压电器柜检查，恢复机车模式开关=21-S54在"正常"位。

（13）若"顺序控制分主断"底色变白，说明虽未直接发出分主断路器的指令，但在执行其他控制指令时，其必须在断电情况下才能进行，故微机自动进行了分主断路器，进行复位操作即可。

（14）若"转向架/电机隔离"底色变白，则同时断开低压电器柜"TCU1电源"、"TCU2电源"自动开关，20 s后重新闭合，再进行复位操作。

（15）若"保护性降弓分主断"底色变白，其说明主断路器断开的原因，在检查、消除故障后，进行微机复位操作。

（16）若"分主断指令"底色变白，在消除分主断路器指令后，进行微机复位操作即可。

（17）若"辅变切换分主断"底色变白，说明主断路器是因辅变流器切换而断开的，进行复位操作即可。

（18）若"蓄电池电压低于88 V"底色变白，应检查蓄电池及控制回路，消除引起蓄电池电压低的原因，待蓄电池电压高于88 V，及时闭合主断路器，向蓄电池充电。

（19）若"受电弓未升起"底色变白，待升起受电弓后，再进行闭合主断路器操作。

（20）若"司机控制器不在'0'位"底色变白，则检查、确认司机控制器调速手柄在"0"位。

（21）若"两个油路均故障"底色变白，则检查、处理变压器油流回路故障，最少使一个油流回路恢复正常工作。

（22）若"TCU1、TCU2被隔离"底色变白，则检查、处理主变流及其控制单元故障，最少保证有一变流器正常投入工作。

（23）若"VCM主、从切换分主断"底色变白，说明主断路器是因VCM主、从切换断开的，进行复位操作即可。

IDU无故障显示时应先降弓（不需要停车），同时脱下TCU1和TCU2脱扣。20 s以上——恢复TCU1和TCU2脱扣——按压微机复位一次——升弓——确认IDU主断路器图标是否变绿；如变绿可闭合主断运行。未变绿时，应先停车、降弓——同时脱下VCM1和VCM2脱扣，20S以上——恢复VCM1和VCM2脱扣——按压微机复位一次——升弓——确认IDU主断路器图标是否变绿；如变绿可闭合主断运行。未变绿时，降弓——进行大复位。

### 4. 运行途中，某台牵引电机无扭矩输出时的处理

（1）某台牵引电机无扭矩输出，而其他牵引电机扭矩输出正常时，可维持运行到前方停车站或回段后再进行处理。

（2）若某台牵引电机故障，引起主断路器断开时，可利用其对应的牵引电机隔离开关将故障牵引电机切除后维持运行。

（3）若切除该牵引电机即无法维持运行时，应尽量运行到前方停车站后进行处理：
① 检查、恢复该台牵引电机对应的牵引风机自动开关至"闭合"位。
② 进入"现存故障"界面，按其提示对症处理。
③ 无明确故障处理方法时：
a. 司机控制器调速手柄回"0"、断开再闭合其对应的"TCU电源"自动开关（牵引电机

1、2、3对应TCU1；牵引电机4、5、6对应TCU2）后，按压一次"复位"按钮。

b. 在停车状态下断开再闭合控制电源柜"控制电源输出"自动开关，使微机复位，消除故障恢复运行。若故障不能消除，应及时请求救援。

### 5. 运行途中，机车发生空转时的处理

运行途中，列车在满负荷抢速及轮轨间黏着变差的情况下，机车发生空转（可感到机车轻微抖动，进入"牵引数据"界面，可见各轴实际牵引力输出柱状图上下波动）时，司机不要随意降低给定的设定速度，而应采取脚踩撒砂开关，进行人工补砂的措施，以改善轮轨间的黏着状态，及时制止空转。当机车再次进入曲线、钢轨表面有水、霜等影响黏着地段前，司机应提前进行人工撒砂，以改善轮轨间的黏着条件，进而减少、防止"空转"现象的发生。

若列车运行中，机车明显抖动（进入"牵引数据"界面，可见各轴实际牵引力输出柱状图剧烈波动），运记显示屏列车运行曲线呈齿状时，司机应立即执行消除空转的措施（撒砂、降低调速手柄级位），若措施实施后，大空转仍不能有效抑制、明显感觉表显速度（速度表显示速度）大于列车实际速度时，司机应果断采取降低设定速度（可以到0位）的措施，待空转停止、表显速度与列车实际运行速度相符后，再提高设定速度恢复牵引运行。

注：$HXD_{1C}$机车与其他机车不同，决不能采用机车空气制动（推小闸）的方法制止空转，否则，会使整个机车无扭矩输出。

### 6. 运行途中，压缩机三相自动开关断开时的处理

运行途中，微机显示屏故障信息显示区显示"！三相开关"，进入"现存故障"界面，提示某一压缩机三相自动开关断开时，按以下方法进行处理：

（1）机车正在牵引或电制动（带载）运行，可利用压缩机扳键开关"强泵风"位，通过另一压缩机泵风维持运行。

（2）机车正在惰行或在车站停车时，则按以下方法进行处理：

① 司机控制器手柄回"0"位，断开主断路器。

② 根据微机显示屏提示，恢复断开的压缩机自动开关后，再闭合主断路器，进行压缩机工作试验，若压缩机工作正常，则恢复正常运行；若压缩机自动开关随即断开，则不再进行处理，利用另一台压缩机维持运行，回段报修。

（3）切除一台压缩机后，全车压缩机的泵风速度将减小一半，故运行中，应随时注意观察总风缸风压，并使其保持在 800 kPa 以上。缓解列车制动前，应将压缩机扳键开关置"强泵风"位提前泵风，以保证缓解用风的需要。对站停列车，可向车站申明，由车站提前通知开车准备，以保证出站信号机开放后，及时将列车开出。

### 7. 运行途中，主电路接地时的处理

运行途中，主断路器断开，微机显示屏提示"原边接地""TCU1 主回路接地""TCU2 主回路接地"时，机车乘务员应立即将司机控制器手柄回"0"位，按压司机台"复位"按钮进行复位操作后，重新闭合主断路器，进行牵引、电制动操作。若故障消除或微机控制系统自动将接地主变流柜隔离时，即恢复或维持运行；若故障仍然存在，则按以下方法进行处理：

（1）若微机显示屏提示"TCU1（2）主回路接地"时，司机控制器调速手柄回"0"位，断开低压电器柜"TCU1（2）电源"自动开关，按压三次"复位"按钮，隔离主变流柜1（2），利用主变流柜2（1）维持运行。

（2）经以上处理，故障仍无法消除时，应尽量维持进站，请求救援。若确无法维持运行到车站时，在逼迫停车后，立即请求救援。

**8. 运行途中，主断路器断开，微机显示屏"主断状态"提示"原边电压欠压"时的处理**

运行途中，主断路器断开，微机显示屏"主断状态"提示"原边电压欠压"时，应立即通过微机显示屏主界面及网压表查看接触网网压，若接触网网压低于17 kV时，即可确定为网压欠压保护动作。此时，应及时向列车调度员汇报，通过调整列车运行次序或调节接触网网压，使接触网网压恢复正常，待接触网网压高于17.5 kV且超过1 s，立即闭合主断路器，网压恢复正常后继续运行。

特殊情况下，无法维持运行时，可停车待接触网网压恢复正常或按列车调度员的指示办理。

**9. 运行途中，微机显示屏故障信息显示区显示"机车总线"时的处理**

运行途中，遇微机显示屏故障信息显示区显示"机车总线"时，应立即进入微机显示屏"现存故障"界面进行确认，按其显示分别进行处理。

（1）微机显示屏"现存故障"界面显示"DXM11通信故障、DIM12通信故障、AXM13通信故障""CI01电源MVB打开"时，检查、恢复低压电器柜Ⅰ端司机室I/O自动开关。

（2）微机显示屏"现存故障"界面显示"DXM21通信故障、DIM22通信故障、AXM23通信故障""CI02电源MVB打开"时，检查、恢复低压电器柜Ⅱ端司机室I/O自动开关。

（3）微机显示屏"现存故障"界面显示"DXM11通信故障""DIM12通信故障""DXM21通信故障"、"DIM22通信故障"其中任一，且已无法维持运行时，应断电、降弓，断开再闭合控制电源柜"控制电源输出"自动开关，若故障消除，恢复运行；若故障仍然存在，则换端操纵。

（4）微机显示屏"现存故障"界面显示"AXM13通信故障""AXM23通信故障"其中任一时，应将跛行开关（司机台紧急运行开关）转至"紧急"位维持运行。

（5）微机显示屏"现存故障"界面显示"DXM31通信故障""DXM32通信故障""DXM33通信故障""DXM34通信故障""DXM35通信故障""DXM36通信故障""DIM37通信故障"其中任一项，且已无法维持运行时，应断电、降弓，断开再闭合控制电源柜"控制电源输出"自动开关，使微机复位消除故障。

（6）微机显示屏"现存故障"界面显示"ACU1通信故障"或"ACU2通信故障"时：

① 司机控制器调速手柄回"0"位，按压"复位"按钮（可三次），一般消除故障或隔离故障的辅变流器。

② 检查低压电器柜"ACU1电源""ACU2电源"自动开关，若其任一断开，按压三次复位键，切除辅变流器1或辅变流器2维持运行。

③ 断开再闭合控制电源柜"控制电源输出"自动开关，使微机复位，以消除故障。

④ 恢复被切除的辅变流器，应在停车、断电、降弓情况下，将"ACU1电源"、"ACU2

电源"自动开关恢复至"闭合"位，再同时断开"VCM1 电源"、"VCM2 电源"自动开关，20 s 后重新闭合。

（7）微机显示屏"现存故障"界面显示"TCU1 通信故障"或"TCU2 通信故障"时：

① 切除某一主变流柜能够维持运行时，司机控制器调速手柄回"0"位，按压"复位"按钮（可三次），以消除故障或隔离故障的主变流柜。

② 检查低压电器柜"TCU1 电源""TCU2 电源"自动开关，若其断开，恢复其至"闭合"，再按压一次"复位"按钮，恢复正常运行。

③ 断开再闭合控制电源柜"控制电源输出"自动开关，使微机复位，以消除故障。

**10. 运行途中，微机显示屏故障信息显示区显示"辅助变流器 1"时的处理**

运行途中，微机显示屏故障信息显示区显示"辅助变流器 1"时，进入"现存故障"界面，按其不同显示，分别进行处理：

（1）显示"辅变 1 整流器输入过流""辅变 1 整流器元件故障""辅变 1 接触器 K1 卡分""辅变 1 接触器 K2 卡分""辅变 1 整流器元件过热""辅变 1 逆变器元件故障""辅变 1 逆变器输出过压""辅变 1 逆变器输出欠压""辅变 1 逆变器输出不平衡""辅变 1 逆变器模块过热""辅变 1 逆变器输入过压""辅变 1 逆变器输出过流""辅变 1 输入电压异常""辅变 1 整流器模块过载""辅变 1 充电故障""辅变 1 整流器输出不正常""辅变 1 无风机自动开关反馈""辅变 1 均压电阻故障""辅变 1 四象限软件故障""辅变 1 逆变器故障"任一故障时，按以下方法进行处理：

① 按压一次复位按钮，重新闭合主断路器，若主断路器能够闭合，且至少有一辅助变流器工作时，即可维持运行。

② 按压三次复位按钮，将故障的辅助变流器隔离后，维持运行。

③ 若经以上处理，故障仍然存在时，将断开故障对应的低压电器柜"ACU1 电源"自动开关，再按压三次复位按钮，人为切除故障的辅变流器维持运行。

（2）进入"现存故障"界面，显示"辅变 1 接地故障"时，按"运行途中，微机显示屏显示'ACU 接地故障'时的处理"方法进行处理。

**11. 运行途中，微机显示屏故障信息显示区显示"主变流器 1"时的处理**

（1）进入"现存故障"界面，显示"L1A×××故障""L1B×××故障""L1×××故障""1 轴×××××""M1×××故障"任一故障时，即可判明为主电路单元 1 存在故障，则按以下方法进行处理：

① 若第一牵引电机无扭矩输出仍可继续运行时，应将司机控制器手柄回"0"位，按压一次（最多四次）司机台"复位"按钮，以使故障消除或由微机控制系统将主电路单元 1 自动切除后，重新进行牵引、电制动操作。若故障仍然存在或再次出现时，则将牵引电机 1/2 隔离开关置"电机 1"位后维持运行。

② 若第一牵引电机无扭矩输出即无法维持运行时，则：

a. 断开再闭合低压电器柜"TCU1 电源"自动开关后，司机控制器调速手柄回"0"位，按压一次司机台"复位"按钮，若故障消除，即可恢复运行。

b. 断电、降弓，同时断开低压电器柜"VCM1 电源""VCM2 电源"20 s 后再闭合，重新进行牵引、电制动操作。

c. 在停车状态下断开控制电源柜"控制电源输出"自动开关 20 s 再闭合，以使微机复位，消除故障恢复运行。

d. 若经以上处理，故障仍不能消除时，应及时请求救援。

（2）进入"现存故障"界面，显示"L2A×××故障"、"L2B×××故障"、"L2×××故障"、"2 轴×××××"、"M2×××故障"任一故障时，即可判明为主电路单元 2 存在故障，则按以下方法进行处理：

① 若第二牵引电机无扭矩输出仍可继续运行时，应将司机控制器调速手柄回"0"位，按压一次（最多四次）司机台"复位"按钮，以使故障消除或由微机控制系统将主电路单元 2 自动切除后，重新进行牵引、电制动操作。若故障仍然存在或再次出现时，则将牵引电机 1/2 隔离开关置"电机 2"位后维持运行。

② 若第二牵引电机无扭矩输出即无法维持运行时，则：

a. 断开再闭合低压电器柜"TCU1 电源"自动开关后，司机控制器调速手柄回"0"位，按压一次司机台"复位"按钮，若故障消除，即可恢复运行。

b. 断电、降弓，同时断开低压电器柜"VCM1 电源""VCM2 电源"20 s 后再闭合，重新进行牵引、电制动操作。

c. 在停车状态下断开控制电源柜"控制电源输出"自动开关，20 s 再闭合，以使微机复位，消除故障恢复运行。

d. 若经以上处理，故障仍不能消除时，应及时请求救援。

（3）进入"现存故障"界面，显示"L3A×××故障""L3B×××故障""L3×××故障""3 轴×××××""M3×××故障"任一故障时，即可判明为主电路单元 3 存在故障，则按以下方法进行处理：

① 若第三牵引电机无扭矩输出仍可继续运行时，应将司机控制器调速手柄回"0"位，按压一次（最多四次）司机台"复位"按钮，以使故障消除或由微机控制系统将主电路单元 3 自动切除后，重新进行牵引、电制动操作。若故障仍然存在或再次出现时，则将牵引电机 3/4 隔离开关置"电机 3"位后维持运行。

② 若第三牵引电机无扭矩输出即无法维持运行时，则：

a. 断开再闭合低压电器柜"TCU1 电源"自动开关后，司机控制器调速手柄回"0"位，按压一次司机台"复位"按钮，若故障消除，即可恢复运行。

b. 断电、降弓，同时断开低压电器柜"VCM1 电源""VCM2 电源"，20 s 后再闭合，重新进行牵引、电制动操作。

c. 在停车状态下断开控制电源柜"控制电源输出"自动开关 20 s 再闭合，以使微机复位，消除故障恢复运行。

d. 若经以上处理，故障仍不能消除时，应及时请求救援。

（4）进入"现存故障"界面，显示"TCU1×××××""LCC（MCC×）生命信号中断""充电超时""SMC 中间直流电压过、欠压保护"时：

① 若 I 架牵引电机无扭矩输出仍可继续运行时，应将司机控制器调速手柄回"0"位，按压一次（最多四次）司机台"复位"按钮，以使故障消除或由微机控制系统将 I 架自动切

除后，重新进行牵引、电制动操作。若故障仍然存在或再次出现时，则断开低压电器柜"TCU1 电源"自动开关后，司机控制器调速手柄回"0"位，按压三次司机台"复位"按钮，切除Ⅰ架后维持运行。

② 若Ⅰ架牵引电机无扭矩输出即无法维持运行时，则：

　　a. 断开再闭合低压电器柜"TCU1 电源"自动开关后，司机控制器调速手柄回"0"位，按压一次司机台"复位"按钮，若故障消除，即可恢复运行。

　　b. 断电、降弓，同时断开低压电器柜"VCM1 电源""VCM2 电源"20 s 后再闭合，重新进行牵引、电制动操作。

　　c. 在停车状态下断开控制电源柜"控制电源输出"自动开关 20 s 再闭合，以使微机复位，消除故障恢复运行。

　　d. 若经以上处理，故障仍不能消除时，应及时请求救援。

（5）进入"现存故障"界面，显示"SMC 高（低）网压保护"时，Ⅱ架牵引电机均无扭矩输出，可暂不进行处理，继续维持运行，并及时向车站汇报，待网压恢复正常，再恢复运行。

（6）进入"现存故障"界面，显示"变流器水循环故障"，按上述（4）进行处理。

（7）进入"现存故障"界面，显示"电机×温度过高保护"时，按上述（1）进行处理。

## 12. 运行途中，微机显示屏黑屏时的处理

（1）运行途中，微机显示屏黑屏或显示不正常时，若机车仍有牵引力，可暂不处理，待运行到前方停车站再进行处理。

（2）利用司机台"复位"按钮进行复位操作。

（3）检查、活动低压电器柜"IDU1/IDU2 电源"自动开关 = 42-F106，使其处于闭合位。

（4）确认微机显示屏上无异物，断开控制电器柜"IDU1/IDU2 电源"自动开关，用手指一直按住触摸屏，此时按住触摸屏的手指不要拿开，闭合控制电器柜"IDU1/IDU2 电源"自动开关，大约 10 s，屏幕右上角出现一个白色小光标，按住光标约两三秒，此处光标消失（发出嘭的声音），触摸屏左下角出现同样的光标，按住此处光标 2~3 s，光标消失（发出嘭的声音），此时进入微机显示屏英文黑白菜单界面，按左下角"writeconfig"（写入）触摸按钮，再按右下角重起触摸按钮，待微机起动后，再试微机显示屏触摸屏各触摸按钮，若有效，则表明修复成功。

（5）断电、降弓后，断开控制电源柜"控制电源输出"自动开关 60 s 再闭合，使微机失电，复位后重启。

## 13. 运行途中，微机显示屏提示"蓄电池充电装置故障"时的处理

运行途中，微机显示屏故障信息显示区显示"!""110 V"，进入"现存故障"界面，其显示"蓄电池充电装置故障"时，立即进入机械间，检查控制电源柜，若其告警红灯亮，两组以上充电单元工作正常（输出正常绿灯亮），按压充电装置监视仪"确认"键，确认蓄电池充电正常，则不需处理，维持运行，回段报修；若其告警红灯亮，三组以上充电单元故障（输出正常绿灯灭），则同时按压充电装置监视仪"+""-"键，并保持 5 s，使充电机复位、重置。若故障消除，即可恢复正常运行，否则，则尽量维持运行到前方站停车后，断电、降弓，

断开控制电源柜"控制电源输出"自动开关 20 s 再闭合，若仍不能使两组以上充电模块恢复到正常工作状态，应立即向列车调度员汇报，按其指示办理。

# 任务四　HXD$_3$型电力机车低压试验

## 【教学目标】

1. 知识目标

（1）掌握 HXD$_3$ 型电力机车的低压试验程序；

（2）熟悉 HXD$_3$ 型电力机车控制电器柜设备布置，掌握电器屏柜及相关电器的布置位置；

（3）熟悉 HXD$_3$ 型电力机车电气线路、低压电器及联锁接点的设置结构和具体作用；

（4）掌握 HXD$_3$ 型电力机车常见电气故障的现象和显示信息；

（5）掌握 HXD$_3$ 型电力机车常见电气故障分析、判断和处理办法。

2. 能力目标

（1）能熟练操作 HXD$_3$ 型电力机车模拟驾驶装置，进行低压试验，并能判断每步试验结果的正确与错误；

（2）能说出 HXD$_3$ 型电力机车控制电器柜的设备布置、柜内电器的安装位置、各低压电器及其联锁接点的设置结构和具体作用；

（3）能熟练操作各故障转换开关，熟练运用故障应急处理方法对试验中出现的常见故障安全、准确、快速地予以处理。

## 【环境设备】

设备、工具：十字头、扁头螺丝刀、手电筒、试灯、万用表、500 V 兆欧表、短接线、绝缘胶布、绝缘垫片、尖嘴钳、卡丝钳。

资料：HXD$_3$ 型电力机车控制电器柜布置图，司机操纵台布置图及显示屏信息内容，HXD$_3$ 型电力机车电路图。

## 【操作指导】

### 一、准备工作

（1）确认车顶门、控制电器柜柜门锁闭良好，高压接地开关在"运行"位（两把黄色钥匙插入）；蓝色钥匙插入制动控制柜锁孔，开通受电弓风路（蓝色钥匙呈垂直状态）。

（2）确认各风路塞门在正常工作位置（空气制动柜：总风塞门 A24、踏面清扫塞门 B50.02、弹停塞门 B40.06、撒砂塞门 F41.02、制动缸塞门 Z10.22 在开放位；干燥器下：控制风缸塞门 U77 在开放位、总风缸排水塞门 A12 在关闭位；压缩机与Ⅰ端变流柜间侧墙：Ⅱ端受电弓塞门 U98 在开放位；压缩机与Ⅰ端变流柜间小地板下：弹停风缸排水塞门 A14、控制风缸排水塞门 U88 均在关闭位；控制电器柜与Ⅱ端变流柜间侧墙：主断路器塞门 U94、Ⅰ、Ⅱ端受电弓高压隔离开关塞门 U95、Ⅰ端受电弓塞门 U98 均在开放位）。

（3）确认总风缸风压不低于 750 kPa，机车闸缸压力不小于 300 kPa。机车控制电路电压不低于 96 V。

（4）确认控制电器柜上的自动开关位置正确（除直流加热及自动过分相自动开关在"断开"位外，其余自动开关均在"闭合"位）。

（5）实施弹停制动。

（6）确认司机室各项设备安装完整，司机控制器在"0"位，主断路器在"断开"位。打开机械室门。

## 二、试验顺序及要求

### 1. 机车电钥匙试验

（1）机车电钥匙置"合"位：观察制动显示屏启动正常，检查制动显示屏各数据、参数设置正确。

（2）将自动制动手柄置"抑制"位 1 s 后回"运转"位，单独制动手柄置"全制"位：观察制动显示屏"动力切除"消除，制动显示屏均衡风缸、列车管风压显示 600（500）kPa、机车制动缸风压显示 300 kPa。

### 2. 微机显示屏试验

（1）状态指示屏"微机正常""主断分""零位""欠压""辅变流器""水泵""停车制动"灯亮。

（2）按下状态指示屏自检按钮，所有状态指示灯亮。

（3）确认微机显示屏显示正常，其网压、控制电路电压显示与仪表模块显示一致。

（4）主、辅变流器切除试验：利用微机显示屏触摸开关，分别将主变流器、辅变流器切除与恢复一次。

### 3. 辅助压缩机动作试验

按动控制电气柜上的"辅压机"开关（自复），辅助压缩机开始工作。观察空气管路柜处的压力表，当气压达到 735 ± 20 kPa 时辅助压缩机自动停止工作。

注意：辅助压缩机不宜长时间和频繁起机，打风时间应在 10 分钟内，若超过十分钟还没有停机，应断开 QA45（机车控制）和 QA51（辅助设备），检查相应空气管路是否泄漏。

### 4. 受电弓动作试验

将受电弓扳扭开关分别置"前受电弓""后受电弓"位，进行受电弓试验，检查动作情况。

要求：上升时间<5.4 s，下降时间<4 s，接触压力 70 ± 5 N。

### 5. 高压隔离开关动作试验

操作"受电弓隔离开关",正常时,QS1、QS2闭合;隔离Ⅰ时,QS1断开;隔离Ⅱ时,QS2断开。

### 6. 主断路器控制器动作试验

Ⅰ端/Ⅱ端的受电弓上升后,按下"PDU1"/"PDU2"试验开关,确认VCB断开,受电弓降下。

注:Ⅰ端受电弓操作PDU1,Ⅱ端受电弓操作PDU2。

### 7. 零级位试验

按"零级位试验"按钮,进入零级位试验画面,屏幕提示"试验是否开始",按"确认"后,根据消息框的提示进行试验。其中请将司机控制器置"0"(是指将换向手柄、控制手柄置"0"位)。

### 8. 机车照明试验

依次闭合仪表、司机室、走廊、车底、前(副)照灯、标志、阅读灯等照明灯开关,检查各照明灯照明良好、逻辑控制关系正确。

### 9. 辅机系统试验

检查遮阳帘、风扇、刮雨器、冰箱(微波炉)工作状态良好,功能与控制开关指示位置相符合。

### 10. 弹停装置试验

(1)弹停转换开关置"缓解"位:确认弹停制动缓解,状态指示屏"停车制动"红灯灭。
(2)弹停转换开关置"制动"位:确认弹停装置制动,状态指示屏"停车制动"红灯亮。

### 11. 主变流器试验

将主变流器试验开关(SA75)置"试验"位,进行以下试验:

1)主断路器试验

① 将主断路器扳键开关(SB43或SB44)置"主断合"位,听主断路器闭合声;看状态指示屏"主断分"灯灭,微机显示屏显示主断"合"。

② 将主断路器扳键开关SB43或SB44置"主断分"位,听主断路器断开声;看状态指示屏"主断分"灯亮,微机显示屏显示"主断分"。

2)牵引试验

①"前"位牵引试验:

a. 换向手柄置"前"位:听充电、工作接触器动作声,看微机显示屏方向指示与手柄位置一致。

b. 缓慢将控制手柄由"0"推向"牵引"区最大位:看状态指示屏"零位"灯灭,微机显示屏级位显示从0.0升至13.0,各轴扭矩输出显示由0升至约95 kN。

c. 缓慢将控制手柄退至"0"位：看微机显示屏级位和牵引力显示逐步回"0"、状态指示屏"零位"灯亮。

d. 换向手柄置"0"位：听工作接触器断开声。

② "后"位牵引试验，试验内容同"前"位牵引试验。

3）电制动试验

① 换向手柄置于"前"位，将控制手柄拉向"制动区"并逐渐推至最大位：看状态指示屏"零位"灯灭、"电制动"灯亮；听制动系统短暂排风声（机车制动缸有风时）；看微机显示屏手柄级位由11.9~1级变化。

② 控制手柄退回"0"位：看状态指示屏"电制动"灯灭、"零位"灯亮。

③ 缓解机车制动，大闸置"初制动"位，将调速手柄置"制动区"：看状态指示屏"零位"灯灭、"电制动"灯亮；观察机车制动缸缓解。

④ 调速、换向手柄回"0"

试验完毕，主变流器试验开关 SA75 恢复至"0"位。

### 12. 撒砂试验

分别将换向手柄置"前""后"位，脚踩撒砂开关 SA83（SA84），确认撒砂装置作用良好。

### 13. 警惕装置试验

在微机显示屏牵引/制动画面点击"检修状态"→输入密码"000"→点击"确认"、"状态"、"信号信息"→进入信号信息画面→点击"DI2"→进入 DI2 画面第一页，手按警惕按钮或脚踩警惕开关，521线底色变绿；松开后，底色恢复黑色。

提示内容为：确认主断路器分断→确认受电弓降下→将试验开关 SA75 置"试验"位→将换向手柄置"前"→将司机控制器控制手柄置牵引"1"位→试验正在进行→将司机控制器置"0"位→试验结束。

# 任务五　HXD$_3$型电力机车高压试验

【教学目标】

1. 知识目标

（1）掌握 HXD$_3$ 型电力机车的高压试验程序；

（2）熟悉 HXD$_3$ 型电力机车主变流柜设备布置，掌握相关电器的布置位置；

（3）掌握 HXD$_3$ 型电力机车常见电气故障的现象和显示信息；

（4）掌握 HXD$_3$ 型电力机车常见电气故障分析、判断和处理办法。

2. 能力目标

（1）能熟练操作 HXD$_3$ 型电力机车或模拟驾驶装置，进行高压试验，并能判断每步试验结果的正确与错误；

（2）能说出 HXD$_3$ 型电力机车主变流柜的设备布置、柜内电器的安装位置、各高压电器及其联锁接点的设置结构和具体作用；

（3）会根据故障现象和显示信息，采取简捷、正确的方法检查出电气线路或电器故障并进行处理。

## 【环境设备】

设备、工具：十字头、扁头螺丝刀、手电筒、试灯、万用表、500 V 兆欧表、短接线、绝缘胶布、绝缘垫片、尖嘴钳、卡丝钳。

资料：HXD$_3$ 型电力机车主变流柜布置图，司机操纵台布置图及显示屏信息内容，HXD$_3$ 型电力机车电气线路图。

## 【操作指导】

### 一、准备工作

（1）确认机车各闸刀、试验开关、故障转换开关、风路塞门、车顶门、各屏柜门均在正常位。

（2）确认总风缸风压不低于 700 kPa，机车制动缸风压不低于 300 kPa。

（3）检查控制电路电压不低于 96 V。

（4）通过微机显示屏将主变流器 CI1~CI6 全部切除。

（5）将非操纵端自动制动手柄锁定在"重联"位，单独制动手柄置"全制"位，锁闭非操纵端司机室门窗。

（6）确认操纵端司机控制器手柄在"0"位、机车电钥匙在"0"位。

（7）确认机车停留在有电区且接地线已撤除、隔离开关已闭合，机车两端地面防护牌、信号旗（信号灯）已撤除，机车周围无闲杂人员且均处于安全区域，高压试验人员均在司机室。

### 二、试验顺序及要求

#### 1. 机车电钥匙置"合"位

（1）确认制动显示屏启动正常，检查制动显示屏各数据、参数设置正确。

（2）将大闸置"抑制"位 1 s 后回"运转"位，小闸置"全制"位，确认制动显示屏"动力切除"消除，制动显示屏均衡风缸、列车管风压显示 600（500）kPa、机车制动缸风压显示 300 kPa。

#### 2. 升/降弓试验

1）后弓试验

（1）将受电弓扳键开关 SB41（SB42）置"后受电弓"位：

① 听升弓电磁阀得电充风声；

② 观察受电弓上升正常，无冲网现象，升弓时间不得大于 5.4 s（从弓头动作时起）；
③ 确认网压表及微机显示屏网压显示正常、状态指示屏"欠压"灯灭。
（2）将受电弓扳键开关 SB41（SB42）置"0"位：
① 观察受电弓下降正常，无砸车顶现象，降弓时间不得大于 4 s（从弓头动作时起）；
② 确认网压表及微机显示屏显示网压低于 5 kV、状态指示屏"欠压"灯亮。

2）前弓试验

试验内容同后弓试验。

3）升起后弓

3. 主断路器试验

（1）将主断路器扳键开关 SB43（SB44）置"主断合"位：
① 主断路器闭合声及辅变流器 2（APU2）起动后，听水泵、辅变流器风机、油泵投入工作声；
② 看机车状态指示屏"主断分"、"辅变流器"、"水泵"灯灭；
③ 进入微机显示屏"风机状态"画面，确认变压器油泵 MA21、MA22 及水泵 $WP_1$、$WP_2$ 投入工作；
④ 进入微机显示屏"辅助电源"画面，辅变流器 2（APU2）输出频率为 50±1 Hz；
⑤ 观察控制电路电压表及微机显示屏，控制电路电压显示 110 V；
⑥ 进入机械室确认冷却系统水流量计显示流量正常（黑色指针在 200 左右）。

4. 压缩机试验

（1）总风缸风压低于 750 kPa（0001~0640 号机车）或 680 kPa（0641 号机车之后）时，将压缩机扳键开关 SB45（SB46）置"压缩机"位：
① 听空气压缩机 1、2 间隔 3 s 依次启动；
② 进入微机显示屏"控制状态"画面，看压缩机 MA19、MA20 正常投入工作；
③ 当总风风压升至 900 kPa 时，压缩机 1、2 同时停止工作。
（2）当总风缸风压为 750~825 kPa（0001~0640 号机车）或当总风缸风压为 680~750 kPa 时（0641 号机车之后），将压缩机扳键开关 SB45（SB46）置"压缩机"位。此时，仅操纵端压缩机投入工作，当总风风压达到 900 kPa 时自动停止工作。
（3）将压缩机扳键开关 SB45（SB46）置"强泵风"位不松手：
① 看压缩机 1、2 投入工作，总风风压升至 950 kPa 时听高压安全阀喷气声；
② 松开压缩机扳键开关 SB45（SB46），压缩机 1、2 停止工作。

5. 换向手柄"前"位试验

（1）换向手柄置"前"位：
① 听辅变流器 1（APU1）启动后，牵引及复合冷却风机启动。
② 进入微机显示屏"风机状态"画面，确认牵引风机 MA11~MA16 启动正常。

③ 进入微机显示屏"辅助电源"画面，看辅变流器1（APU1）输出频率升至33 Hz。
（2）换向手柄回"0"位，待1 min之后，听各牵引、复合冷却风机停止工作。

### 6. 电制动试验

（1）换向手柄置"前"位、控制手柄离开"0"位至"制"区最大：
① 看机车状态指示屏"零位"灯灭；
② 进入微机显示屏"辅助电源"画面，看辅变流器1（APU1）输出频率升至50±1 Hz；
③ 看微机显示屏显示级位由11.9～1级间变化。
（2）控制手柄回"0"位，看机车状态指示屏"零位"灯亮。

### 7. 牵引试验

（1）弹停转换开关置"缓解"位，机车状态指示屏"停车制动"红灯灭。
（2）通过微机显示屏触摸开关恢复主变流器CI1—CI3，看状态指示屏"预备"灯亮。
（3）将调速手柄置牵引"*"位：
① 看机车状态指示屏"零位"、"预备"灯灭；
② 微机显示屏显示"1.0"级、牵引电机M1～M3输出扭矩显示13 kN左右。
（4）调速手柄退回"0"位：
① 机车状态指示屏"零位"、"预备"灯亮；
② 看微机显示屏牵引电机M1～M3输出扭矩变为0、手柄级位显示"0"级。
（5）通过微机显示屏触摸开关切除主变流器CI1～CI3、恢复主变流器CI4～CI6，将控制手柄置牵引"*"位：
① 看机车状态指示屏"零位"、"预备"灯灭；
② 微机显示屏显示"1.0"级、牵引电机M4—M6输出扭矩显示13 kN左右。
（6）控制手柄退回"0"位：
① 机车状态指示屏"零位"、"预备"灯亮；
② 看微机显示屏牵引电机M4～M6输出力矩变为0、手柄级位显示"0"级。
（7）换向手柄置"0"位，通过微机显示屏触摸开关切除主变流器CI4～CI6。

### 8. 辅变流器故障切换试验

（1）断开主断路器，通过TCMS屏"开放状态"栏手动切除APU1，APU1栏变红。重新闭合主断路器，听APU2启动声，各风机启动运行，通过TCMS屏"机器状态"栏"风机状态"界面，确认WP1、WP2水泵、MA21、MA22油泵工作正常，MA11～MA16牵引风机、MA17、MA18复合冷却器风机启动正常。
（2）通过TCMS屏"机器状态"栏"辅助电源"界面看APU2输出电源频率为50 Hz，看PSU1（PSU2）装置投入工作，观察控制电压表及TCMS屏显示控制电压110 V。
（3）断开主断路器，恢复APU1，切除APU2试验（试验内容及步骤同上）。

### 9. PSU 装置转换试验

（1）断电降弓拉回电钥匙开关，通过 TCMS 屏确认试验时正常工作的 PSU 单元，并通过 TCMS 屏检修模式修改系统日期，修改完毕后脱开蓄电池开关，30 s 后恢复蓄电池开关。

（2）重新升弓闭合主断路器，确认控制电压表及 TCMS 显示屏显示控制电压 110 V，通过 TCMS 屏"辅助电源"界面，确认另一组 PSU 投入工作。

（3）断开主断路器，采用手动转换 PSU 单元，将 PSU 装置柜侧面转换开关转至另一组 PSU 单元，重新闭合主断路器，确认控制电压表及 TCMS 显示屏显示控制电压 110 V，通过 TCMS 屏"辅助电源"界面，确认另一组 PSU 投入工作。

# 任务六　HXD$_3$型电力机车常见故障判断与处理

## 【教学目标】

1. 知识目标

（1）掌握 HXD$_3$ 型电力机车常见电气故障的现象和显示信息；

（2）掌握 HXD$_3$ 型电力机车常见电气故障分析、判断和处理办法。

2. 能力目标

会根据故障现象和显示信息，采取简捷、正确的方法检查出电气线路或电器故障并进行处理。

## 【环境设备】

设备、工具：十字头、扁头螺丝刀、手电筒、试灯、万用表、500 V 兆欧表、短接线、绝缘胶布、绝缘垫片、尖嘴钳、卡丝钳。

资料：HXD$_3$ 型电力机车主变流柜布置图，司机操纵台布置图及显示屏信息内容，HXD$_3$ 型电力机车电气线路图。

## 【操作指导】

1. 受电弓升不起的处理

（1）检查升弓气路风压是否高于 500 kPa，如低于此值应按一下辅助风泵打风按钮（在控制电器柜上），辅助风泵会一直打风，当风压达到 735 kPa 时，辅助风泵打风停止。

（2）检查管路柜内升弓阀是否在升弓位置，此阀门是一个蓝色钥匙，阀门打开时，蓝色钥匙拔不出来，如钥匙能拔下说明升弓阀在断开位置，应将钥匙旋转 90°，此时能听到空气流动声音。

（3）检查升弓塞门 U98，应置于打开位置。

(4)检查控制电器柜上的各种电器开关位置（如 QA43、QA44），应置于正常闭合位置，如有跳开现象，请检查确认后，合上开关。

(5)将微机显示屏翻到检修状态下信号输入输出画面，在"DI2"菜单下，观察升弓信息的状态。合升弓开关，观察 501（601）、515（615）或 514（614）、425 颜色，绿色为正常；其中 501（601）为电钥匙，515（615）、514（614）为升弓开关前弓和后弓，425 为高压接地开关。如在 I 端按下前弓开关，501、515、425 为绿色，同时 514、427 为黑色。427 为 I 端受电弓隔离开关信号。

(6)检查主断路器控制器，将其上面的开关置于"断"位置，如能升起弓，说明主断路器控制器故障，应予以更换。

(7)检查升弓滑板上调压阀是否被关闭。

### 2. 主断路器合不上的处理

(1)检查 SA75 置"正常"位。

(2)检查 QS3、QS4、QS10、QS11 处于正常位。

(3)检查主断路器气压正常（升弓风缸压力足以保证 KP58 的信号 470 合），如气压低则会在牵引/制动画面中显示"主断气路压力低"，检查 U94 置开启位。

(4)检查司机控制器主手柄处于"0"位。

(5)检查两端司机室操纵台上的紧急按钮，应该在弹起位。

(6)半自动过分相按钮在正常弹起位。

### 3. 提牵引主手柄，无牵引力的处理

(1)确认已经升弓、合主断。

(2)确认各风机启动完毕。

(3)确认停车制动在缓解位，操纵台停车制动红色指示灯应熄灭。

(4)确认不在动力切除状态（即 1804 无电）。

(5)当监控装置因超速发出卸载信号（即 962 有电）。

(6)总风缸风压不足 450 kPa。

### 4. 油泵故障的处理

当两个油泵有一个故障时，在牵引/制动画面的故障信息中显示油泵 1 或油泵 2 故障，并伴随蜂鸣器的响声，先断合几次故障油泵的空气自动开关，如能恢复继续运行，如仍有故障，TCMS 检测到信号后会自动将相应的三组变流器隔离，即切除一个转向架的动力。当出现这种故障时，牵引、制动力将降低一半。

### 5. 油流继电器故障的处理

出现油流继电器故障后，TCMS 处理同上。当确认是油流继电器故障后，而非是油泵故障，可打开车下主变压器上的接线盒，将其短接（即将 356 与 538 短接），短接后应注意观察相应油泵的运行情况，用手摸两个复合冷却器的油温，并维持运行。

### 6. 油温高继电器动作的处理

当油温高继电器动作后，机车无牵引、制动力输出。未查清原因前，禁止做任何处理。司机在巡检、停车、换端时应用手摸法经常检查油温。只有在确认确实是油温高继电器本身误动作，才可进行处理。处理方法：打开车下主变压器接线盒，将其中 438 拆除，并做绝缘包扎好，观察维持运行。

### 7. 牵引风机故障的处理

当一组风机故障时，在牵引/制动画面的故障信息中显示牵引风机 1 或牵引风机 2 故障，并伴随蜂鸣器的响声，可断合几次相应的空气自动开关，同时 TCMS 会自动将相应的一组 CI 切除，即主变流器 6 组中有一组不工作，故障风机对应的牵引电机无流，机车保持 5/6 的牵引力，可完成一般的牵引任务。

### 8. 牵引风机风速继电器故障的处理

当一组风机风速继电器故障时，TCMS 会自动将相应的一组 CI 切除，即主变流器 6 组中有一组不工作，机车保持 5/6 的牵引力，可完成一般的牵引任务。当确认是继电器故障，而非是风机故障时，可将风速继电器上的两根线短接，如第一牵引风机 KP41，将其电器盒打开短接 356#、534#线，恢复正常的牵引、制动力，观察维持运行。

### 9. 复合冷却器风机故障的处理

当一组复合冷却器风机故障时，在牵引/制动画面的故障信息中显示复合冷却风机 1 或复合冷却风机 2 故障，并伴随蜂鸣器的响声。可断合几次相应的空气自动开关，如确实故障，只在 TCMS 显示器上报故障，机车仍能继续工作。

注意：虽然能正常工作，但变压器油温会逐渐升高，最终会因为油温高而停止动力输出。司机可根据牵引吨位、行走路程以及油温升高的情况采取相应的措施。

### 10. 主变流器 CI 整流、逆变组件故障的处理

当机车在重载情况下牵引或是制动时，可能发生此故障。当故障发生时，在司机室能听到机械间里有很大的"放炮"声，主断路器跳开，司机室 TCMS 屏显示相应的主变流器 CI 故障。在开放状态画面，显示相对应的 CI 故障，此时应将司控器主手柄回"0"位，按"复位"按钮，再合主断路器，如能合上主断路器，手柄能提到位，观察牵引电机牵引力，发现一个及一个以上电机无牵引力，则根据牵引吨数来确定是否继续牵引或是将整列车维持运行到下一个车站。如合不上主断路器，或是提手柄后就跳主断路器，应立即隔离相应的 CI，然后再合主断路器就能合上，然后提手柄。其他方法同上。

### 11. 主变流器接地故障的处理

当一组主变流器出现接地时，TCMS 会发出跳主断路器的指令，同时 TCMS 显示屏会显示相应的一组接地。此时应将司机控制器主手柄回"0"位，按"复位"按钮，再合主断路器，如能合上主断路器，手柄能提到位，观察牵引电机牵引力，如正常说明是误报故障。如发现

一个及一个以上电机无牵引力，则根据牵引吨数来确定是否继续牵引或是将整列车维持运行到下一个车站。如合不上主断路器，或是提手柄后就跳主断路器，应立即隔离相应的 CI，然后就能合上主断路器、提手柄。其他方法同上。

### 12. 牵引电机过流故障的处理

当牵引电机过流发生时，TCMS 显示屏显示故障。TCMS 会根据过流时间的长短发出是否跳主断路器的信号，有时跳，有时不跳。如不跳主断路器，将司机控制器主手柄回"0"位，按"复位"按钮，再提手柄就正常了。如跳主断路器，应将司机控制器主手柄回"0"位，按"复位"按钮，合主断路器，如能合上主断路器，手柄能提到位，观察牵引电机牵引力，正常则说明故障消除。如合不上主断路器，或是提手柄后就跳主断路器，应立即隔离相应的 CI，然后就能合上主断路器、提手柄。其他方法同上。

### 13. 牵引电机接地故障的处理

当牵引电机接地时，TCMS 会发出跳主断路器的命令，同时显示屏会显示相应的故障。此时将司机控制器主手柄回"0"位，按"复位"按钮，如能合上主断路器，手柄能提到位，观察牵引电机牵引力，如发现一个及一个以上电机无牵引力，则根据牵引吨数来确定是否继续牵引或是将整列车维持运行到下一个车站。如合不上主断路器，或是提手柄后就跳主断路器，应立即隔离相应的 CI，然后就能合上主断路器、提手柄。其他方法同上。

### 14. 电机转速传感器故障的处理

当机车正常运行时，出现空转严重影响牵引任务，这是电机转速传感器信号没有正常传送到 TCMS 中去，可能是传感器本身故障，也可能是传输线路出现问题。处理办法是将空转的（或是 6 路中唯一不空转的）那一路 CI 进行隔离，即切除一个电机，也就切除了故障的转速传感器，机车保留 5/6 牵引力可继续完成牵引任务。

### 15. 各种电气故障不能复位、不能解决的处理

当故障在短时间内多次发生，微机会封锁相应的回路，包括主回路、辅助回路等，使机车不能完成正常的牵引工作。当出现这种故障时，就必须断开微机的电源，让微机复位。采取的方法就是断开蓄电池的总电源，而且要保持 30 s 以上，然后重新合上，故障就会消失。但机车在行驶中，断开蓄电池总电源，列车管将以常用最大减压量减到 0。

### 16. 主变流器单元 CI 的切除方法

在牵引/制动画面，按"开放状态"，进入"开放画面"，以 CI1 为例：按"CI1"变为蓝色，按"开放"按钮，原来"正常"变为"开放"，按"返回"按钮，则切除了 CI1 变流单元。

【练习与思考】

1. 叙述 $HXD_{1C}$ 型电力机车低压试验程序。
2. $HXD_{1C}$ 型电力机车低压试验前应做哪些准备工作？
3. 叙述 $HXD_{1C}$ 型电力机车高压试验程序。

4. $HXD_{1C}$型电力机车高压试验前应做哪些准备工作?
5. 叙述$HXD_3$型电力机车低压试验程序。
6. $HXD_3$型电力机车低压试验前应做哪些准备工作?
7. 叙述$HXD_3$型电力机车高压试验程序。
8. $HXD_3$型电力机车高压试验前应做哪些准备工作?
9. $HXD_3$型电力机车受电弓升不起如何处理?
10. $HXD_3$型电力机车主断路器合不上如何处理?
11. $HXD_3$型电力机车提手柄无牵引力如何处理?
12. $HXD_3$型电力机车主变流器接地如何处理?
13. $HXD_3$型电力机车牵引电机接地如何处理?
14. $HXD_3$型电力机车复合冷却器风机故障如何处理?
15. $HXD_3$型电力机车油泵故障如何处理?

# 参考文献

[1] 中国铁路总公司. HXD$_3$型电力机车检修技术规程（C1~C4修）. 北京：中国铁道出版社，2015.

[2] 中国铁路总公司. HXD$_3$型电力机车检修技术规程（C5修）. 北京：中国铁道出版社，2015.

[3] 张曙光. HXD$_1$型电力机车. 北京：中国铁道出版社，2009.

[4] 张曙光. HXD$_2$型电力机车. 北京：中国铁道出版社，2009.

[5] 张曙光. HXD$_3$型电力机车. 北京：中国铁道出版社，2010.

[6] 张铁竹，李学雷. 电力机车检修专业综合实训指导书. 成都：西南交通大学出版社，2015.

[7] 中华人民共和国劳动和社会保障部. 国家职业标准–电力机车电工. 北京：中国铁道出版社，2007.

[8] 中华人民共和国劳动和社会保障部. 国家职业标准–电力机车钳工. 北京：中国铁道出版社，2007.

[9] 汪亚军，王大军，宋捷. HXD$_3$型电力机车实用指导书. 北京：中国铁道出版社，2010.

[10] 西安铁路局. HXD$_3$型大功率交流电力机车应急故障处理. 北京：中国铁道出版社，2010.

[11] 谢家的，祁冠峰. 电力机车电器. 北京：中国铁道出版社，2014.

[12] 张铁竹，王秀清. 交流传动机车牵引与控制. 成都：西南交通大学出版社，2014.